Pina Lewandowsky
Katharina Sckommodau

Photoshop CS3 **Gewusst wie!**

Bilder gestalten für Print und Web

für Windows & Mac OS X

ADDISON-WESLEY

Inhaltsverzeichnis

Symbole

Strg / ⌘	Steuerungs-, Apfel-, Befehlstaste
Alt / ⌥	Alt-, Wahl-, Option-Taste
⇧	Umschalt-, Shift-Taste
✔	Hinweis

Vorwort

»Photoshop CS3 – Gewusst wie!« möchte all jenen, die sich aus beruflichen oder privaten Gründen mit Bildbearbeitung beschäftigen, dabei helfen, die Mittel und Möglichkeiten des Programms besser kennenzulernen und so intensiver und wirkungsvoller zu nutzen. Die überbordende Fülle der Möglichkeiten des Programms lässt Anfänger, auch mit guten Grundkenntnissen, häufig über ein erstes Ausprobieren nicht weit hinauskommen und bei konkreten Aufgaben mitunter frustriert aufgeben. Hier setzt das vorliegende Buch an. Es besteht aus Workshops mit detaillierten Beschreibungen zum Nacharbeiten. Dies ist eine Auswahl aus allen wichtigen Arbeitsbereichen wie Ebenen, Masken, Text, Verläufe, Werkzeugspitzen, Vektoren, Smart Objekte und vieles mehr. Durch das Nacharbeiten der Übungen wird es Anfängern mit fundierten Grundkenntnissen möglich sein, auf spielerische Weise und mit kleinen Erfolgserlebnissen umfassende Fertigkeiten bei der Programmanwendung zu erwerben und diese für die eigenen Aufgaben zu nutzen. Darüber hinaus regen die Übungen zum eigenen Experimentieren an. Falls Sie schon ein besonders routinierter Photoshop-Anwender sind, möchten Sie vielleicht einfach die Arbeitsweisen vergleichen, denn oft gibt es verschiedene Möglichkeiten, zum Ziel zu kommen. Lehrenden zum Beispiel kann das Buch eine praktische Unterrichtshilfe sein.

Das Buch setzt solide Grundkenntnisse in Photoshop voraus. Auf die Erläuterung der grundlegenden Handhabung des Programms wird zugunsten ausführlicher Beschreibungen und möglichst vieler Übungen verzichtet. »Photoshop CS3 – Gewusst wie!« soll parallel und als Ergänzung zu weiteren Büchern dienen, die sich mit dem Grundlagenwissen der digitalen Bildbearbeitung und der Programmfunktionalität von Adobe Photoshop beschäftigen. Die wichtigen Grundlagen des Programms finden Sie auch im Handbuch des Herstellers oder in der Online-Hilfe.

Das vorliegende Buch »Photoshop CS3 – Gewusst wie!« entstand auf der Grundlage des Konzepts und mit Teilen des gleichnamigen Titels von Pina Lewandowsky (Rowohlt, 2000 und 2004). Es handelt es sich um eine vollständige Überarbeitung und Aktualisierung auf Adobe Photoshop CS3 durch Katharina Sckommodau, die allein für die Gliederung, methodisch-didaktische Aufbereitung sowie die Auswahl der Übungen verantwortlich zeichnet.

Der Verlag bietet die Möglichkeit, die meisten der verwendeten Bilddateien von der Addison-Wesley-Website unter **www.addison.wesley.de/books/9783827326317** herunterzuladen. Um die Datenmenge und damit die Downloadzeiten niedrig zu halten, handelt es sich um niedrigauflösende Dateien. Aus urheberrechtlichen Gründen können leider nicht alle Bilder zur Verfügung gestellt werden. Beachten Sie bei den dort bereitgestellten Bildern bitte auch die eingeschränkten Nutzungsrechte: Diese Bilddateien dürfen nur für private Übungszwecke verwendet werden.

Obwohl Photoshop nahezu identisch auf verschiedenen Systemen wie MacOS X, Windows XP oder Windows Vista läuft, bevorzugen wir die Arbeit am Macintosh. Deshalb werden Sie die meisten Illustrationen in der Macintosh-typischen Erscheinung sehen. Dies sollte eingeschworene Windows-Nutzer jedoch nicht abschrecken – alle Beispiele sind auch für sie vollständig nachvollziehbar. Beachten Sie jedoch die teilweise etwas unterschiedliche Bezeichnung der Tasten. Viele Befehle können über eine Tastenkombination ausgelöst werden. Die wichtigsten Kombinationen zu den vorgestellten Übungen sowie Tastenkürzel für die entsprechenden Werkzeuge finden Sie jeweils auf der ersten Seite eines neuen Kapitels. Wo im Text auf Befehle innerhalb von Menüs bzw. Untermenüs hingewiesen wird, erfolgt die Schreibweise *kursiv* und durch »>« getrennt, zum Beispiel: *Bild > Modus > RGB.*

Und nicht zuletzt möchten wir an dieser Stelle all jenen, die Anwendungsbeispiele zur Verfügung gestellt oder Abdruckgenehmigungen erteilt und so wesentlich zum Gelingen dieses Buchs beigetragen haben, sehr herzlich danken. Unser besonderer Dank geht an Juliane Popp für die zur Verfügung gestellten Bilder. Ebenso danken möchten wir der Firma ColorVision, die uns zum Kalibrieren des Monitors die Lösung Spyder2PRO zur Verfügung gestellt hat.

Pina Lewandowsky und
Katharina Sckommodau

Kapitel 1

Einführung in die Grundlagen

Von Pixeln und Vektoren

Grundsätzlich gibt es zwei verschiedene Darstellungsformen von Bildern: Pixelbilder oder Vektorgrafiken. Pixelbilder entstehen durch gescannte Vorlagen oder importierte Bilder einer Digitalkamera. Auch durch das Anlegen einer neuen Datei im Bildbearbeitungsprogramm entsteht ein Pixelbild. Eine Vektorgrafik besteht aus einer frei skalierbaren Kontur, die eine Fläche begrenzen kann.

Das gesamte Pixelbild unten zeigt zwar relativ glatte Kanten, in der Vergrößerung ist jedoch eine deutliche Treppchenbildung durch die Skalierung zu erkennen.

Unten die Vektorgrafik:

Bereits beim Originalbild wirken die Kanten deutlich präziser als beim oberen Pixelbild. Besonders deutlich sieht man den Qualitätsunterschied in der Vergrößerung.

Vektorgrafiken

Vektorbilder, auch vektororientierte oder objektorientierte Bilder genannt, wurden früher ausschließlich von Grafikprogrammen (auch Zeichen- oder Illustrationsprogrammen generiert. Lediglich die *Pfade* in Photoshop arbeiteten vektororientiert, ohne jedoch als solche ausgegeben werden zu können. Seit Version 6 ist nun auch in Photoshop das Arbeiten mit Vektoren – in *Form-* und *Textebenen* oder auch als *Smart Objekt* – möglich.

Die Konturen (*Outlines*) werden mithilfe von Ankerpunkten, Grifflinien und Bézierkurven in einem Koordinatensystem mathematisch definiert. Da ein Koordinatensystem als solches skalierbar ist, sind auch die darin festgelegten Vektorgrafiken verlustfrei skalierbar. Bei entsprechenden Größenveränderungen werden die Objektgrößen also neu berechnet. Ebenso erfolgt eine hochauflösende Berechnung beim Drucken oder Belichten solcher Dateien, sodass scharfe Konturen – unabhängig von der Bildauflösung (in Pixel) ausgegeben werden können.

Pixelbilder

Pixelbilder bestehen aus einer festen Anzahl von quadratischen, rasterförmig angeordneten Bildpunkten, den Pixeln. Beim Vergrößern der Ansicht sind die einzelnen Pixel zu sehen und können bearbeitet werden. Ein Pixel ist das kleinste Bildelement. Die Anzahl der Bildpunkte ist variabel und richtet sich danach, ob das Bild später beispielsweise gedruckt oder ausschließlich am Bildschirm dargestellt werden soll.

Schwarzweißbild im Bitmap-Modus (zwei Tonwerte)

Tonwert

Pixelbilder werden in Strichzeichnungen und Halbtonbilder eingeteilt. Strichzeichnungen, die auch Flächen enthalten können, haben nur zwei Tonwerte: Schwarz und Weiß. Halbtonbilder können einige hundert bis zu Millionen von Tonwerten (*Helligkeitsabstufungen*) enthalten. Dies können Graustufen- oder Farbbilder sein, etwa Fotografien oder Reproduktionen von Gemälden.

Halbtonbild im Graustufen-Modus (256 Graustufenwerte)

Farbtiefe und Bits

Die Farbtiefe (in Photoshop unter: *Bild > Modus*) stellt für jedes Pixelbild eine bestimmte Speichermenge pro Kanal zur Verfügung. Angegeben wird die Farbtiefe in Bit. Entsprechend der zwei Zustände von fließendem und nicht fließendem Strom, mit dem die Computerschaltkreise arbeiten, ist 1 Bit die kleinste Information für ein Pixel: entweder Schwarz oder Weiß – mathematisch ausgedrückt 2^1. In Photoshop ist dies der Modus *Bitmap*, er beinhaltet keine Grauwerte. Üblich sind des Weiteren Farbtiefen von 8 Bit ($2^8 = 256$ Helligkeitsabstufungen) als Modus *Graustufen* oder *Indizierte Farben* sowie 3 x 8 Bit (16,7 Millionen Helligkeits- bzw. Farbabstufungen) für Farbbilder im Modus *RGB* oder *Lab*. Eine Sonderrolle spielt der Modus *CMYK* mit 4 x 8 Bit Farbtiefe, der ausschließlich für den industriellen Druck vorgesehen ist.

Halbtonbild im RGB- oder CMYK-Modus (Millionen bzw. Tausende Tonwerte)

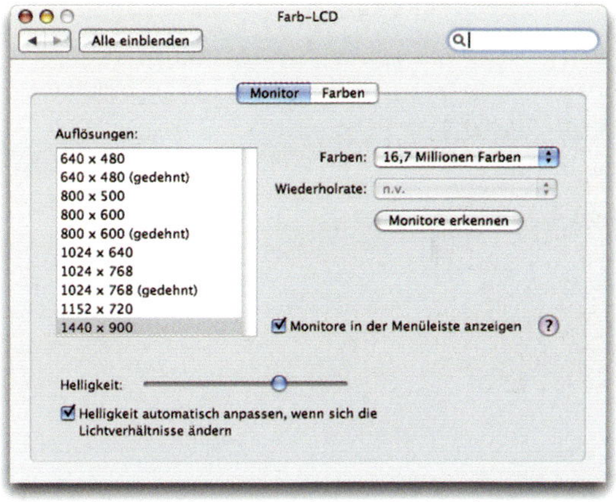

Auflösung

Die Gesamtanzahl der Pixel im Bild wird als Bildauflösung bezeichnet und in der Einheit ppi (pixels per inch für die Bildschirmauflösung) oder dpi (dots per inch für den Druck) angegeben. Je größer die Gesamtanzahl der Pixel im Bild, also je höher die Bildauflösung, desto genauer und detailreicher kann das Original wiedergegeben werden. Ein Bild in einer hohen Auflösung benötigt jedoch wesentlich mehr Speicherplatz. So wächst etwa die Dateigröße bei einem Bild mit einer doppelt so hohen Auflösung um das Vierfache an!

Darstellung am Monitor

Die Bildschirmauflösung bestimmt die Anzahl der Pixel, die der Monitor darstellt. Die Bildschirmauflösung variiert und kann individuell eingestellt werden. Hierbei wird eine Voreinstellung Breite x Höhe in Pixel ausgewählt: Unter MacOS X *Systemeinstellungen > Monitore*; unter Windows *Start > Systemeinstellungen > Monitore*. Von der Bildschirmauflösung hängt ab, in welcher Größe die Bilder am Monitor dargestellt werden. Je höher die Bildschirmauflösung, desto kleiner erscheinen die Bilder. Die Bildschirmauflösung kann auch pro Längeneinheit, also in dots per inch (dpi), ausgedrückt werden. Die Standardauflösung für die meisten Monitore beträgt 72 dpi.
Für die ausschließliche Bildschirmpräsentation des Bilds (Internet und Multimedia) sollte die endgültige Bildauflösung 72 dpi betragen. Ausschlaggebend ist hier nicht die Monitorauflösung, sondern die Angabe der Pixel in Breite und Höhe. Das Bild kann zwar für eine bessere Qualität in einer höheren Auflösung gescannt und bearbeitet werden, man muss es aber abschließend auf 72 dpi herunterrechnen.

✔ In Photoshop wird bei 100% Ansichtsgröße ein Bildpixel durch ein Monitorpixel dargestellt. Das bedeutet, dass beispielsweise ein Bild mit einer Auflösung von 72 dpi und einer Größe von 10 x 10 cm an einem Monitor je nach gewählter Bildschirmauflösung ca. 10 x 10 cm groß erscheint. Würde man die Bildauflösung auf 144 dpi verdoppeln, dann würde das Bild bei 100% Ansichtsgröße 20 x 20 cm groß angezeigt werden, ohne dass sich an der tatsächlichen Breite und Höhe des Bilds etwas ändert.

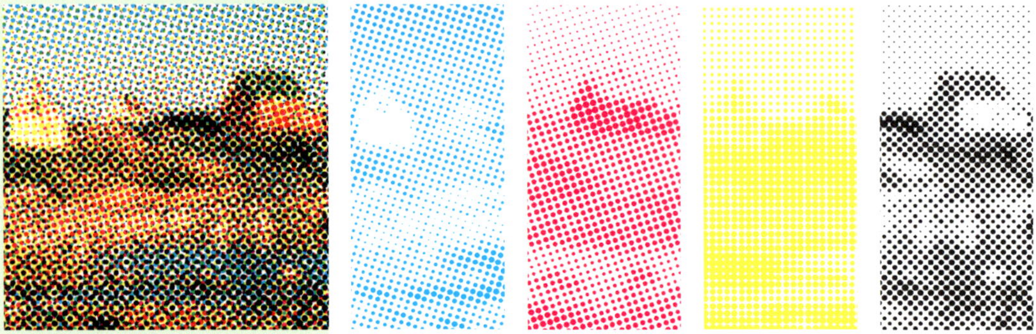

Farbbilder werden aus vier Rastern mit unterschiedlichen Rasterwinkeln in den Farben Cyan (105°), Magenta (75°) , Gelb (90°) und Schwarz (45°) erzeugt. Durch Mischung der lasierenden Farben und optische Mischung durch das Auge des Betrachters entstehen Hunderttausende Farbnuancen.

Aufbereitung für den Druck

(Rasterweite, Ausgabeauflösung)

Um ein Halbtonbild zu drucken, müssen die einzelnen Tonwertabstufungen durch unterschiedlich große Rasterpunkte simuliert werden. Dies geschieht beim Drucken beziehungsweise beim Belichten durch den *Raster Image Processor* (RIP) oder eine entsprechende Software. Für ein CMYK-Bild werden vier Raster eingesetzt – eines für jede Druckfarbe. Ist in der Datei eine Sonderfarbe angelegt, kommt ein fünftes Raster zum Einsatz.

✔ Umrechnungsfaktor von Linien pro Zentimeter (lpcm, l/cm) in Linien pro Inch (lpi): 2,54 (1 inch = 2,54 cm). Beachten Sie die, in Druckereien übliche Bezeichnung der Rasterweite in Linien pro Zentimeter (z.B. 60er Raster = 60 lpcm) und die im DTP übliche in Linien pro Inch (z.B. 152 lpi = 60 lpcm = 60er Raster).

Jeder Rasterpunkt befindet sich innerhalb einer (imaginären) Rasterzelle. Die Größe der einzelnen Rasterzellen wird durch die angegebene Rasterweite bestimmt. Die Rasterweite legt fest, wie viele Rasterzellen auf einer Längeneinheit vorhanden sind, und wird in Linien pro Inch (lpi) oder Linien pro Zentimeter (lpcm, l/cm) angegeben. Welche Rasterweite verwendet wird, hängt in erster Linie vom Druckverfahren und dem verwendeten Papier ab. Standardrasterweiten sind 28er–33er Raster (entspricht 70–85 lpi) für Tageszeitungen (stark saugendes Papier), 60er–80er Raster (entspricht 150–200 lpi) beispielsweise für Magazine, Kataloge, Image-Broschüren (gestrichenes, wenig saugendes Papier).

Bildauflösung für ein 60er Raster bei:

Samplingfaktor 2 = 300 dpi

Samplingfaktor 1,5 = 210 dpi

Samplingfaktor 0,5 = 72 dpi

✔ Bildauflösung für den Druck

Die richtige Bildauflösung hängt immer von der Ausgabeform ab. Im Printbereich wird die Qualität maßgeblich durch das Verhältnis zwischen Bildauflösung und Rasterweite bestimmt. Als Grundregel für Halbtonbilder gilt:

Optimale Bildauflösung in dpi = Rasterweite in lpi x 2

Das heißt, im Idealfall stehen beim Belichten für einen Rasterpunkt, bezogen auf die Länge, 2 Bildpixel zur Verfügung – bezogen auf die Fläche dementsprechend 4 Bildpixel. Damit ergibt sich beispielsweise für ein 60er Raster eine optimale Bildauflösung von 300 dpi: 60 l/cm entsprechen 152 lpi (60 l/cm x 2,54), 152 lpi x 2 = 304, also gerundet 300 dpi. Den Faktor 2 bezeichnet man auch als Sampling- oder Qualitätsfaktor. Der Samplingfaktor soll 1,5 nicht unterschreiten, da dies die Qualität sichtbar beeinträchtigt. Eine Ausnahme bilden Strichzeichnungen (Bilder mit 1-Bit-Farbtiefe) für den Druck: Sie sollten in einer Bildauflösung von mindestens 900 dpi gescannt bzw. angelegt werden, da sonst durch die fehlende Kantenglättung unschöne Treppeneffekte entstehen.

Vergrößerter Ausschnitt eines Rasters

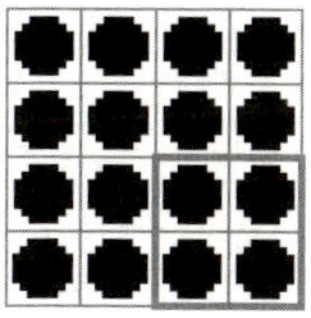

Noch einmal vergrößert

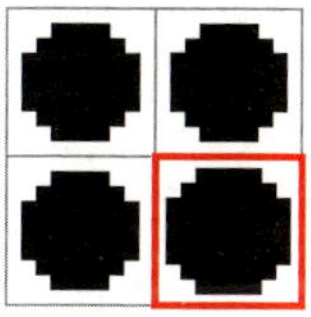

Rot gekennzeichnet: eine Rasterzelle

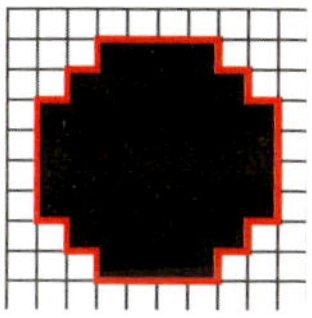

Der einzelne Rasterpunkt

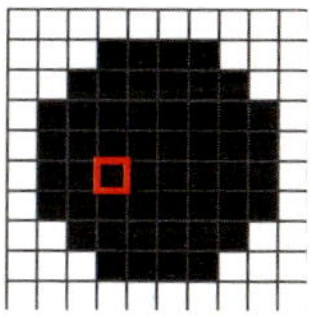

Ein Gerätepunkt

Geräteauflösung

Laserdrucker und -belichter erzeugen die einzelnen Rasterpunkte aus noch kleineren Punkten, den Gerätepixeln oder Gerätepunkten, da sie die Rasterpunktgröße nicht variieren können. Die Geräteauflösung gibt Auskunft darüber, wie viele Gerätepixel pro Inch erzeugt werden, und wird in dpi, lpi oder lpcm angegeben. Sie bestimmt somit die Ausgabematrix, also wie viele Gerätepixel eine Rasterzelle maximal aufnehmen kann und wie viele Graustufen somit erzeugt werden können.

Belichterauflösung: Entsprechend den 256 Tonwertabstufungen soll es auch 256 Rasterpunktgrößen beziehungsweise Tonwerte im gedruckten Bild geben. Um 256 Graustufen zu erreichen, muss der Belichter in einer Rasterzelle 16 x 16 (= 256) Gerätepunkte erzeugen; daraus ergibt sich der Faktor 16. So muss die Belichterauflösung etwa bei einem 60er Raster 2540 lpi (= 1000 l/cm) betragen:
60 l/cm x 2,54 = 152 lpi, 152 lpi x 16 = 2432 lpi. Für die Belichtung eines 30er-Rasters genügt eine Geräteauflösung von 1270 lpi (= 500 l/cm). Ist die Geräteauflösung zu niedrig, werden bei gleicher Rasterweite weniger Graustufen erzeugt.

Scanner-Auflösung: Hier ist die optische (auch physikalische) Auflösung des Geräts gemeint: bei einem Flachbett-Scanner die Anzahl der CCD-Elemente; bei Trommelscannern, die mit Lasertechnologie arbeiten, die Größe der Laserpunkte zur Bilderfassung. Als Einheit für die Scanner-Auflösung wird wiederum dpi oder auch lpi verwendet; Flachbett-Scanner arbeiten mit 600 bis 3800 dpi, High-End-Trommelscanner mit ca. 9000 dpi. Die Scanner-Auflösung bestimmt, mit welcher Bildauflösung ein Bild ohne »Interpolation« (siehe auch *S. 10*) der Scanner-Software gescannt werden kann. Je höher die Geräteauflösung, desto besser die Bildqualität. Dies macht sich insbesondere bei starken Vergrößerungen von kleinen Vorlagen (z.B. Kleinbilddias) bemerkbar.

✔ im Gegensatz zum Hochrechnen der Bilder ist das Herunterrechnen ist nicht so problematisch. Es bringt in vielen Fällen sogar eine Qualitätsverbesserung: So etwa nach dem Entfernen von Bildstörungen, bei dem in der Regel auch kleinste Bilddetails auf der Strecke bleiben.

Nachträgliche Größenveränderung

Es gibt Veränderungen, die keine Auswirkung auf die sichtbare Qualität des Bilds haben. Dazu gehören etwa Beschneiden oder die Vergrößerung der Arbeitsfläche von Bildern. Andere Veränderungen betreffen die Bildgröße oder Bildauflösung (*Bild > Bildgröße...*). Hier müssen Sie entscheiden, ob eine Neuberechnung, also eine Qualitätsveränderung des Bilds, stattfinden soll oder nicht.

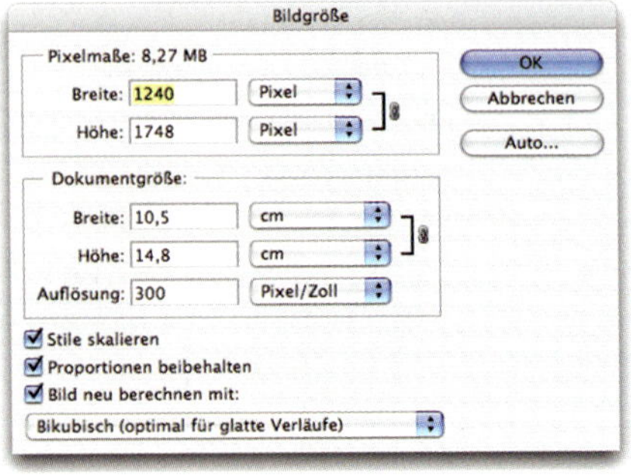

Die Option Bild neu berechnen mit bezieht sich auf die Anzahl der Pixel. Ist die Option nicht aktiv, findet keine Neuberechnung statt, die Anzahl der Pixel im Bild bleibt gleich. Verändert wird das Verhältnis von Bildgröße zur Bildauflösung: Wird die Bildauflösung erhöht, verkleinert sich die Bildgröße und umgekehrt. Die Dateigröße bleibt damit unverändert.
Andernfalls findet eine Neuberechnung statt. Gesamtanzahl der Pixel sowie die Dateigröße verändern sich.

Ausgabegröße und Skalierungsfaktor

Da nur selten die Größe der Vorlage mit der Zielgröße des Bilds übereinstimmt, ist es entscheidend, die Zielgröße (Proportion und ggf. Ausschnitt berücksichtigt) schon beim Scannen einzugeben. Unter einer späteren Vergrößerung leidet die Bildqualität. Um das Bild zu vergrößern, wird entweder die Bildauflösung in der Eingabe von Zielbreite und -höhe angehoben oder der Skalierungsfaktor höher gesetzt.

Oben: das Original
Mitte: bikubisch berechnet
Unten: Pixelwiederholung

Interpolation

Mit der Methode namens Interpolation berechnet Photoshop aus vorhandenen Farbwerten neue Werte, um die Erhöhung oder Verringerung der Pixelanzahl optisch auszugleichen. Generell stehen drei Interpolationsmethoden zur Verfügung, die Sie als Voreinstellung unter *Photoshop > Voreinstellungen > Allgemeine* oder im *Bildgröße*-Dialog wählen können. Die besten Interpolationsmethoden sind *Bikubisch, Bikubisch glatter* oder *Bikubisch schärfer*. *Pixelwiederholung* berechnet ohne Kantenglättung und wird verwendet, wenn Bilder mit ungeglätteten Kanten neu berechnet und diese Eigenschaft beibehalten werden soll. Eine Interpolation findet unter Umständen auch beim Scannen durch die jeweilige Scanner-Software statt, wenn die optische Auflösung des Geräts nicht ausreichend ist, zum Beispiel bei starken Vergrößerungen.

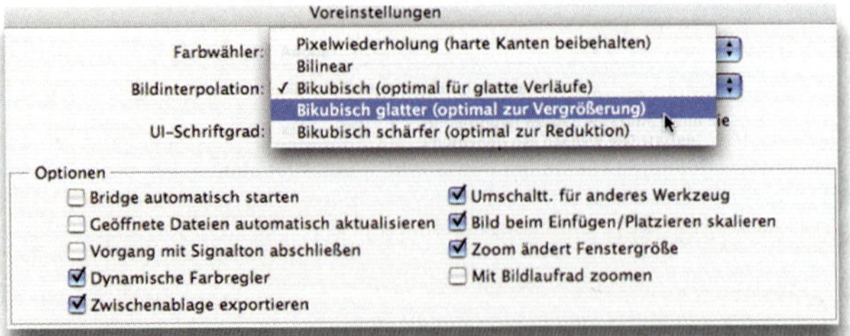

Photoshop CS3 bietet drei Varianten zu Bikubisch: zum Vergrößern hilfreich ist Bikubisch glatter, bei vielen Verläufen bringt Bikubisch (optimal für glatte Verläufe) geringfügig bessere Ergebnisse.

Separation

RGB-Bilder zeigen eine additive Farbmischung; alle Farben zusammen ergeben Weiß. Für den Druck hingegen benötigt man die subtraktive Farbmischung CMYK (Cyan, Magenta und Gelb ergeben zusammen theoretisch Schwarz, K, die Schlüsselfarbe Schwarz, sorgt für ausreichend Tiefen). Mischfarben enthalten in der Regel alle vier Farben in unterschiedlichen Anteilen. Die verschiedenen Farbwerte entstehen durch das Zerlegen der Farben in einzelne gerasterte Flächen, die übereinander gelegt die gewünschte Mischung ergeben.

Beim Druck gibt es für jede der vier Farben eine extra Druckplatte. Damit die einzelnen Farbpunkte nicht exakt übereinander zu liegen kommen, werden die Punkte der einzelnen Farbraster in unterschiedlichen, fest definierten Winkeln gedruckt. Solche vom Standard abweichende Raster sollten nur auf Empfehlung der Druckerei eingestellt werden.

Bei der Separation werden die Farben des Bildes von RGB nach CMYK gewandelt. Vorsicht ist hierbei jedoch geboten; der Separationsvorgang ist nicht umkehrbar – konvertiert wird von einem größeren (RGB) in einen kleineren (CMYK) Farbraum. Bestimmte, etwa stark gesättigte Farben können verloren gehen. Hierbei ist es entscheidend, welche Voreinstellungen in Photoshop zum Zeitpunkt der Separation vorgenommen wurden. Es ist z. B. ein gravierender Unterschied, ob für gestrichenes

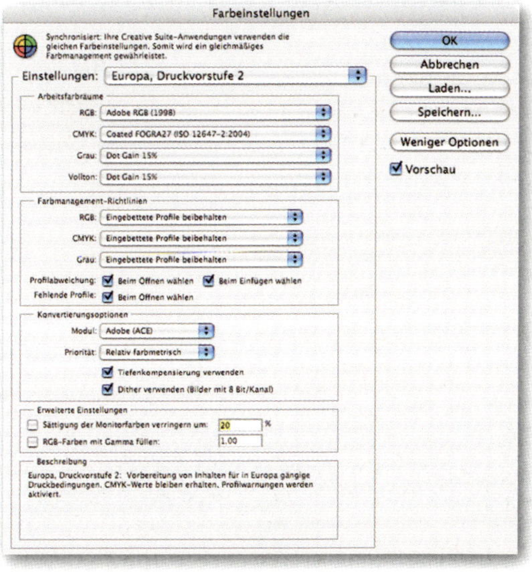

Papier oder Zeitungspapier separiert wird (vergl. »Druckpunktzuwachs«). Bei der Separation für ein stärker saugendes Papier beispielsweise werden die Farbkomponenten prozentual aufgehellt und der »Gesamtfarbauftrag« reduziert, um dem relativ starken Auslaufen der Druckpunkte entgegenzuwirken – das Druckergebnis wird in Photoshop am Bildschirm simuliert. Würde man ein so separiertes Bild auf gestrichenem Papier drucken, würde es zu hell erscheinen. Deshalb ist es dringend notwendig, vor der Separation die Einstellungen zu prüfen, damit mit dem richtigen Profil konvertiert wird.

Beim Separieren entfernt das Programm aus Cyan, Magenta und Gelb die Farbanteile, die in der Mischung neutrales Grau ergeben. Sie finden sich dann anteilig auf dem Schwarzfilm wieder. Es gibt zwei Methoden zur Unterfarbenentfernung; UCR (Under Color Removal) und GCR (Gray Component Replacement). UCR entfernt alle Farben unter reinem Schwarz; hellere Farben erhalten somit ihre Leuchtkraft. GCR hingegen überträgt einen größeren Anteil der Farben auf den Schwarzfilm; die Farben wirken so gesättigter. Diese Methode findet bei den meisten Bildern Anwendung.

Photoshop bietet den Dialog *Farbeinstellungen* im Menü *Bearbeiten*. Eigene Separationseinstellungen sind zwar möglich, generell sollte man jedoch darauf verzichten. Heute wird standardmäßig über ICC-Profile separiert. Aktuelle Profile und weitere Informationen hierzu sind unter www.eci.org zu finden. In jedem Fall ist es sinnvoll, die RGB-Daten als Sicherheitskopie zu behalten.

✔ Druckpunktzuwachs

Saugt das Papier die Druckfarben auf, ist es unvermeidbar, dass die Farbe geringfügig verschmiert oder ausläuft. Hierdurch ändert sich die festgelegte Größe der einzelnen Rasterpunkte und dadurch auch die Helligkeit des dargestellten Bereiches. Die Stärke des Druckpunktzuwachses wird maßgeblich durch die Art des Papiers bestimmt. So wachsen die Druckpunkte auf einem stark saugenden Zeitungspapier wesentlich stärker an als auf gestrichenen Papieren.

Kapitel 2

Wichtige Tastaturkürzel

Neue Ebene	Strg/⌘ + ⇧ + N
Neue Ebene durch Kopie	Strg/⌘ + J
Ebenen gruppieren	Strg/⌘ + G
Ebenengruppierung aufheben	Strg/⌘ + ⇧ + G
Ebenen anordnen: In den Vordergrund	Strg/⌘ + ⇧ + Ä
Ebenen anordnen: Schrittweise nach vorne	Strg/⌘ + Ä
Ebenen anordnen: Schrittweise nach hinten	Strg/⌘ + #
Ebenen anordnen: In den Vordergrund	Strg/⌘ + ⇧ + #
Gradationskurven	Strg/⌘ + M
Frei Transformieren	Strg/⌘ + T
Fläche füllen	⇧ + F5
Schnittmaske erstellen	Strg/⌘ + ⇧ + Alt/⌥ + G
Alles auswählen	Strg/⌘ + A
Auswahl aufheben	Strg/⌘ + D
Kopieren	Strg/⌘ + C
Ausschneiden	Strg/⌘ + X
Einfügen	Strg/⌘ + V

Wichtige Werkzeuge

Pinsel-Werkzeug	B
Radiergummi-Werkzeug	E
Schnellauswahl, Zauberstab	W
Verschieben-Werkzeug	V

Ebenen und Masken

Grundlagen >
Ebenen und Masken

Ebenen funktionieren wie transparente Folien, die mit verschiedenen Details (Schrift, Bildausschnitte ...) bestückt werden können. Übereinandergelegt ergeben sie dann ein Gesamtbild der einzelnen Details, die wiederrum einzeln bearbeitbar bleiben.
Zudem gibt es die Palette *Ebenenkomp.*. Eine *Ebenenkomposition* ist eine Art Schnappschuss von einer bestimmten Zusammenstellung verschiedener Bildteile, die auf unterschiedlichen Ebenen liegen. So können, etwa für eine Präsentation, verschiedene Elemente in einer Ebenenkomposition ein- oder ausgeblendet sein oder deren Ebenenreihenfolge ist in einer anderen Komposition geändert. Es entstehen im gleichen Bild somit unterschiedliche Varianten, die als *Ebenenkompositionen* schnell abrufbar sind.

© Commosso

Trotz ihres kleinen Breiten- und Längenmaßes zeigt die fürs Internet konzipierte Anzeige eine beachtliche Zahl an verschiedenen Ebenen.
Unten stehende Grafik zeigt die Bedeutung der einzelnen Ebenendetails anhand der Ebenen-Palette der oberen Anzeige.

Transparente Schichten: Ebenen

Die Ebenen werden in der Palette *Ebenen* verwaltet, weitere Funktionen finden sich im Menü *Ebene*: Ebenen können ausgerichtet, verteilt, zusammengefasst oder gruppiert werden. Mit einem Ebenenstil bearbeiten Sie deren Ränder oder Füllungen und fügen den Objekten der ausgewählten Ebene einen Schlagschatten hinzu (Übungen hierzu finden Sie unter anderem in *Kapitel 4*).
Zu den reinen Bildebenen gesellen sich *Textebenen*, *Formebenen* oder spezielle Ebenen für *Smart-Objekte* (siehe auch *Kapitel 11 > Formebenen und Smart Objekte*). Weiter gibt es zur verlustfreien Korrektur verschiedene Einstellungsebenen. Hier finden Sie die wichtigsten Funktionen aus dem Menü *Bild > Anpassungen* (siehe *Kapitel 8 > Korrektur*).
Die neue große Photoshop-Variante CS3 Extended bietet außerdem weitere Ebenen für Video und 3D.

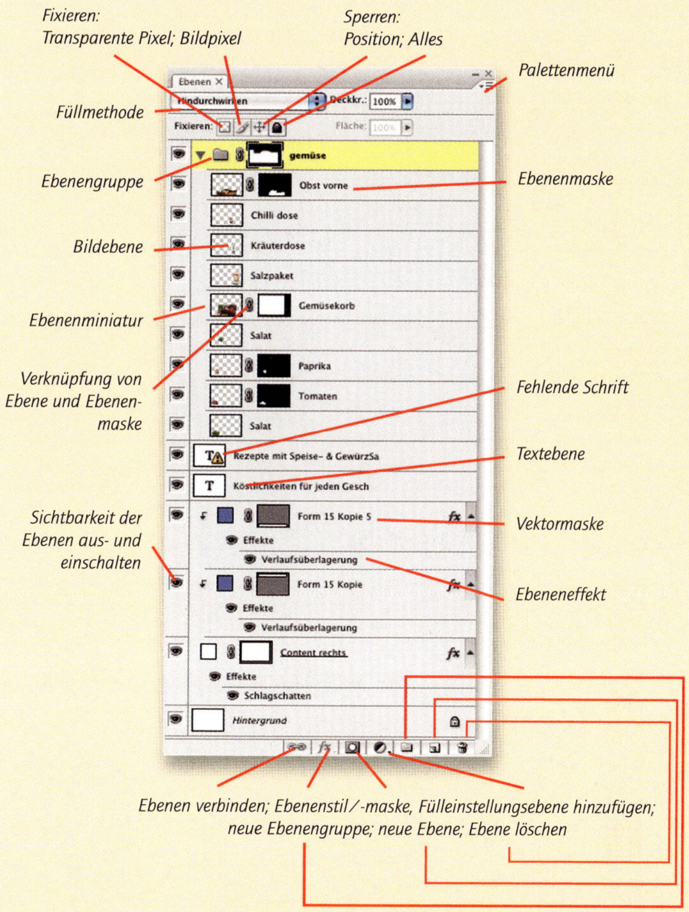

Die elegante Wahl: Masken

Sucht man in Photoshop nach Masken, wird man an mehreren Stellen fündig. So gibt es im Menü *Ebenen*:

- *Ebenenmasken*
- *Vektormasken* (*Kap. 11*)
- Die Funktion *Schnittmasken erstellen* (*Kap. 4*)

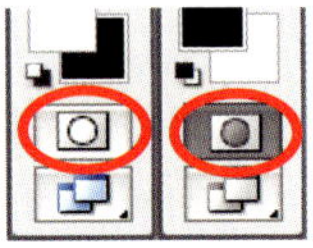

Links: Normalmodus, rechts: Maskierungsmodus

Zudem findet man in der *Werkzeug*-Palette den *Maskierungsmodus*. Der *Maskierungsmodus* ist eigentlich ein Auswahlwerkzeug. Durch das Arbeiten im *Maskierungsmodus* erstellen Sie eine temporäre Maske, die beim Wechseln in den *Standardmodus* in eine aktive Auswahl umgewandelt wird. Es handelt sich hierbei um ganz gewöhnliche Auswahlbereiche, die durch Abklicken aufgehoben werden. Zum Speichern einer beliebigen Auswahl verwenden Sie den Befehl *Auswahl* > *Auswahl speichern* – dadurch wird ein *Alphakanal* angelegt.

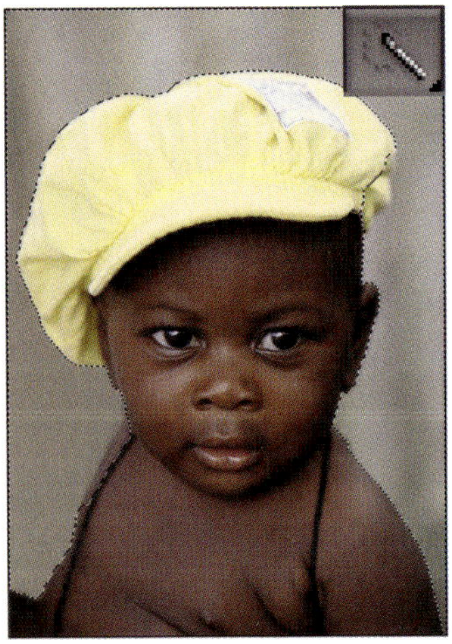

1

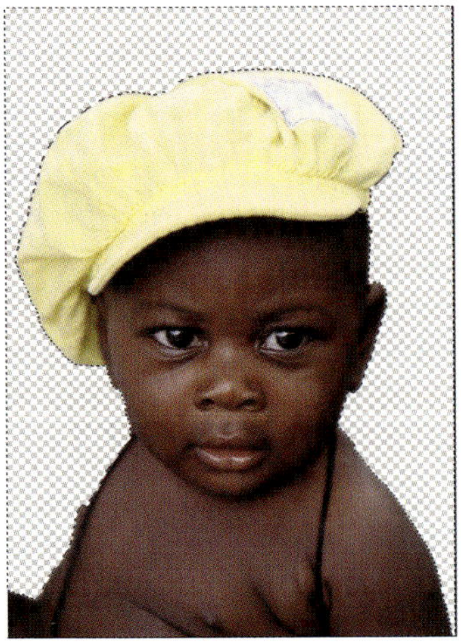

2

2

✔ Masken-Optionen ändern

Der Dialog *Masken-Optionen* wird durch Doppelklick auf den *Maskierungsmodus*-Schalter geöffnet. Mit den *Masken-Optionen* können Sie die Maskenfarbe ändern. Die voreingestellte (rote) Maskenfarbe sollte nur geändert werden, wenn Sie ein Bild mit vielen Rottönen maskieren müssen. Zum Ändern der Farbe klicken Sie einmal auf das (rote) Farbfeld. Im Dialog *Maskenfarbe wählen* wählen Sie eine andere Farbe. Die Deckkraft der Maskendarstellung hat nichts mit der Deckkraft der Maske zu tun: Mit der Deckkraft der Maskendarstellung stellen Sie ein, wie viel Sie von Ihrem Bild beim Maskieren sehen. Die Voreinstellung von 50% ist empfehlenswert.

Sie können bei Bedarf mit dem Ändern der *Masken-Optionen* die beschriebene Wirkungsweise der Maske umkehren:

- **Maskierte Bereiche**: Normalerweise stellt die (rote) Maskenfarbe die geschützten (also die nicht ausgewählten) Bereiche dar.
- **Ausgewählte Bereiche**: Durch Wählen dieser Option stellen Sie ein, dass die (rote) Maskenfarbe die ungeschützten (also die ausgewählten) Bereiche darstellen soll.

Masken dienen zum Ausblenden der Bildteile, um andere Bildbereiche der darunter befindlichen Ebenen zu zeigen. Anders als bei der Technik, eine gewählte Fläche der Ebene direkt zu löschen, geht bei einer Maske nichts verloren, sie arbeitet zerstörungsfrei. Masken kann man auch nachträglich noch bearbeiten. *Ebenenmasken* beruhen auf Pixeldaten. Sie können mit allen gängigen *Malwerkzeugen* bearbeitet werden. *Vektormasken* entstehen mittels Formwerkzeug oder *Zeichenstift*. Neue Masken werden entweder über das Menü der Ebenen-Palette, mittels Schaltfläche in der *Ebenen*-Palette oder über das Menü *Ebene* angelegt.

Eine *Ebenenmaske* blendet die gesamte Ebene entweder ein oder aus. Indem man auf die Maske malt, bestimmt man, welche Teile der Ebene aus- oder eingeblendet sind. Gehen Sie wie folgt vor:

1 Öffnen Sie ein geeignetes Bild. Duplizieren Sie die Hintergrundebene (*Ebene > Ebene duplizieren)*. Schalten Sie die Sichtbarkeit der Hintergrundebene aus. Wählen Sie *Ebene > Ebenenmaske > Alle einblenden.*

2 Klicken Sie auf die Maskenminiatur in der *Ebenen*-Palette. Bildbereiche blenden Sie aus, indem Sie diese auf der Maske schwarz färben. Wählen Sie mit dem *Schnellauswahlwerkzeug* den Hintergrund, dann *Bearbeiten > Fläche füllen* und wählen Sie im Dialog *Fläche füllen Schwarz.* Der Hintergrund ist nun ausgeblendet.

3 Im Beispiel wurden ein Teil der Mütze rechts sowie ein Stück Schulter im Hintergrund links versehentlich ausgeblendet. Blenden Sie die *Hintergrundebene* wieder ein. Blenden Sie ebenso den Kanal *Hintergrund Kopie Maske* ein. Bemalen Sie gegebenenfalls mit dem *Pinsel* die fehlenden Details der Mütze mit Weiß.

✔ Weiß blendet die Ebene ein. Um die Ebene teilweise einzublenden, malen Sie mit verschiedenen Graustufen in die Maske. Je dunkler, desto transparenter erscheint die Ebene. Um die Maske zu erweitern, malen Sie sie schwarz an.

✔ Möchten Sie wieder die Ebene bearbeiten, wählen Sie mit einem Klick auf die Miniatur in der *Ebenen*-Palette die Ebene wieder aus.

✔ Um eine Ebenenmaske zu erstellen, die bereits Bereiche der Ebene ausblendet, erstellen Sie eine Auswahl, bevor Sie die Maske anlegen.

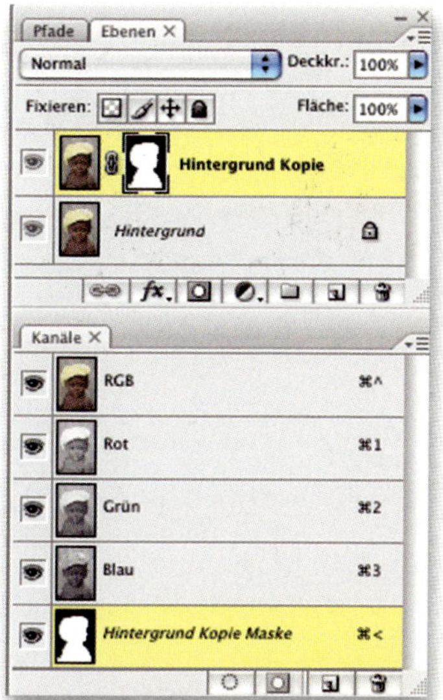

3

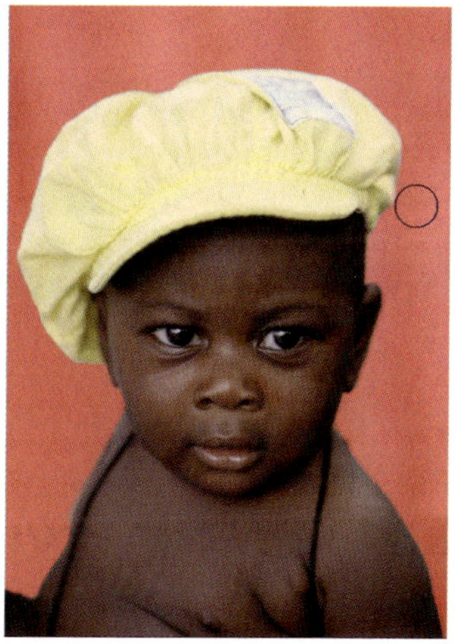
3

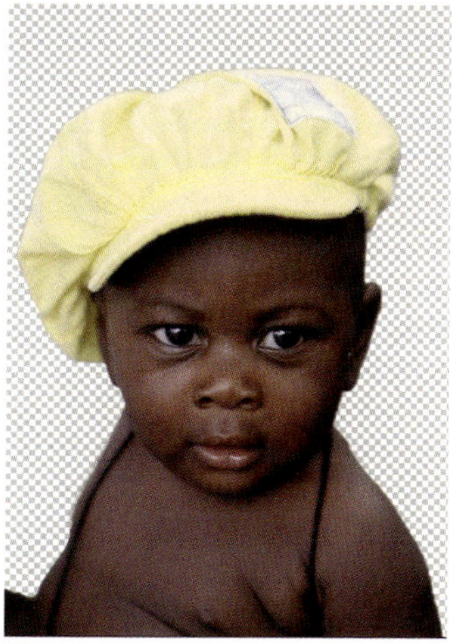
3

Ebenenmaske > Per Alphakanal

Mit Alphakanälen und Ebenenmasken können ungewöhnliche Bildbegrenzungen gestaltet werden. Derartige Effekte lassen sich preiswert und individuell in Photoshop erstellen. In einem *Alphakanal* wird der entsprechende Effekt erzeugt, wobei die schwarzen Bereiche das Bild später abdecken, in den weißen wird das Bild gezeigt. Der *Alphakanal* wird dann als Auswahl geladen und damit wird eine Ebenenmaske angelegt.

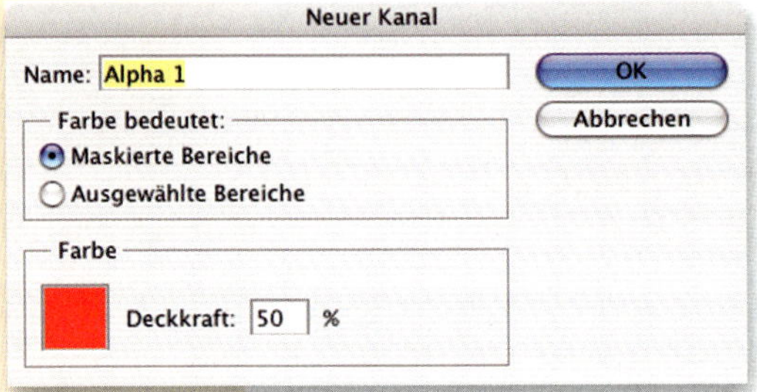

1

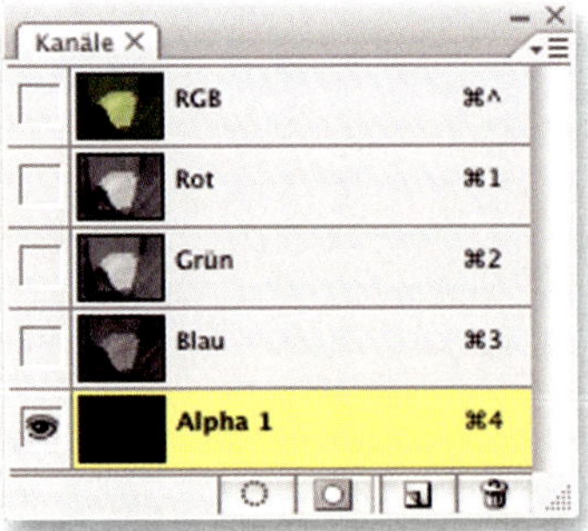

1

1 Öffnen Sie die Datei *Schmetterling.tif.* Wechseln Sie in die *Kanäle*-Palette und legen Sie dort einen neuen *Kanal* (*Alpha 1*) an.

2 Erzeugen Sie im Kanal die Maskierung, etwa mit verschiedenen Werkzeugspitzenformen des *Pinsels* und weißer Vordergrundfarbe.

2

3 Laden Sie den Alphakanal als Auswahl durch Ziehen auf das Auswahlsymbol in der *Kanäle*-Palette oder über das Menü *Auswahl > Auswahl laden*. Der Alphakanal wird in eine Auswahl umgewandelt.

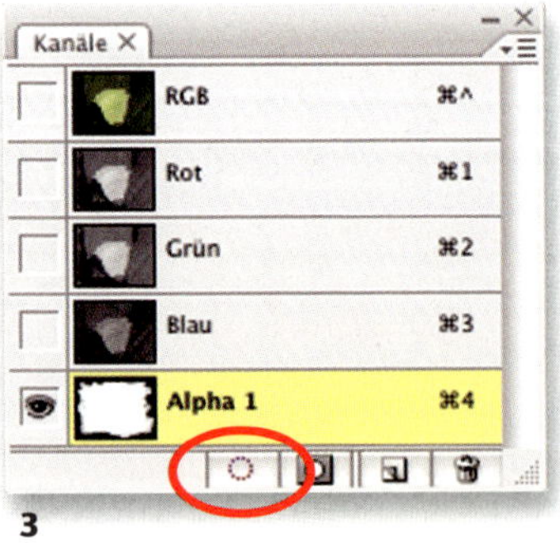

3

4 Wechseln Sie in die Ebenen-Palette und aktivieren Sie die Ebene. Ist dies eine Hintergrundebene, wandeln Sie sie per Doppelklick in die editierbare *Ebene 0* um. Klicken Sie bei aktiver Auswahl auf den Schalter *Ebenenmaske hinzufügen*. Schwarze Bildbereiche innerhalb der Ebenenmaske werden ausgeblendet, weiße bleiben sichtbar.

4

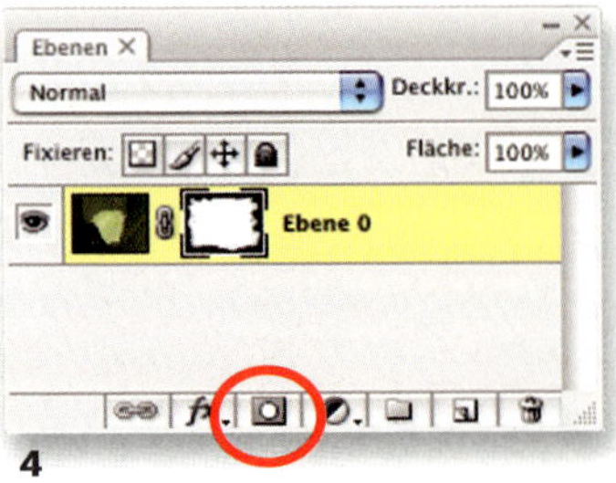

4

5 Fügen Sie eine neue Ebene ein und ziehen Sie diese in der *Ebenen*-Palette unter die *Ebene 0*. Füllen Sie die neue Ebene mit einer Farbe nach Wahl, im Beispiel weiß (*Bearbeiten > Fläche füllen*).

6 Wird der Verbindungsschalter zwischen der Ebenen- und Maskenminiatur in der Ebenen-Palette ausgeschaltet, lässt sich der Bildausschnitt innerhalb der Maske verschieben. Umgekehrt kann so natürlich auch die Maskierung verschoben werden – je nachdem, ob die Ebene oder Maske aktiviert ist.

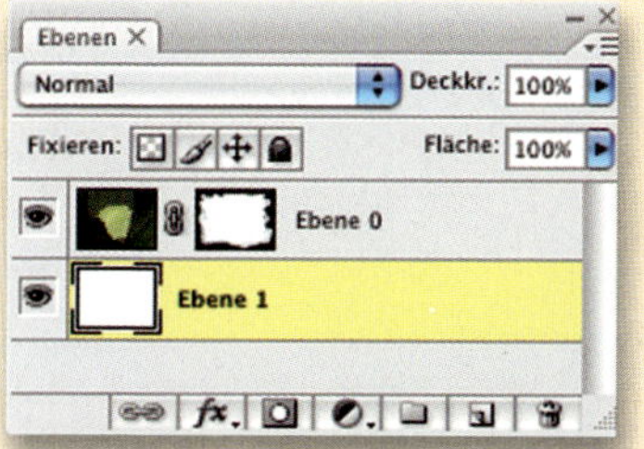

5

5

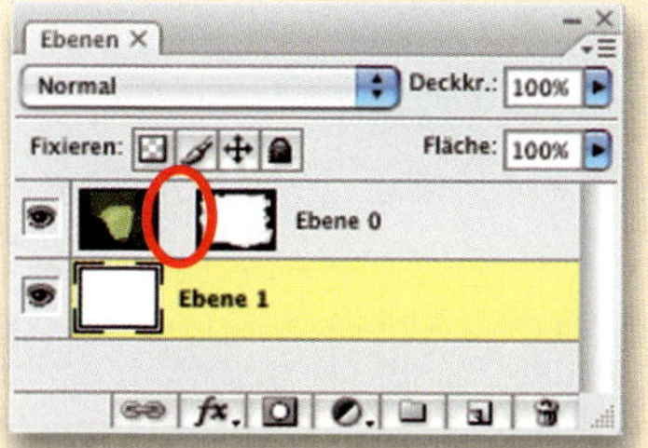

6

6

✔ Wenn Sie sich im Maskierungsmodus befinden, erscheinen alle Bildteile, die zuvor nicht ausgewählt waren, wie mit einem transparent-roten Film überzogen. Dieser rote Film ist die Maskenfarbe, die Sie auftragen und auch wieder entfernen können. (Sie verändern damit nicht die Farben in Ihrem Bild!) In den Farbpaletten stehen jetzt nur die Farben Schwarz, Weiß sowie Grautöne zur Verfügung. Mit Schwarz wird voll maskiert, also hundertprozentig abgedeckt bzw. geschützt (dargestellt durch die rote Maskenfarbe). Mit 50% Grau wird teilweise maskiert (dargestellt durch hellrote Maskenfarbe), mit Weiß wird nichts maskiert bzw. Maskenfarbe entfernt (das Bild kommt wieder vollständig zum Vorschein).

Ebeneneinsatz > Schattenvarianten

Oft muss ein freigestelltes Motiv auf einen neuen Hintergrund montiert werden. Soll die Montage möglichst echt wirken, wird auch der Schatten des Motivs benötigt. Für eine solche klassische Freistellungsaufgabe müssen grundsätzlich das Motiv und der Schatten separat freigestellt und auf extra Ebenen gelegt werden. Um einen Schatten freizustellen, verwenden Sie den *Extrahieren*-Befehl im Menü *Filter* oder den Befehl *Auswahl > Farbbereich...* (siehe auch *Kapitel 7 > Auswählen und Freistellen*).

1

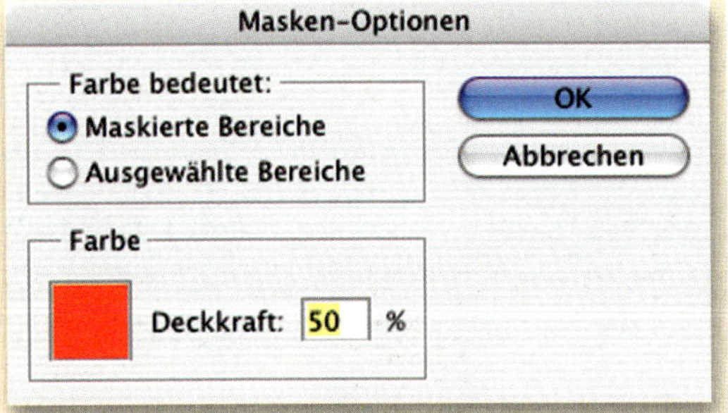

2

1 Öffnen Sie das Bild *Ente_Freist.tif.* Legen Sie für alle weiteren Bearbeitungsschritte eine Kopie der Hintergrundebene an. Im Bild ist bereits eine Auswahl gespeichert. Wählen Sie *Auswahl > Auswahl laden* und im Dialog bei *Kanal* die *Ente*. Aktivieren Sie nur die Ebene *Hintergrund Kopie* und blenden Sie die anderen Ebenen aus. Aus dieser Ebene soll jetzt der Schatten herausgelöst werden.

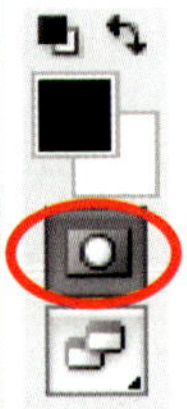

2 Kehren Sie die Auswahl um – es sind nun alle Bereiche außerhalb des Motivs ausgewählt. Doppelklicken Sie auf das Symbol *Maskierungsmodus* in der *Werkzeug*-Palette, um die Maskierungsfarbe gegebenenfalls zu ändern.

3 Verwenden Sie nun den Befehl *Auswahl > Farbbereich ...*, da der Schatten relativ ähnliche Farbtöne aufweist. Klicken Sie mit der linken Pipette in einen typischen Schattenbereich im Bild und beginnen Sie mit einer *Toleranz* von *40*. Regeln Sie die Toleranz so, dass auch die Schattenbereiche der Stoßstange vorne mit in der Auswahl enthalten sind. Sie können auch mit der *Plus*-Pipette oder gedrückter [⇧]-Taste weiter in die übrigen Schattenbereiche klicken, um den Schatten zu erweitern; mit der *Minus*-Pipette entfernen Sie Farbbereiche aus der Auswahl. Bestätigen Sie mit *OK*.

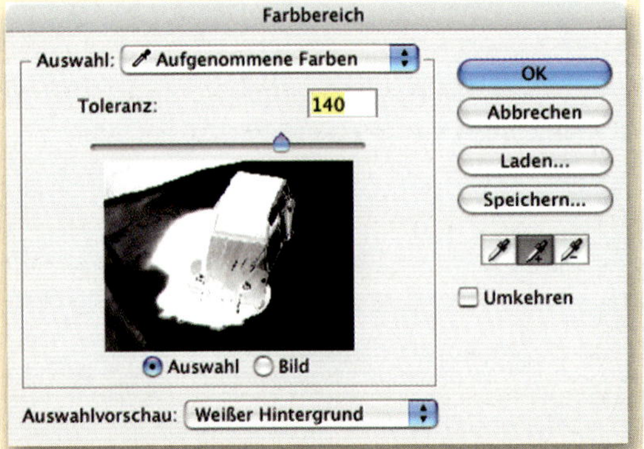

3

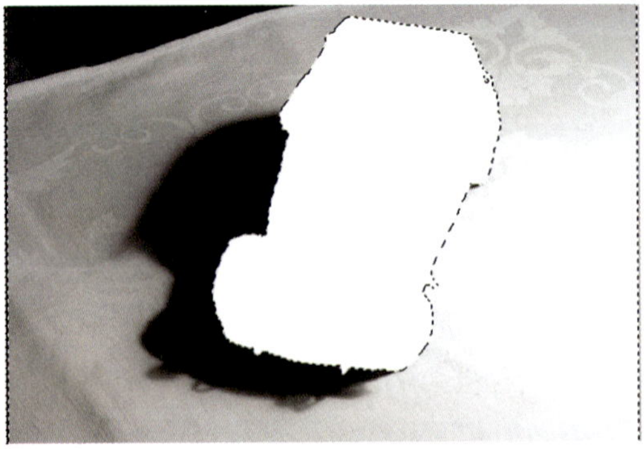

3

4 Das Ergebnis ist eine aktive Auswahl. Legen Sie nun bei aktiver Auswahl eine neue Ebene an und füllen Sie diese mit einer (zum neuen Hintergrund) passenden Farbe (Vordergrundfarbe über die Werkzeug-Palette doppelklicken und dann im *Farbwähler* auswählen; dann *Bearbeiten* > *Fläche füllen*). Heben Sie dann die Auswahl auf.

4

5 Blenden die Ebene *Hintergrund Kopie* aus und entfernen Sie mit dem Radiergummi überflüssige Ränder und die dunkle Ecke oben links, so dass nur der Schatten bestehen bleibt.

5

4

6 Wählen Sie als Füllmethode für die Schattenebene *Multiplizieren* und reduzieren Sie die Deckkraft (hier *80%*).

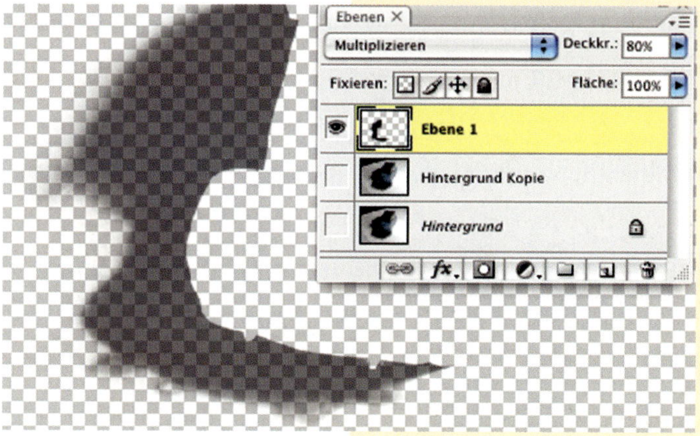

6

7 Laden Sie die Auswahl *Ente* erneut. Aktivieren Sie die Hintergrundebene und wählen Sie *Bearbeiten* > *Kopieren*, danach *Bearbeiten* > *Einfügen*; das Modellauto befindet sich automatisch auf einer neuen Ebene. Schieben Sie diese neue Ebene (*Ebene 2*) an die oberste Stelle in der *Ebenen*-Palette.

7

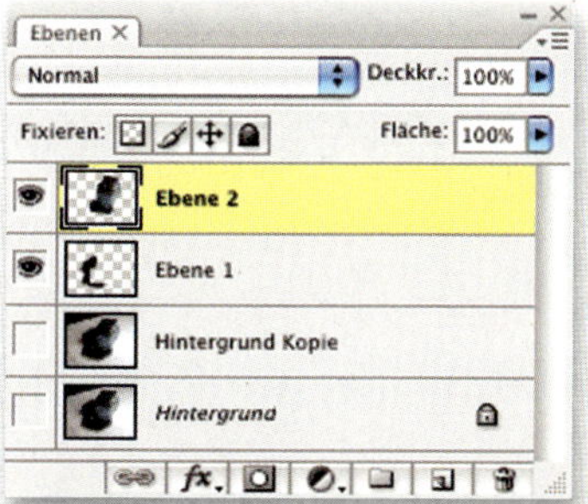

7

✔ Sollten die Kanten des Objekts und die des Schattens nicht ganz aneinanderstoßen, wiederholen Sie Schritt 7. Vergrößern Sie jedoch die Auswahl nach dem Laden um 1 Pixel (*Auswahl* > *Auswahl verändern* > *Erweitern ...*).

8

9

8 Öffnen Sie eine Datei, die als neuer Hintergrund dienen soll (etwa *Wand.jpg*) und ziehen Sie diese per Drag&Drop in die Datei mit dem freigestellten Motiv. Alternativ (wie im Beispiel) fügen Sie das Objekt mit Schatten der neuen Datei hinzu: Sie schalten Schatten und Objekt sichtbar, die beiden Ebenen *Hintergrund* und *Hintergrund Kopie* nicht und wählen Sie *Bearbeiten > Auf eine Ebene reduziert kopieren*, danach *Bearbeiten > Einfügen.*

9 Passen Sie den Hintergrund perspektivisch an das Motiv an oder das Motiv perspektivisch an den Hintergrund an (*Bearbeiten > Frei transformieren*). Im Beispiel wurde das Auto horizontal gespiegelt, damit die Lichtverhältnisse des Hintergrunds besser zur Beleuchtung des Objekts passen.

✔ Soll ein Objekt in ein neues Foto eingebaut werden, reicht es nicht, nur auf den Schatten zu achten. Wichtig ist es ebenso, dass der Blickwinkel nicht allzu große Unterschiede zeigt, da eine perspektivische Korrektur nur kleinere Ausgleiche erlaubt.

10

10

10 Durch das Extrahieren kann es vorkommen, dass, je nach altem Hintergrund, eine helle oder dunkle Kante vor dem neuen Hintergrund sichtbar wird. Aktivieren Sie deshalb die Ebene mit dem freigestellten Motiv und wählen Sie den Befehl *Ebene > Hintergrund >* (hier) *Weiß entfernen.* Je nach altem Hintergrund kann auch *Schwarz entfernen* oder *Rand entfernen* angebracht sein.

✔ Frei transformieren-Kurzbefehle

Bewegen:	Zeiger innerhalb des Rechtecks platzieren
Skalieren:	Zeiger über einem Anfasser platzieren proportional mit [⇧]
Drehen:	Zeiger außerhalb des Rechtecks in der Nähe eines Eckanfassers platzieren in 5°-Winkel-Schritten mit [⇧]
Neigen:	Zeiger mit [⇧] + [Strg]/[⌘] über einem seitlichen Anfasser platzieren
Verzerren:	Zeiger mit über einem Eckanfasser platzieren
Perspektivisch verzerren:	Zeiger mit [⇧] + [Alt]/[⌥] und [Strg]/[⌘] über einem Eckanfasser platzieren
Widerrufen:	[Strg]/[⌘] + [Z]
Bestätigen der Transformation:	[R]
Abbrechen des Befehls:	[Esc]

Modifikationen

Ein einmal freigestelltes Motiv lässt sich mit beliebigen Hintergründen versehen. Nur die Farbe des Schattens und eventuell die Deckkraft und/oder der Ebenenmodus müssen angepasst werden.

✔ Soll das freigestellte Bild mit Schatten auf einem farbigen Hintergrund im Layoutprogramm platziert werden, sollte die identische CMYK-Mischung in Photoshop erzeugt und der Hintergrund mit dieser gefüllt werden. Denn: Ein in Photoshop angelegter Freisteller kennt keine transparenten Bereiche, die jedoch für eine glaubwürdige Darstellung der Schattenränder notwendig sind. Beachten Sie hierbei, dass das Bild zu diesem Zweck vor der Farbfüllung schon im CMYK-Modus vorliegt. (Die Bildschirmdarstellung der Farben des Bilds mit Farben gleicher Mischung des Layoutprogramms stimmt leider nicht überein – drucken Sie zur Kontrolle Farbauszüge aus dem Layoutprogramm).

Schatten auf Unebenheiten

Die folgende Übung zeigt, wie man mithilfe einer *Versetzungsmatrix* den an sich flachen Schatten des Modellautos auf eine plastische Fläche übertragen kann.

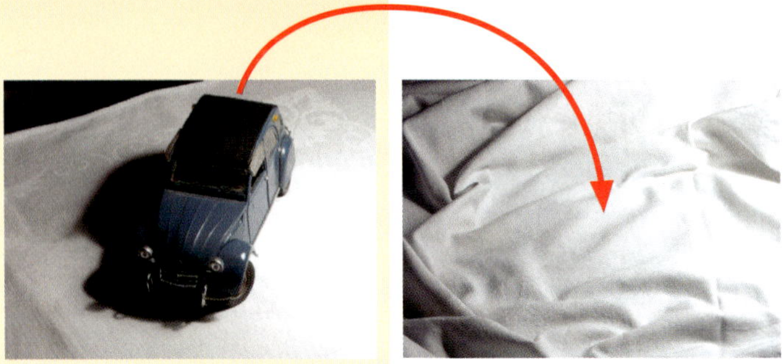

1 1

1 Öffnen Sie die Dateien *Ente_Freist.tif* und *Hintergrund.tif*. Um eine Versetzungsmatrix herzustellen, duplizieren Sie das Bild *Hintergrund.tif* (*Bild > Bild duplizieren*). Wandeln Sie das Duplikat in den Graustufenmodus um (*Bild > Modus > Graustufen*).

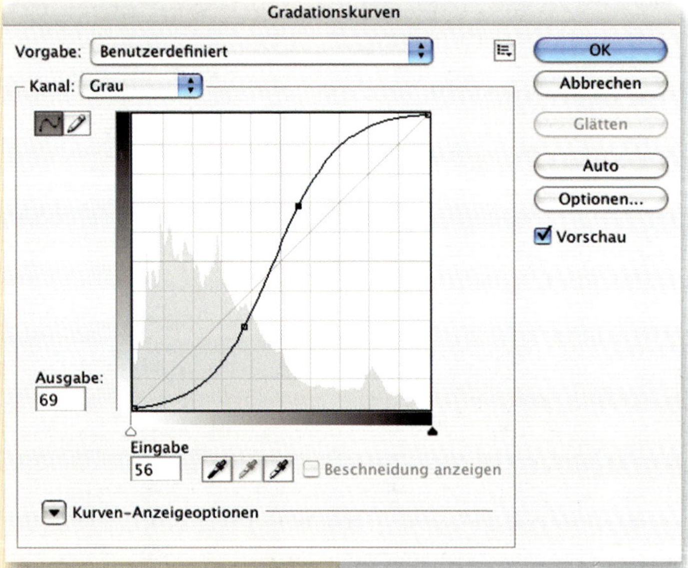

2

2

2 Erhöhen Sie den Kontrast mit dem Befehl *Bild > Anpassungen > Gradationskurven* (eine S-Kurve bewirkt eine Erhöhung des Kontrasts) oder *Bild > Anpassungen > Helligkeit/Kontrast*. Dies ist sinnvoll, da Pixel mit einem Helligkeitswert von 128 (50 % Grauton) später nicht versetzt werden.

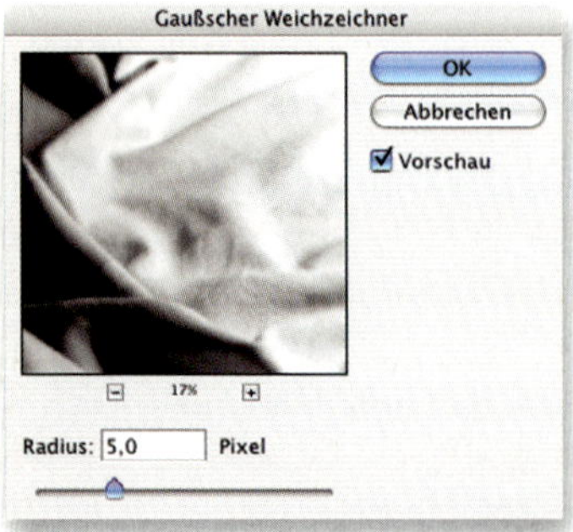

3

3 Wenden Sie dann den *Filter > Weichzeichnungsfilter > Gaußscher Weichzeichner* mit einem Radius von *2 Pixel* an. Speichern Sie die Datei im Photoshop-Format als *Matrix.psd* ab und schließen Sie sie.

5 Wechseln Sie zur Datei *Ente_Freist.tif*. Wählen Sie *Auswahl > Auswahl laden* und im Dialog bei *Kanal* die *Ente*. Kopieren Sie das Auto auf eine extra Ebene.

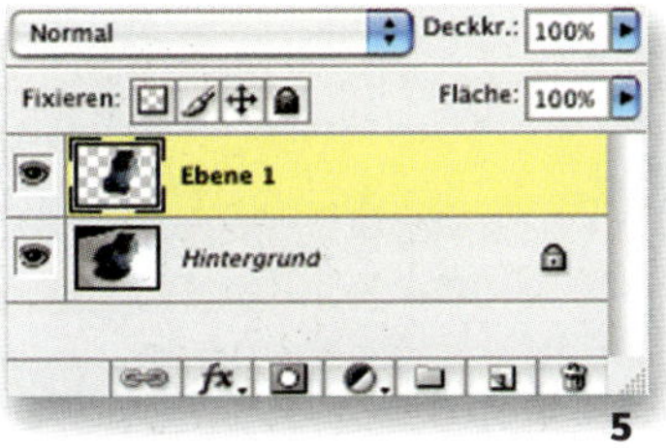

5

5

6 Arbeiten Sie auf der Hintergrundebene weiter. Verkleinern Sie die Auswahl um 2 Pixel (*Auswahl > Auswahl verändern > Verkleinern* ...) und kehren Sie danach die Auswahl um. Erstellen Sie nun den Schatten des Autos: Über *Auswahl > Farbbereich* ... wählen Sie, wie in der letzten Übung, den Schatten. Speichern Sie die Auswahl (*Auswahl > Auswahl speichern ...*).

6

6

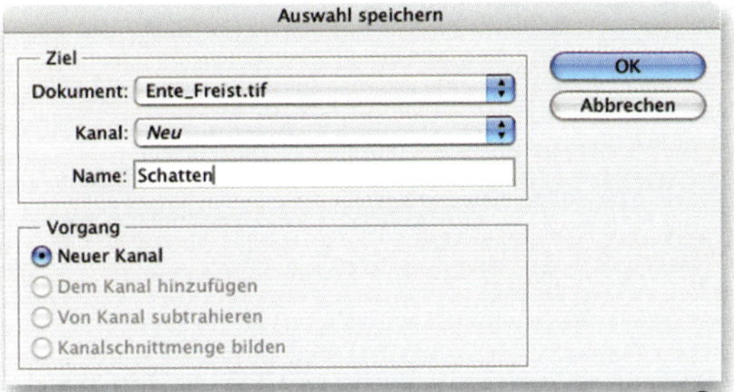

6

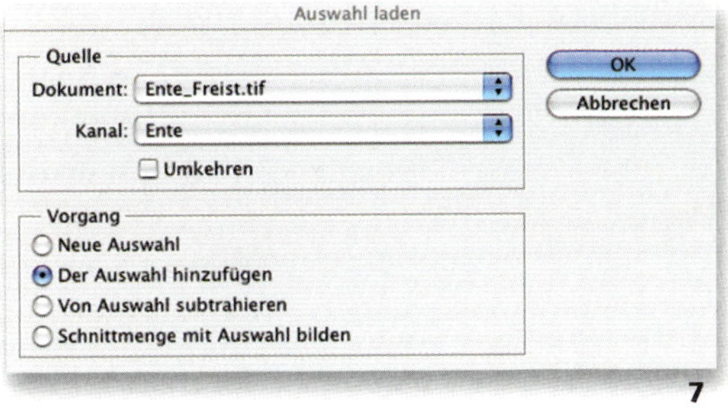

7

7 Mit aktiver Auswahl des Schattens laden Sie die Auswahl der Ente (*Auswahl > Auswahl laden* ...). Wählen Sie als *Vorgang Der Auswahl hinzufügen*. Sie haben nun eine neue Auswahl, die neben der Grundfläche des Objekts den exakten Schatten umfasst.

✔ Der Versetzen-Filter verwendet eine Verschiebungsmatrix, welche festlegt, wie das Bild verzerrt wird. Die Helligkeitswerte der Matrixdatei beeinflussen die Verschiebung: Helligkeitswerte von 255 (Weiß) und 0 (Schwarz) in der Matrixdatei bewirken jeweils eine maximale Verschiebung, Helligkeitswerte von 128 (mittleres Grau) bewirken keine Verschiebung. Photoshop liefert auch einige Matrixdateien, die sich im Photoshop-Programmordner > *Vorgaben* > *Strukturen* befinden. Der Einstellungsdialog *Skalierung* legt die Stärke der Verschiebung fest (bei 100% beträgt die maximale Verschiebung 128 Pixel). Wenn die Matrix nicht die gleiche Größe hat wie das Bild bzw. die Auswahl, auf die sie angewendet werden soll, wählen Sie *Auf Auswahlgröße skalieren*, um die Matrix der Größe anzupassen, oder *Wiederholen*, um die Matrix wie ein Muster zu wiederholen. *Undefinierte Bereiche: Durch verschobenen Teil ersetzen* kopiert das Bild und setzt es in den freigelegten Bereichen ein. *Kantenpixel wiederholen* füllt mit den Pixeln, die sich an den Kanten befinden, auf (bei verschiedenfarbigen Pixeln entstehen Streifen).

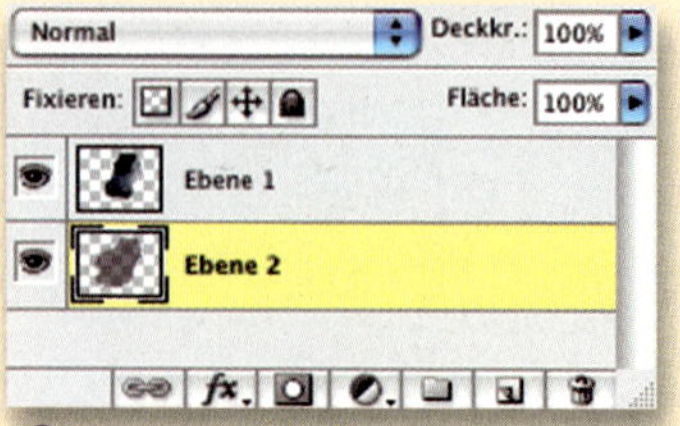

8

8

8 Legen Sie eine neue Ebene an und füllen Sie darauf die Schattenauswahl mit einem dunklen Farbton. Stellen Sie als Füllmethode für die Schattenebene *Multiplizieren* ein und reduzieren Sie die Deckkraft (hier *75%*). Löschen Sie die Hintergrundebene.

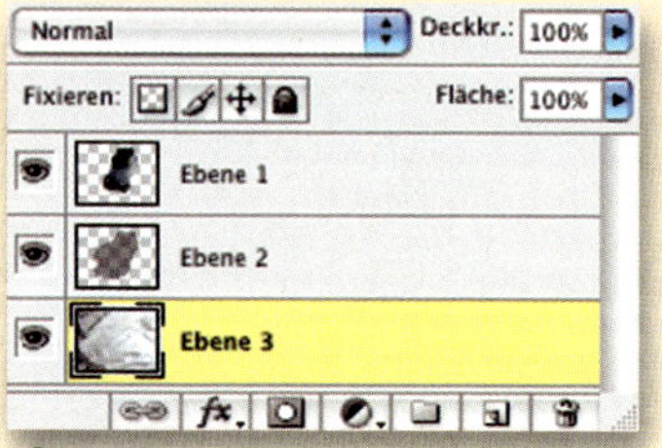

9

9

9 Aktivieren Sie die Datei *Hintergrund.tif*. Wählen Sie alles aus (*Auswahl > Alles auswählen*), laden Sie es in die Zwischenablage (*Bearbeiten > Kopieren*) und fügen Sie es in der Datei *Ente_Freist.tif* wieder ein – es erscheint ein neuer Hintergrund. Schieben Sie gegebenenfalls den Hintergrund in der *Ebenen*-Palette ganz nach unten.

10

10 Platzieren Sie eventuell das Auto und seinen Schatten etwas weiter links, damit mehr Faltenwurf unter dem Schatten zu sehen ist.

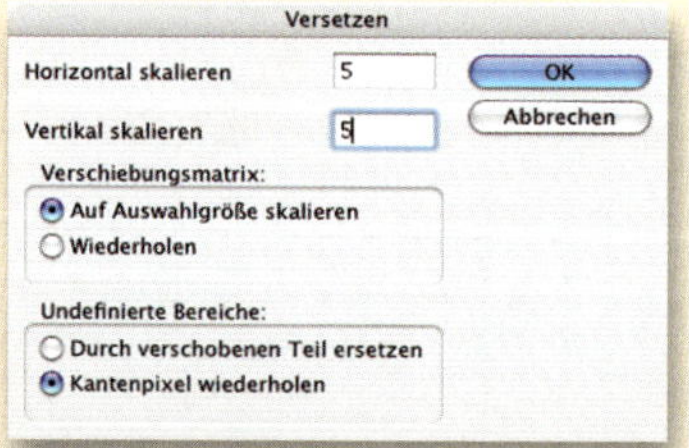

11

11 Wählen Sie die Schattenebene (*Ebene 2*), dann den *Filter > Verzerrungsfilter > Versetzen* mit den abgebildeten Einstellungen. 5% bewirkt eine nicht allzu starke Versetzung. Nach dem Klicken auf *OK* werden Sie aufgefordert, eine Versetzungsmatrix auszuwählen: Wählen Sie die in den Schritten 1 bis 3 hergestellte Matrix im Photoshop-Format.

12

12 Ändern Sie die Füllmethode auf *Multiplizieren*. Dadurch werden die Tonwerte des Untergrunds auf den Schatten übertragen wodurch er realistischer wirkt.

Variationen > Textebenen

Die Wirkung der Versetzungsmatrix lässt sich auch an anderen Elementen prüfen. So zeigt etwa Schrift durch ihre klaren exakten Formen die Verschiebung deutlich besser als der zuvor gezeigte Schattenwurf.

1 Schreiben Sie mit dem *Text-Werkzeug* links oben im Bild auf den Hintergrund einen beliebigen Text. Wählen Sie eine relativ große Schrift. Photoshop legt automatisch eine neue Ebene für den Text an.

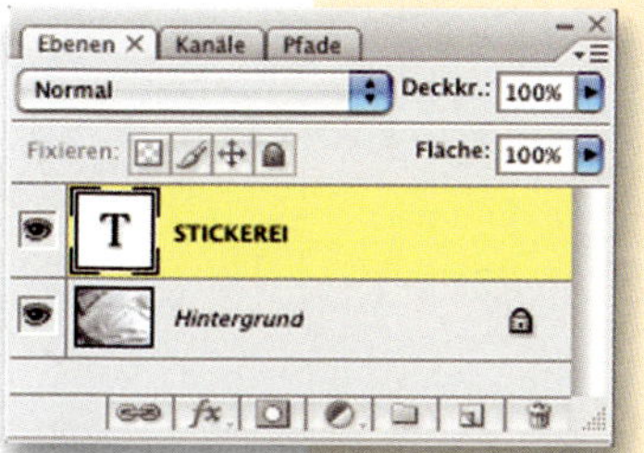

1

1

2 Um die Textebene mit Filtern bearbeiten zu können, wählen Sie *Ebene > Rastern > Text.* Der Text lässt sich zwar nicht mehr ändern, da er nun aus einzelnen Pixeln besteht. Er lässt sich jedoch nun beliebig filtern. Verzerren Sie ihn über *Bearbeiten > Transformieren > Perspektivisch.*

3 Für den Stickerei-Effekt wählen Sie *Filter > Stilisierungsfilter > Windeffekt.*

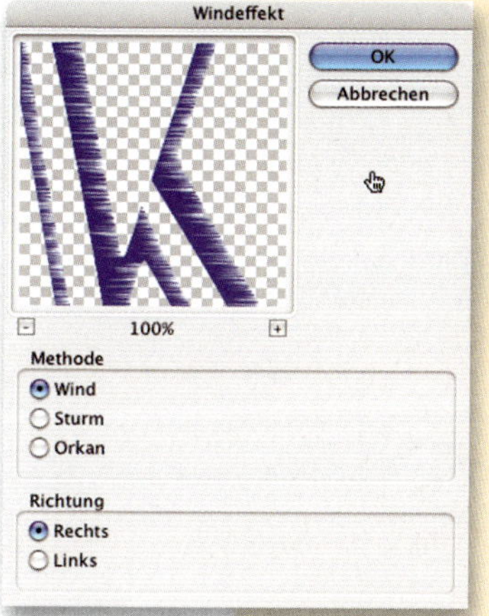

3

2

4 Wenden Sie den *Filter > Verzerrungsfilter > Versetzen* mit der bereits erstellten Versetzungsmatrix an. Ein Wert von jeweils 20 bei *Horizontal/Vertikal skalieren* lässt den Effekt deutlicher wirken.

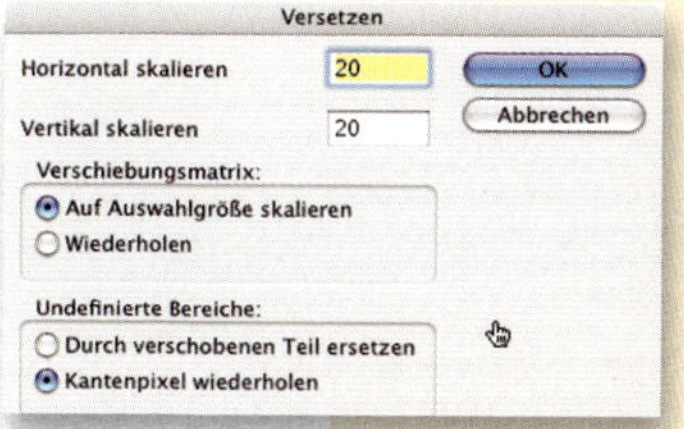

4

3

5 Probieren Sie statt des Modus *Multiplizieren* auch den Modus *Differenz.* Er kehrt die Farben in die entsprechenden Komplementärfarben um.

Oben: Modus Multiplizieren;
Unten: Modus Differenz

5

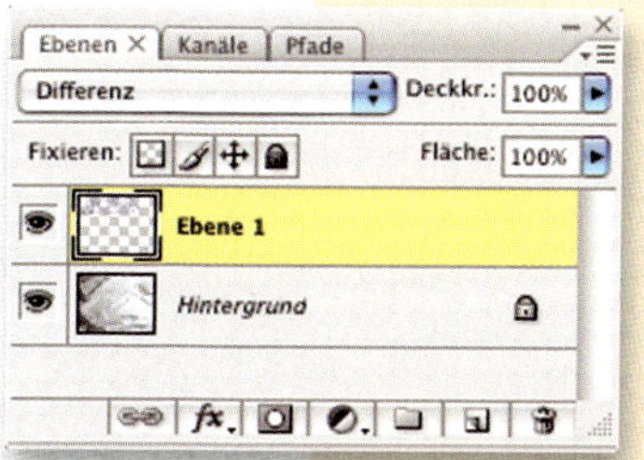

5

Ebenenkompositionen > Speicher für Bildvarianten

Die Palette *Ebenenkompositionen* fasst verschiedene Zustände der *Ebenen*-Palette zu Bildvarianten zusammen. Hierbei werden die Sichtbarkeit, die Position sowie das Aussehen (*Füllmethode* und *Ebenenstil*) berücksichtigt.

1

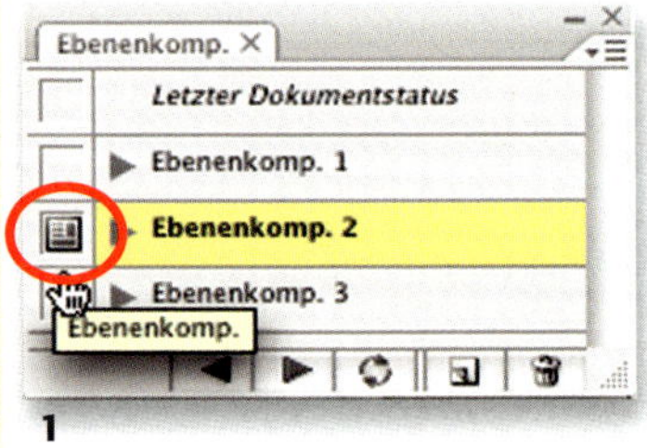

1

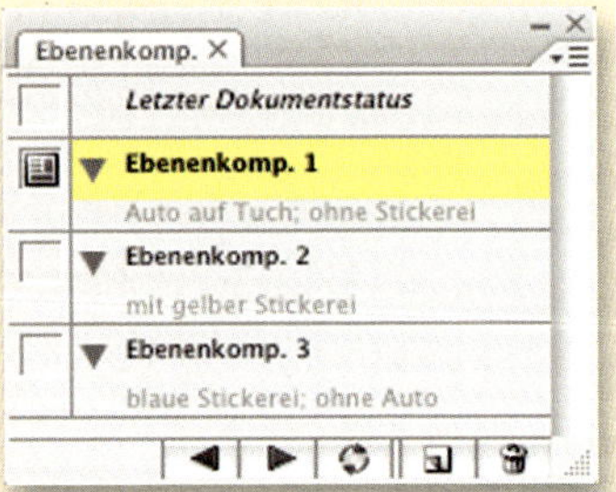

2

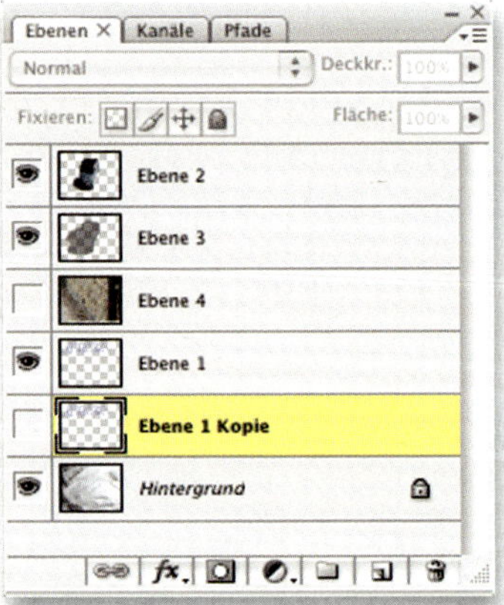

1

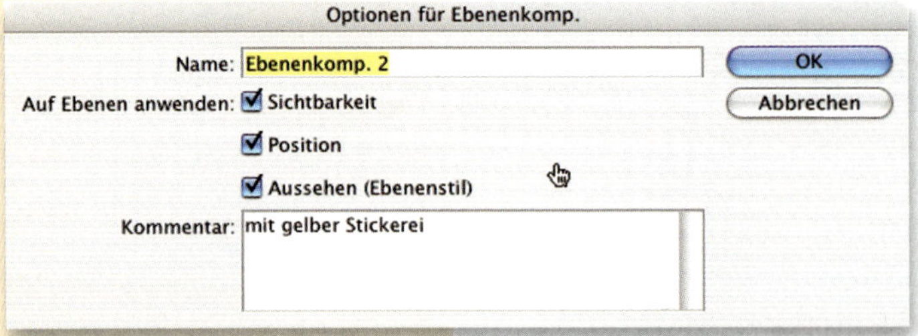

2

1 Öffnen Sie die Datei *Alle_Ebenen.tiff*. In der *Ebenen*-Palette sehen Sie einzelne Ergebnisse der letzten Übungen in einem Dokument zusammengefasst. Öffnen Sie über das Menü *Fenster* die Palette *Ebenenkomp.*; Sie sehen drei aufgenommene Schnappschüsse. Mit einem Klick auf das Speichersymbol in der linken Spalte neben der jeweiligen Komposition zeigen Sie die gewünschte Zusammenstellung an.

2 Klappen Sie die Kompositionen auf; Sie sehen zu jeder Komposition einen Kommentar. Per Doppelklick auf die Ebenenfläche öffnen Sie die Optionen für die gewählte Ebenenkomp. Hier können Sie unter anderem den Nahmen und den Kommentar ändern.

3 Ändern Sie nun die Datei: Erstellen Sie eine Bildvariante des Modellautos vor der Wand. Schalten Sie hierfür die Ebene, die die Wand zeigt, sichtbar (3a). Spiegeln Sie nacheinander die beiden Ebenen mit dem Auto und dessen Schatten. Wählen Sie hierzu *Bearbeiten > Transformieren > Horizontal spiegeln* (3b).

3a

4 Ziehen Sie mit dem *Verschieben*-Werkzeug das Modellauto etwas nach unten, sodass es auf dem Boden zum Stehen kommt (4a). Passen Sie den Schatten durch Verschieben an das Objekt an (4b).

5 Nach den Änderungen steht das Speichersymbol in der linken Spalte an oberster Stelle neben *Letzter Dokumentstatus*.
Klicken Sie nun auf die Schaltfläche *Neue Ebenenkomp. erstellen* (am unteren Palettenrand).
Aktivieren Sie bei *Auf Ebenen anwenden* neben der *Sichtbarkeit* auch die Option *Position*. Die neue Ebenenkomposition speichert nun den aktuellen Status der *Ebenen*-Palette.

9

3a

3b

✔ Zwar könnten über das Menü der Ebenen-Palette die Auto- und die Schattenebene zusammengefügt werden. Hat man jedoch bereits wichtige Schnappschüsse in der Palette Ebenenkomp. gesammelt, sollten solche Ebenenoperationen vermieden werden. Werden zwei, bereits in Kompositionen verwendete Ebenen zusammengefügt oder gelöscht, kann die Komposition nicht wieder rekonstruiert werden!

4a

4b

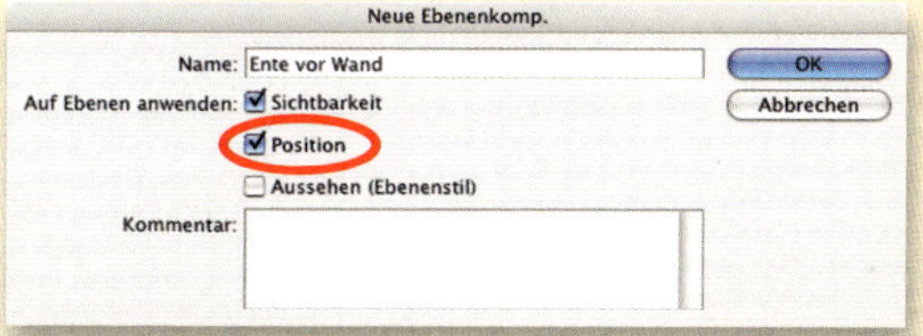

9

Anwendungsbeispiel > Goldener Audi

Die Collage des hier abgebildeten Autos stammt von dem Illustrator Torsten Wolber. Der Hintergrund (Häuser, Himmel sowie der Boden) sollten vom Originalfoto übernommen werden. Als Basis für den goldenen Audi diente ebenfalls das originale Bild, bei dem jedoch das Motiv ausgeschnitten und in mehreren Arbeitsschritten verfremdet wurde.

© Torsten Wolber

Hierfür wurde eine grob ausgeschnittene Kopie des Autos zunächst auf eine extra Ebene gelegt. Alle weiteren Ebenen wurden während der Bearbeitung des Autos gesperrt. Folgende Arbeitsschritte hat der Audi durchlaufen:

- Zunächst wurde das Auto im Ausschnitt des Fotos eingefärbt. Dann folgte eine grobe Bemalung der linken Hälfte. Als Masken sind umgewandelte Pfade zum Zug gekommen.
- Dazu kamen weitere Details, für die zum Teil Pfade als Begrenzung der Pinselstriche dienten.
- Mit dem Kunststofffolienfilter (*Filter > Kunstfilter > Kunststofffolie*) bekam der Audi seinen glänzenden Lack.
- Noch mehr Einzelheiten wurden mit dem Grafiktablett auf das Auto gezeichnet ...
- ...bis es dann gespiegelt wurde ...
- ... und noch der Kühler auf einer extra Ebene mit Linien auf Pfaden und verschiedenen Ebeneneffekten gestaltet wurde.
- Schlussendlich folgte noch mehr Detailretusche, um eine allzu unglaubwürdige Symmetrie durch das Spiegeln zu vermeiden.

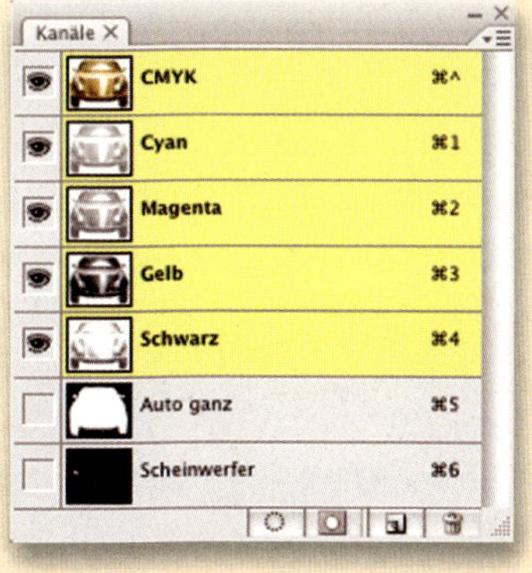

Kapitel 3

Wichtige Tastaturkürzel

Fläche füllen	⇧ + D
Auswahl aufheben	Strg/⌘ + D
Alles auswählen	Strg/⌘ + A
Auswahl beim Bewegen kopieren	Alt/⌥
Auswahl horizontal (vertikal) bewegen und kopieren	Alt/⌥ + ⇧
Frei transformieren	Strg/⌘ + T
Gradationskurven	Strg/⌘ + M

Wichtige Werkzeuge

Pinsel-Werkzeug	B
Radiergummi-Werkzeug	E
Schnellauswahl, Zauberstab	W
Verschieben-Werkzeug	V

Muster und Hintergründe

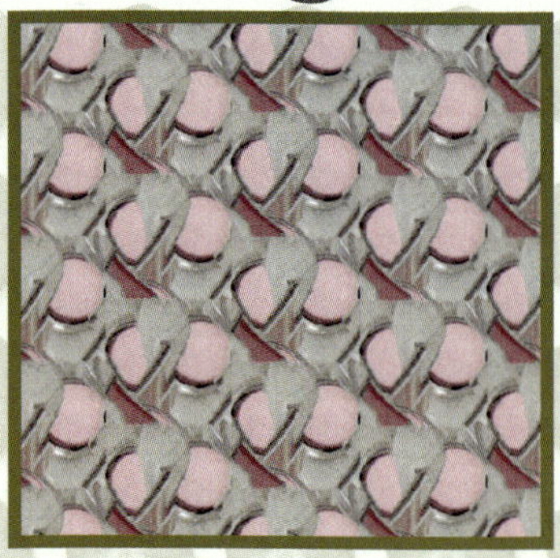

Muster >
Einfache Muster

Oft spielt der Hintergrund besonders innerhalb von multimedialen Anwendungen eine wichtige Rolle. Hintergründe können (bei zurückhaltender Gestaltung) als Leitmotive für unterschiedliche inhaltliche Themen wirken, die Aussage unterstützen sowie die Navigation und die Orientierung erleichtern. Eine Variante der Hintergrundgestaltung ist die Verwendung von Mustern oder Endlosmustern, die insbesondere bei der Online-Verteilung die Speichergröße und damit die Ladezeiten im Vergleich zu Vollbildern zum Teil erheblich reduziert.

1 Bei bereits freigestellten Bildteilen lässt sich einfach ein Muster ohne sichtbare Anschlüsse (Endlosmuster) erzeugen. Ziehen Sie über dem Bildbereich, der als Muster dienen soll, eine rechteckige Auswahl auf. Wählen Sie dann *Bearbeiten > Muster festlegen* und geben Sie einen Namen für das Muster ein.

1

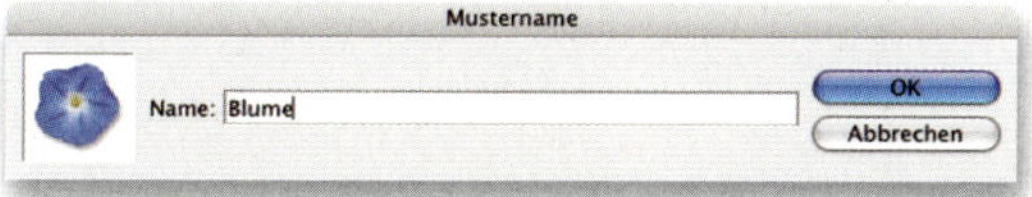

1

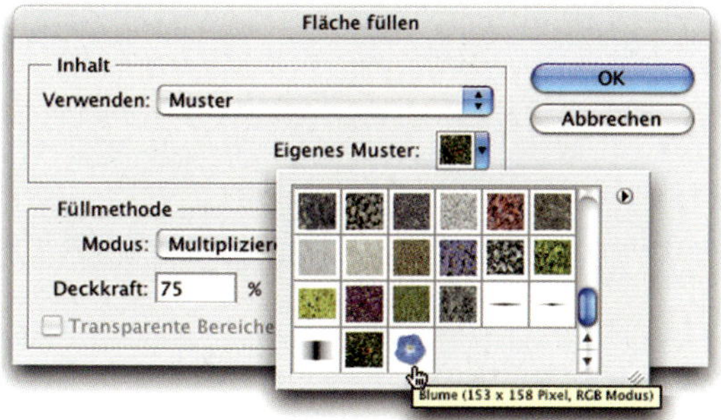

2

2 Wenn Sie die Musterfüllung im gleichen Bild vornehmen wollen, heben Sie die Auswahl auf, legen eine neue Ebene an und blenden die Ebene mit dem Musterelement aus. Oder richten Sie eine neue Datei ein. Wählen Sie *Bearbeiten > Fläche füllen* und dann *Inhalt > Verwenden: Muster*. Im Menü *Eigenes Muster* klicken Sie auf die gewünschte Musterminiatur. Das Muster wird immer ausgehend von der linken oberen Dokumentecke nach rechts und unten fortlaufend aneinandergesetzt und somit wird die gesamte Ebene bzw. Auswahl gefüllt.

Musterkacheln > Der Mustergenerator

Als Kacheln werden im Allgemeinen Muster bezeichnet, deren Anschlüsse nicht sichtbar sind. Insbesondere bei der Gestaltung von Hintergründen für die Online-Verteilung ist es nicht sinnvoll, große Bilder oder Grafiken zu verwenden, da die Ladezeiten nicht akzeptabel sind. In Anbetracht der Übertragungszeiten von Webseiten sind Hintergrundkacheln eine gute Gestaltungsalternative, die – bei guter Ausführung – kaum erkennen lassen, dass es sich um Muster handelt. Aber auch im Printbereich kann es sinnvoll sein, solche Endlosmuster, auch Rapports genannt, zur Hintergrundgestaltung einzusetzen.

✔ Muster können angewendet werden beim Befehl *Fläche füllen*, auf *Muster-Füllebenen*, bei den Ebenenstilen *Muster-Überlagerung* sowie *Abgeflachte Kante und Relief > Struktur*, beim Füll-Werkzeug und beim Musterstempel.

✔ Beachten Sie, dass der Befehl *Bearbeiten > Muster festlegen* nur verfügbar ist, wenn nichts ausgewählt ist oder Sie eine exakt rechteckige Auswahl erstellt haben. Überprüfen Sie ggf. die Einstellungen für das Auswahl-Rechteck in der Werkzeug-Optionen-Leiste (es darf keine weiche Kante eingestellt sein) und ziehen Sie die Auswahl noch einmal neu auf.

Der Mustergenerator

Photoshop bietet einen Generator zum Kacheln, der aber meist nicht zum gewünschten Ergebnis führt. Der Mustergenerator (im Menü *Filter*) erzeugt zwar endlose Muster, deren Anschlüsse sind aber trotzdem – abhängig vom Motiv – mehr oder weniger sichtbar. Außerdem sind die Ergebnisse eher zufällig und führen mehr zu einer, zwar mitunter interessanten Struktur als zu einem Muster mit erkennbaren Motiven. Verschiedene Auswahlen sorgen zusammen mit dem gewählten Versatz für unterschiedliche Muster. Per Klick auf das kleine Speichersymbol unter dem *Musterelementspeicher* stehen die Muster auch für andere Dokumente zur Verfügung. Bestätigt man mit *OK*, wird die gesamte Arbeitsfläche mit der gewählten Kachelvariante bestückt.

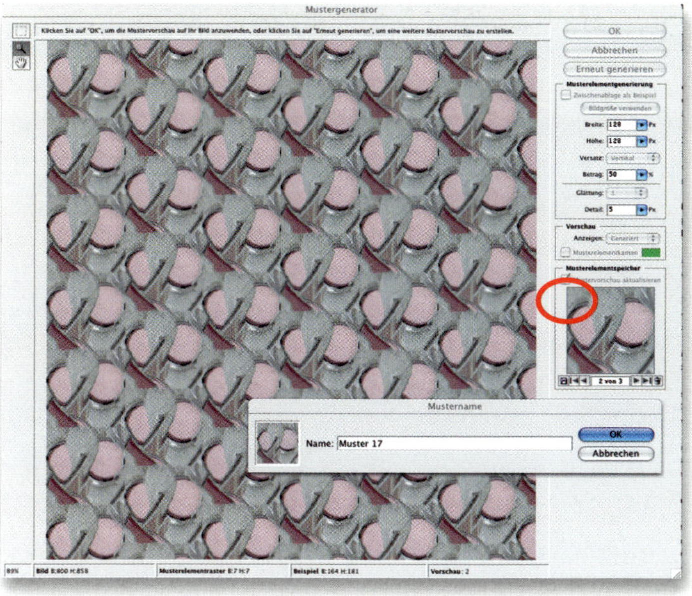

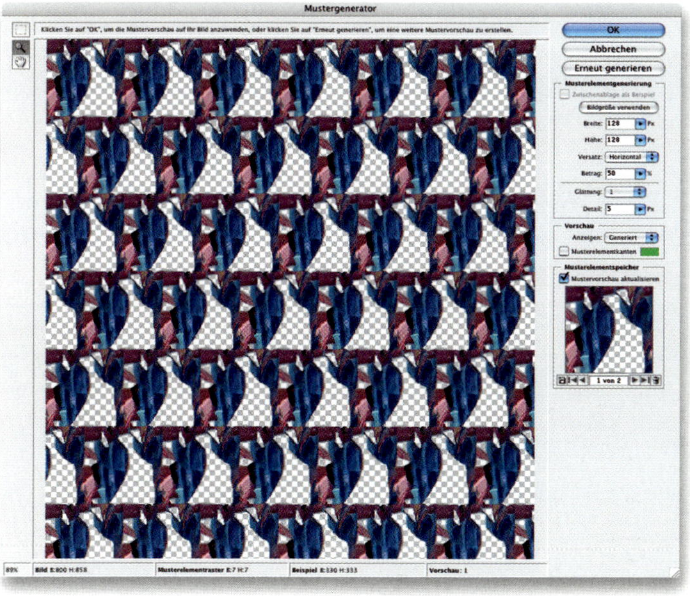

Auch Muster mit transparenten Bereichen kann man mit dem *Mustergenerator* erzeugen. Hierzu muss eine Ebene, die Transparenz enthält, gewählt sein.

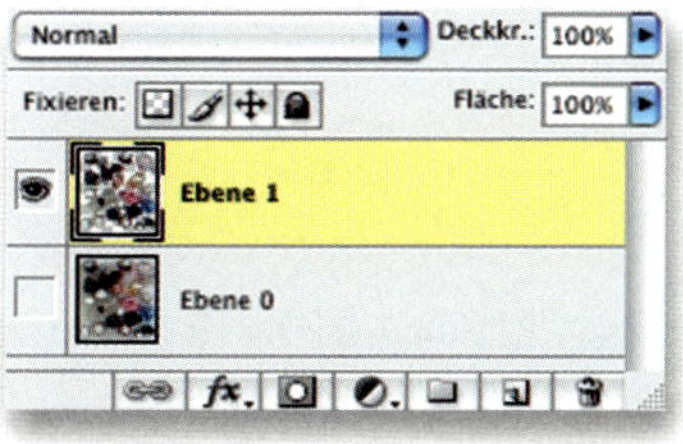

✔ Ein einzelnes Hintergrund-Musterelement ist klein und wird durch ein spezielles HTML-Tag so oft wiederholt, bis die ganze Seite – unabhängig von der Fenstergröße – damit gefüllt ist. Der Browser benötigt für die Darstellung eines Hintergrundmusters nur eine einzige Quelldatei, nach deren Download die Seite ausgefüllt wird. Gleichzeitig kann man durch die Verwendung von Hintergrundmustern und den darüberliegenden Elementen (wie andere Bilder, Texte und Links) den Eindruck von Ebenen erzeugen. Die Größe und auch das Länge/Breite-Verhältnis der einzelnen Kachel ist dem Designer freigestellt. Jedoch gilt es zu bedenken, dass sich der Dateiumfang bei sehr großen Kacheln auch wieder vergrößert und damit die Ladezeiten verlängert. Soll gewährleistet sein, dass Hintergrundkacheln und Bilder im Vordergrund identische Farben aufweisen, sollten sie jeweils im gleichen Format abgespeichert werden, da es durch die Datenkompression im JPEG-Format zu Farbverschiebungen kommen kann (siehe auch *Kapitel 12*).

Endlosmuster > Per Verschiebungseffekt

Ein dezenter Hintergrund muss nicht unbedingt aufwändiges Fotomaterial beinhalten. Oft wirkt das Gezeigte besonders gut vor einer schlichten, nicht aufdringlichen Struktur. Gerade jedoch bei einfachen Mustern ist es wichtig, eventuelle Kanten der Kacheln so zu bearbeiten, dass sie nicht auf Anhieb zu erkennen sind.

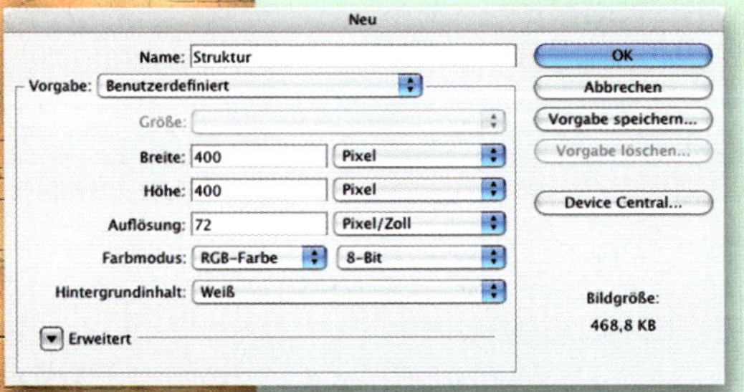

1

1 Legen Sie ein neues Dokument an. Wählen Sie als *Breite* und *Höhe* jeweils *400 Pixel*.

2 Füllen Sie die gesamte Fläche mit einer helleren Farbe und wählen Sie *Filter > Strukturierungsfilter > Risse*.

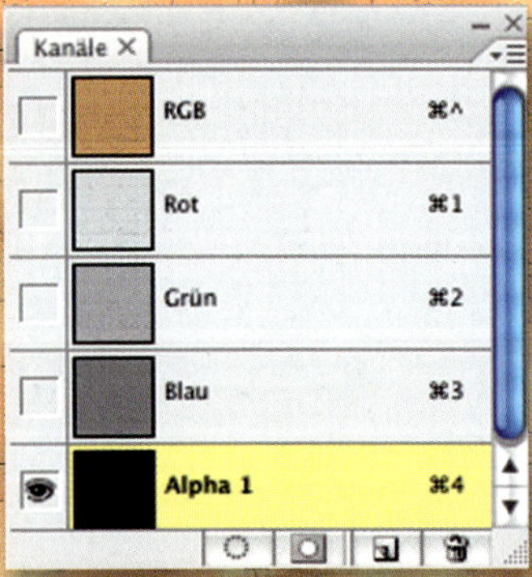

3

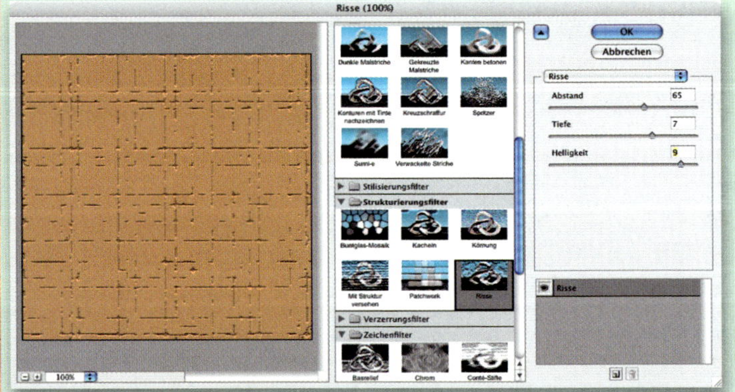

2

3

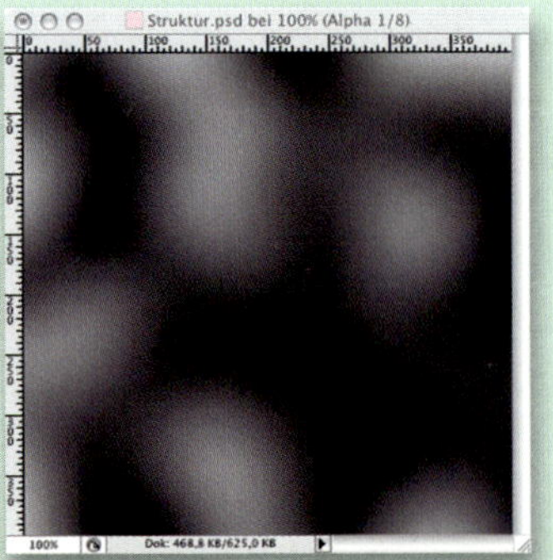

3

3 Legen Sie einen neuen Kanal an. Bearbeiten Sie ihn über *Filter > Vergröberungsfilter > Punktieren...*, danach *Filter > Weichzeichnungsfilter > Gaußscher Weichzeichner...* mit einem Radius von 30 Pixel.

4 Über *Filter > Rendering Filter > Beleuchtungseffekte* verwenden Sie die im Alphakanal angelegte Struktur. Wählen Sie *Diffuses Licht* und als Relief den *Kanal Alpha 1.*

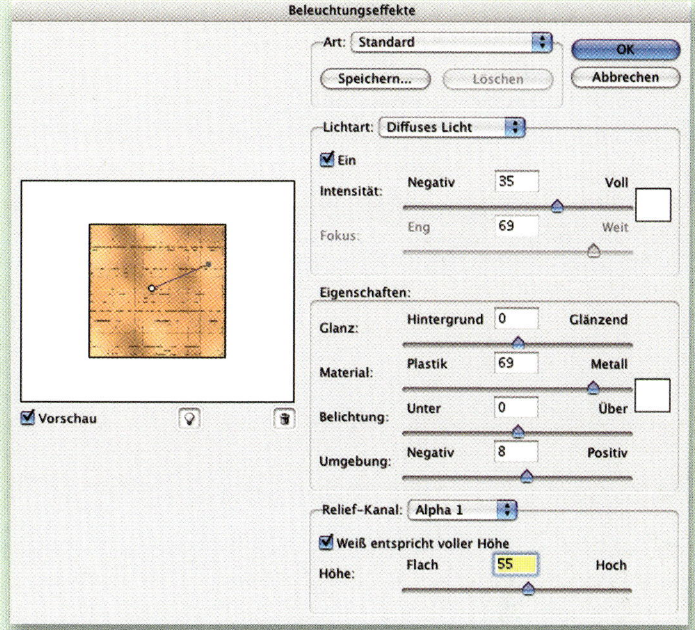

4

5 Entfernen Sie nun die Kanten, die beim Kacheln entstehen würden: Wählen Sie dazu *Filter > Sonstige Filter > Verschiebungseffekt* .... Um sowohl die horizontale wie auch die vertikale Kante jeweils mittig zu platzieren, geben Sie bei beiden Eingabefeldern *200 Pixel,* also die Hälfte der Bildhöhe und -breite, ein.

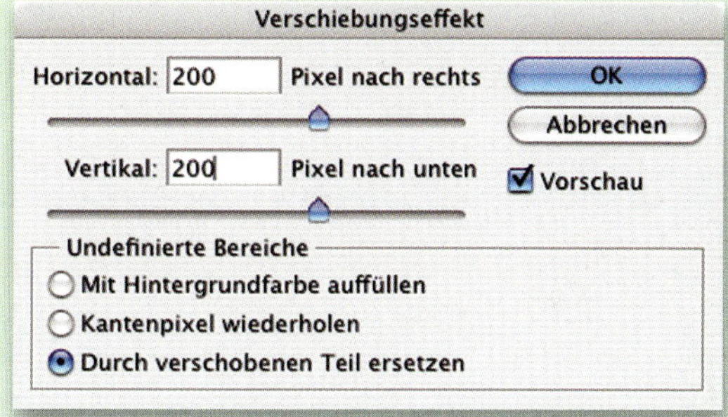

5

6 Stempeln Sie nun entlang der alten Kanten. Verwenden Sie das Kopierstempel-Werkzeug mit einer weichen Pinselspitze und verminderter Deckkraft. Ziehen Sie mit kurzen Pinselstrichen und nehmen Sie öfter während der Arbeit mit gedrückter [Alt]-/[⌥]-Taste neue Bereiche aus dem Hintergrund auf.

Wichtig: Stempeln Sie nicht bis direkt zu den Rändern, da sonst so neue Kanten entstehen.

7 Um eine gewählte Fläche mit der neuen Struktur zu füllen, legen Sie das Bild als Muster fest: Wählen Sie *Auswahl > Alles Auswählen,* dann *Bearbeiten > Muster festlegen...* Testen Sie das Muster in einem größeren Bild; wählen Sie *Bearbeiten > Fläche füllen...* und suchen Sie dort bei *Inhalt > Verwenden* das neue Muster.

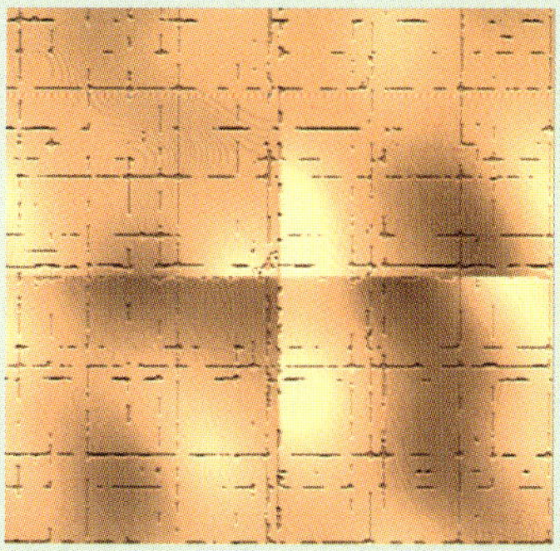
6

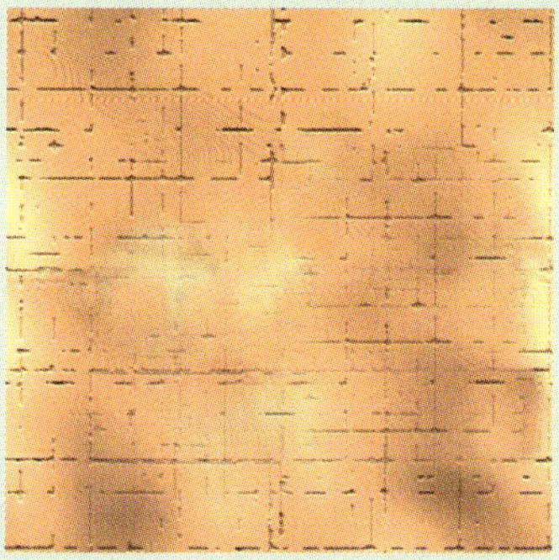
6

1

Endlosmuster > Aus einer Fotovorlage

Über den *Verschiebungseffekt* lassen sich auch Muster aus bereits bestehenden Fotos generieren.

1 Öffnen Sie eine geeignete Datei, hier »*Flaschenauswahl.psd*«. Neben dem gesamten Bild benötigen wir einige einzelne Elemente aus dem Bild für das Endlosmuster. Zu diesem Zweck hält die Datei einige Auswahlen bereit.

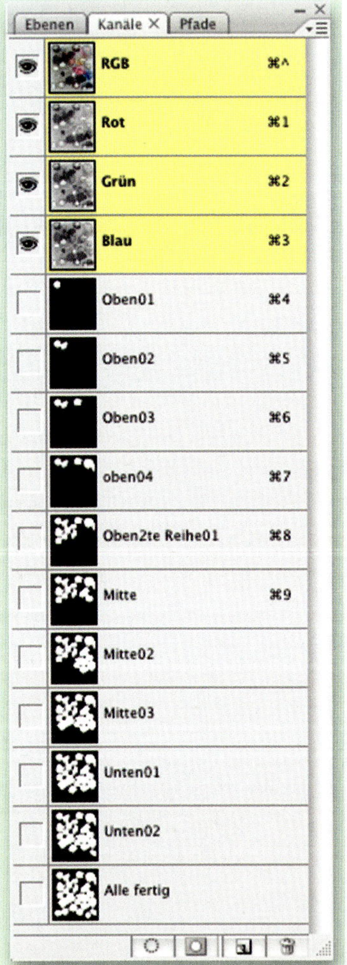

2

2 Betrachten Sie die Palette Kanäle. Unter den Farbkanälen befinden sich verschiedene Auswahlzustände – angefangen bei einer einzelnen Flasche (die oberste Auswahl) bis hin zur Wahl der gesamten, im Bild befindlichen Flaschen.

3

3

3 Begutachten Sie nun auf dem Foto den Untergrund, auf dem die Flaschen stehen: Durch die Lichteinwirkung beim Fotografieren weist er verschiedene Helligkeitsstufen auf, die bei einer Verschiebung zu harten Kanten an den mittleren Nahtstellen führen würden. In den folgenden Arbeitsschritten tauschen Sie also den Hintergrund aus und versehen die Nahtstellen mit einzelnen, freigestellten Bildobjekten.

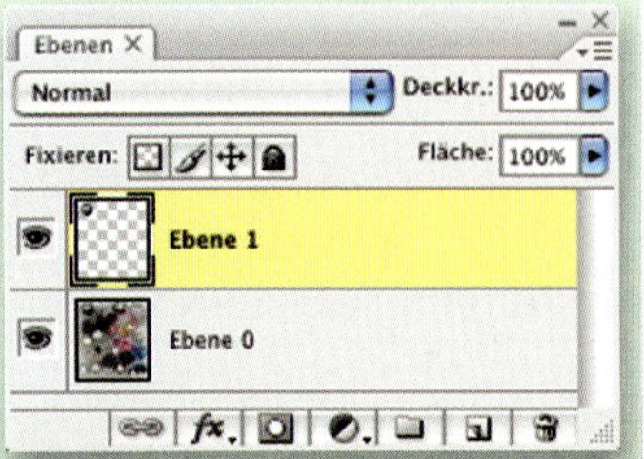

4

4

Freisteller duplizieren

4 Die in der Kanäle-Palette zu sehenden Auswahlen rufen Sie über *Auswahl > Auswahl laden* auf. Wählen Sie im Klappmenü *Oben01*. Per Kopieren und wieder Einfügen legen Sie ein Duplikat des gewählten Objekts auf eine extra Ebene.

5 Duplizieren Sie nun das Fläschenpaar rechts oben: Wählen Sie *Auswahl > Auswahl laden* hier *Oben04*, danach *Auswahl > Auswahl laden* hier *Oben03*. Aktivieren Sie beim Laden der Auswahl *03* die Option *Von Auswahl subtrahieren* (zieht die kleinere Auswahl von der größeren ab).

5

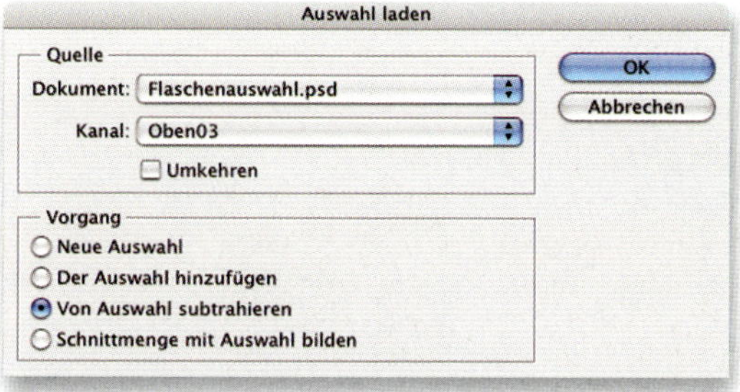

5

6 Aktivieren Sie die unterste Ebene, kopieren Sie die Auswahl und fügen Sie sie wieder ein. Eine weitere Ebene mit einem freigestellten Fläschchen ist entstanden.

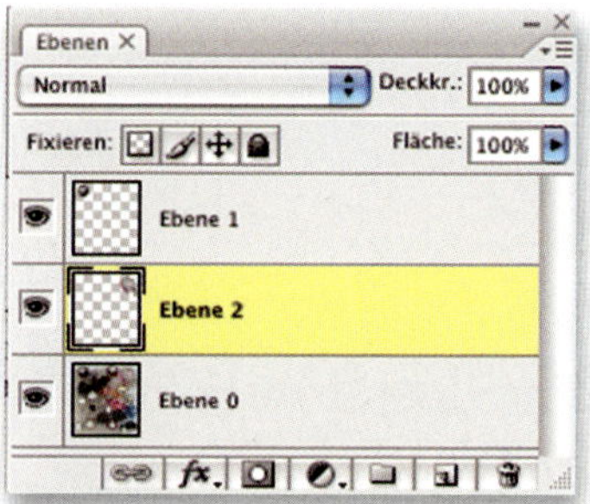

6

7 Legen Sie auf diese Art noch zwei weitere Freisteller auf extra Ebenen; wählen Sie immer zuerst die Auswahl, die ein oder zwei Flaschen mehr umfasst, um danach die nächst kleinere Auswahl abzuziehen.

7

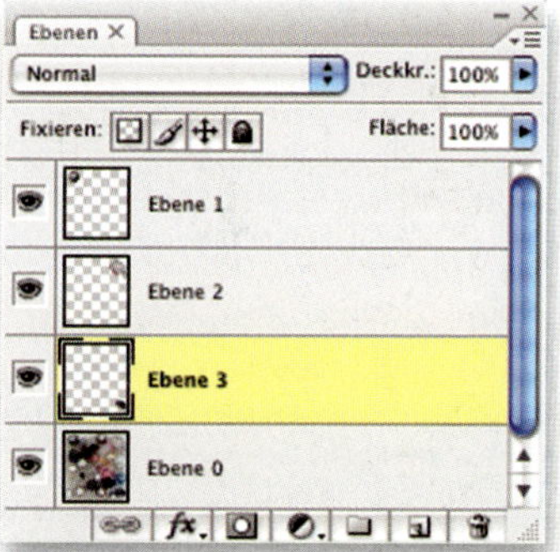

7

8 Duplizieren Sie gegebenenfalls einige der freigestellten Ebenen, um bei den nächsten Schritten mehr Material zur Verfügung zu haben. Wenn es die Beleuchtung im Bild zulässt (gleichmäßiges Licht), können Sie einzelne Motive auch drehen, um weniger Wiederholungen im späteren Muster zu erhalten.

Beispiel oben:
Unten01 subtrahiert von Unten02

Beispiel unten:
Mitte03 subtrahiert von Unten01

3

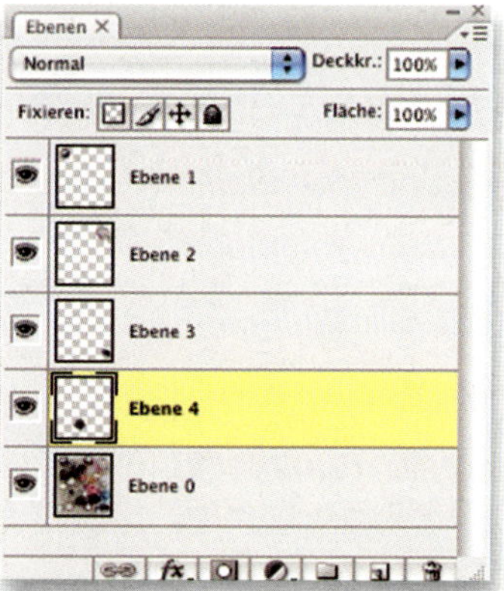

7

Hintergrund austauschen

9 Laden Sie die Auswahl *Alle fertig* und wählen Sie *Auswahl > Auswahl umkehren*. Löschen Sie den jetzt gewählten Hintergrund. Sie können den Hintergrund wahlweise transparent lassen oder eine neue Ebene einfügen, um diese mit einer Farbe nach Wunsch zu füllen.

✔ Der Verschiebungseffekt wirkt sich nur auf die Pixeldaten aus. Gespeicherte Auswahlen bleiben am ursprünglichen Platz und passen somit nach der Verschiebung nicht mehr auf das gewählte Objekt.

✔ Für den Verschiebungseffekt ist es wichtig, gerade Pixelwerte in der Höhe und Breite zu haben. Bei einer ungeraden Zahl kann der entsprechende Wert im Dialog *Bildgröße* um einen Pixel erhöht werden. Deaktivieren Sie in diesem Fall die Option *Proportionen beibehalten*.

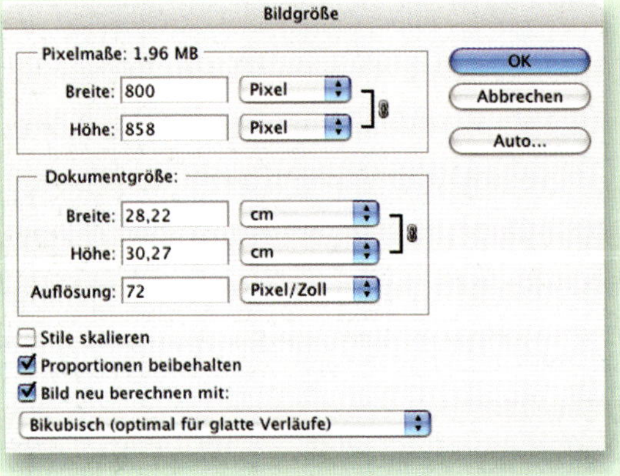

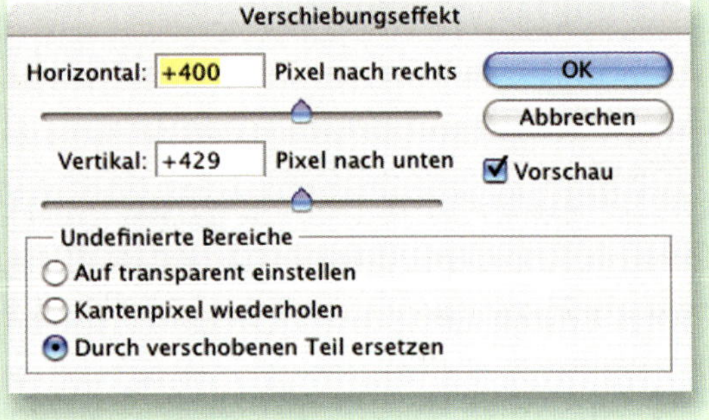

Grundfläche verschieben

10 Kontrollieren Sie über *Bild > Bildgröße* die Anzahl der Pixel in der *Breite* und der *Höhe*. Sie benötigen diese Angaben zum Anlegen des Verschiebungseffekts.

11 Wählen Sie *Filter > Sonstige Filter > Verschiebungseffekt ...*. Um die horizontale wie auch die vertikale Kante mittig zu platzieren, geben Sie bei beiden Eingabefeldern die Hälfte der tatsächlichen Pixel ein (im Beispiel 400 Px bei Breite und 429 Px bei Höhe). Bereits durch das Entfernen des Hintergrunds fallen die störenden Kanten weg. Die großen Lücken füllen Sie im nächsten Schritt mit den einzelnen Flaschen.

12 Platzieren Sie nun alle freigestellten Flaschen in der Mitte, überall dort, wo Löcher sind. Die Motive dürfen dabei nicht über die Bildkanten hinausragen.

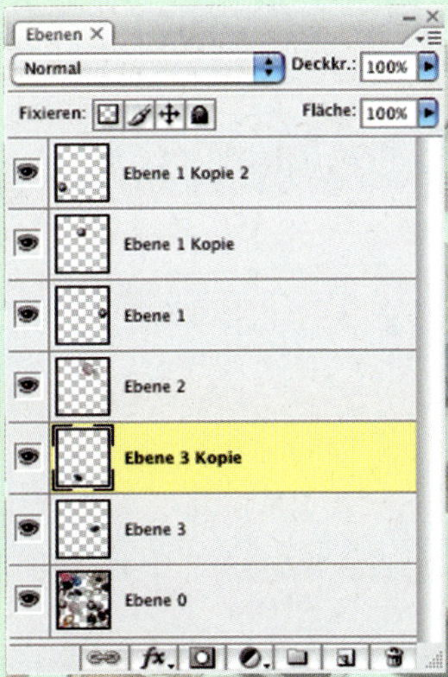

13 Entfernen Sie gegebenenfalls mit dem Radiergummi-Werkzeug die Spuren von Auswahlresten der Subtraktion (sehr dünne, transparente Ränder von Objekten der Auswahl, von der die kleinere Auswahl abgezogen wurde). Nach Wunsch können Sie weitere Varianten aus dem Hintergrund wählen und in Lücken platzieren. Noch mehr Vielfalt erzielen Sie, indem Sie manche Objekte drehen, skalieren oder sie sogar mit einem Schlagschatten versehen.

14 Blenden Sie alle Ebenen bis auf den Hintergrund ein – nun sind praktisch alle Anschlüsse fertig und es kann der erste Test durchgeführt werden. Blenden Sie auch den Hintergrund ein. Laden Sie das komplette Bild als Auswahl und wählen Sie *Bearbeiten > Muster festlegen.*

15 In einer neuen, größeren Datei füllen Sie dann eine Ebene zum Testen mit dem Muster (*Bearbeiten > Fläche füllen > Mit Muster*).

16 Wenn Sie mit dem Ergebnis nicht zufrieden sind, gehen Sie in die in Schritt 13 gespeicherte Datei und ordnen Sie die Flaschen anders an. Führen Sie alle folgenden Schritte nochmals durch und testen Sie das Ergebnis wieder.

✔ Hintergründe sollen im wahrsten Sinne des Wortes im Hintergrund bleiben. Achten Sie auf genügend Helligkeitskontrast zu den Texten, die darauf liegen, testen Sie die Lesbarkeit.

Verlaufsmuster > Marmorpapier

Folgende Übung verwendet lineare Verläufe als Hilfsmittel für eine Verschiebungsmatrix für den *Versetzen-Filter*. Damit kann man traditionell hergestelltes marmoriertes Papier simulieren.

1 Bearbeiten Sie zuerst zwei Verläufe *Schwarz, Weiß* und speichern Sie diese. Es ist nicht notwendig, hierfür eine Datei zu öffnen. Wählen Sie das Verlaufswerkzeug in der Werkzeug-Palette und klicken Sie auf die Schaltfläche zum *Bearbeiten des Verlaufs* in der Optionsleiste. Im Dialog Verläufe bearbeiten wählen Sie unter *Vorgaben* den Verlauf *Schwarz, Weiß*.

2 Klicken Sie auf einen Farbregler – dadurch wird der Mittelpunktregler sichtbar. Verschieben Sie ihn auf die Position *70%*. Dies erzeugt später einen mehr wellenartigen Verlauf. Geben Sie den Namen *Marmor Schwarz* ein und klicken Sie auf *Neu*. Bei einem zweiten Verlauf schieben Sie den Mittelpunktregler auf die Position *30%*. Geben Sie den Namen *Marmor Weiß* ein und klicken Sie auf *Neu*.

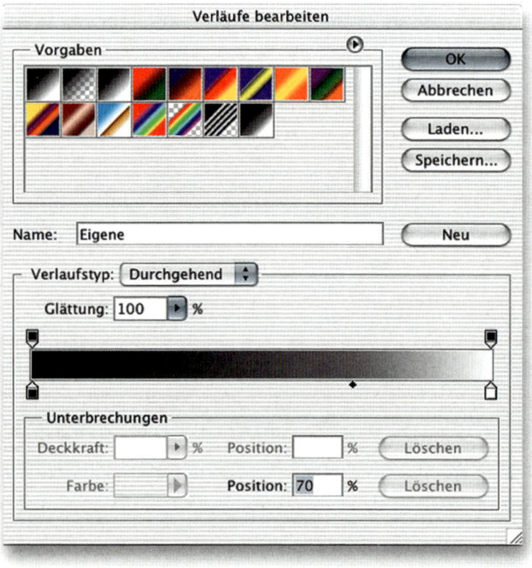

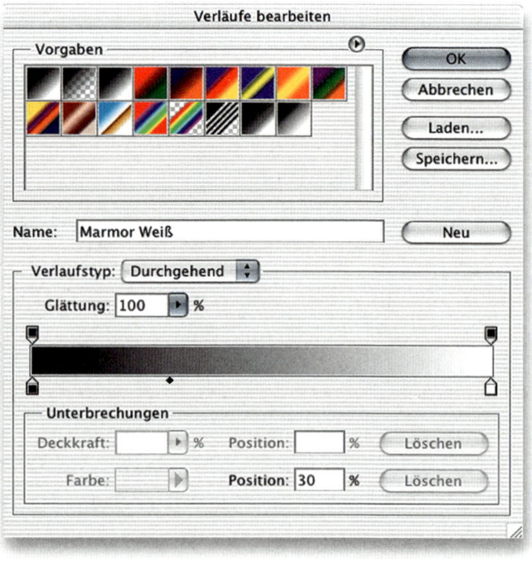

3 Legen Sie eine neue Datei mit *600 x 20 Pixel* in *Graustufen* an. Ziehen Sie eine vertikale Hilfslinie aus dem linken Lineal auf die Position 300. Ziehen Sie einen reflektierten Verlauf bei ausgewähltem Verlauf *Marmor Schwarz* waagerecht von der Hilfslinie aus bis zum Rand auf. Wählen Sie *Bearbeiten > Muster festlegen...* Speichern Sie das Muster im Dialog unter dem Namen *Marmor1* ab.

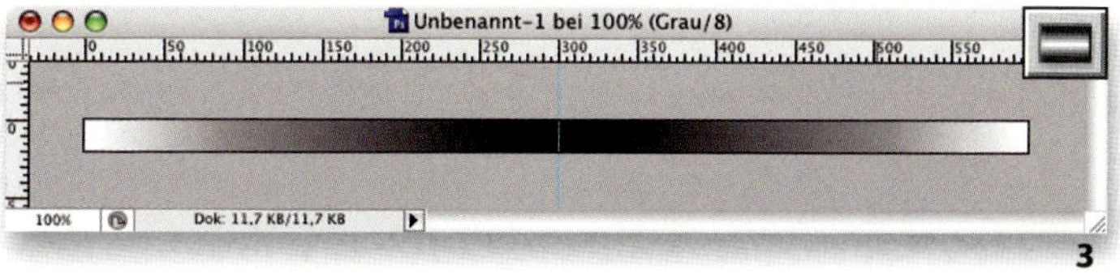

3

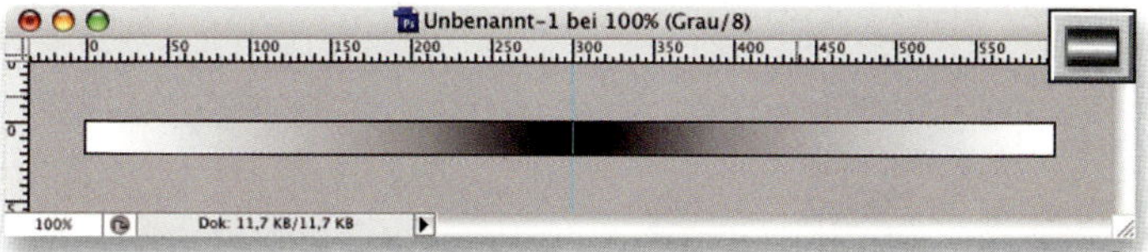

4

4 Ziehen Sie in der gleichen Datei einen reflektierten Verlauf bei ausgewähltem Verlauf *Marmor Weiß* waagerecht von der Hilfslinie aus bis zum Rand auf. Wählen Sie *Bearbeiten > Muster festlegen...* Speichern Sie das Muster im Dialog unter dem Namen *Marmor2* ab. Lassen Sie die Datei geöffnet.

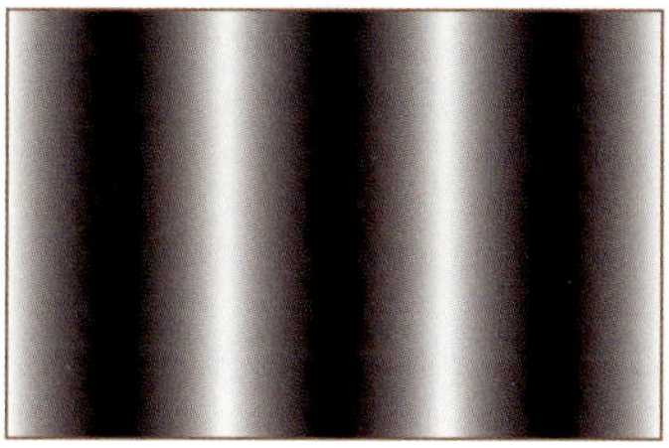

5

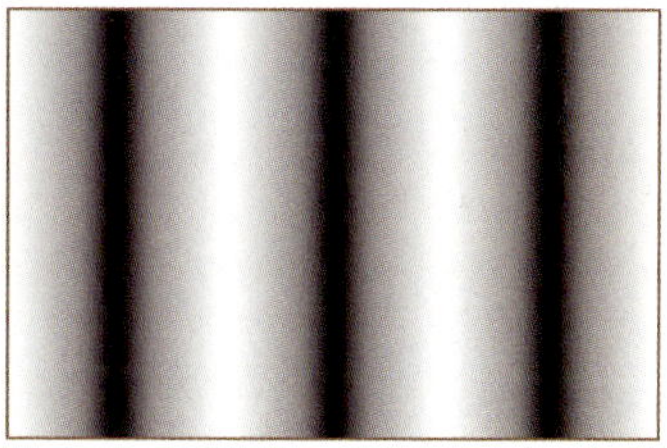

6

5 Legen Sie in eine neue Datei als Verschiebungsmatrix mit *1800 x 1200 Pixel* in *Graustufen* an. Füllen Sie die Datei mit dem Muster *Marmor1*: *Bearbeiten > Fläche füllen... > Verwenden: Muster*. Um den Verlauf mit weicheren Übergängen zu gestalten, wählen Sie den *Filter > Weichzeichnungsfilter... > Gaußscher Weichzeichner* (je nach Bildauflösung, hier *20 Pixel*). Speichern Sie die Datei unter dem Namen *Matrix1.psd* im Photoshop-Format **.psd* – andere Formate wendet später der *Versetzen-Filter* nicht an.

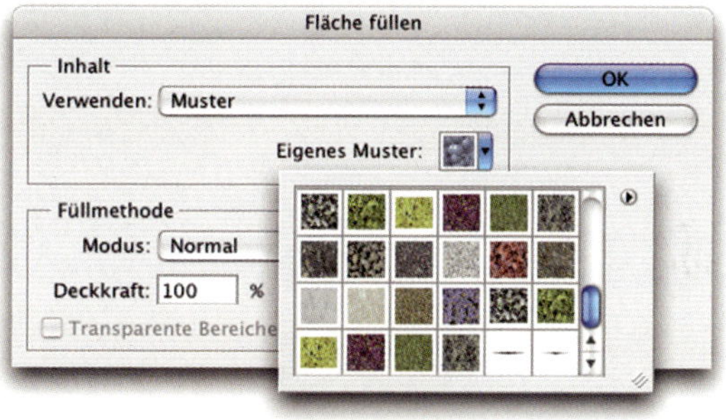

5

7

6 Füllen Sie die Datei erneut, diesmal jedoch mit dem Muster *Marmor2*. Wenden Sie auch hier den Weichzeichnungsfilter an und speichern Sie die Datei unter dem Namen *Matrix2.psd*. Lassen Sie die Datei noch geöffnet.

7 Richten Sie nun die eigentliche »Marmorpapier-Datei« im RGB-Modus, Inhalt Weiß ein und zwar in exakt gleicher Pixelgröße wie die Matrixdateien: *1800 x 1200 Pixel*. Tupfen Sie auf der *Hintergrundebene* mit unterschiedlich großen Pinselspitzen in vier bis zehn verschiedenen Farben Punkte.

8

9

8 Wenden Sie dann den *Filter > Verzerrungsfilter > Versetzen* mit einer *Horizontalen Skalierung* von *0%* und einer *Vertikalen Skalierung* von *200%* und den abgebildeten Einstellungen an. Bestätigen Sie den Filterdialog mit *OK* und wählen Sie im folgenden Fenster die Verschiebungsmatrix *Matrix1.psd.*

9 Wenden Sie den *Filter > Verzerrungsfilter > Versetzen* mit den gleichen Einstellungen nochmals an. Wählen Sie diesmal jedoch die Verschiebungsmatrix *Matrix2.psd.*

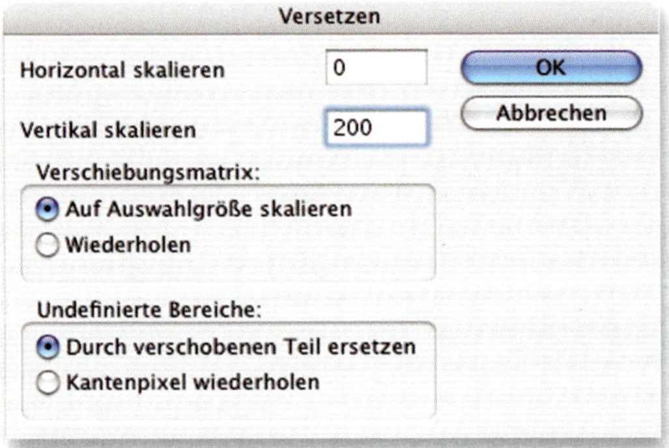

8/9

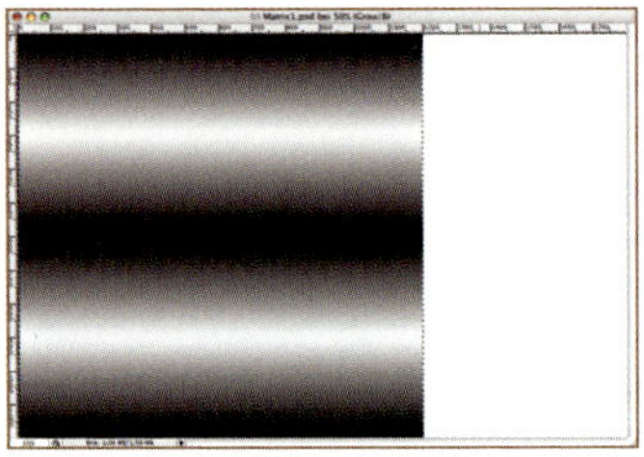
10

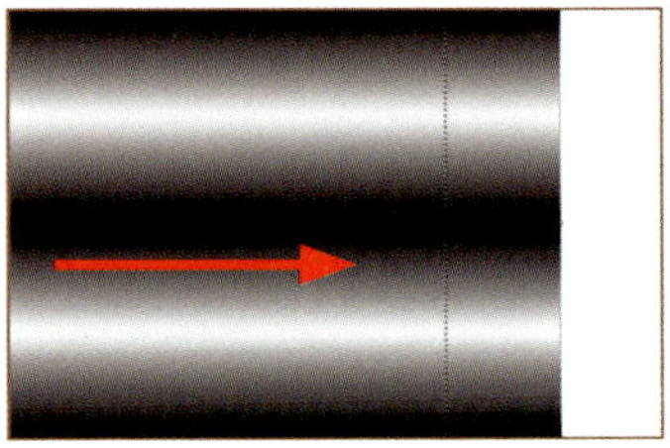
10

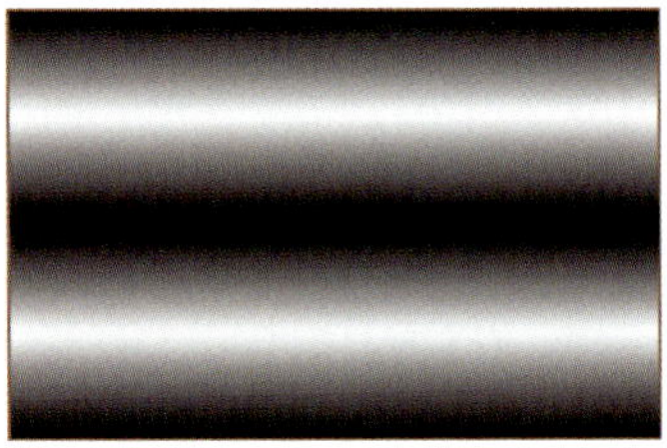
10

11

10 Aus den bestehenden Matrixdateien werden nun weitere hergestellt. Öffnen Sie die Datei *Matrix1.psd.* Wählen Sie alles aus. Drehen Sie dann um 90° im Uhrzeigersinn: *Bearbeiten > Transformieren > 90° im UZS drehen.* Positionieren Sie die Auswahl in die linke Bildhälfte. Heben Sie die Auswahl noch nicht auf.

11 Wählen Sie nun *Bearbeiten > Frei transformieren* und strecken Sie (unproportional skalieren) den ausgewählten Bildteil nach rechts, bis die gesamte Bildfläche vom Verlauf bedeckt ist. Speichern Sie die Datei unter dem Namen *Matrix3.psd* im Photoshop-Format ab. Verfahren Sie genauso mit der Datei *Matrix2.psd* und speichern Sie unter dem Namen *Matrix4.psd* im Photoshop-Format ab.

12 Wenden Sie dann in der Marmorpapier-Datei erneut den *Filter > Verzerrungsfilter > Versetzen*, diesmal mit einer *Horizontalen Skalierung* von *200%* und einer *Vertikalen Skalierung* von *0%* an und benutzen Sie die Datei *Matrix3.psd*.

9

9

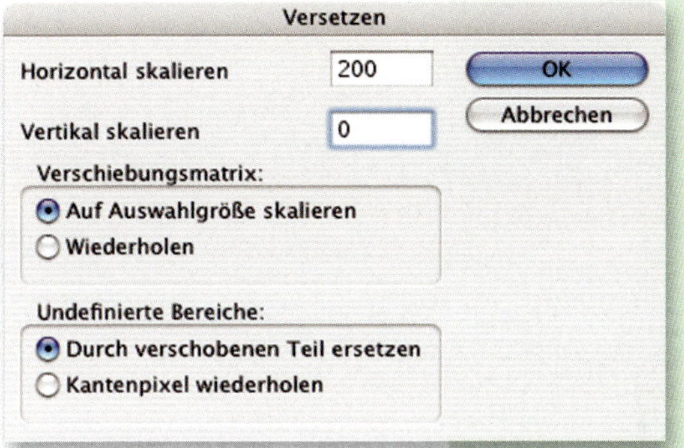

9

13 Wenden Sie den *Filter > Verzerrungsfilter > Versetzen* mit den gleichen Einstellungen nochmals an. Wählen Sie diesmal jedoch die Verschiebungsmatrix *Matrix4.psd*.

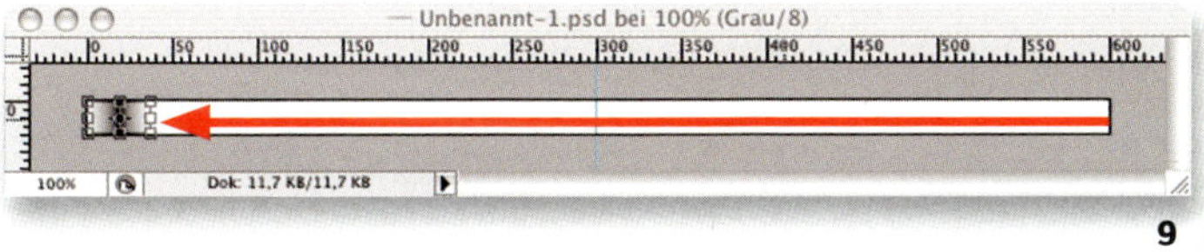

9

14 In den folgenden Schritten werden weitere Matrixdateien kreiert. Als nächste Matrix benötigen Sie eine kleinteiligere vertikale Struktur. Verwenden Sie die Datei aus *Schritt 4*, die ursprüngliche Musterdatei. Wählen Sie alles aus und skalieren Sie über *Bearbeiten > Frei Transformieren*, indem Sie den mittleren Anfasser auf der rechte Seite nach links schieben. Die neue Breite soll etwa 40 Pixel betragen. Erstellen Sie aus dieser Auswahl wieder ein Muster (*Bearbeiten > Muster festlegen...*). Falls der Befehl nicht anwählbar ist, heben Sie die Auswahl auf und wählen den Bildausschnitt mit dem Auswahlrechteck neu aus.

15 Öffnen Sie eine der bereits angelegten Matrixdateien und füllen Sie mit dem neuen Muster (siehe Schritt 5). Speichern Sie die Datei unter dem Namen *Matrix5.psd* im Photoshop-Format ab.

16 Wenden Sie dann wieder in der Marmorpapier-Datei den *Filter > Verzerrungsfilter > Versetzen*, diesmal mit einer *Horizontalen Skalierung* von *0%* und einer *Vertikalen Skalierung* von *25%*, an und benutzen Sie die Datei *Matrix5.psd*.

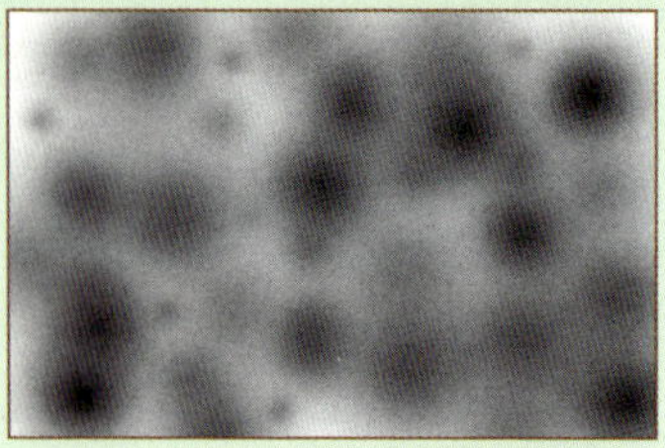

17

17

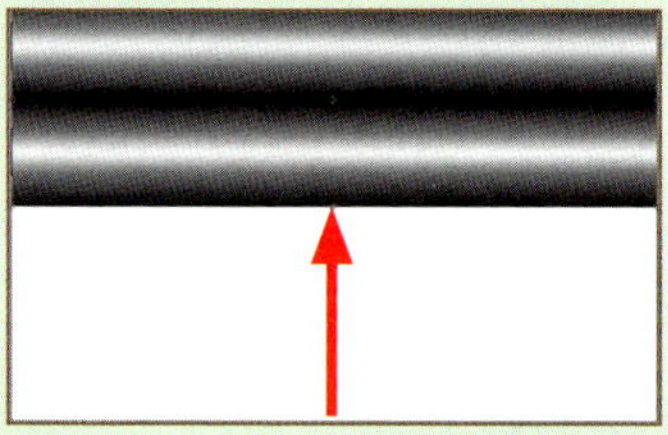

18

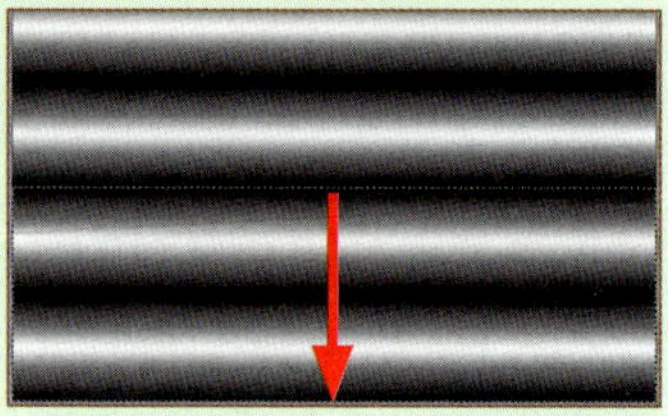

19

17 Um dem Papier den etwas sterilen Charakter zu nehmen, wird eine weitere Matrix erzeugt: In einer Graustufendatei mit den Matrixmaßen werden mit verschieden großen, grauen Pinselspitzen Punkte getupft. Anschließend wird mit dem *Filter > Weichzeichnungsfilter > Gaußscher Weichzeichner* weichgezeichnet und die Datei als *Matrix6.psd* abgespeichert. In der Marmorpapier-Datei wird dann wieder der *Filter > Verzerrungsfilter > Versetzen angewendet*, diesmal mit einer *Horizontalen Skalierung* von *10%* und einer *Vertikalen Skalierung* von *10%* mit der Datei *Matrix6.psd*.

18 Fertigen Sie aus der Datei *Matrix3.psd* eine weitere Matrixdatei: Ziehen Sie eine waagerechte Hilfslinie auf die Position *600 Pixel*. Wählen Sie alles aus und skalieren Sie (unproportional) über *Bearbeiten > Frei Transformieren*, indem Sie den mittleren Anfasser unten nach oben bis zur Hilfslinie schieben und bestätigen.

19 Die bestehende Auswahl kopieren Sie nun beim Bewegen: [Strg]-/[⌘]-Taste, [Alt]-/[⌥]-Taste und [⇧]-Taste gedrückt halten und nach unten bis an den Bildrand verschieben. Heben Sie die Auswahl auf.

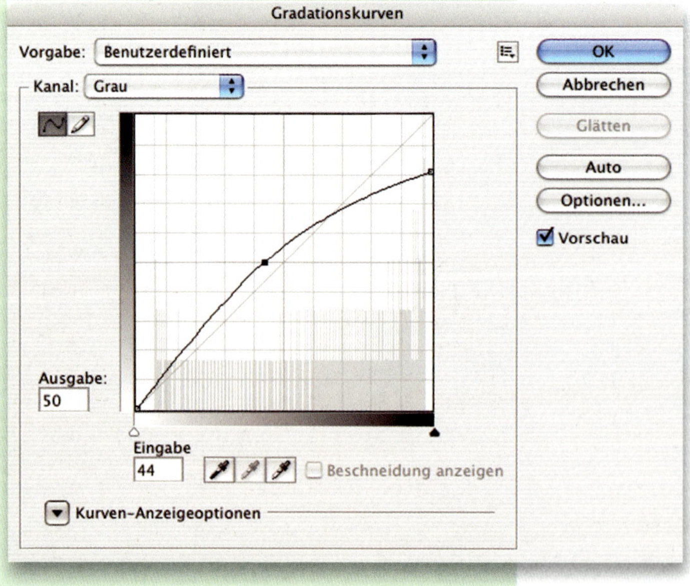

20 Rufen Sie *Bild > Einstellungen > Gradationskurven* auf und hellen Sie die dunklen Töne wie abgebildet auf. Die Datei wird unter dem Namen *Matrix7.psd* abgespeichert.

21 Die Matrixdatei *Matrix7.psd* wenden Sie dann in der Marmorpapier-Datei mit dem *Filter > Verzerrungsfilter > Versetzen* mit einer *Horizontalen Skalierung* von *100%* und einer *Vertikalen Skalierung* von *0%* an.

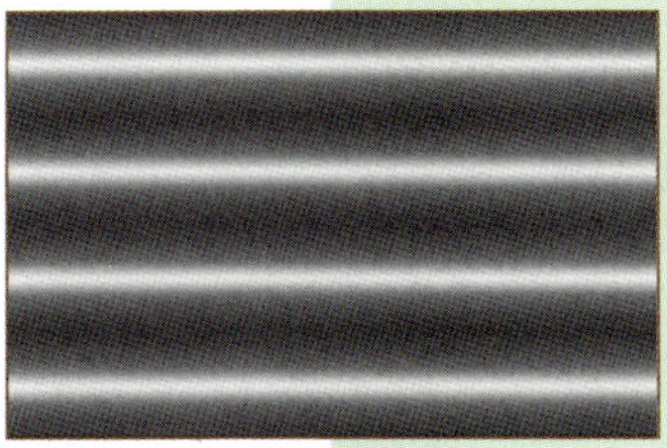

22 Modifizieren Sie nun die Datei *Matrix7.psd*. Wählen Sie alles aus. Drehen Sie dann um *90°* im UZS (siehe Schritt 10). Positionieren Sie die Auswahl in der linken oberen Ecke. Heben Sie die Auswahl noch nicht auf.

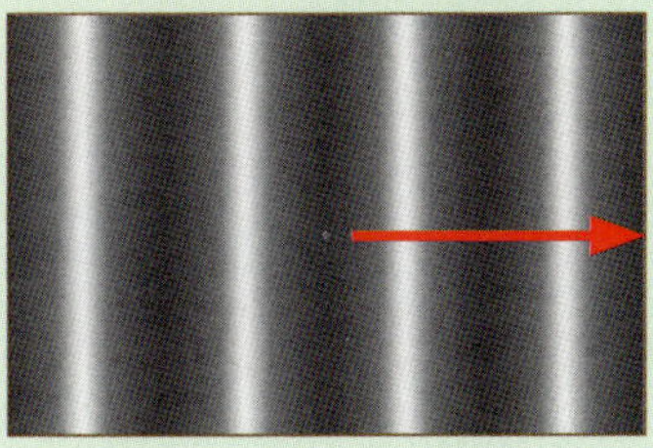

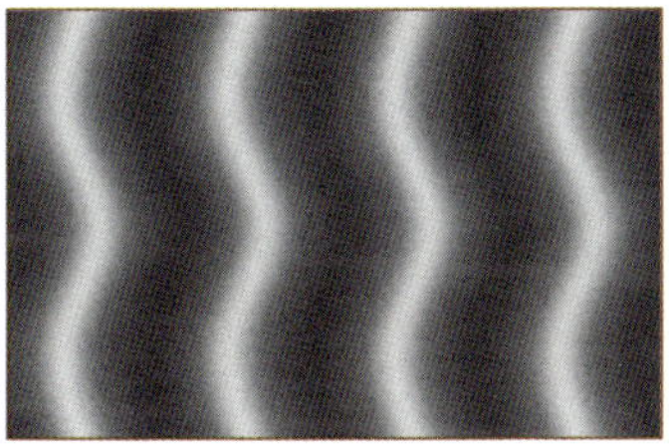

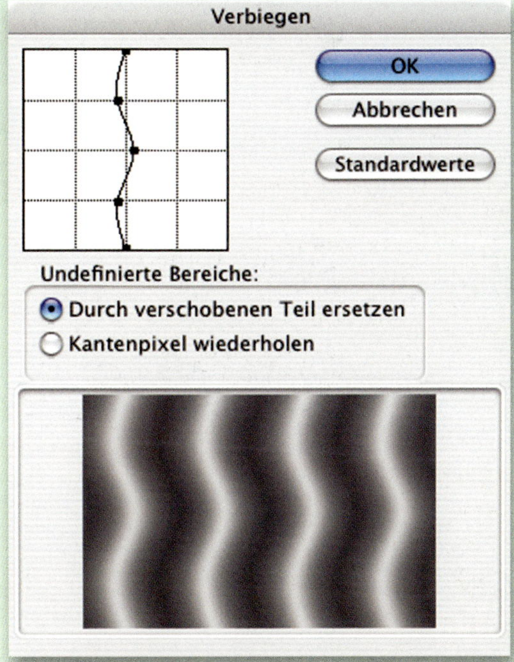

23 Skalieren Sie die Auswahl über *Bearbeiten > Frei Transformieren*, indem Sie den mittleren Anfasser auf der rechten Seite bis zum rechten Bildrand schieben.

24 Wählen Sie *Filter > Verzerrungsfilter > Verbiegen*. Verbiegen Sie die Matrix mit den gezeigten Einstellungen. Speichern Sie die Datei als *Matrix8.psd*.

25 Die Matrixdatei *Matrix8.psd* wenden Sie dann in der Marmorpapier-Datei mit *Filter > Verzerrungsfilter > Versetzen* mit einer *Horizontalen Skalierung* von *0%* und einer *Vertikalen Skalierung* von *-100%* an (negativer Wert für eine Verschiebung nach unten). Mit modifizierten Matrixdateien schaffen Sie weitere Varianten.

Kapitel 4

Wichtige Tastaturkürzel

Die ganze Arbeitsfläche wählen	Strg / ⌘ + A
Auswahl aufheben	Strg / ⌘ + D
Auswahl umkehren	Strg / ⌘ + ⇧ + I
Auswahl verbergen	Strg / ⌘ + H
Fläche füllen	⇧ + F5
Ebenen auf	
Auf eine Ebene reduzieren	Strg / ⌘ + E
Ebenenkopie anlegen	Strg / ⌘ + J

Wichtige Werkzeuge

Schnellauswahl, Zauberstab	W
Verlaufswerkzeug	G
Textwerkzeug	T
Verschieben-Werkzeug	V

Text wirkungsvoll gestalten

Ebeneneffekte > Schlagschatten

Einfache Texte können mit Schlagschatten aufgewertet werden. Häufig lassen sie sich damit besser von einem Hintergrund abheben und vermitteln gleichzeitig eine räumliche Wirkung.

1 Öffnen Sie ein Bild. Wählen Sie das *Textmaskierungswerkzeug* und klicken Sie einmal in das Bild. Geben Sie den Text ein und bestätigen Sie die Eingabe.

2 Erstellen Sie aus dem Hintergrund eine *Ebene > Neu > Ebene durch Kopie*. Blenden Sie den Hintergrund aus, um das Ergebnis zu sehen.

3 Wählen Sie *Ebene > Ebenenstil > Schlagschatten*. Experimentieren Sie mit den Einstellungen. Beim Effekt *Schlagschatten* (und *Schatten nach innen*) können Sie den Effekt auch im Bild (bei geöffnetem Dialog) an die gewünschte Position ziehen – die Werte bei *Distanz* und *Winkel* werden aktualisiert.

1

2

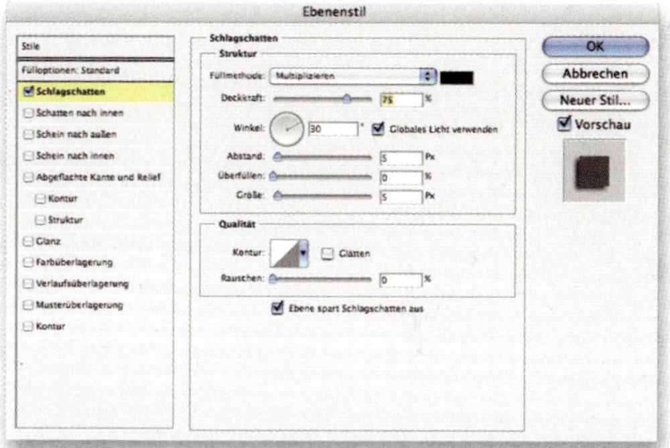

3

3

✔ Photoshop bietet Werkzeuge für horizontalen und vertikalen Text. Die Buchstaben erscheinen automatisch auf einer neuen Ebene. Zudem gibt es das Textmaskierungswerkzeug, welches eine Textauswahl auf die aktive Ebene legt. Ein Text kann über *Ebene > Rastern > Text* in eine Form umgewandelt werden. Jede dieser drei Textarten bietet andere Bearbeitungsmöglichkeiten:

- **Text mit dem Textwerkzeug platziert**, nicht gewandelt: Die Formatierung, etwa Schriftart, -schnitt oder -größe, lässt sich ändern. Ebenso kann der Text bedingt frei transformiert werden. *Verzerren* und *Perspektivisch Verkrümmen* ist nicht möglich, Verkrümmen-Funktionen hingegen sind möglich. Optionen zum *Skalieren* funktionieren verlustfrei.

- **Gerasterter Text** oder mit dem *Textmaskierungswerkzeug* **gefüllte Textauswahl**: Alle Bearbeitungsmöglichkeiten für Pixelbilder stehen zur Verfügung, etwa das komplette Filtersortiment. Skalieren funktioniert nur mit Qualitätsverlust.

- **Zur Form gewandelter Text**: Die Form der Buchstaben kann mit der *Pfad-* oder *Direktauswahl* geändert werden. Steuerpunkte können gelöscht, hinzugefügt oder gewandelt (Ecke/Kurve) werden. Alle Skalieroptionen stehen zur Verfügung. Skalieren funktioniert verlustfrei. Eine Bearbeitung mit Filtern ist nicht möglich.

4

4 Blenden Sie den Hintergrund wieder ein. Der Text hebt sich durch den Schlagschatten vom restlichen Bild ab.

5

5 Um den Text noch besser hervorzuheben, zeichnen Sie den Bereich hinter der Schrift weich. Im Beispiel sollen alle Bildbereiche um die Biene kreisförmig unscharf verlaufen: Wählen Sie im Menü der Palette *Kanäle > Neuer Kanal*. Es erscheint ein neuer Kanal *Alpha 1*, der alle Bereiche schützt. Blenden Sie zusätzlich den *Kanal RGB* ein, um den Verlauf exakt platzieren zu können.

6

6 Wählen Sie in der Optionsleiste bei aktivem *Verlaufswerkzeug* den *Radialverlauf* sowie als Verlaufsfarben *Schwarz, Weiß*. Ziehen Sie von der Mitte ausgehend einen Verlauf in der Größe der Biene auf.

✔ Mit einem Doppelklick auf das Icon von *Alpha 1* in der Palette *Kanäle* öffnen sich die **Kanaloptionen**. Hier kann eine neue Maskierungsfarbe und deren Deckkraft festgelegt werden. Im gezeigten Beispiel hebt sich die Maskierung in Blau besser vom magentafarbigen Hintergrund ab.

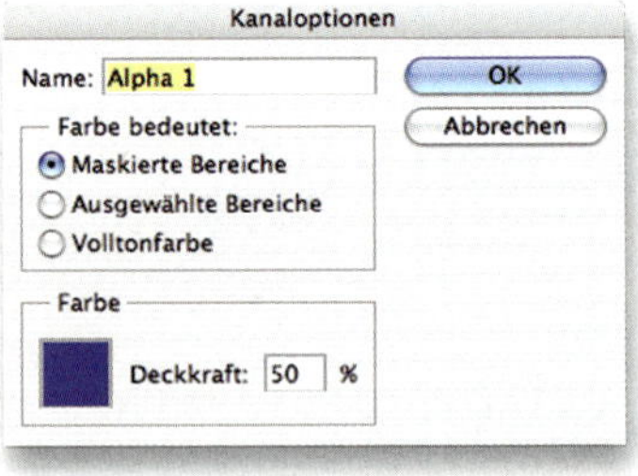

7

7 Aktivieren Sie den *Kanal RGB* sowie in der Ebenenpalette die *Hintergrundebene*. Wählen Sie mit *Auswahl > Auswahl laden > Alpha 1* die Bildbereiche um die Biene. Stellen Sie bei *Filter > Weichzeichnungsfilter > Gaußscher Weichzeichner* einen Wert in einer Höhe ein, so dass die unwichtigen Bildstellen verwischt erscheinen.

8 Auf die Auswahl lassen sich beliebig viele andere Filter anwenden; hier bildet der *Strukturierungsfilter Buntglas-Mosaik* eine Art Honigwabeneffekt.

6

6

Schrifteffekte > Weitere Ebenenstile

Neben dem *Schlagschatten* gibt es weitere *Ebeneneffekte*, etwa *Abgeflachte Kante und Relief*. Es gibt zwei Möglichkeiten, einen Text über diesen Effekt künstlerisch zu verfremden: Man kann den Text direkt bearbeiten oder man bearbeitet die Ebene, aus der man den Text zuvor herausschneidet.

✔ Eine **Hintergrundebene** kann nur eingeschränkt bearbeitet werden. So lassen sich etwa *Deckkraft* oder die *Füllmethode* nicht ändern. Ebenso kann eine Hintergrundebene nicht verschoben werden. Löscht man Bildbereiche, erscheint an deren Stelle die in der Werkzeugleiste eingestellte Hintergrundfarbe. Um nach dem Löschen transparente Bereiche zu erhalten, muss der Hintergrund zu einer normalen Ebene konvertiert werden.

Die Schrift im unteren Logo wurde mit den Ebenenstilen Schlagschatten, Abgeflachte Kante und Relief sowie mit dem Effekt Glanz gestaltet.

Abgeflachte Kante und Relief

Reliefeffekte lassen sich sehr einfach über *Abgeflachte Kante und Relief* erzeugen. Das Besondere an dieser Methode ist, dass sie ihre Wirkung auf allen mehrfarbigen Hintergründen entfaltet. Ausschlaggebend ist hier unter anderem der Ebenenmodus:
So zeigt das Bild links, *Sandstrand,* denselben Schriftzug untereinander im Modus *Ineinanderkopieren.* Geändert wurde lediglich die Einstellung unter *Struktur > Stil.*

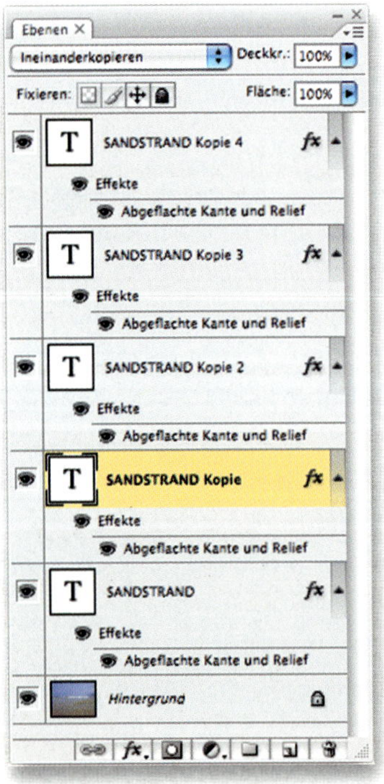

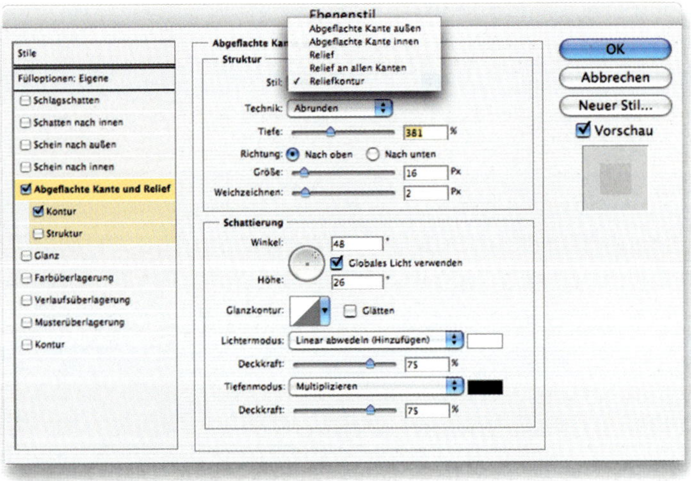

✔ **Ebenenstile** können nur auf normalen Ebenen, also nicht auf einem *Hintergrund*, angewendet werden. Ebenenstile werden an den Kanten der deckenden Pixel wirksam und beziehen sich auf den gesamten Inhalt einer Ebene. Beim Bewegen oder Bearbeiten der Ebene werden die Effekte automatisch aktualisiert. Nach ihrer Anwendung erscheint in der Ebenenpalette das Symbol *fx*. Durch Doppelklick auf dieses Symbol oder nochmaligen Aufruf des Befehls können die Ebeneneffekte jederzeit geändert werden. Sie können auch ausgeblendet, entfernt oder auf editierbare Textebenen angewendet werden, ohne dass der Text gerendert (gerastert) werden muss.

Text aus einem Bild schneiden

Im folgenden Beispiel wird aus einem Bild eine Auswahl in der Form eines Textes ausgeschnitten. Per *Ebenenstil* und einem dahinterliegenden Foto hebt sich das vordere Bild optisch vom dahinterliegenden ab.

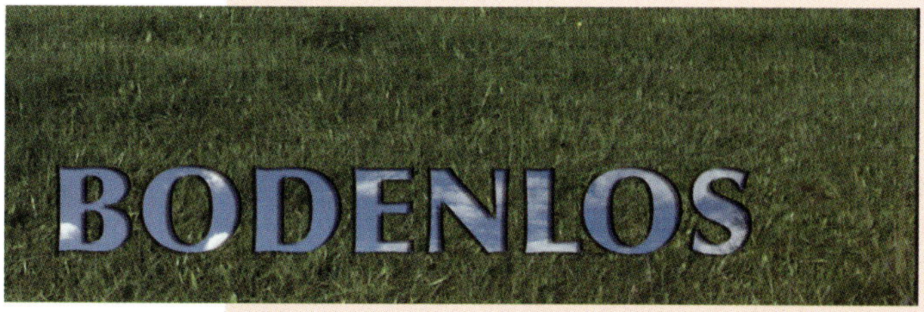

1 Per Doppelklick auf die Ebene *Hintergrund* in der Palette *Ebenen* wandeln Sie den *Hintergrund* in eine normale *Ebene 0*.

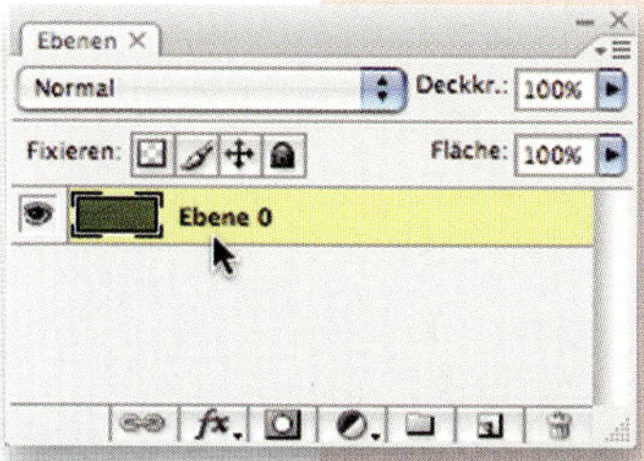

1

✔ Auswahl verschieben:

Jede Auswahl, hier die „textförmige", kann nachträglich verschoben werden. Führen Sie ein beliebiges *Auswahlwerkzeug* auf die gewählte Fläche und ziehen Sie sie an den gewünschten Platz.

2

2 Den Text schneiden Sie mit dem *Textmaskierungswerkzeug* aus dem Bild. Löschen Sie mit einem Klick auf die Rückschritt-Taste die Auswahl.

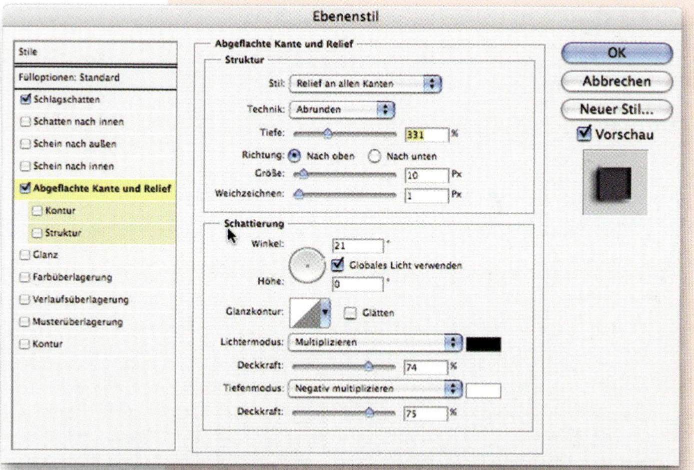

3

3 Legen Sie einen neuen *Ebenenstil* an. Aktivieren Sie hier den *Schlagschatten*. Justieren Sie ihn so, dass er nur leicht am Schnittrand zu erkennen ist.

Aktivieren Sie ebenso die Option *Abgeflachte Kante und Relief*.

Ist bei *Schattierung* der *Lichtermodus* auf *Multiplizieren* gesetzt, mit einer schwarzen Färbung, entsteht mehr Eindruck von Tiefe.

3

4

4 Legen Sie ein zweites Bild, hier ein Foto des Himmels, auf eine neue Ebene. Schieben Sie die Ebene ganz nach unten, so dass das zweite Bild hinter dem aus der Wiese ausgeschnittenen Text zum Liegen kommt.

Perspektivischen Text ausschneiden

Soll der Text an den Hintergrund angepasst und somit perspektivisch verzerrt werden, muss die Textauswahl anders erstellt werden: Zwar gibt es die Option *Auswahl transformieren*, eine perspektivische Verzerrung ist jedoch nicht möglich. Hier muss zunächst der Text als Fläche perspektivisch angepasst und dann als Auswahl geladen werden.

1

2

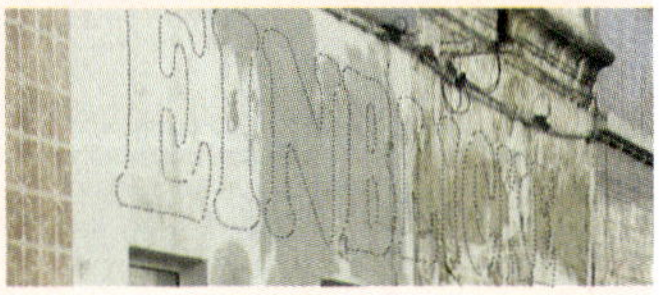

3

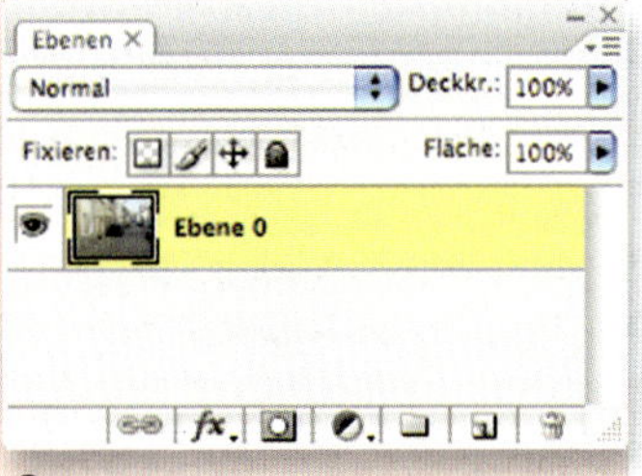

3

1 Erstellen Sie mit dem *Textwerkzeug* einen Text. Bei einer komplexeren Bearbeitung wie der perspektivischen Verzerrung wirken serifenlose dicke Buchstaben am besten. Wählen Sie *Ebene > Rastern > Text.*

2 Über *Bearbeiten > Transformieren > Perspektivisch* passen Sie den Text dem Hintergrund an.

3 Klicken Sie mit gedrückter Strg-/⌘-Taste auf das Icon der Textebene, um eine Auswahl der Buchstaben zu erstellen. Wählen Sie *Auswahl > Speichern* und löschen Sie die Textebene. Konvertieren Sie den Hintergrund per Doppelklick auf die Ebene zur *Ebene 0.*

4 Löschen Sie mit einem Klick auf die Rückschritt- oder die Entfernen-Taste den Inhalt der neuen Textauswahl aus der *Ebene 0* (der Mauer). Passen Sie den Bildgegebenheiten einen neuen Ebenenstil an; hier wurde der *Lichtermodus* auf *Normal* gesetzt, mit einer weißen Färbung.

4

Schrifteffekte > Schnittmasken

Die Schnittmaskentechnik lässt sich gut beim Arbeiten mit Schrift zunutze machen. Vergleichbare Effekte erzielen Sie jedoch auch mithilfe von Ebenenmasken.

1 Erzeugen Sie mit dem *Textwerkzeug* einen großen Buchstaben in einem möglichst fetten Schriftschnitt. Öffnen Sie ein zweites Bild und ziehen Sie den Bildinhalt mit dem Verschieben-*Werkzeug* in das Textdokument. Die Bildebene muss sich über der Textebene befinden.

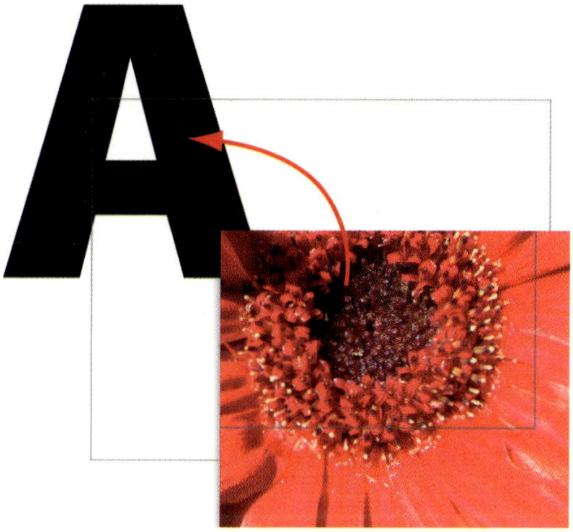

1

2 Halten Sie die Maus bei gedrückter Alt-/⌥-Taste über die Trennlinie zwischen Text- und Bildebene, ohne jedoch eine Maustaste zu drücken. Erscheint das *Gruppierungssymbol* ( ), klicken Sie einmal. Alternativ kann auch der Befehl *Ebene > Schnittmaske erstellen* verwendet werden.

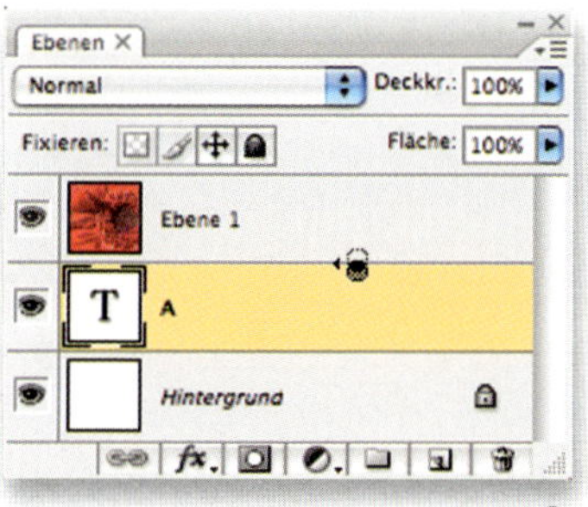

2

3 Justieren Sie mit dem *Verschieben-Werkzeug* gegebenenfalls die Bildposition innerhalb des Buchstabens.

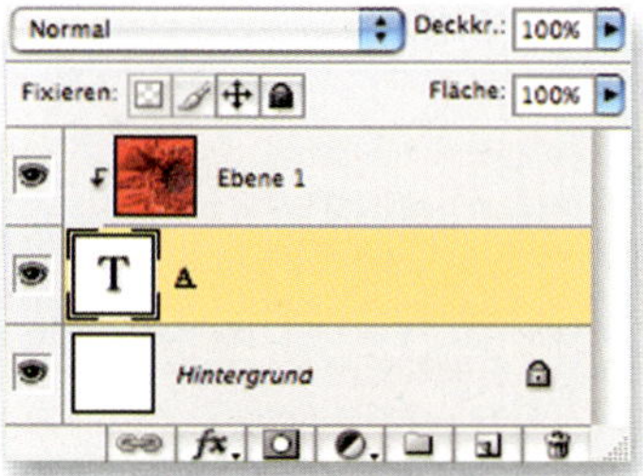

3

4 Um einen *Ebenenstil* auf den mit einem Bild gefüllten Buchstaben anzuwenden, aktivieren Sie zuvor die Textebene.

✔ Die Benennung der Technik hat sich von Version zu Version geändert: **Schnittmasken** heißen in Version 7 Beschnittgruppen, davor waren es Maskierungsgruppen.

✔ Schnittmasken dienen nicht nur Texteffekten, sondern helfen auch bei Einstellungsebenen. Sollen diese nicht auf alle darunterliegenden Ebenen wirken, sondern nur auf die nächste, hilft es, eine Schnittmaske zu bilden.

Texteffekte > Neonschrift

1

2

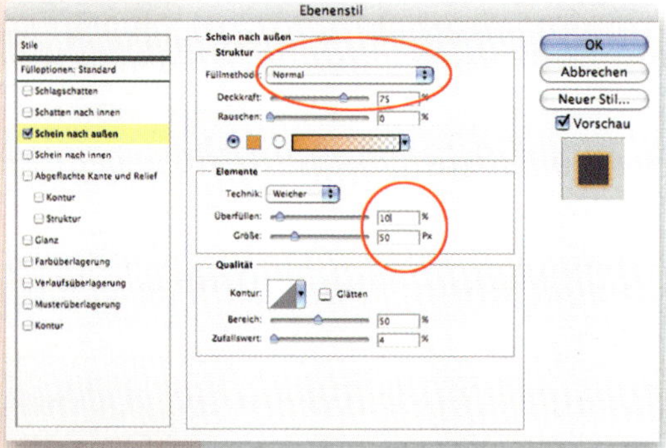

2

Leuchteffekte können durch mehrfache Anwendung des *Ebenenstils Schein nach außen* in unterschiedlicher Farbigkeit und Stärke relativ einfach hergestellt werden.

1 Füllen Sie ein neues RGB-Dokument (900 x 900 Pixel) mit Schwarz. Erstellen Sie Text in einer leuchtenden Farbe, etwa Orange, oder platzieren Sie eine geeignete einfarbige Grafik.

2 Wenden Sie auf der Textebene den Ebenenstil *Schein nach außen* mit der Füllmethode *Normal*, *Größe* 50 Pixel und der gleichen Farbe an. Wählen Sie bei *Überfüllen* den Wert 10 und bei *Größe* den Wert 50, wie links abgebildet.

3

3 Duplizieren Sie die Textebene. Modifizieren Sie die Einstellungen: Wählen Sie als Farbe eine etwas hellere gelbe Farbe. Verringern Sie die Größe des Scheins etwa um die Hälfte und verwenden Sie die Standardkontur.

4 Duplizieren Sie die Textebene ein weiteres Mal. Modifizieren Sie noch einmal die Einstellungen: Wählen Sie als Farbe nun einen deutlich helleren Farbton als zuvor, verringern Sie die Größe des Scheins nochmals um die Hälfte und verwenden Sie die Standardkontur.

4

✔ **Leuchtvarianten** Der Schein nach außen muss nicht immer in derselben Farbe sein wie der eigentliche Text oder die Grafik. Experimentieren Sie mit verschiedenen Farben, sollten Sie jedoch darauf achten, bei jedem Arbeitsschritt eine hellere Variante zu wählen, um den Leuchteffekt zu erhalten.
Neben Texten eignen sich Vektorgrafiken, die zuvor nicht gerastert werden müssen. Ebenso kann eine Auswahl (Auswahl erstellen, siehe *Kapitel 7*) eines Pixelbilds mit dieser Methode einen Leuchtrand bekommen.

5 Für eine plastische Wirkung duplizieren Sie die Textebene ein drittes Mal. Füllen Sie den Text mit Weiß. Verwenden Sie nun den Ebenenstil *Abgeflachte Kante und Relief* mit den gezeigten Einstellungen. Als Farbe für den *Tiefenmodus* wählen Sie wieder eine sehr helle Farbe. Stellen Sie die *Deckkraft* der Ebene auf *80%* ein.

5

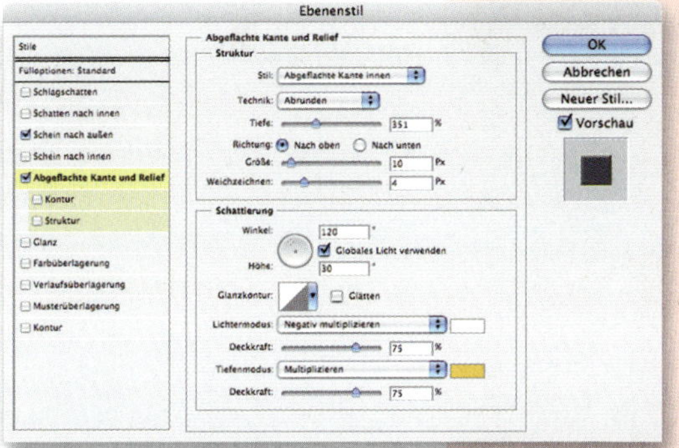

5

Exkurs: Einen Effekt als Aktion speichern

Sollen mehrere Texte und Grafiken mit demselben Effekt verfremdet werden, lohnt es sich, die Abfolge der Arbeitsschritte als *Aktion* zu speichern:

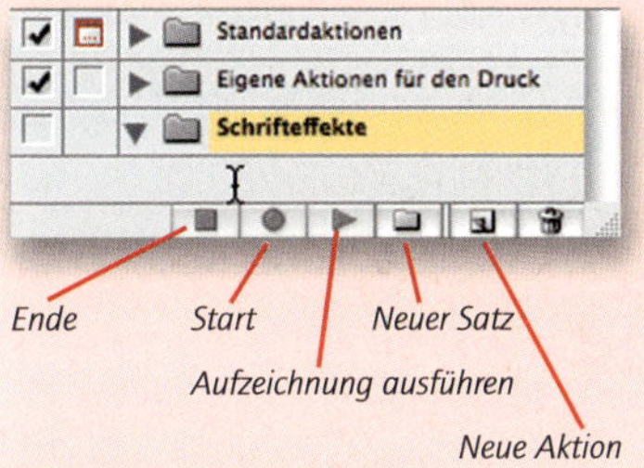

1 Klicken Sie in der Palette *Aktionen* auf die Schaltfläche *Neuen Satz erstellen*. Benennen Sie im Dialog *Neuer Satz* das Aktionsset.

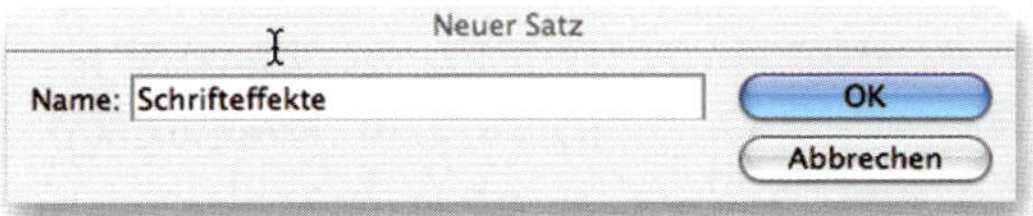

1

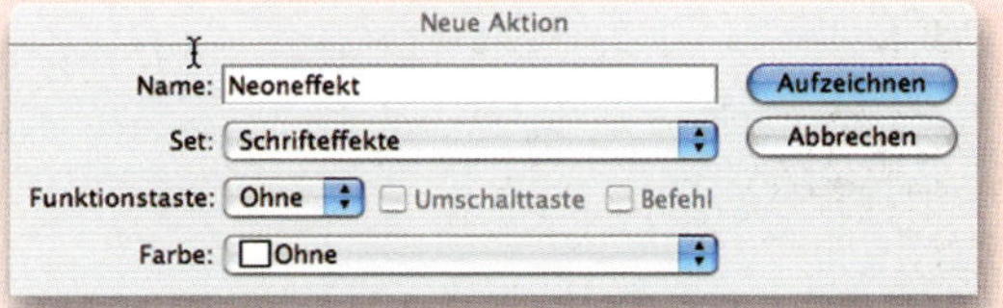

2

2 Klicken Sie nun auf die Schaltfläche *Neue Aktion* und benennen Sie die Aktion.

3 Mit einem Klick auf *Aufzeichnung beginnen* startet die Aufnahme. Führen Sie nun alle Arbeitsschritte bis zum fertigen Schrifteffekt durch.

4 Klicken Sie am Ende auf die Schaltfläche *Ausführen/Aufzeichnung beenden*. Um die Aktion auf ein anderes Bild anzuwenden, wählen Sie die Aktion und klicken Sie auf die Schaltfläche *Auswahl ausführen*.

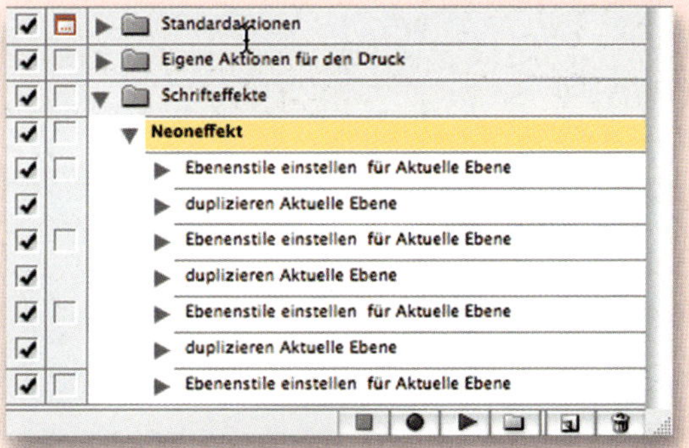

4

Gebogener Text > Text auf Pfad

Wie das abgebildete Logo zeigt, ist es oft reizvoll, die Schrift entlang eines Pfads zu platzieren. Die plastische Wirkung der Initialen in der Mitte entsteht durch verschiedene *Ebenenstile*. In der folgenden Übung verkrümmen Sie mit verschiedenen Techniken einen Text gezielt und verleihen ihm mit Filtern eine Wasseroptik.

© popp-art

1

1 Zeichnen Sie mit dem *Zeichenstift* eine geschwungene Linie. Führen Sie das *Textwerkzeug* über die Linie. Sobald am Cursor ein kleines Pfadsymbol erscheint, kann der Text geschrieben oder aus der Zwischenablage eingefügt werden.

2

2 In der Palette *Pfade* ist neben dem Arbeitspfad ein *Textpfad* entstanden. Passen Sie nachträglich den Pfad an, indem Sie mit dem *Direktauswahl-Werkzeug* die Ankerpunkte verschieben oder mit den Grifflinien den Kurvenverlauf ändern. Blenden Sie die *Zeichen- / Absatzpalette* ein. Sind die einzelnen Buchstaben innerhalb einer Kurve zu dicht aneinander, erhöhen Sie die *Laufweite*.

3

3 Klicken Sie mit gedrückter Strg-/⌘-*Taste* auf das Icon der Textebene, um sie als Auswahl zu laden. Speichern Sie die Auswahl. Deaktivieren Sie die Textebene. Füllen Sie auf einer neuen Ebene die Auswahl. Wählen Sie hierfür mit der Pipette eine Farbe aus dem Hintergrundbild.

✔ Alternativ dazu können Sie ebenfalls die reine Textebene verkrümmen. Wählen Sie hierzu *Ebene > Text > Text verkrümmen.*

4

4 Um den Text zu verformen, wählen Sie *Bearbeiten > Transformieren > Verkrümmen*. Speichern Sie die veränderte Auswahl im selben *Alphakanal*. Löschen Sie nun alle Textebenen.

5 Zeichnen Sie den *Alphakanal* des Textes per *Filter > Weichzeichnungsfilter > Gaußscher Weichzeichner* weich.

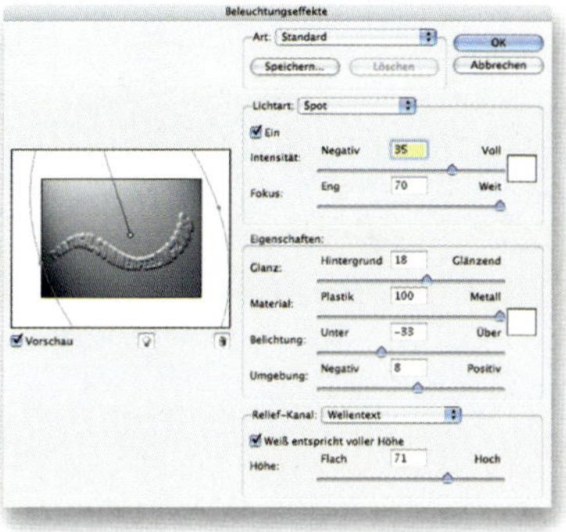

6

6 Legen Sie eine neue Ebene mit weißer Füllung an. Wählen Sie den *Renderfilter > Beleuchtungseffekt* und laden Sie hier als *Reliefkanal* die gespeicherte Textauswahl.

7 Laden Sie die weich gezeichnete Textauswahl und kehren Sie sie um. Löschen Sie den gewählten Hintergrund.

8 Heben Sie die Auswahl auf. Mit *Bild > Anpassungen > Farbton/Sättigung* färben Sie den Text.

9 Wählen Sie als Ebenenmodus *Ineinanderkopieren*. Wenden Sie den *Vergröberungsfilter > Kristallisieren* mit einem kleineren Wert an, so dass der Effekt nur an den Rändern der Buchstaben zu erkennen ist.

10 Mit dem *Kunstfilter > Kunststofffolie* setzen Sie weitere wassertypische Akzente.

5

7

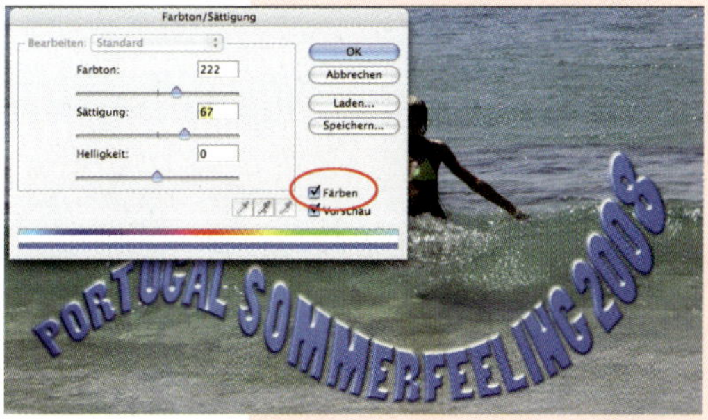

8

9

9

Metallisch glänzend > Chromtext

Ähnlich wie der Wassertext können auch andere reflektierende Effekte mit dem Beleuchtungseffekt und verschiedenen Filtern gestaltet werden. So etwa auch ein Chromeffekt, der jedoch zusätzlich ein Referenzbild für die Spiegelung benötigt.

1

1 Öffnen Sie ein möglichst farbiges Bild, um interessante Lichtreflexe zu erzielen. Setzen Sie diesmal den Text direkt in den Alphakanal: Wählen Sie hierzu im Menü der Palette *Kanäle* die Option *Neuer Kanal*. Schreiben Sie in den Alphakanal einen Text. Per Klick auf die [↵]-*Taste* wird der Text zur Auswahl. Positionieren Sie ihn und heben Sie danach die Auswahl auf.

2

2 Duplizieren Sie den Kanal und wenden Sie auf ihn den *Gaußschen Weichzeichner* an. Duplizieren Sie das weichgezeichnete Duplikat des Kanals (wird zu *Alpha1 Kopie 2*). Klicken Sie mit gedrückter [Strg]-/[⌘]-*Taste* in das Icon des Kanals *Alpha 1*, um deren Auswahl zu laden. Kehren Sie die Auswahl um, füllen Sie sie schwarz und heben Sie die Auswahl auf.

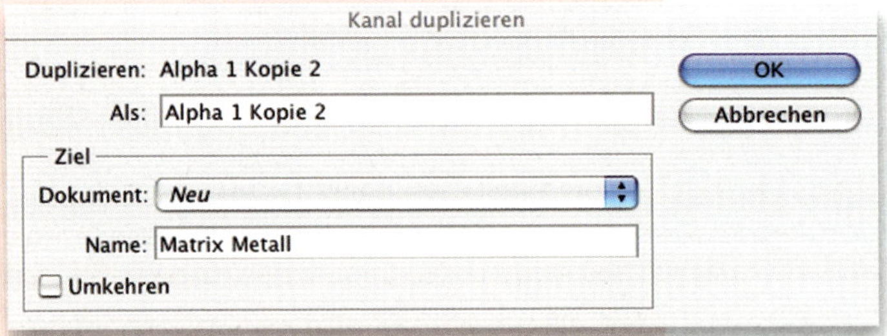

3

3 Wählen Sie erneut die Option *Kanal duplizieren*. Wählen Sie hier bei *Ziel > Dokument: Neu*. Sie erzeugen so aus dem Kanal eine neue Datei, die Sie später als Matrix verwenden können. Speichern Sie das Dokument im Photoshop-Format (**.psd*).

4

4 Arbeiten Sie an der Originaldatei mit dem Reflexionsbild weiter. Aktivieren Sie den Kanal *RGB*. Wenden Sie den Filter *Filter > Verzerrungsfilter > Glas* an. Laden Sie als Struktur die in Schritt 3 gespeicherte Matrix. Stellen Sie eine hohe *Verzerrung* ein.

5 Wie in der letzten Übung bei Schritt 6 können Sie eine weitere Ebene mit *Beleuchtungseffekt* anlegen. In der Ebenenpalette ist hier als Ebenenmodus *Weiches Licht* gewählt.

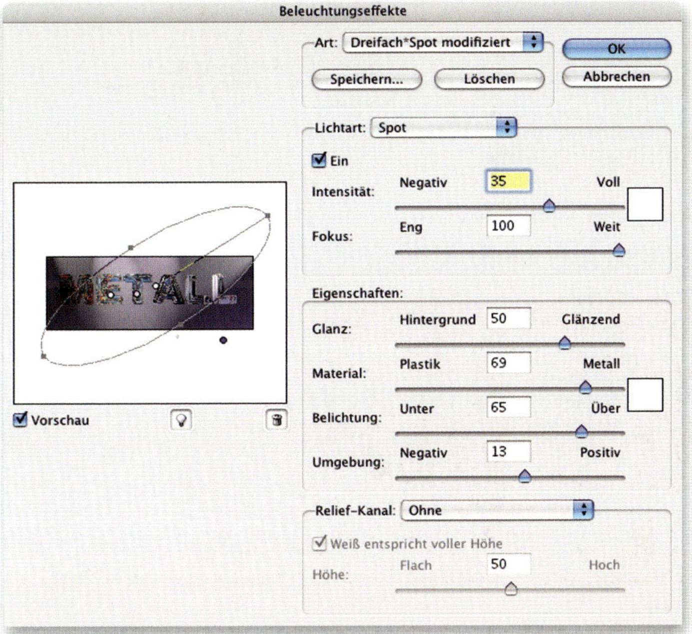

5

✔ Überstehender Ebeneninhalt

Seit Photoshop 4 kann der Inhalt einer Ebene größer sein als die Abmessungen des Bilds. Der Teil der Ebene, der nicht auf die Arbeitsfläche passt, wird im Arbeitsspeicher gehalten. So ist es möglich, Bildteile außerhalb des sichtbaren Formats zu platzieren. Mit dem *Verschieben*-Werkzeug kann der Überstand jederzeit auf die Arbeitsfläche verschoben werden.

Der Befehl *Bild > Alles einblenden* macht diese Teile sichtbar – selbstredend wird dabei die Arbeitsfläche vergrößert.

Bei einigen Filtern, die mit einer Verschiebungsmatrix arbeiten (*Versetzenfilter, Verzerrungsfilter*), erfolgt die Ausrichtung der Matrix ausgehend von der linken oberen Ecke des Ebeneninhalts. Befindet sich diese außerhalb der Arbeitsfläche, erscheint der Effekt um diese Distanz nach links und oben verschoben. Falls das Reflexionsmotiv also größer als die Arbeitsfläche sein sollte, wählen Sie den Befehl *Bild > Alles einblenden* oder, wenn die aktuelle Arbeitsfläche erhalten bleiben soll, *Bild > Zuschneiden*.

Buntschrift > Schrifteffekt durch Gradationskurven

Die Gradationskurven eignen sich neben ihrer Hauptfunktion als Korrekturwerkzeug unter anderem auch für die effektvolle Gestaltung von Schrift.

1

2

1 Erstellen Sie auf einem weißen Hintergrund einen schwarzen Text. Optional: Duplizieren Sie die Textebene für einen späteren plastischen Effekt. Aktivieren Sie wieder die Originaltextebene und blenden Sie die Textebenekopie aus.

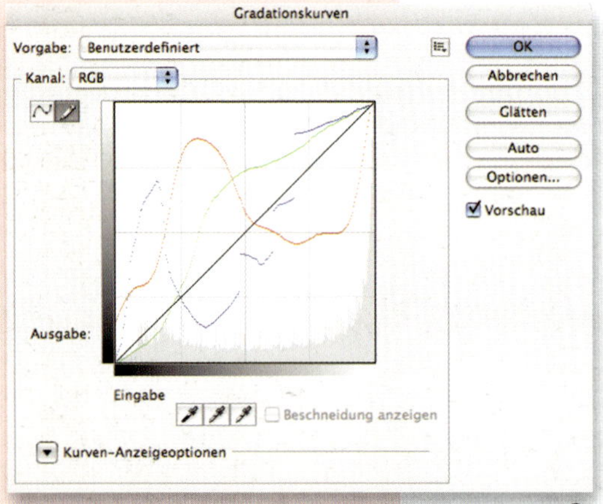

3

2 Wenden Sie nun den *Filter* > *Weichzeichnungsfilter* > *Gaußscher Weichzeichner* an, um den Tonwertumfang zu vergrößern: Es entsteht so an den Rändern der Buchstaben ein Verlauf. Die so erzeugten Graustufen sorgen später für die Farbe. Die Abfrage, ob der Text gerastert werden soll, bestätigen Sie. Der Radius (hier 5 Pixel bei 900 x 600 Pixel Bildgröße) definiert gleichzeitig die Breite des Effekts.

3

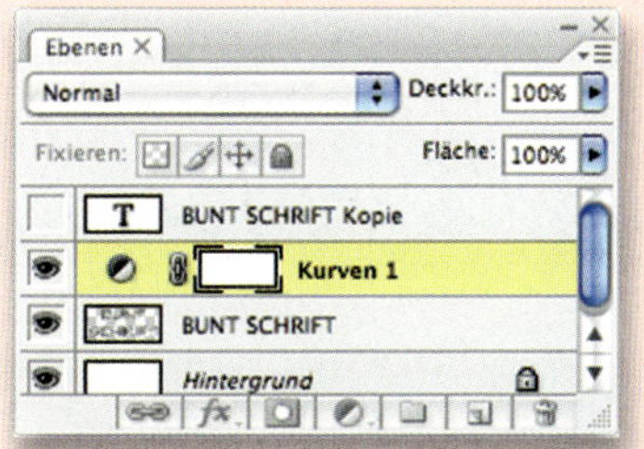

3

3 Legen Sie eine *Ebene > Neue Einstellungsebene > Gradationskurven* an. Malen Sie mit dem *Zeichenstift* des Dialogs eine wilde Kurve mit Bergen und Tälern. Haben Sie bei Kanal *RGB* ausgewählt, erfolgt eine Veränderung in Graustufen. Wählen Sie hingegen die einzelnen Farbkanäle aus und verändern diese, erzeugen Sie farbige Effekte. Erscheinen die Ränder zu gezackt, klicken Sie ein oder zwei Mal auf die Option *Glätten*. Möchten Sie einzelne Punkte der Kurve bearbeiten, klicken Sie auf den Kurvenschalter.

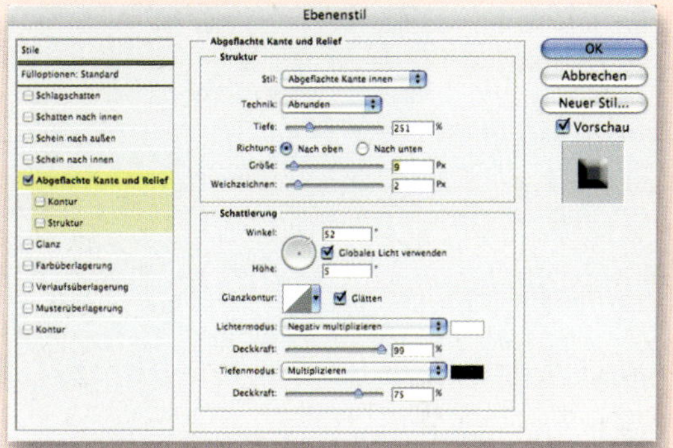

5

4 Zum Ausprobieren anderer Effekte legen Sie weitere Einstellungsebenen an und blenden Sie die alte(n) aus.

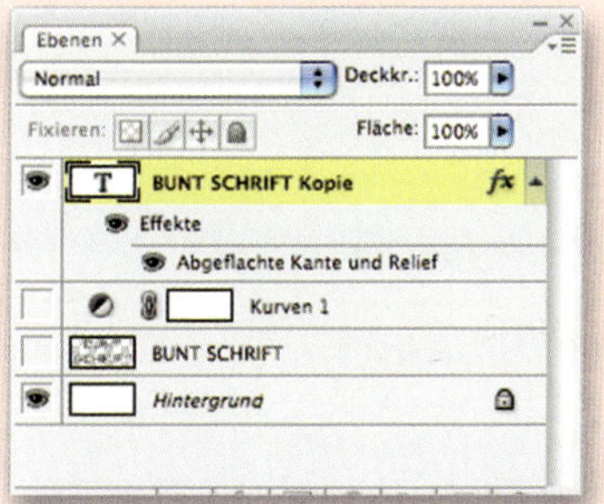

5

5 Wenn Sie mögen, können Sie den Effekt plastisch verstärken. Wechseln Sie in die kopierte Textebene und füllen Sie die deckenden Pixel mit 50 % Grau. Stellen Sie als Ebenenmodus *Ineinanderkopieren* ein. Experimentieren Sie zusätzlich mit den Ebeneneffekten.

6 Mit bizarren Gradationskurven lassen sich auch andere Bilder farblich verfremden. Das Beispiel zeigt das verfremdete Titelmotiv mit den beiden Tangotänzern.

6

Effekte-Mix > Feuertext

Mit einer Kombination von verschiedenen Effekten, die dann geschickt auf den entsprechenden Ebenen verteilt werden, bringen Sie einfachen Text zum Brennen.

1

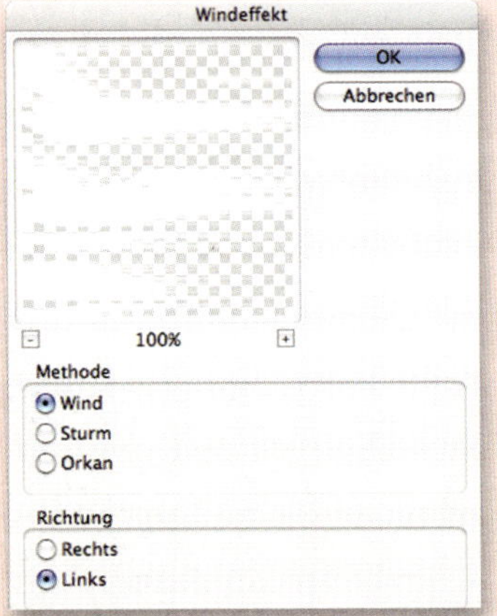

3

2

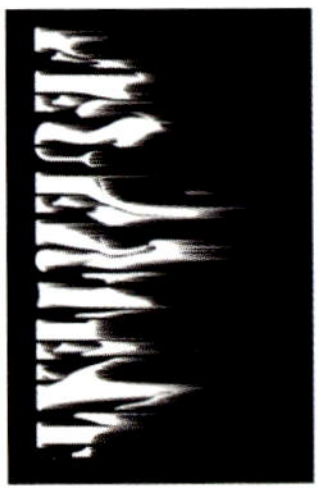

3

1 Legen Sie ein neues RGB-Dokument an und färben Sie den Hintergrund schwarz. Erstellen Sie einen weißen Text. Achten Sie darauf, dass genug Platz über den Buchstaben für die virtuellen Flammen bleibt.

2 Kopieren Sie die Textebene. Schalten Sie die Kopie unsichtbar und wählen Sie die originale Textebene. Per *Ebene > Rastern > Text* wandeln Sie den Text zu einem Pixelbild um. Drehen Sie das Bild um 90 Grad im Uhrzeigersinn: *Bild > Arbeitsfläche drehen.*

4

3 Wählen Sie zunächst *Filter > Verflüssigen.* Ziehen Sie im Fenster *Verflüssigen* den gerasterten Text mit dem *Turbulenz*-Werkzeug wellenförmig nach rechts. Wenden Sie danach den *Stilisierungsfilter > Windeffekt...* zweimal hintereinander mit den gezeigten Einstellungen an.

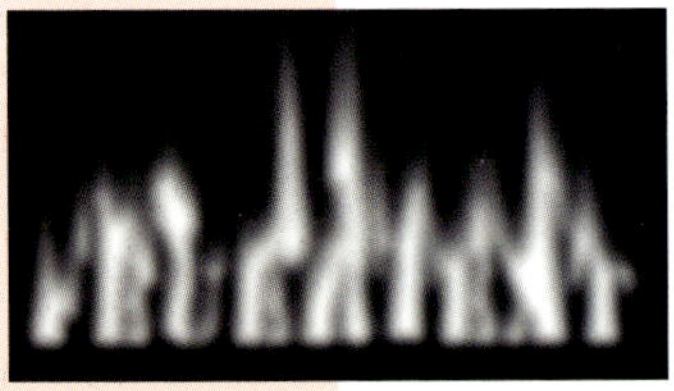

4

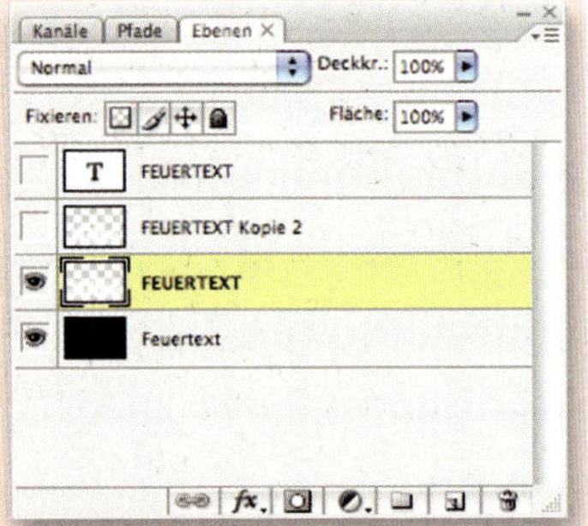

4

4 Drehen Sie das Bild um 90 Grad gegen den Uhrzeigersinn: *Bild > Arbeitsfläche drehen.* Duplizieren Sie die bearbeitete Textebene. Wenden Sie auf den zuunterst liegenden Rastertext ein weiteres Mal den Windeffekt an. Mit *Filter > Weichzeichnungsfilter > Bewegungsunschärfe* zeichnen Sie die Flammenränder weich.

5 Über *Bild > Anpassungen > Farbton Sättigung* färben Sie die Flammen rot. Aktivieren Sie die Option *Färben* und stellen Sie *Farbton, Sättigung* und *Helligkeit* wie abgebildet ein.

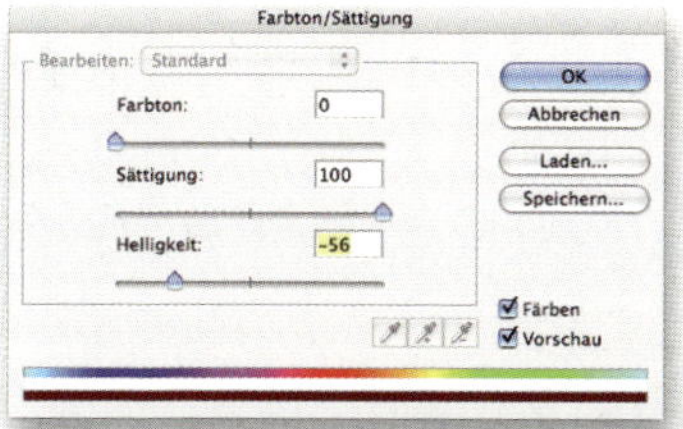

5

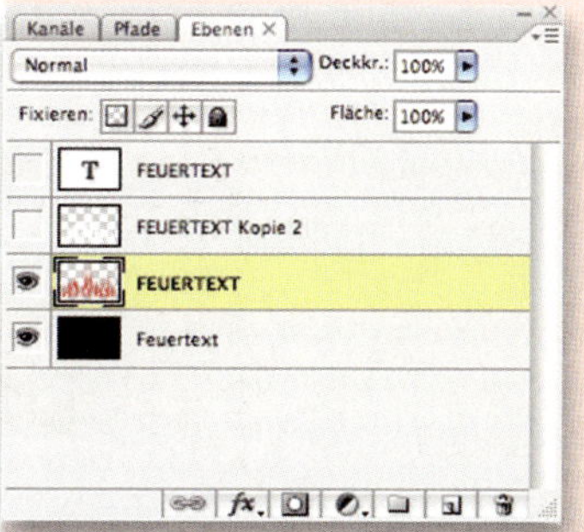

5

6 Blenden Sie die Kopie der Flammenebene wieder ein. Regeln Sie die Werte unter *Farbton/Sättigung* so, dass ein sehr helles Gelb entsteht. Scheint der Farbton zu kräftig, kann er über *Bearbeiten > Verblassen* nachjustiert werden.

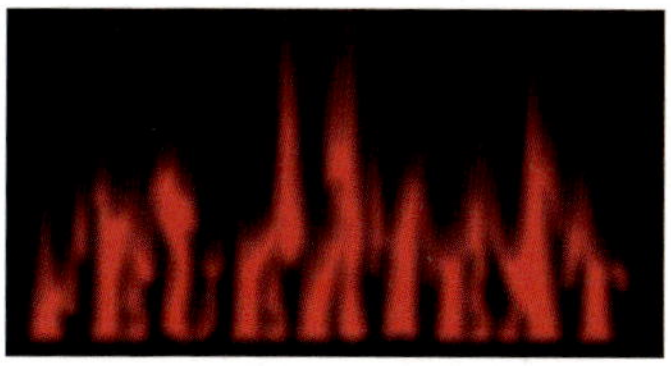

5

6

6

7 Um den Text optisch in die Flammen zu integrieren, muss er zunächst aus beiden Flammenebenen herausgestanzt werden. Klicken Sie mit gedrückter [Strg]-/[⌘]-Taste auf das Icon der nicht gerasterten Textebene. Es ist nicht nötig, hierfür die Ebene einzublenden. Aktivieren Sie nacheinander beide Flammenebenen und löschen Sie die Auswahl.

7

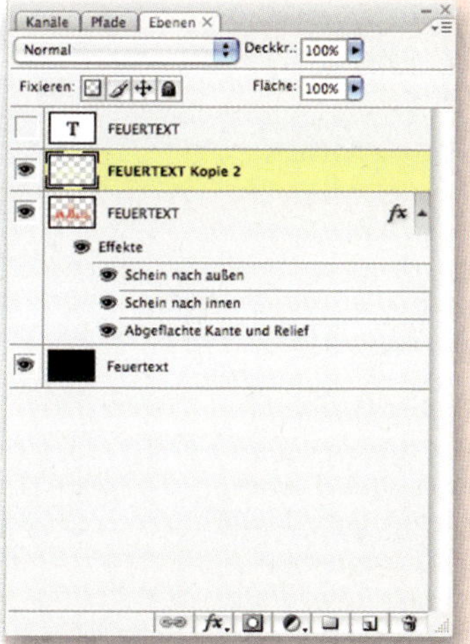

7

8 Legen Sie unter die rote Flammenebene einen geeigneten *Ebenenstil* (siehe: *Text aus einem Bild schneiden, Seite 51*). Zum Effekt *Abgeflachte Kante und Relief* kommt hier noch ein hellgelber *Schein nach außen* sowie ein roter *Schein nach innen* hinzu.

8

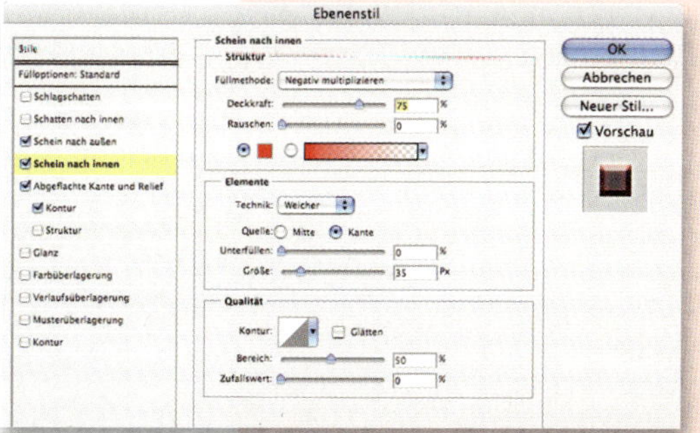

8

Kapitel 5

Wichtige Tastaturkürzel

Alles auswählen	Strg/⌘ + A
In die Zwischenablage kopieren	Strg/⌘ + C
Aus der Zwischenablage einfügen	Strg/⌘ + V
Auswahl aufheben	Strg/⌘ + D
Auswahl umkehren	Strg/⌘ + ⇧ + I
Auswahl verbergen/einblenden	Strg/⌘ + H
Neue Ebene	Strg/⌘ + ⇧ + N
Ebene durch Kopie	Strg/⌘ + J

Wichtige Werkzeuge

Verschieben-Werkzeug	V
Auswahlrechteck/-ellipse	M
Radiergummi-Werkzeug	E
Verlaufswerkzeug	G
Zeichenstift-Werkzeug	P
Pfadauswahl-Werkzeug	A
Zoomwerkzeug	Z

Plastische Effekte

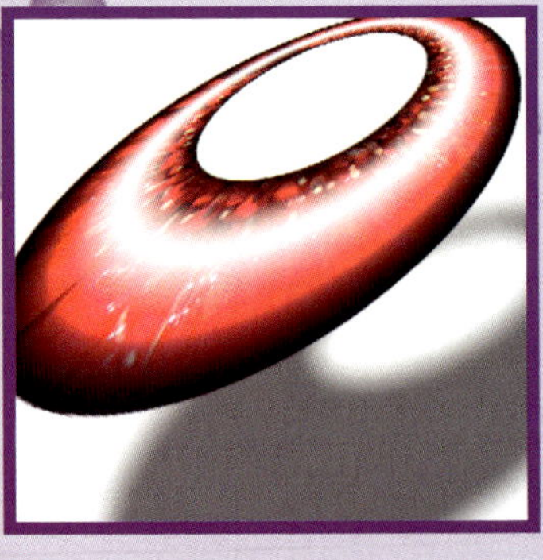

Geometrische Grundkörper > 3D durch Radialverlauf

Verlaufswerkzeuge

Die einzelnen Verlaufswerkzeuge erzeugen allmähliche Farbübergänge zwischen zwei oder mehreren Farben. Zudem kann man mit dem Verlaufswerkzeug definieren, an welchen Stellen der Verlauf deckend oder transparent ist. Auch hier gibt es alle denkbaren Mittelwerte.

Über die Veränderung der Positionen von Start-, End- und/oder Mittelpunkt lassen sich beispielsweise beim kreisförmigen Verlaufswerkzeug interessante Beleuchtungs- und Reflexionseigenschaften auf Kugeln oder auch selbst leuchtende Objekte wie Himmelskörper erzeugen.

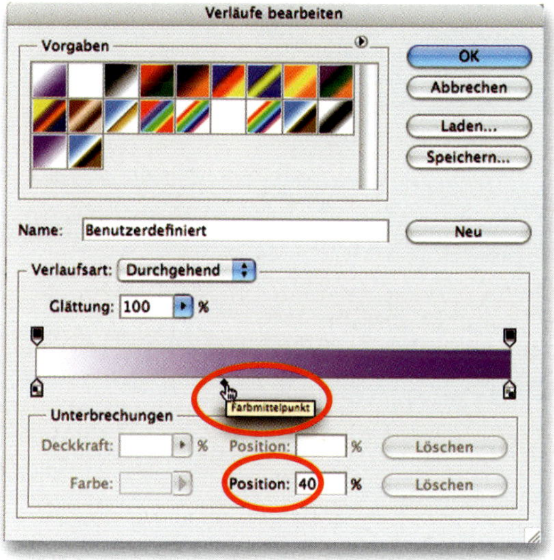

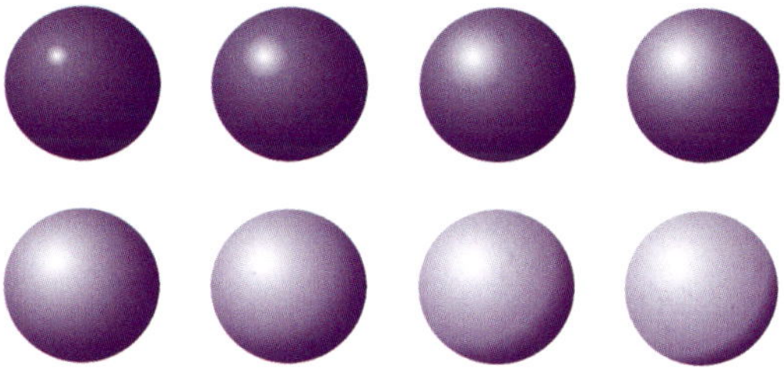

Das Bild oben zeigt verschiedene Stellungen der Position des Mittelpunkts. Von links nach rechts: 10%, 20%, 30% ... bis zu 80% rechts unten.

Rechts sehen Sie den Einsatz der verschiedenen Verlaufswerkzeuge.

Winkelverlauf

Linearer Verlauf

Radialer Verlauf

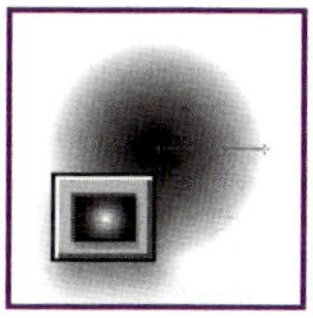

Rautenförmiger Verlauf

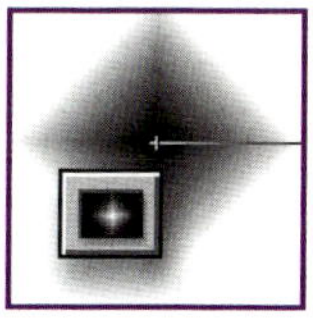

Reflektierter Verlauf

Variationsmöglichkeiten für Verläufe

Verändert man die Position des Farbmittelpunkts, lässt sich Licht und Schatten und damit der Eindruck von Räumlichkeit simulieren: Der Mittelpunkt ist der Punkt, der eine gleichmäßige Mischung aus zwei nebeneinander liegenden Farben (oder aus zwei Transparenzwerten) aufweist. Normalerweise liegt der Wert für den Mittelpunkt bei *50%*. Der Mittelpunktregler (die Raute) wird sichtbar, wenn Sie auf einen der Farb- oder Deckkraftregler klicken. Zum Verändern des Mittelpunkts ziehen Sie die Raute an der Verlaufsleiste nach links oder rechts: zum Bearbeiten der Farbe unterhalb der Verlaufsleiste, zum Bearbeiten der Deckkraft oberhalb der Verlaufsleiste.

Oder: Klicken Sie auf die Raute, sie wird schwarz gefüllt dargestellt und zeigt damit an, dass dieser Mittelpunkt bearbeitet wird, und geben Sie einen Wert in Prozent in das Feld *Position* ein.

Exkurs >
Verlauf im Druck

Tonwerte

Vermeiden Sie Verläufe in sehr hellen bzw. sehr dunklen Tonwertbereichen. Tonwerte zwischen 0% und 5% können wegbrechen, Tonwerte zwischen 95% und 100% laufen technisch bedingt zu – insbesondere beim mehrfarbigen industriellen Druck. (Die Farben für diese zwei Verläufe von Schwarz nach Weiß wurden im HSB-Modell des Farbwählers unter B = Brightness = Helligkeit verändert.)

100% *0 %*

95 % *5%*

Komplementärfarben

Vorsicht bei Verläufen mit Komplementärfarben: Die an einem Verlauf beteiligten Farben sollten keine Komplementärfarben sein (sich also im Farbkreis nicht gegenüberliegen). Sonst besteht die Gefahr, dass in der Mischung schmutzige, ungesättigte Bereiche entstehen.

Cyan *Rot*

Magenta *Grün*

Gelb *Grün*

Voll gesättigte Verläufe

Für die CMYK-Ausgabe empfiehlt es sich, für Verläufe gegebenenfalls Farbtöne mit gemeinsamen Farbkomponenten selbst zu mischen, damit der Verlauf voll gesättigt erscheint. Für einen Verlauf zwischen Cyan und Schwarz definieren Sie beispielsweise ein Schwarz, welches zusätzlich 95% Cyan enthält (Magenta und Gelb jeweils 0%). Dies tun Sie jedoch sinnvollerweise erst, wenn die Datei bereits separiert, also in den CMYK-Modus umgewandelt ist, damit die Farbtöne nicht während der Separation in andere als die gewünschten Komponenten zerlegt werden. Der Unterschied ist leider nicht am Bildschirm, sondern erst im Druck zu sehen. Derartige Verläufe können alternativ im Layout- oder Grafikprogramm mit wesentlich weniger Speicherbedarf erzeugt werden.

Verlauf von Cyan (100% C) zu Schwarz (100% K) im CMYK-Modus erstellt

Verlauf von Cyan (100% C) zu Schwarz (100% K + 95% C) im CMYK-Modus erstellt

Verlauf von Cyan zu Schwarz im RGB-Modus erstellt und anschließend in den CMYK-Modus umgewandelt: Hier wird der Verlauf mit vier Farben (CMYK) erzeugt.

Streifenbildung

Das Problem der Streifenbildung bei Verläufen ist nur beim Druck mit PostScript-Druckern bzw. beim Belichten relevant. Bei niedriger Geräteauflösung, etwa einem 300-dpi-Drucker und zu hoher Rasterweite, können weniger Graustufen erzeugt werden. Das Ergebnis ist Streifenbildung im Verlauf, da die einzelnen Tonwertsprünge (Veränderung der Rasterpunktgrößen) deutlich sichtbar werden.

Die für Verläufe optimale Rasterweite für einen 300-dpi-Drucker liegt bei 50 lpi: Damit können 37 Graustufen erzeugt werden, 90000/2500 + 1 = 37. Schon bei 60 lpi Rasterweite sind nur noch 26 Graustufen druckbar. Der Nachteil: relativ große Rasterpunkte. Für einen 1270-lpi-Belichter sollte die Rasterweite nicht über 100 lpi liegen (etwa 160 Graustufen). Je höher die Drucker-/Belichterauflösung, desto höher kann auch die Rasterweite sein, ohne dass es zu Streifenbildung kommt. Dies ist bei einer Belichterauflösung ab 2540 lpi der Fall, da mindestens 256 Graustufen erzeugt werden, die das menschliche Auge nicht mehr unterscheiden kann. Rein rechnerisch sind mehr als 256 Graustufen möglich – 256 Graustufen stellen jedoch auch die technische Grenze der PostScript-Technologie dar. Eine Rolle spielen auch die Länge des Verlaufs sowie der Tonwertunterschied. So ist es nicht dasselbe, ob sich etwa 50 Grauabstufungen über 5 cm oder 20 cm Länge verteilen. Erstreckt sich der Verlauf von 30% bis 70%, muss dieser Tonwertunterschied von den möglichen darstellbaren Graustufen (die sich auf einen Verlauf von 0% bis 100% beziehen) abgezogen werden (Anzahl der Graustufen x Tonwertunterschied in Prozent/100).

Streifenbildung verhindern:

- Die Option *Dither* in der Verlaufswerkzeug-Optionen-Leiste vor dem Erstellen eines Verlaufs anklicken (minimale Wirkung)
- Rasterweite reduzieren unter *Datei > Drucken mit Vorschau (Drucker einrichten) > Rasterung*
- Wenn möglich höhere Geräteauflösung wählen
- Tonwertunterschied im Verlauf erhöhen (zum Beispiel statt von 30% zu 70% auf 10% zu 90%)
- Länge des Verlaufs reduzieren

*Geräteauflösung**	*300 dpi*	*300 dpi*	*1270 lpi*	*1270 lpi*	*2540 lpi*	*2540 lpi*
*Rasterweite**	*50 lpi*	*60 lpi*	*100 lpi*	*152 lpi*	*100 lpi*	*152 lpi*
Graustufen	*37*	*26*	*162*	*70*	*256 (646)*	*256 (280)*

*(*Die Darstellung wurde simuliert, da das gesamte Buch mit einheitlicher Rasterweite und Geräteauflösung belichtet wurde.)*

Geometrische Grundkörper > Transparente 3D-Kugel

1

1 Erstellen Sie ein neues Dokument. Wählen Sie als Hintergrundfarbe ein dunkleres Himmelblau, als Vordergrundfarbe Weiß. Wählen Sie nun *Filter > Renderfilter > Wolken.*

2 Verkleinern Sie mit dem *Zoomwerkzeug* die Ansicht, um an den Rändern Platz zum Skalieren zu schaffen. Wandeln Sie per Doppelklick auf die *Hintergrundebene* in der Ebenenpalette diese zu einer bearbeitbaren *Ebene 0* um. Wählen Sie nun *Bearbeiten > Transformieren > Perspektivisch.*

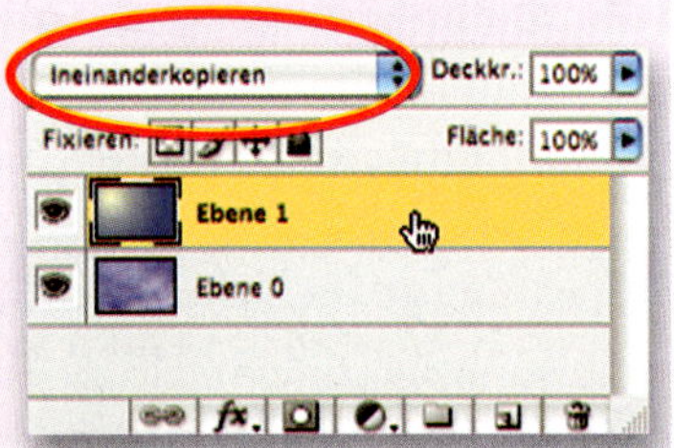

3

2

3

3 Optional: Sie können den virtuellen Himmel weiter verändern. Legen Sie auf eine zweite Ebene einen radialen Verlauf von Hellgelb zu einem, sich deutlich vom Himmelsblau unterscheidenden Blauton. Wählen Sie einen anderen Ebenenmodus, etwa *Ineinanderkopieren*, um beide Ebenen miteinander zu mischen. Der Himmel wird so lebendiger; zudem erzeugen Sie mit dem radialen Verlauf den Anschein einer verborgenen Sonne.

4 Speichern Sie eine runde Auswahl in einem neuen Kanal *Alpha 1* ab (*Auswahl > Auswahl speichern*). Legen Sie bei aktiver Auswahl eine dritte Ebene an.

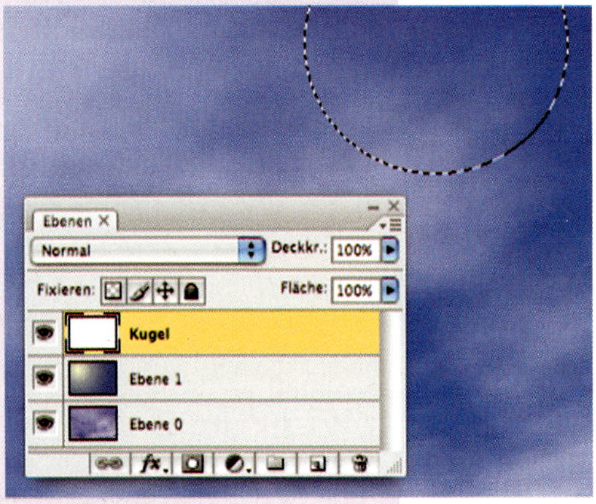

4

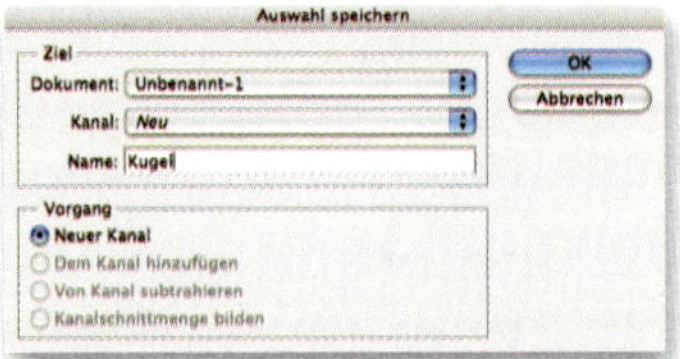

4

5 Klicken Sie bei aktivem *Verlaufswerkzeug* in der Optionsleiste auf die Verlaufsanzeige. Es öffnet sich der Dialog *Verläufe bearbeiten*. Klicken Sie auf das Verlaufsfeld *Vordergrund-Transparent*.
Klicken Sie zweimal oberhalb der Verlaufsleiste, um zwei Verlaufsunterbrechungen hinzuzufügen. Geben Sie den nun insgesamt vier Reglern folgende Werte:

Position	0%	100%	Deckkraft
Position	10%	50%	Deckkraft
Position	60%	0%	Deckkraft
Position	100%	30%	Deckkraft

Wählen Sie als Verlaufsfarbe Weiß. Benennen Sie den Verlauf und klicken Sie auf *Neu*.

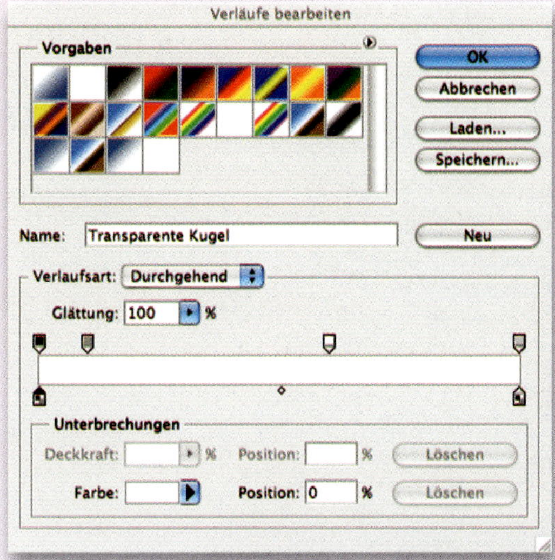

5

✔ Farbregler
= aktuelle Vordergrundfarbe
= aktuelle Hintergrundfarbe
= eine beliebige Farbe (auszuwählen über *Farbe)*

✔ Deckkraftregler
= 0%
= 50%
= 100%

6 Ziehen Sie den Verlauf in der gezeigten Richtung innerhalb der runden Auswahl. Berücksichtigen Sie gegebenenfalls hierbei die beleuchtete Himmelsstelle.

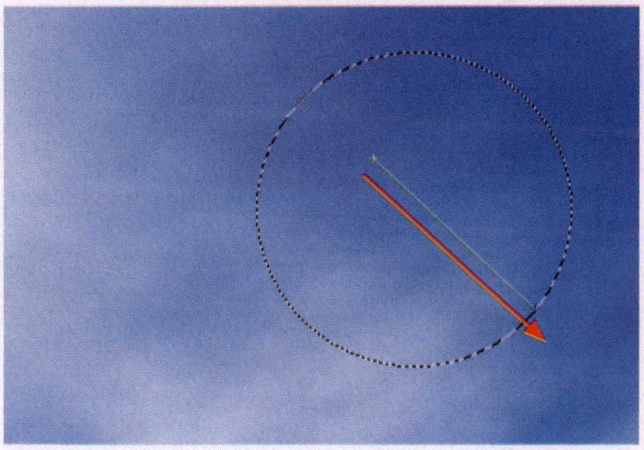

6

7 Mit einem zweiten Verlauf setzen Sie an die Unterkante der Kugel einen Lichteffekt. Öffnen Sie den Dialog *Verläufe bearbeiten*. Wählen Sie den ersten neuen Verlauf und löschen Sie einen Regler. Geben Sie den drei verbleibenden Reglern folgende Werte:

Position	0%	0%	Deckkraft
Position	80%	0%	Deckkraft
Position	100%	35%	Deckkraft

Um auch diesen Verlauf zu speichern, benennen Sie ihn um und klicken Sie dann auf *Neu*.

7

8

8 Ziehen Sie den Verlauf etwas flacher als den ersten. Im gezeigten Beispiel wurde in der linken Bildhälfte begonnen, damit die Lichtkante eher rechts unten an der Kugel zu sehen ist.

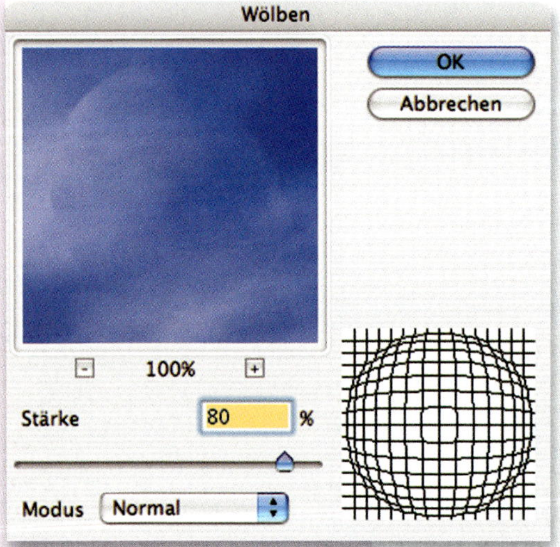

9

9 Einen Wölbungseffekt schaffen Sie per *Filter* > *Verzerrungsfilter* > *Wölben*. Reduzieren Sie zunächst über das Menü der Ebenenpalette > *Sichtbare auf eine Ebene reduzieren* die beiden Himmelsebenen auf eine, die Sie dann wählen.
Stellen Sie beim Filter einen hohen Wert ein. Sollte der Effekt nicht klar zu erkennen sein, können Sie den Filter ein zweites Mal anwenden. Haben Sie die Auswahl zuvor aufgehoben, können Sie die Kugel über *Auswahl* > *Auswahl laden* wieder aktivieren.

10

10 Sollen mehrere Kugeln im Bild sein, duplizieren Sie die Kugelebene. Klicken Sie dann mit dem *Zauberstab* bei aktiver Kugelebenenkopie neben die Kugel, um den Hintergrund zu wählen. Kehren Sie die Auswahl um und wenden Sie den Zauberstab auf den Hintergrund (!) an.

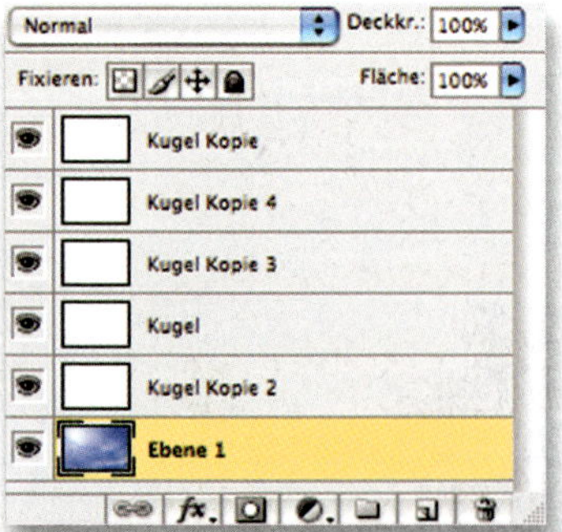

10

11 Lichteffekte zaubern Sie über *Filter > Renderfilter > Blendenflecke.* **Achtung:** Der Filter ist nur bei RGB-Bildern aktiv!

11

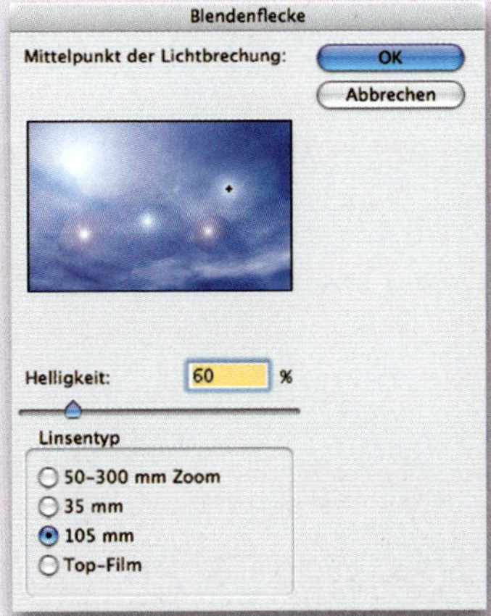

11

12 Interessante Hintergründe schaffen Sie, indem Sie zwischen die Himmelsebene und die Kugelebene ein Foto legen. Probieren Sie hier unterschiedliche Ebenenmodi wie etwa *Hartes Licht* oder *Differenz.*

12

12

12

12

Geometrische Grundkörper > Ei, Kegel und Ring

Ei

1 Aus einer Kugel lässt sich mit wenigen Mausklicks ein Ei formen:

2 Wählen Sie die obere Hälfte der Kugel aus. Mit *Bearbeiten > Frei transformieren* ziehen Sie die Spitze nach oben.

1

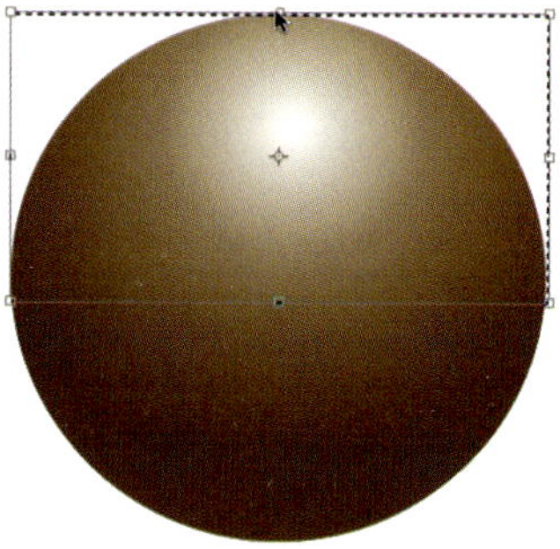

2

2

Kegel

1 Ein schwarzweißer *Verlaufswinkel*-Verlauf ermöglicht das Erstellen eines Kegels. Stellen Sie hierzu sieben bis neun Farbunterbrechungen ein, abwechselnd Schwarz und Weiß. Ziehen Sie den Verlauf in der Oberkante des Bilds von der Mitte aus auf.

2 Legen Sie eine dreieckige Auswahl mit dem *Polygon-Lasso* fest. Ziehen Sie zuvor an die geplanten Begrenzungspunkte Hilfslinien.

3 Im *Maskierungsmodus* zeichnen Sie am unteren Ende des Dreiecks eine ovale Auswahl. Füllen Sie sie weiß.

4 Kopieren Sie im *Standardmodus* die Auswahl auf eine neue Ebene.

1

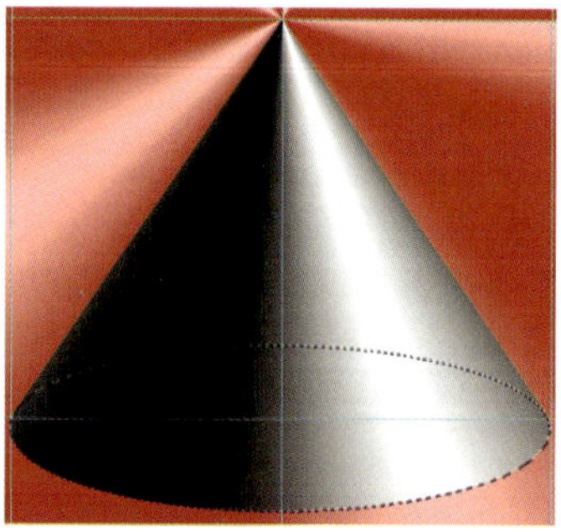

3

2

4

Ring

1 Legen Sie eine neue Ebene für den Ring an. Mit gedrückter [Alt]-/[⌥]- und [⇧]-Taste ziehen Sie aus der mit Hilfslinien gekennzeichneten Mitte einen Auswahlkreis auf.
Bilden Sie einen Verlauf, basierend auf dem Verlauf *Schwarz, Weiß*. Fügen Sie zwei Verlaufsunterbrechungen hinzu. Geben Sie den nun insgesamt vier Reglern folgende Werte:

Position	0%	Schwarz
Position	50%	Schwarz
Position	75%	Weiß
Position	100%	Schwarz

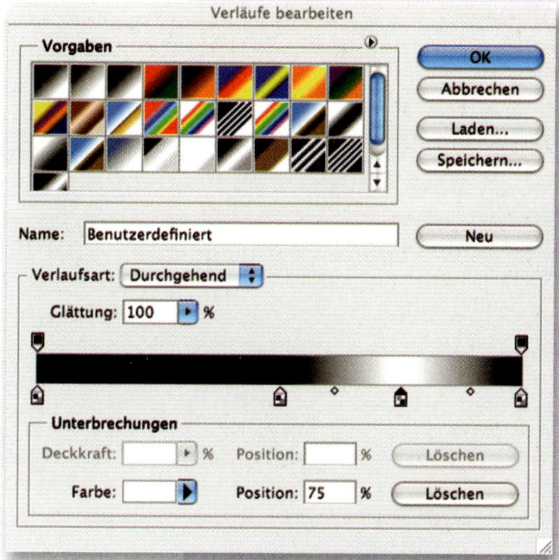

1

1

2 Ziehen Sie innerhalb der Auswahl den Verlauf auf. Orientieren Sie sich dabei an den Hilfslinien, um den Verlauf exakt im Mittelpunkt zu beginnen.

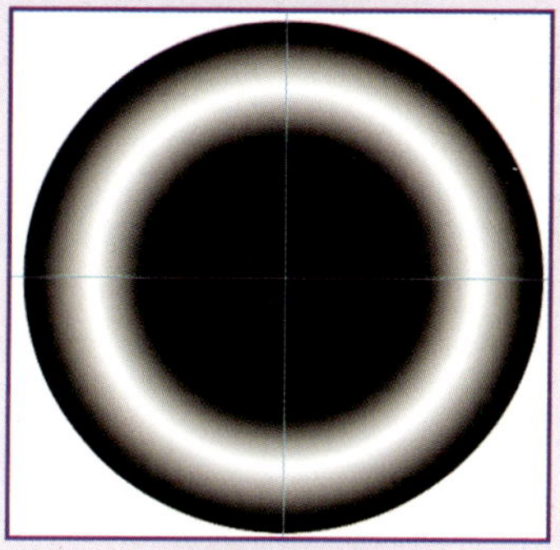

2

3 Ziehen Sie mit gedrückter [Alt]-/[⌥]- und [⇧]-Taste eine Auswahl in der Mitte des Kreises auf. Die Auswahl soll fast den gesamten inneren schwarzen Bereich umfassen. Löschen Sie das Innere des Kreises.

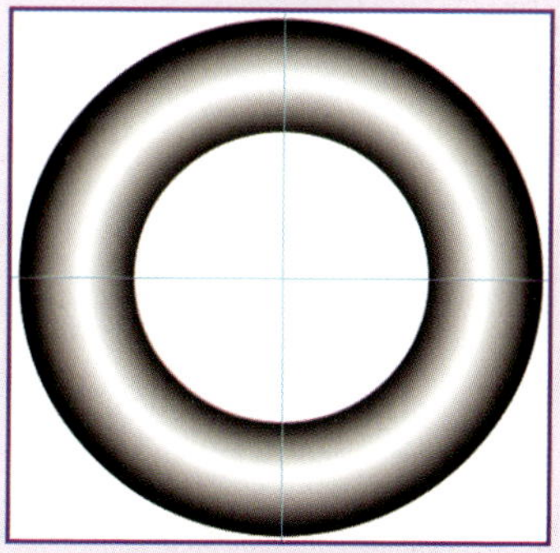

3

4 Erstellen Sie mit dem *Zauberstab* bei aktiver Ring-Ebene eine Auswahl des Hintergrunds. Speichern Sie die Auswahl. Laden Sie auf eine weitere Ebene ein Bild mit einer Struktur, die sich gut an die Ringform anpasst. Im Beispiel ist das Bild *RoteBlume* gewählt.

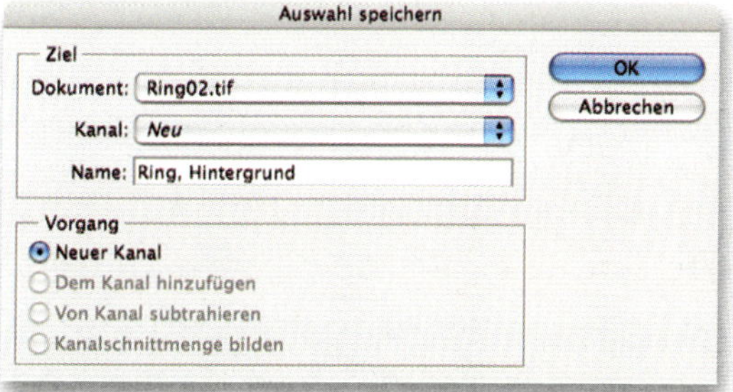

4

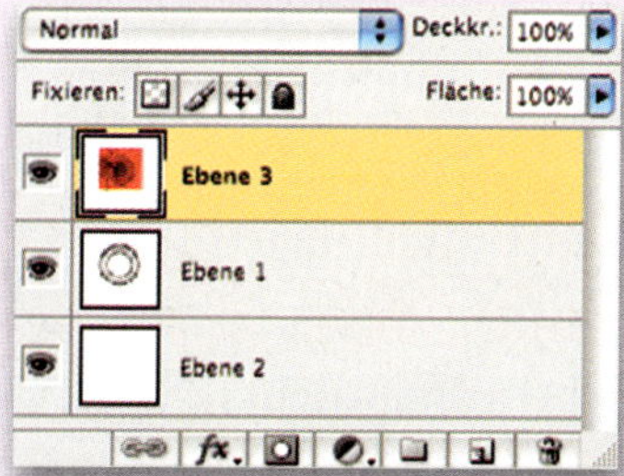

4

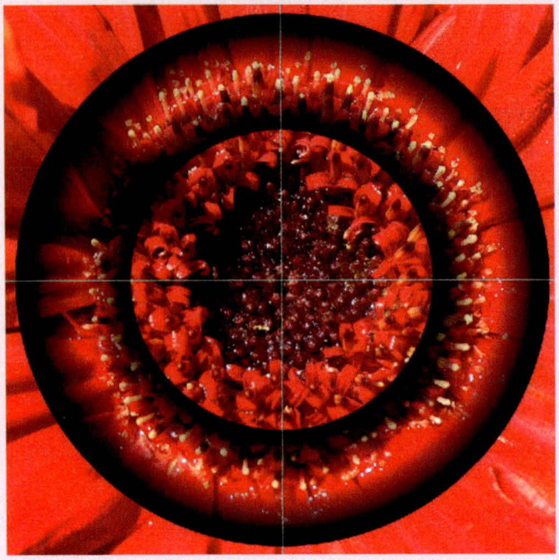

5

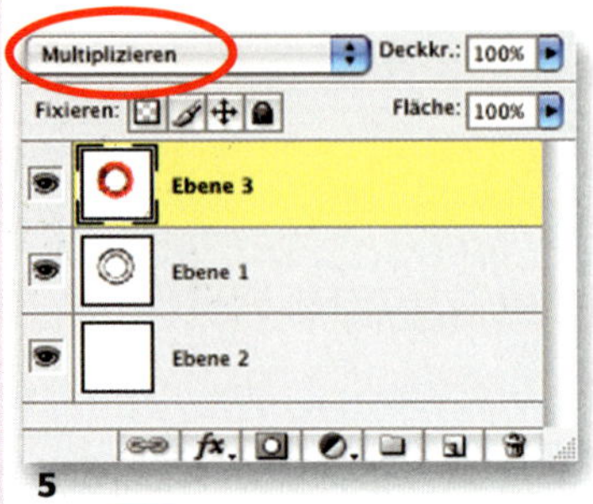

5

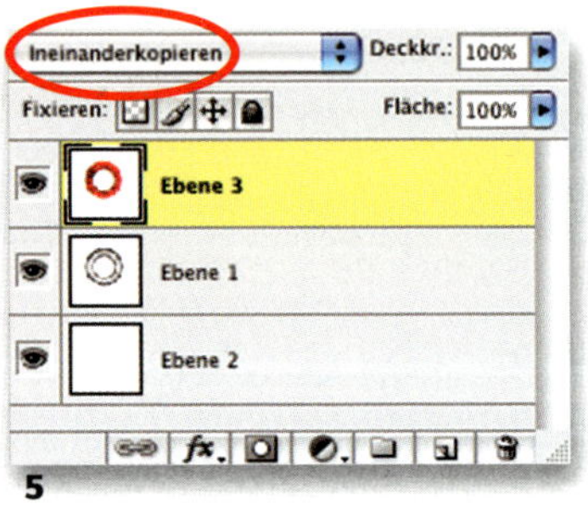

5

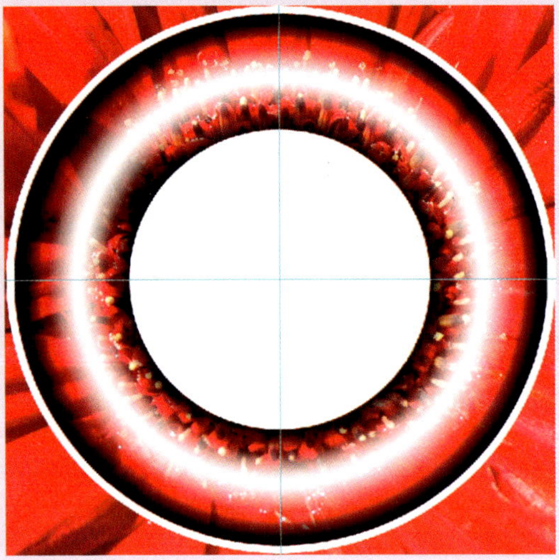

5

5 Wählen Sie einen geeigneten Ebenenmodus: Möchten Sie eher stumpfes Material simulieren, eignet sich der Modus *Multiplizieren*. Der Modus *Ineinanderkopieren* hingegen schafft an der Oberfläche des Rings hellere Bereiche, so dass das Objekt wie beleuchtet wirkt.

6 Laden Sie die Hintergrundauswahl und löschen Sie die überschüssigen Bildbereiche.

7 Heben Sie die Auswahl auf. Fassen Sie die Ring- sowie die Bildebene zu einer Ebene zusammen (*Sichtbare auf eine Ebene reduzieren* im Palettenmenü).

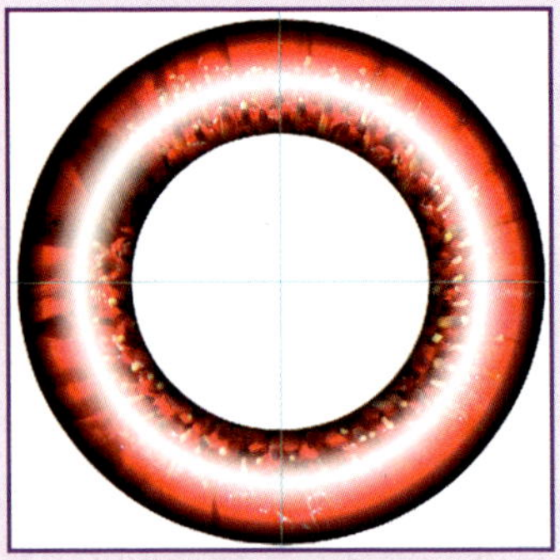

6

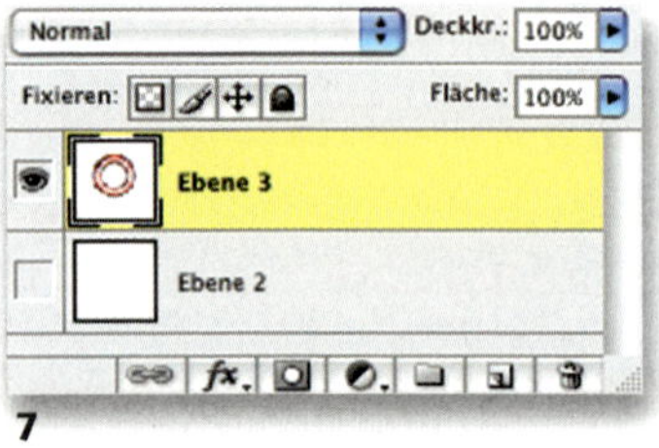

7

8 Per *Bearbeiten > Transformieren > Verzerren* ziehen Sie den Ring in Form.

9 Noch plastischer wirkt der Ring mit Schattenwurf. Wählen Sie *Ebene > Ebenenstil > Schlagschatten*.

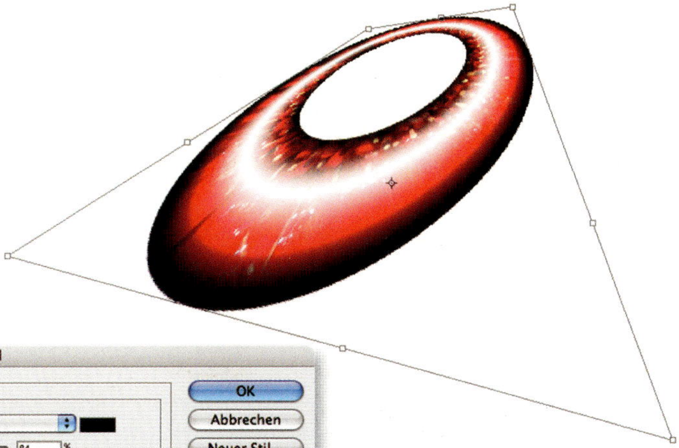

8

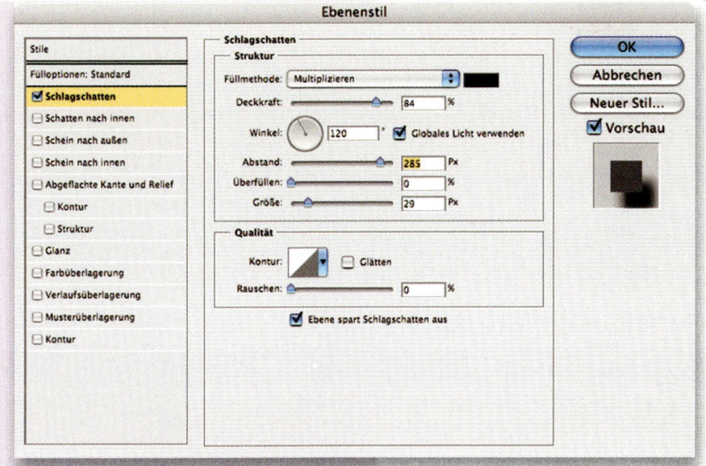

9

✔ Die hier vorgestellte Methode, Bilder auf Objekte zu projizieren, lässt sich ebenfalls auf den Kegel oder das Ei anwenden.

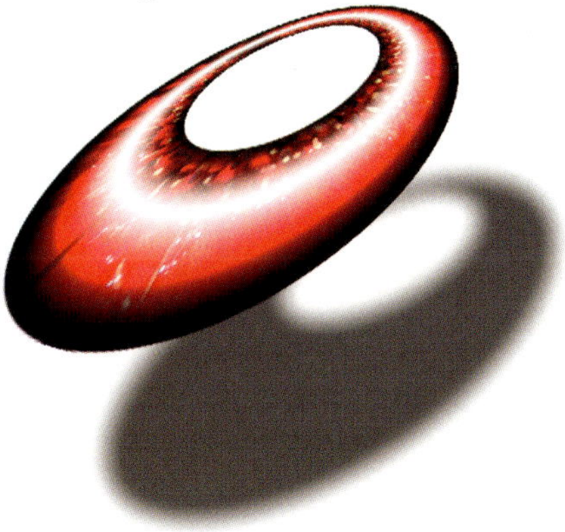

✔ Der Schatten vom Kegel ist nicht per Ebenenstil entstanden. Hier liegt eine schwarz gefärbte Ellipse mit reduzierter Deckkraft und weichen Rändern auf einer extra Ebene.
Wie Sie perspektivischen Schatten konstruieren, lesen Sie in *Kapitel 9, Bildmontagen*.

Anwendungsbeispiel > Virtuelle 3D-Stange

Die Münchner Werbeagentur *Designerpoint* gestaltete im Auftrag der *PR-Agentur News PLUS* eine Collage, die auf einem Flyer des studentischen Reiseanbieters *STA Travel GmbH* abgebildet wurde. Aufgabe war es, auf einem Strandfoto das NO PARKING-Schild zu platzieren. Vorbild war das zweite Foto, auf der ersten Seite oben links. Sowohl das Schild wie auch die Stange wurden rein virtuell nachgebaut.

© Designerpoint

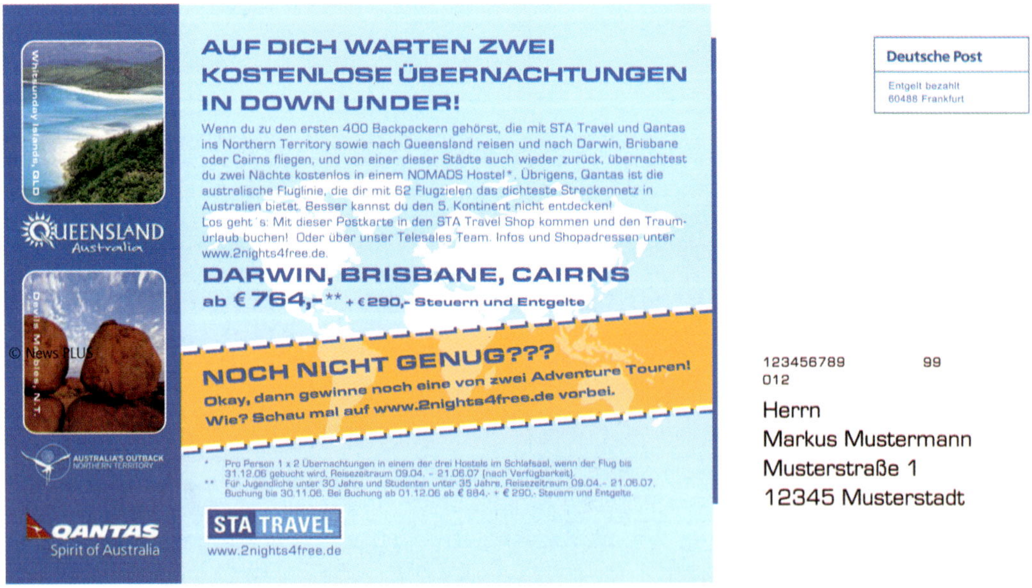

© Designerpoint

© Designerpoint

1 Wie bei der vorhergehenden Übung mit der transparenten Kugel liegen auch hier alle Details auf einer extra Ebene.

2 Für die Stange wurde eine rechteckige Auswahl angelegt, die dann mit einem *reflektierten Verlauf* gefüllt wurde.

3 Damit sich die Stange besser in den Hintergrund einfügt, wurde über *Filter > Rauschfilter > Rauschen hinzufügen* eine Struktur auf die Auswahl gelegt.

4 Kopien der Originalstange aus dem zweiten Bild liegen in Ausschnitten auf weiteren Ebenen mit geringer Deckkraft über der virtuellen Stange und simulieren so natürliche Schmutzspuren.

5 Das untere Ende der Stange wurde mit einem weichen Radiergummi etwas unregelmäßig abgesoftet, um so in der Brandung zu verschwinden. Leichte Schattenspuren per Airbrush mit geringer Deckkraft runden das Bild ab.

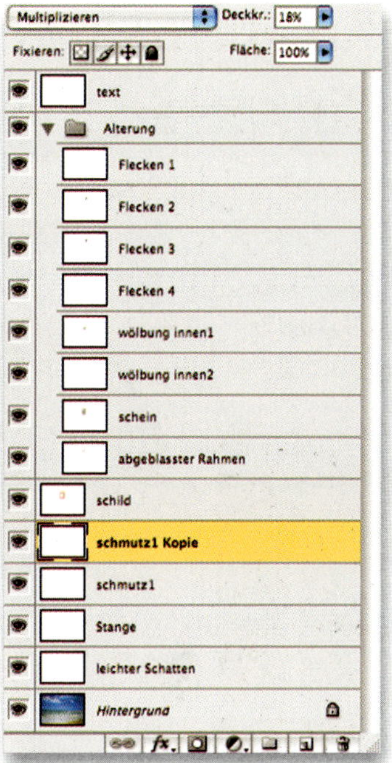

1

2-5

Links: die Stange aus der Collage

Mitte: die mit Verlauf gefüllte Auswahl

Rechts: der Nachbau; mit virtuellem Schmutz, radierter Unterkante und leichtem Schatten

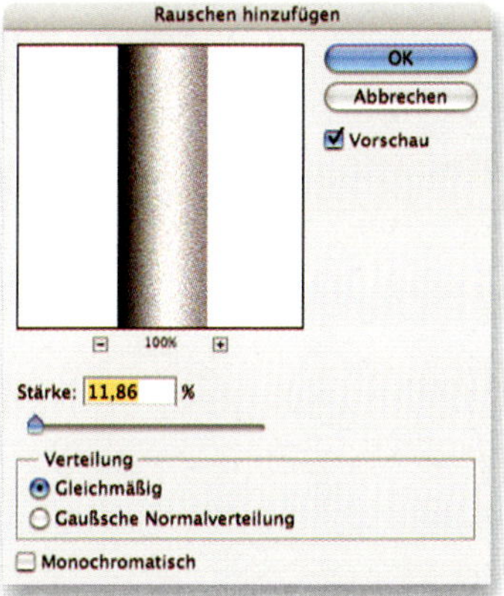

3

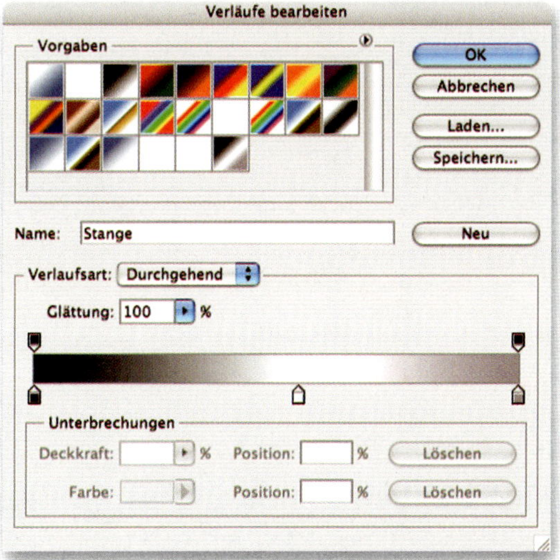

2

Kombinationen > Komplexe Verlaufstechniken

Möchten Sie runde oder zylindrische Wölbungen miteinander kombinieren und plastisch gestalten, etwa die abgebildete Stehlampe, können Sie mit einer Kombination aus Verläufen arbeiten.

Eine Maske für den geschwungenen Lampenständer wird zunächst in einem Grafikprogramm gebaut, über die Zwischenablage kopiert und in den Alphakanal einer neuen Photoshop-Datei eingefügt:

1 Öffnen Sie das Bild *Lampe_Stange.jpg*. Wählen Sie *Auswahl > Alles auswählen* und kopieren Sie das Bild in die Zwischenablage (*Bearbeiten > Kopieren*). Wählen Sie dann *Datei > Neu*, der *Neu*-Dialog öffnet sich. Die Maße für Höhe und Breite entsprechen denen der Daten, die sich momentan in der Zwischenablage befinden. Geben Sie nur die gewünschte Bildauflösung ein, wählen Sie RGB-Modus, Hintergrundinhalt *Weiß* und klicken Sie auf *OK*.

2 Nun wird die Grundform in einem Alphakanal eingefügt. Wechseln Sie in die Kanäle-Palette, legen Sie einen neuen Alphakanal an und fügen Sie den Inhalt der Zwischenablage als Pixel ein (*Bearbeiten > Einfügen*). Die Form füllt nun die komplette Bildfläche.

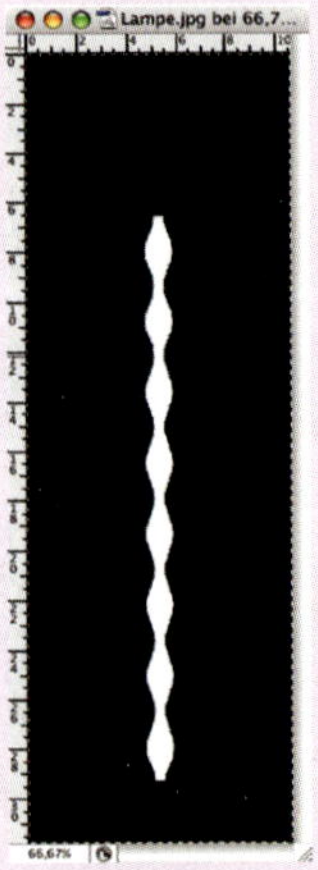

1

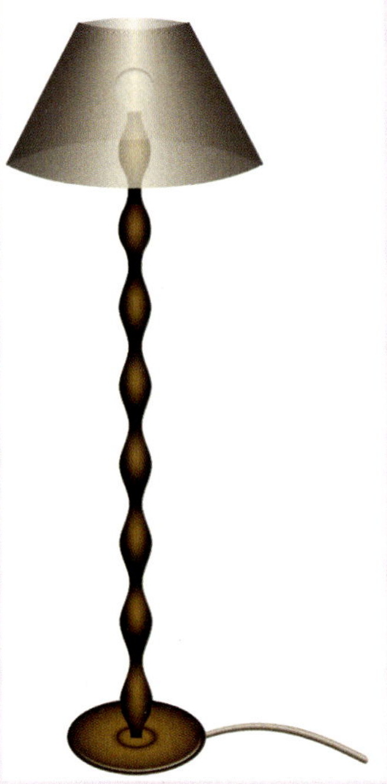

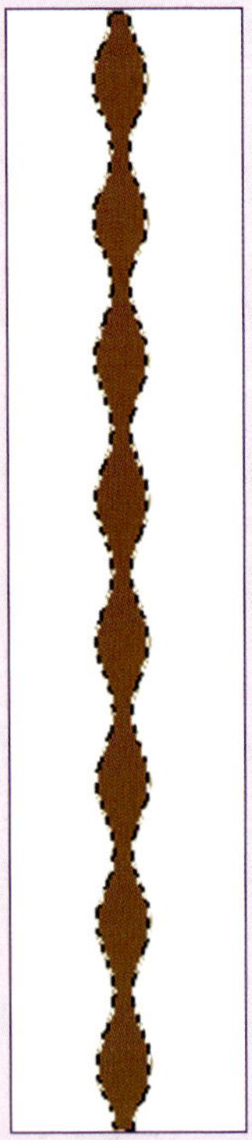

3

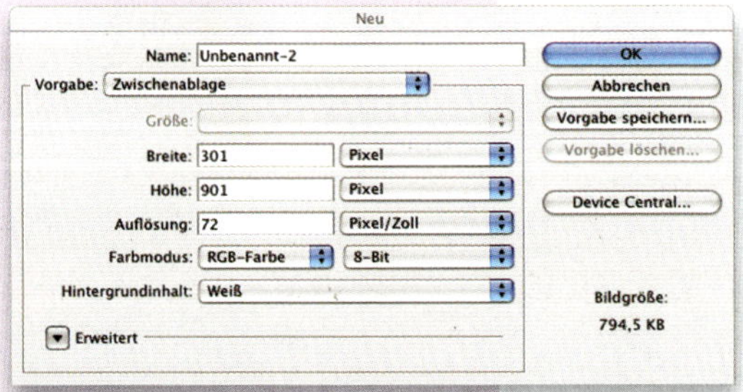

1

2

3 Über *Auswahl > Auswahl laden* erscheint die Auswahl der Lampenstange. Wählen Sie hierzu den in *Schritt 2* erstellten Alphakanal. Färben Sie die gewählte Fläche in einem beliebigen Farbton.

4 Erstellen Sie einen neuen Verlauf für die schmalen Partien der Stange: Wählen Sie zuvor als Vordergrundfarbe eine sehr dunkle Variante der Stangenfarbe. Selektieren Sie dann das *Verlaufswerkzeug*. Per Doppelklick in das Verlaufsfeld der Optionsleiste öffnen Sie den Dialog *Verläufe bearbeiten*. Wählen Sie hier unter Vorgaben den Verlauf *Vordergrund - Transparent*. Stellen Sie insgesamt 17 Unterbre-

✔ Der Alphakanal ist im Dokumentfenster in unterschiedlicher Weise sichtbar, abhängig davon, welche Kanäle sichtbar geschaltet sind:

- Ist nur der *Alphakanal* eingeblendet, erscheinen die transparenten Bereiche weiß. Geschützte Flächen sind schwarz.

- Sind alle Kanäle eingeblendet, ist das eigentliche Bildmotiv zu sehen, mit der Maskierung darüber. Hier richtet sich das Erscheinungsbild nach den Einstellungen, die im Dialog *Masken-Optionen* gewählt wurden.

- Näheres zu *Alphakanälen* finden Sie in *Kapitel 2 > Ebenen und Masken*.

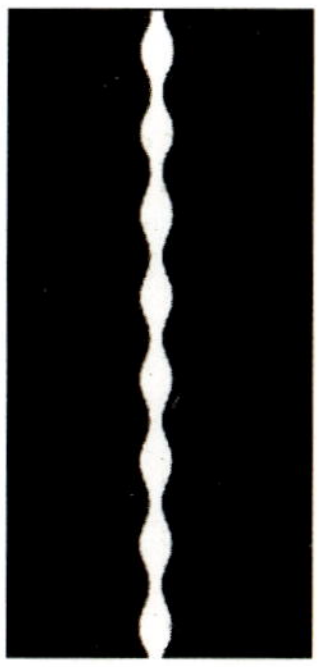

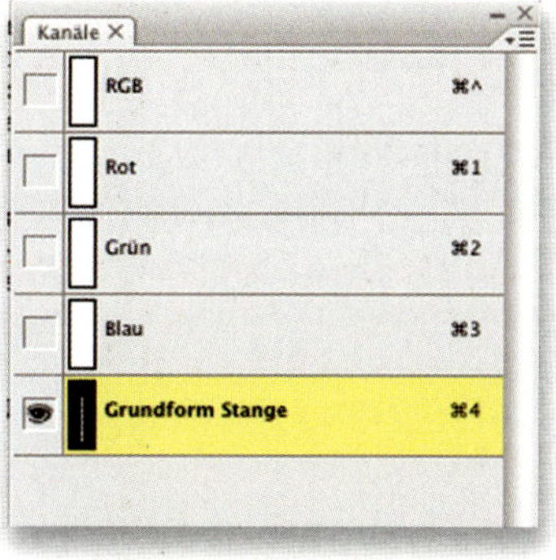

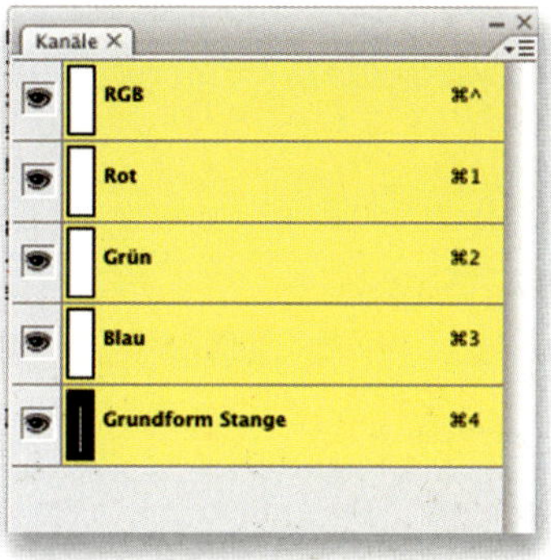

chungen bei der Deckkraft ein (die Regler über dem Verlaufsbalken). Beginnen Sie bei *100%* Deckkraft. Stellen Sie nun im Wechsel *0%* und *100%* Deckkraft ein. Setzen Sie die Regler in einem Abstand von jeweils *6%*. Die letzte Unterbrechung hat somit eine Position von *96%* und zeigt eine Deckkraft von *100%*. Die beiden Farbunterbrechungen stellen Sie auf *Benutzerdefinierte Farbe*. Stellen Sie als Vordergrundfarbe Schwarz ein.

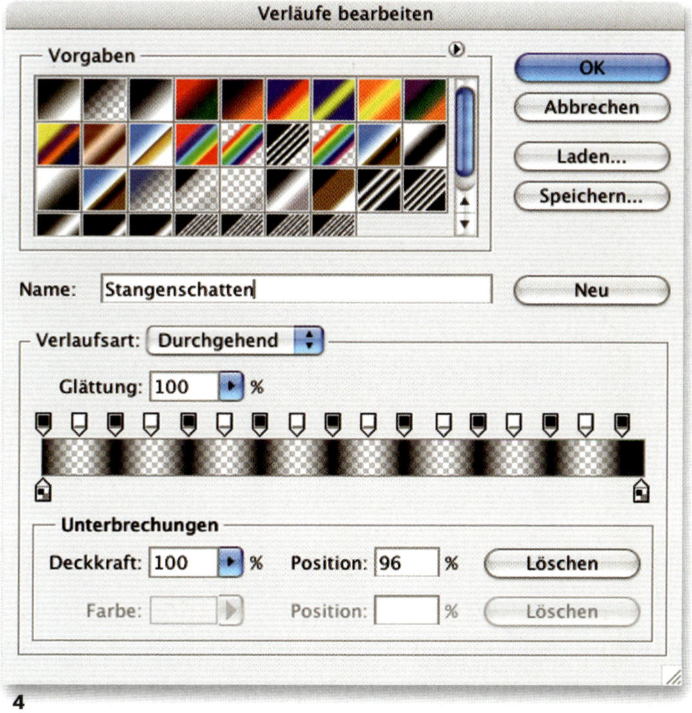

4

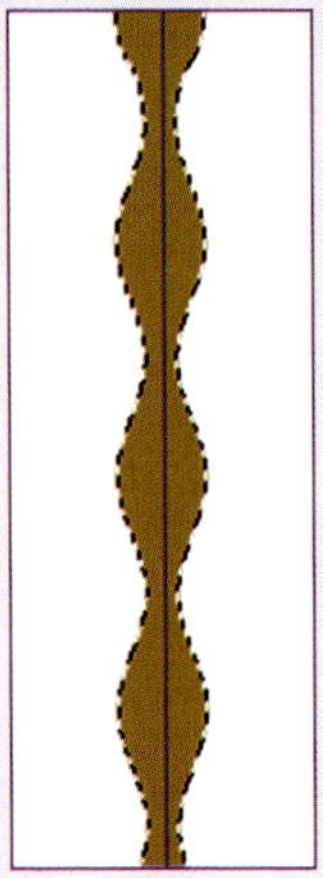

5

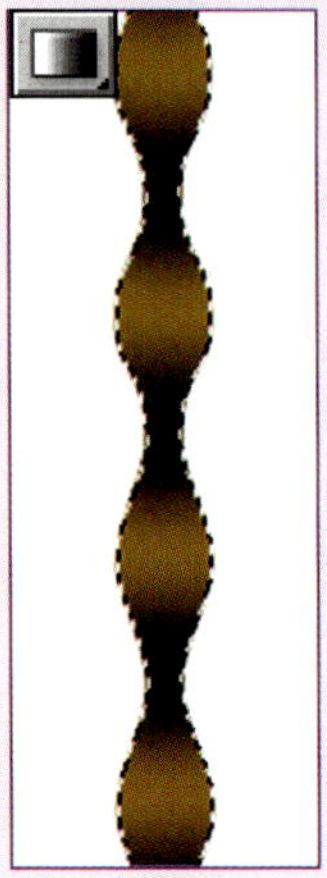

5

5 Ziehen Sie nun mit gedrückter ⇧-Taste einen linearen Verlauf von oben nach unten. Beginnen Sie exakt an der oberen Kante der Stange. Ziehen Sie unten den Verlauf noch etwas über die untere Stangengrenze hinaus, da sich die letzte Unterbrechungsmarkierung bereits bei *96%* befindet.

6 Kreieren Sie einen weiteren Verlauf mit drei Unterbrechungen bei der Deckkraft, so dass er von *100%* deckend über *0%* Deckkraft wieder zu *100%* deckend geht. Ziehen Sie in der Vergrößerung einen vertikalen Verlauf. Wählen Sie hierbei eine der dicken Stellen in der Stange.

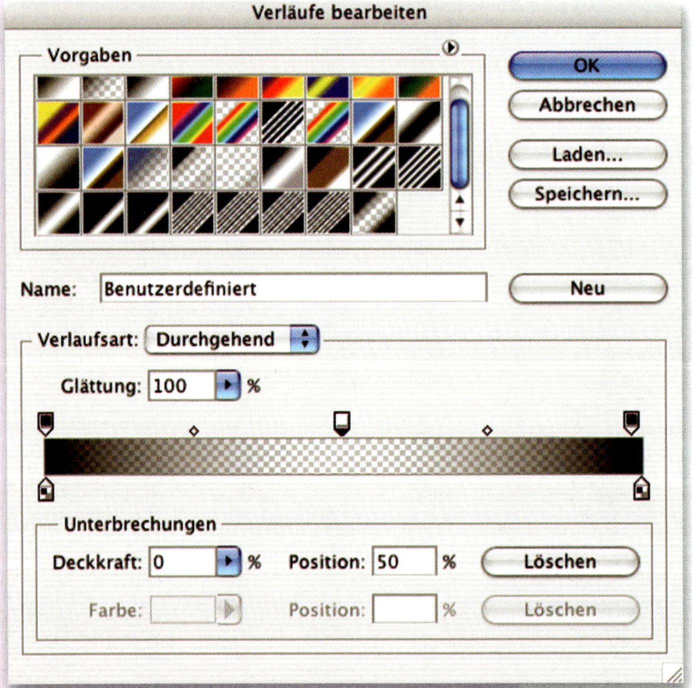

6

6

6

7 Für den Fuß der Lampe benötigen Sie einen dritten, diesmal radialen Verlauf, der an allen Stellen 100% Deckkraft zeigt. Hier gilt es, die Farbunterbrechungen so anzuordnen, dass die Oberfläche des Fußes eine runde Einkerbung um den Mittelpunkt zeigt. Legen Sie hierfür vier Unterbrechungen an, die wechselweise den hellsten und den dunkelsten Farbwert der Lampenstange zeigen. Ordnen Sie die Unterbrechungen wie abgebildet an; die harte Farbkante in der linken Verlaufshälfte entsteht, indem Sie die beiden angrenzenden Verlaufsmittelpunkte (die kleinen Rauten zwischen den Unterbrechungen) an die dunkle Unterbrechung schieben.

8 Legen Sie eine vertikale und eine horizontale Hilfslinie als Markierung des unteren Mittelpunkts der Stange an. Legen Sie außerdem für den Fuß eine neue Ebene an. Ziehen Sie mit dem *Auswahlellipse-Werkzeug* und mit gedrückter ⇧- sowie `Alt`-/⌥-*Taste* vom Mittelpunkt aus eine kreisförmige Auswahl auf. Wählen Sie nun das *Verlaufswerkzeug*. Ziehen Sie den Verlauf exakt vom Mittelpunkt aus auf.

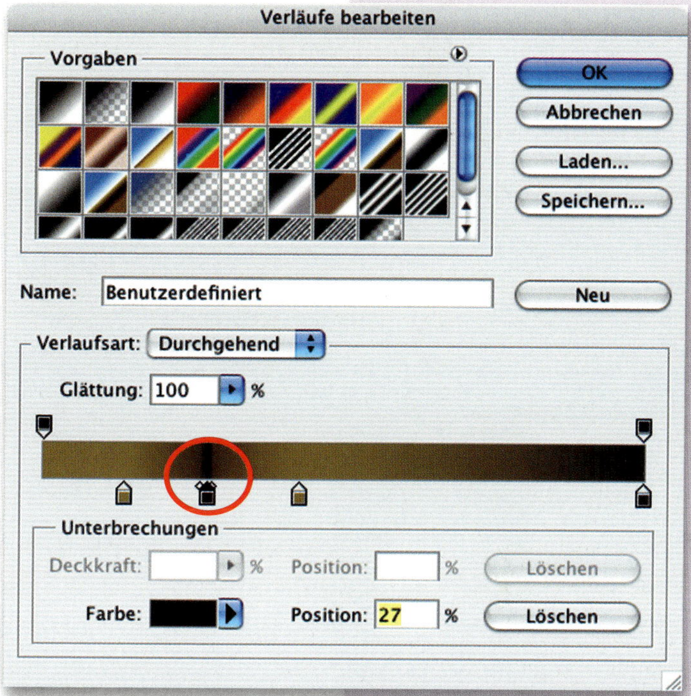

7

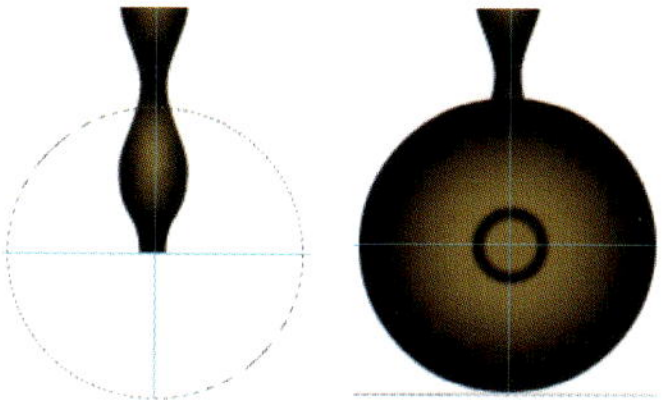

8 8

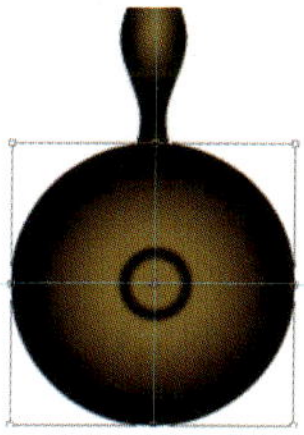

9

8

9 Heben Sie die Auswahl auf (*Auswahl > Auswahl aufheben*). Wählen Sie *Bearbeiten > Frei transformieren*. Stauchen Sie, wie gezeigt, den Fuß in der Höhe.

10 Dem Fuß verleihen Sie mit dem Ebenenstil *Abgeflachte Kante und Relief* Plastizität (*Ebene > Ebenenstil > Abgeflachte Kante und Relief*). Achten Sie bei den Einstellungen besonders auf den Winkel der *Schattierung*; hier sollte das Licht aus derselben Richtung wie bei der Stange kommen.

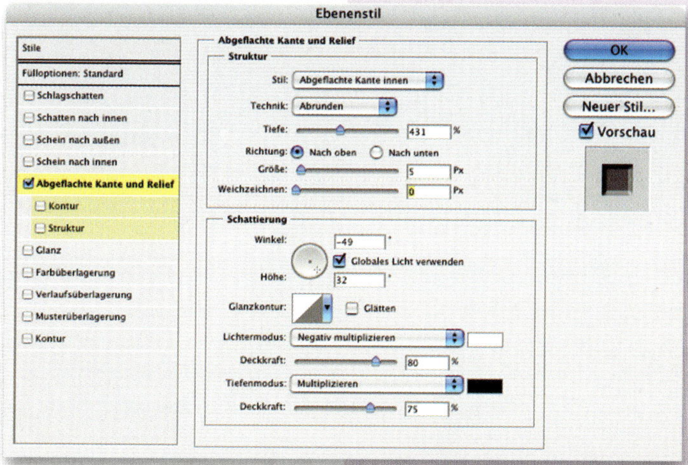

10

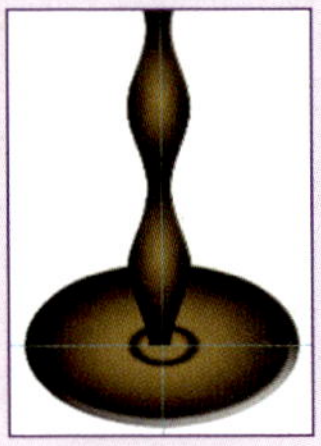

11

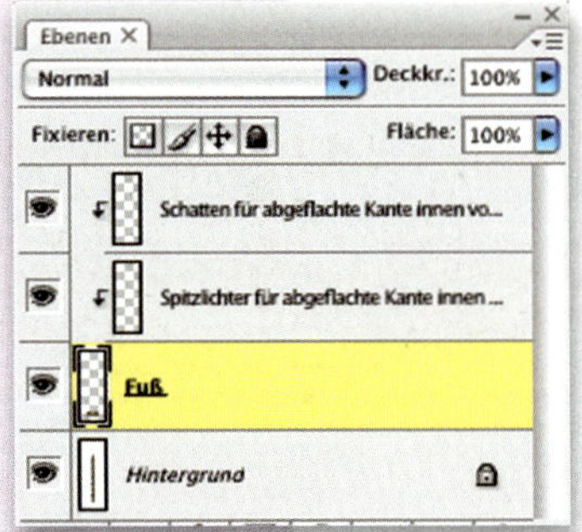

11

11 Um den Ebenenstil in eine normale Bildebene zu konvertieren, wählen Sie *Ebene > Ebenenstil > Ebenen erstellen*. Laden Sie bei der aktiven Fußebene die Auswahl der Stangengrundform und löschen Sie dann den Teil des Fußes, der sich hinter der Stange befinden muss.

✔ Um *Schritt 11* zu vermeiden, können Sie auch vor *Schritt 3* eine eigene Ebene für die Stange anlegen, die Sie dann in der Ebenen-Palette über die Fußebene ziehen.

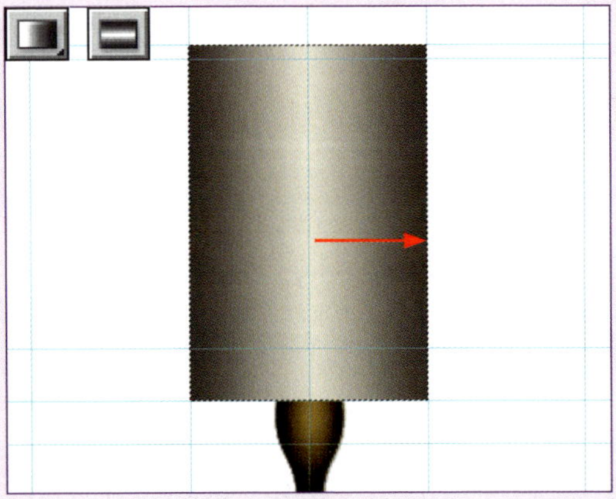

12

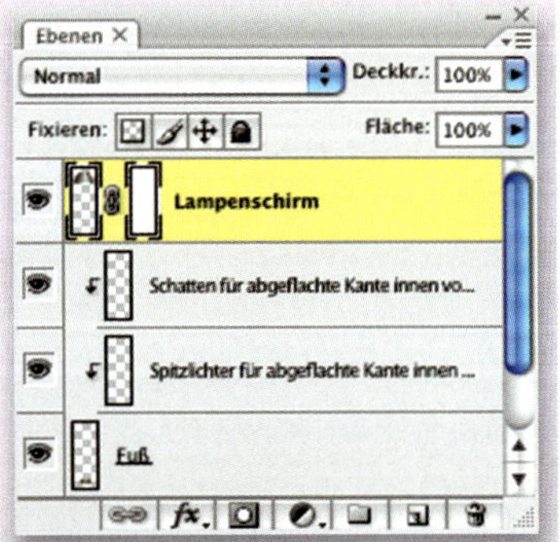

12

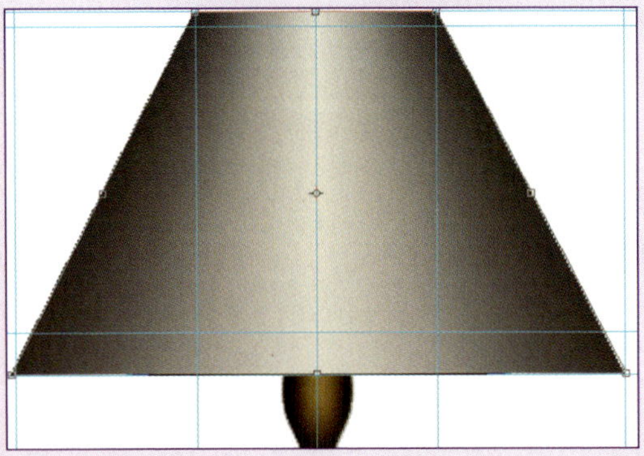

13

Der Lampenschirm

12 Legen Sie eine neue Ebene an und stellen Sie als Vordergrundfarbe die gewünschte Farbe des Lampenschirms ein und als Hintergrundfarbe eine sehr dunkle Variante davon. Ziehen Sie sich Hilfslinien für die Grundfläche des Lampenschirms. Ziehen Sie entlang der Hilfslinien eine rechteckige Auswahl auf. Wählen Sie nun das *Verlaufswerkzeug* und dann den *Reflektierten Verlauf* in der Werkzeugoptionen-Leiste. Klicken Sie auf die Schaltfläche *Verläufe bearbeiten*. Im Dialog *Verläufe bearbeiten* wählen Sie unter *Vorgaben* den Verlauf *Vordergrund-Hintergrund*. Erzeugen Sie mit dem *Reflektierten Verlauf* einen Verlauf bei aktiver Auswahl in Pfeilrichtung.

13 Verzerren Sie nun den Verlauf kegelförmig wie dargestellt mittels *Bearbeiten > Transformieren > Perspektivisch*. Wenn Sie mit der Form zufrieden sind, heben Sie die Auswahl auf. Legen Sie für die Rückseite des Lampenschirms eine Kopie an. Blenden Sie die Sichtbarkeit dieser Kopie für die nächsten Arbeitsschritte aus.

14 Fügen Sie nun eine Vektormaske hinzu, um die überflüssigen beiden Flächen oben und unten von der Form des Lampenschirms abzuziehen: Wählen Sie *Ebene > Vektormaske > Alle einblenden*.

15 Zeichnen Sie mit dem *Zeichenstift-Werkzeug* über dem Verlauf die gewünschte Form des Lampenschirms in der dargestellten Reihenfolge: Punkt *1* und Punkt *3* durch einfaches Klicken; Punkt *2* wird zum Kurvenpunkt durch Klicken, Gedrückthalten und Ziehen der Maustaste (Grifflinien erscheinen). Schließen Sie die Form durch Klicken auf Punkt *1*. Orientieren Sie sich an den vorher gesetzten Hilfslinien.
Legen Sie den zweiten, unteren Pfad wie den ersten an; verbinden Sie hier die Punkte *1* bis *7*. Zwischenzeitlich ist es möglich, dass der Verlauf vollständig ausgeblendet wird: einfach weiterzeichnen. Mit dem *Pfadauswahl-Werkzeug* können Sie die Form später mühelos korrigieren.

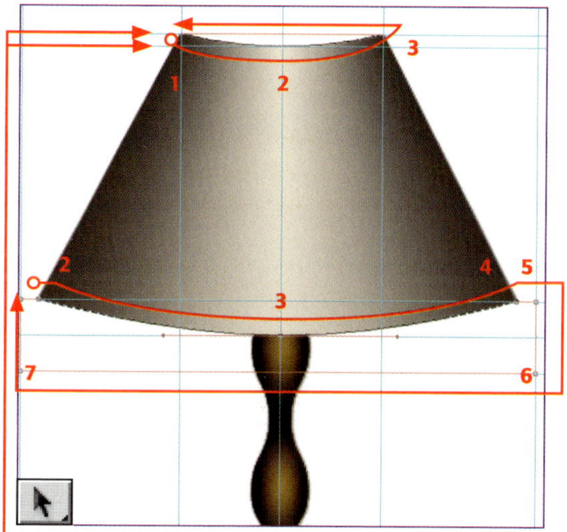

15

16 Blenden Sie die Ebene mit der Rückseite des Lampenschirms wieder ein. Schieben Sie die gesamte Ebene mit dem *Verschiebenwerkzeug* etwas nach oben: Richten Sie sich hierbei nach dem Abstand von Punkt *1* zu Punkt *2* des oberen Pfads (in *Schritt 15* beschrieben).

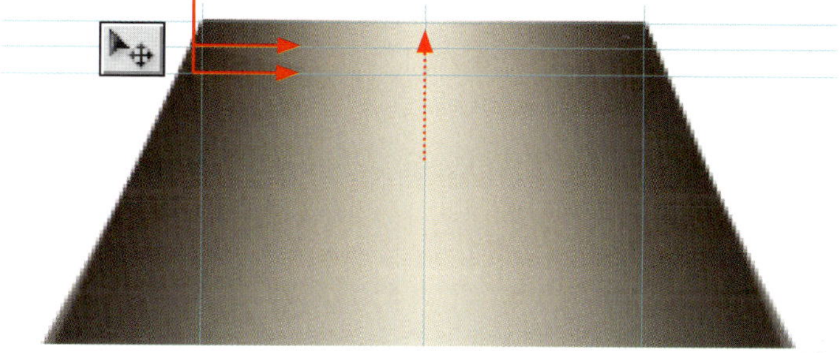

16

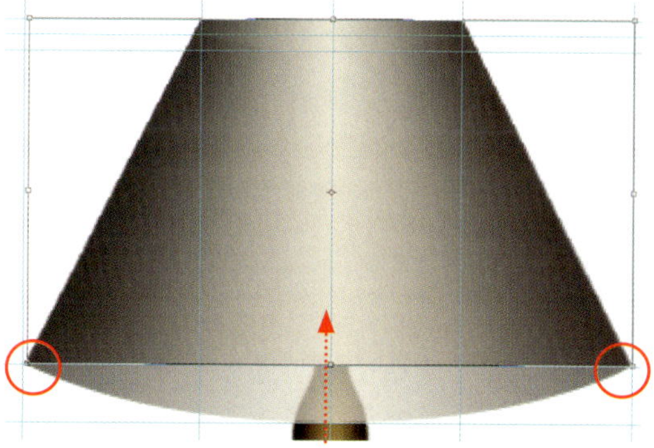

17

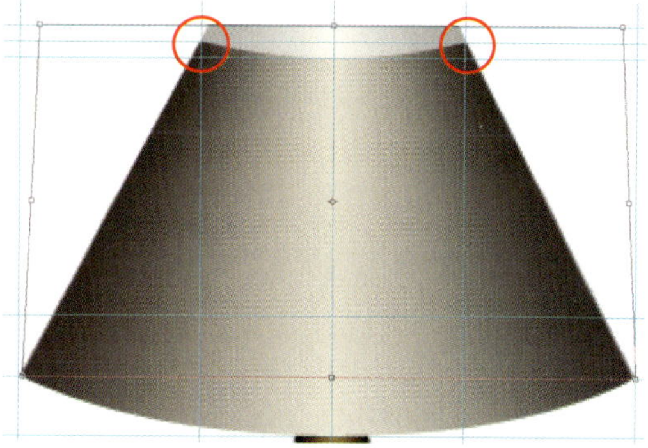

17

17 Wählen Sie *Bearbeiten > Frei transformieren* und schieben Sie die Rückseite so weit nach oben, dass die beiden unteren Eckpunkte auf denen des vorderen Lampenschirms zu liegen kommen (im Bild mit den roten Kreisen markiert).

Zur besseren Orientierung setzen Sie die Deckkraft der oberen Ebene etwas herab.
Passen Sie zudem die Neigung an die Lampenschirmhälfte im Vordergrund mittels *Perspektivisch transformieren* an (im Bild mit den roten Kreisen markiert).

18

18 Wiederholen Sie nun die Arbeitsschritte *14* und *15*. Wölben Sie jedoch die auf der Vektormaske liegenden Abdeckflächen nach oben statt nach unten.
Über *Ebene > Rastern > Vektormaske* konvertieren Sie die Ebene zu einer normalen Rasterebene. Im Beispiel haben beide Ebenen eine Deckkraft von *70%*.

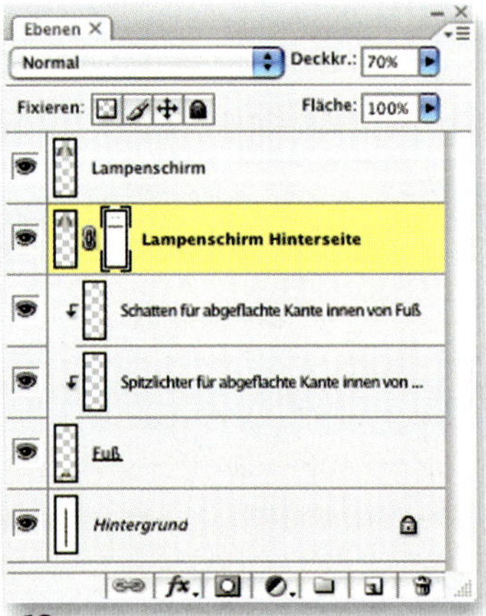

18

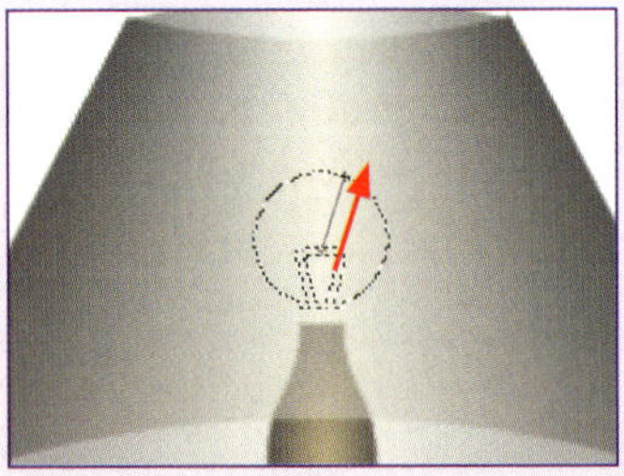

19

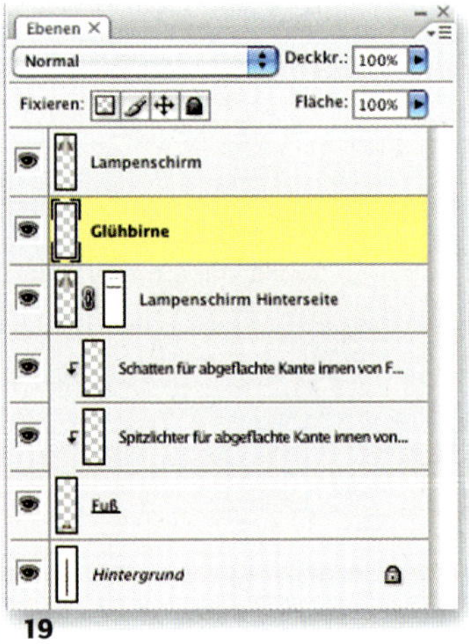

19

19 Öffnen Sie die Datei *Gluehbirne.jpg* und fügen Sie sie in einem Alphakanal ein. Laden Sie die Auswahl der Glühbirne (genaue Vorgehensweise in Schritt *2* und *3* erläutert). Fügen Sie eine neue Ebene zwischen den beiden Lampenschirmebenen ein. Färben Sie die Auswahl mit einem radialen Verlauf von einem sehr hellen Gelb zu Dunkelgrau. Verschieben Sie den Mittelpunkt der beiden Verlaufsfarben in Richtung Grau. Beginnen Sie beim Ziehen des Verlaufs etwas unterhalb der Mitte der Auswahl.

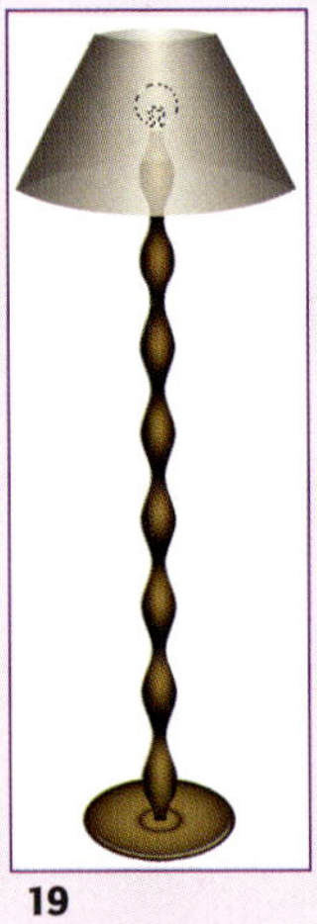

19

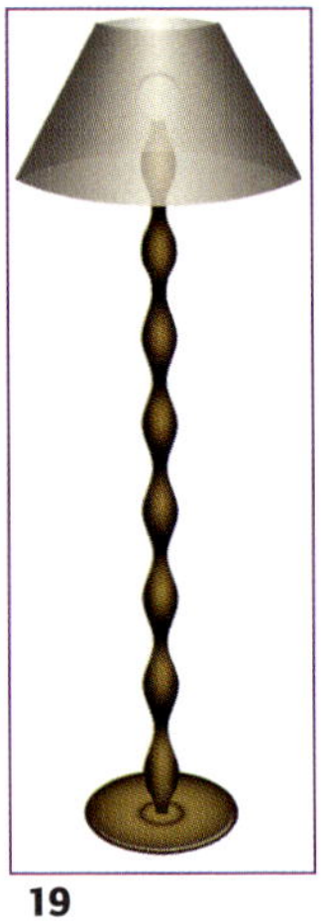

19

Das Kabel

20 Verbreitern Sie gegebenenfalls die Arbeitsfläche am rechten Rand (*Bild > Arbeitsfläche*). Überprüfen Sie zuvor noch die Verbindung der Stange zum Fuß. Ist der Übergang durch die Wahl der Verläufe zu hart, setzen Sie eine dunkel gefärbte Ellipse mit weichen Auswahlkanten darüber.

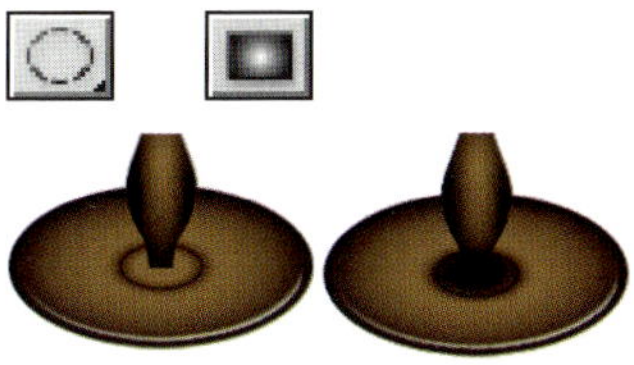

20

21 Erstellen Sie für das Kabel auf einer neuen Ebene hinter dem Fuß eine längliche, rechteckige Auswahl und füllen Sie diese mit einem *reflektierenden Verlauf* in einer beliebigen Farbe, etwa von einem hellen Grau zu einem dunkleren. Legen Sie das Kabel zunächst senkrecht neben dem Fuß an. Ziehen zum Verbiegen des Kabels eine neue größere Auswahl auf, etwa wie abgebildet.

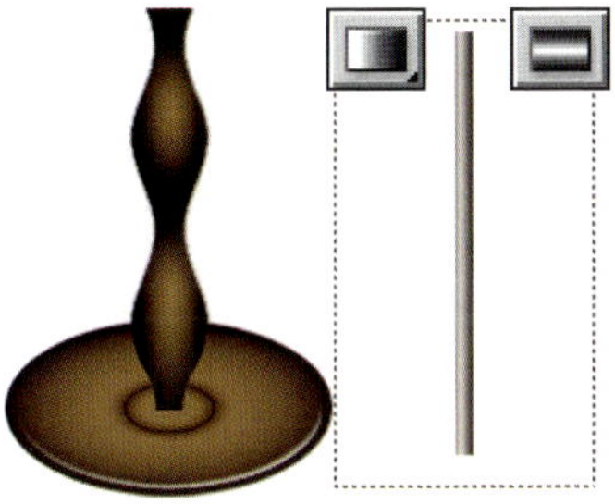

21

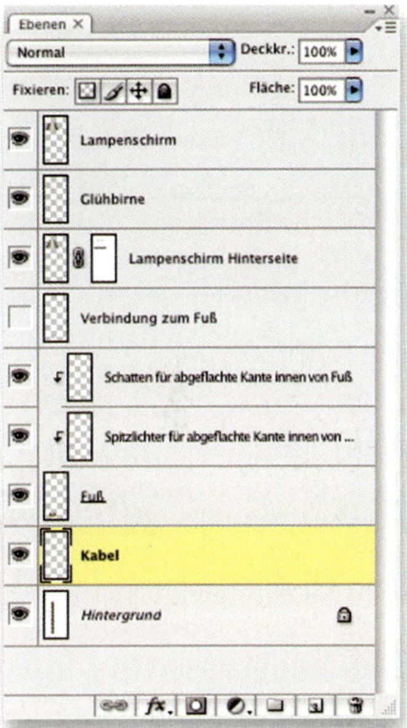

21

22 Wenden Sie den *Filter > Verzerrungsfilter > Verbiegen* an. Runden Sie gegebenenfalls das Kabelende mit dem *Radiergummi* etwas ab.

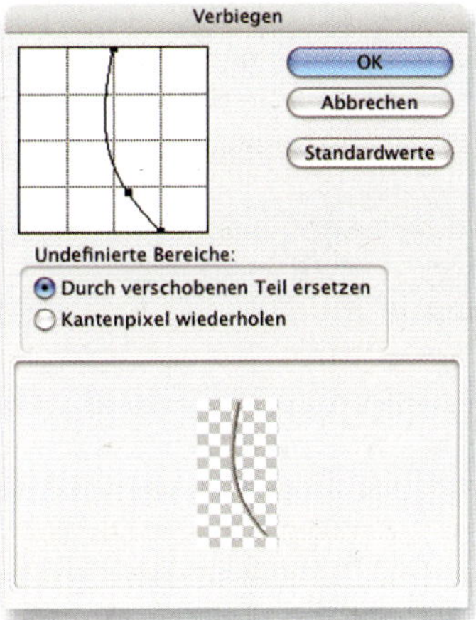

22

23 Über *Bearbeiten > Frei transformieren* drehen Sie das Kabel etwa um *90%* und schieben das linke Ende unter den Lampenfuß.

24 Sind Sie mit Ihrer Arbeit zufrieden, können Sie alle Ebenen auf eine reduzieren.

Für weitere Übungen legen Sie Gegenstände, etwa einen Kugelschreiber, auf den Scanner und scannen Sie diesen. Versuchen Sie, ihn mit den beschriebenen Methoden nachzubauen.

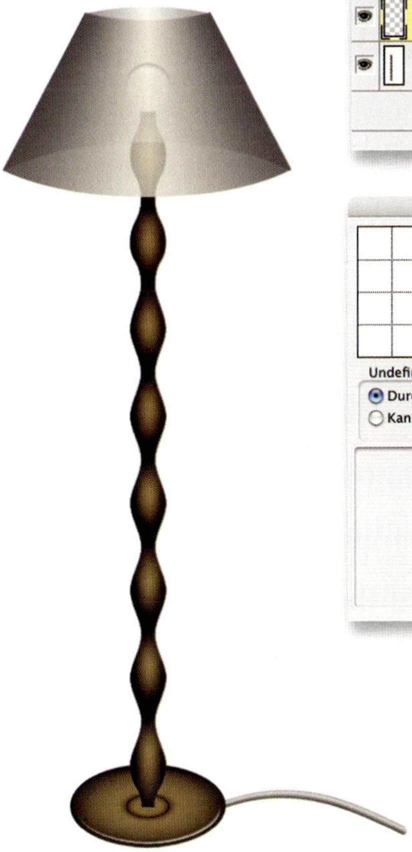

23

Plastische Effekte > Kanäle und Beleuchtung

Einfach und wirkungsvoll lässt sich Plastizität mit Hilfe des Beleuchtungseffekte-Filters in Kombination mit Reliefkanälen – dies sind entsprechende Alphakanäle – erzeugen. Das grundlegende Prinzip besteht darin, dass weiße Bereiche innerhalb der Alphakanäle eine maximale Erhebung bewirken, graue Bereiche erzeugen eine teilweise Erhebung und schwarze Bereiche bleiben unverändert. Demzufolge entstehen durch harte Kanten in den Alphakanälen abrupte Erhebungen und durch weiche Übergänge sanfte Erhebungen. Diese Auswirkung kann mit der Option Weiß, entspricht voller Höhe im Beleuchtungsfilter-Dialog, umgekehrt werden: Weiße Bereiche bewirken in diesem Fall eine maximale Vertiefung. Hier soll am Beispiel eines Bildrahmens die Arbeitsweise demonstriert werden. Das Rahmenprofil kann wahlweise in einem einzigen Alphakanal angelegt werden (hierbei wird nur einmal gefiltert) oder aber in mehreren Alphakanälen mit jeweils einer separaten Filterung.

Die Skizze stellt einen Querschnitt durch die Leiste dar: Die höchsten Stellen müssen im Alphakanal weiß, die niedrigsten schwarz sein.

1

1 Sinnvoll ist es, sich das gewünschte Leistenprofil als Referenz für den Alphakanal vorher zu skizzieren. Legen Sie eine neue Datei mit einer geraden Pixelanzahl an (hier 500 x 350) – dies ist für die spätere Anfertigung der Gehrungsschnitte wichtig. Erzeugen Sie auf einer neuen Ebene einen *Radialen Verlauf*. Setzen Sie die hellere Farbe an der Stelle ein, von der das Licht kommt. Die Farbigkeit kann später verändert werden.

2

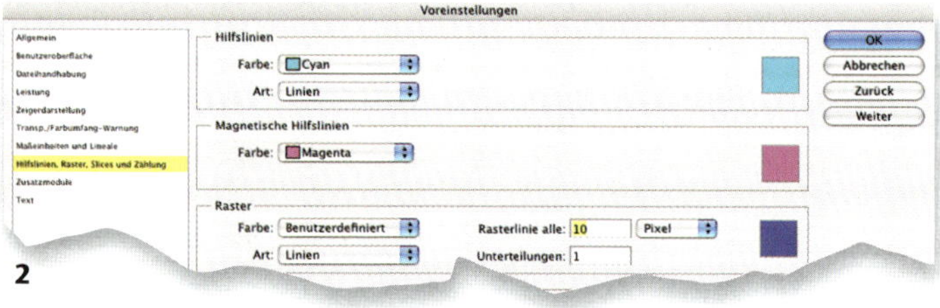

2

2 Wechseln Sie in die *Kanäle*-Palette, um den Reliefkanal vorzubereiten. Legen Sie einen neuen Kanal an (*Alpha 1*). Richten Sie ein Raster mit einem Abstand von 10 Pixel (*Unterteilung 1*) ein (*Voreinstellungen > Hilfslinien, Raster, Slices*). Stellen Sie *Ansicht > Einblenden > Raster* sowie *Ansicht > Ausrichten am Raster* ein.

3

3 Für die Grundform wählen Sie alles aus und ziehen Sie dann mit dem *Auswahlrechteck* bei gedrückter [Alt]-/[⌥]-Taste die innere Begrenzung des Rahmens auf. Arbeiten Sie ständig am Raster! Füllen Sie diese Auswahl weiß und heben Sie die Auswahl auf.

✔ Kanaloptionen

In der Standardeinstellung erscheint ein neuer Kanal schwarz gefüllt. Sollte dies nicht so sein, können Sie über Doppelklick auf die Miniatur des Alphakanals die *Kanaloptionen* öffnen und die Einstellungen ändern. Die Optionen bei *Farbe kennzeichnet* kehren die Darstellung des Alphakanals um: Dies hat keine Auswirkung auf die aus dem Kanal resultierende Auswahl, sondern nur auf seine Darstellung. *Maskierte Bereiche*: Standardmäßig stellt schwarze Farbe im Kanal (bzw. rote Maskenfarbe) die nicht ausgewählten Bereiche dar. *Ausgewählte Bereiche:* Schwarze Farbe (bzw. rote Maskenfarbe) kennzeichnet die ausgewählten Bereiche.

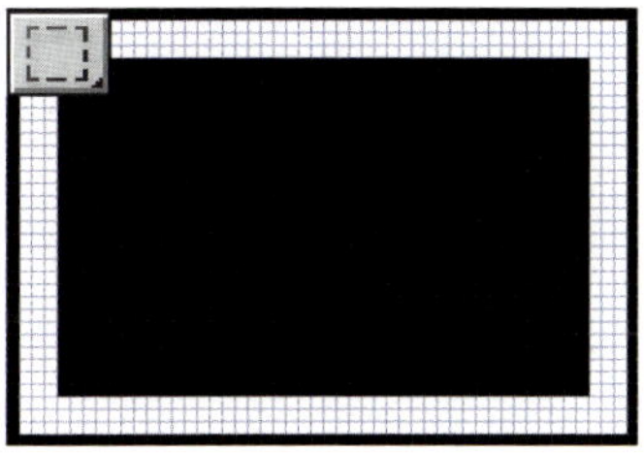

4

5

✔ Über *Ansicht > Einblenden > Raster* schalten Sie die Sichtbarkeit des Rasters ein oder aus.

4 Duplizieren Sie *Alpha 1* (wird *Alpha 1 Kopie*). In *Alpha 1 Kopie* wählen Sie für die Abflachung am äußeren Rand erneut alles aus und ziehen mit dem *Auswahl-Rechteck* bei gedrückter Alt-/⌥-Taste eine etwas kleinere Auswahl (mithilfe des Rasters) ab. Füllen Sie die Auswahl schwarz und heben Sie die Auswahl auf. Ziehen Sie eine neue Auswahl auf, die eine Rasterkästchengröße größer ist als der innere schwarze Bereich, und füllen Sie die Auswahl ebenfalls schwarz.

5 Im nächsten Schritt soll die sanfte Abflachung nach außen hin erzeugt werden. Laden Sie die Auswahl von »Alpha1« (*Auswahl > Auswahl laden*) und wenden Sie darauf den *Filter > Weichzeichnungsfilter > Gaußscher Weichzeichner* (hier 7 Pixel) an. Durch die Auswahl wird die Weichzeichnung auf den äußeren Rand begrenzt.

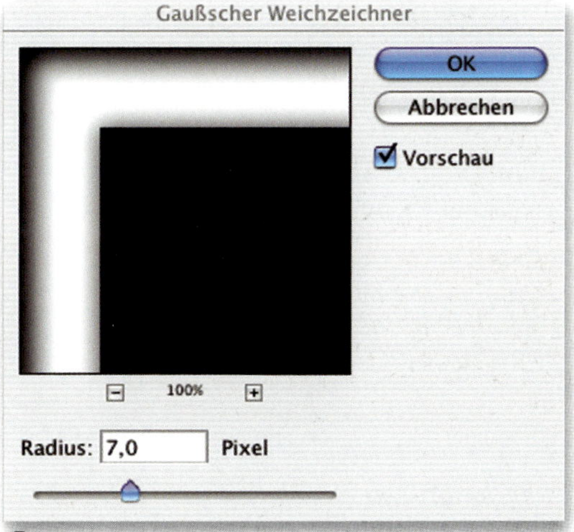

5

6 Dunkeln Sie den gewählten Bereich noch etwas ab: Wählen Sie *Bearbeiten > Fläche* füllen. Stellen Sie die hier gezeigten Werte ein. Heben Sie die Auswahl auf.

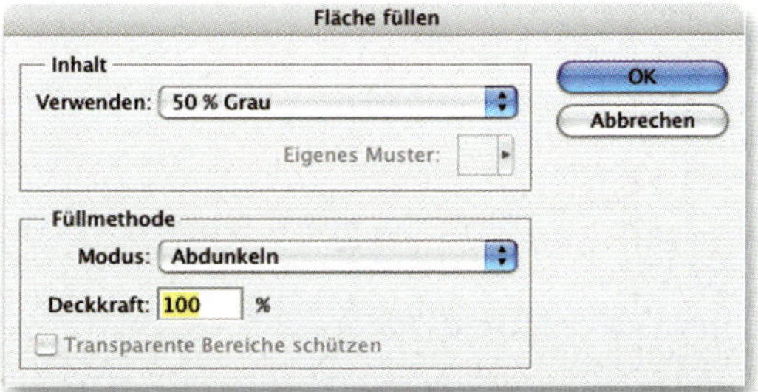

6

7

7 Ziehen Sie nun mithilfe des Rasters zweimal eine Auswahl am inneren Rand des Rahmens auf. Vergeben Sie eine weiße und eine hellgraue Konturfüllung (hier *5* und *2 Pixel*) nach innen (*Bearbeiten > Kontur füllen*) und heben Sie die Auswahl auf. Der Alphakanal ist nun fertig. Je nach gewünschtem Effekt können Anzahl, Breite und Schärfe der einzelnen Profilteile variiert werden.

8

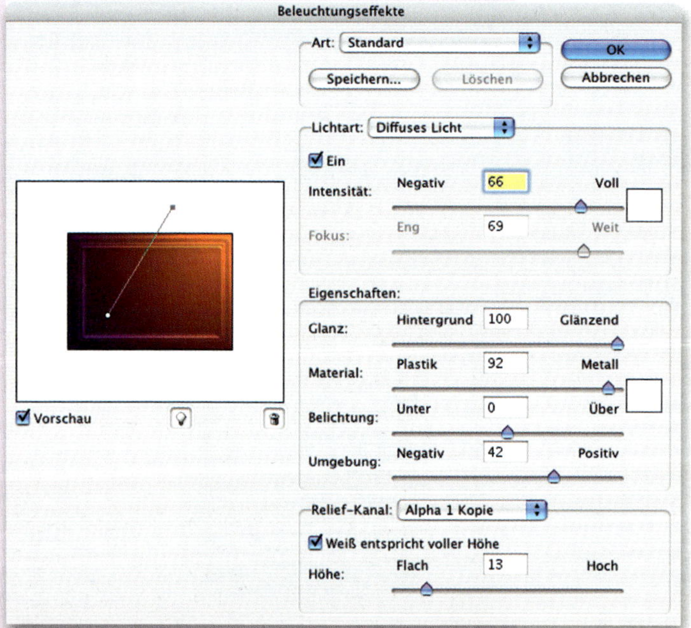

8

8 Aktivieren Sie nun den Gesamtkanal und deaktivieren Sie alle Alphakanäle. Rufen Sie den *Filter > Renderingfilter > Beleuchtungseffekte* auf. Wählen Sie hier unter *Reliefkanal* den Alphakanal *Alpha 1 Kopie*. Für den hier gezeigten Effekt verwenden Sie den Stil *Standard*, *Diffuses Licht* (von rechts oben), *Weiß entspricht voller Höhe* eingeschaltet und eine Höhe von *13*. Bestätigen Sie mit *OK*.

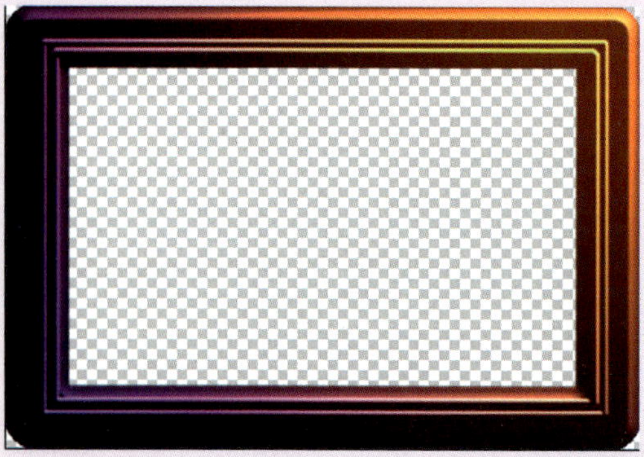

9

9 Per Doppelklick auf die Hintergrundebene wird diese zur *Ebene 0*. Laden Sie die Auswahl der Rahmengrundform *Alpha 1*. Kehren Sie die Auswahl um und löschen Sie sie. Heben Sie die Auswahl auf. Wählen Sie die gesamte Arbeitsfläche, dann *Auswahl > Auswahl verändern > Abrunden ...* Geben Sie einen Wert von etwa *15 Pixel* ein und kehren Sie die Auswahl um. Löschen Sie die gewählten Eckbereiche.

✔ Der **Beleuchtungseffekte-Filter** ist nur für Bilder im RGB-Modus verfügbar. Es können auch mehrere Lichtquellen zur Ausleuchtung verwendet werden. Durch Klicken auf den weißen Punkt im Vorschaufenster wählen Sie eine Lichtquelle aus. So beziehen sich alle Einstellungen der rechten Seite des Dialogs auf diese Lichtquelle. Je nach Lichtart wird eine Lichtquelle unterschiedlich dargestellt. Die Anfasser dienen zur Regulierung der Intensität bzw. der Richtung sowie des Einfallswinkels.

- **Diffuses Licht** strahlt wie die Sonne aus größerer Entfernung, so dass es keinen Abfall des Lichtwinkels gibt und die Position der Lichtquelle keine Rolle spielt. Indem Sie den grauen Anfasser zum weißen Punkt hin- oder von ihm wegziehen, verändern Sie die Intensität des Lichts.
- **Strahler** strahlt gleichmäßig in alle Richtungen und genau von oben auf das Bild, als würde eine Glühbirne direkt über dem Bild hängen. Ziehen Sie einen der vier Anfasser vom weißen Mittelpunkt weg, vergrößern Sie den Abstand der Lichtquelle vom Bild, das Licht wird schwächer; ziehen Sie einen der Anfasser zum Mittelpunkt hin, wird das Licht intensiver.
- **Spot** wirft einen ellipsenförmigen Lichtkegel mit stark abfallendem Lichtwinkel. Das Ziehen an einem der vier Anfasser bewirkt eine Veränderung der Intensität, der Richtung und des Einfallswinkels des Spots.

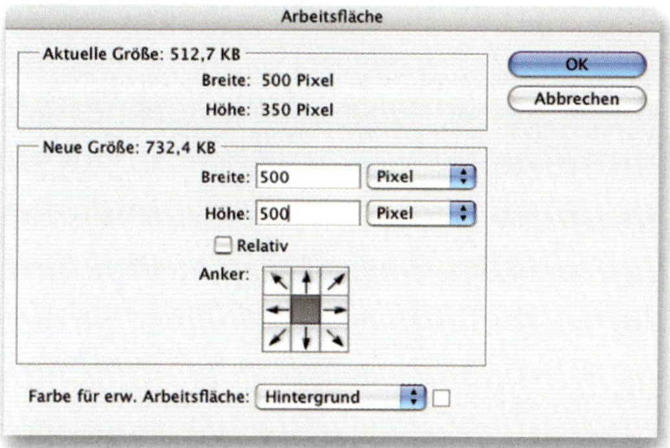

10

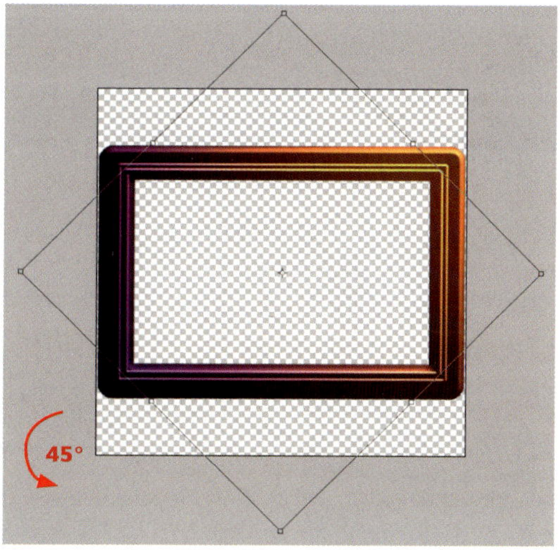

10

10 Für echte Gehrungsschnitte vergrößern Sie die Arbeitsfläche auf ein Quadrat (*Bild > Arbeitsfläche*) – dies erleichtert die folgenden Arbeitsschritte und garantiert die notwendige Genauigkeit. Mit den gezeigten Auswahlen wird der Rahmen im 45°-Winkel quasi zersägt. Wählen Sie alles aus und drehen Sie die Auswahl um *45°* (*Auswahl > Auswahl transformieren*; den Wert in der Werkzeugoptionen-Leiste eingeben). Bestätigen Sie die Transformation mit der [↵]-Taste.

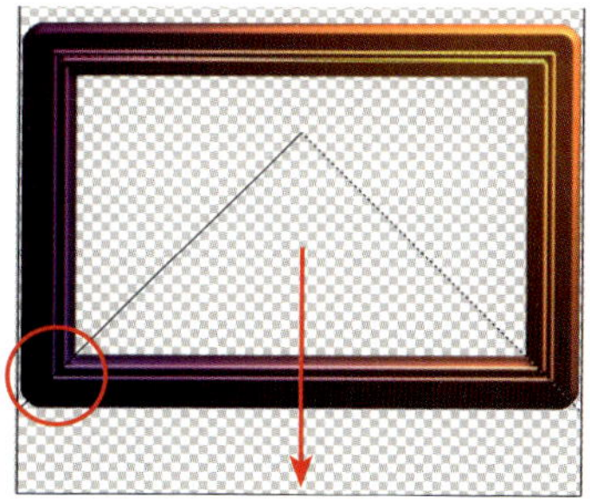

11

11 Bewegen Sie die Auswahl zunächst nach unten exakt auf die Ecken. Zoomen Sie auch ein, um die Genauigkeit zu prüfen.

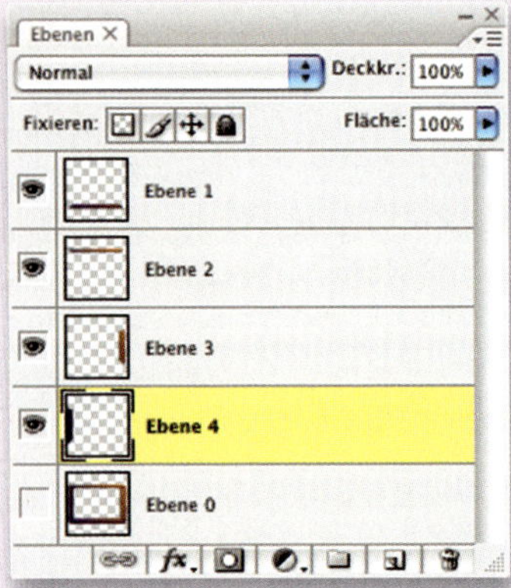

12

12 Bewegen Sie die Auswahl mit der Pfeiltaste der Tastatur, ausgehend von dieser Position dann nochmals um eine gerade Pixelanzahl nach unten (hier 4 Pixel bei 500 x 500 Pixel Bildgröße). Der Wert kann je nach Bildgröße, Rahmenbreite und gewünschter Schnittbreite variieren. Erstellen Sie aus der Auswahl eine neue Ebene durch Kopieren. Wechseln Sie auf die Ebene mit dem Gesamtrahmen und verfahren Sie mit den drei übrigen Rahmenteilen nacheinander ebenso, wobei die Auswahl (nach dem Ausrichten an den Ecken) immer um 4 Pixel jeweils von der Bildmitte weg bewegt wird.

12

13

13 Bewegen Sie jede der vier neu entstandenen Rahmenebenen um exakt 4 Pixel in Richtung Bildmitte (*Verschieben*-Werkzeug und Pfeiltasten). Zur Betonung der Gehrungen können einzelne Leisten nochmals leicht mit diffusem Licht beleuchtet werden (diesmal ohne Reliefkanal!).

Rahmen strukturieren

Durch Strukturen lassen sich viele interessante Effekte – nicht nur für Bildrahmen, sondern auch für andere »Oberflächen« (siehe *Kapitel 3 > Muster und Hintergründe*) – erzielen. Die Strukturen können mit den unterschiedlichen Ebenenmodi oder dem Filter *Mit Struktur versehen* auf Oberflächen übertragen werden.

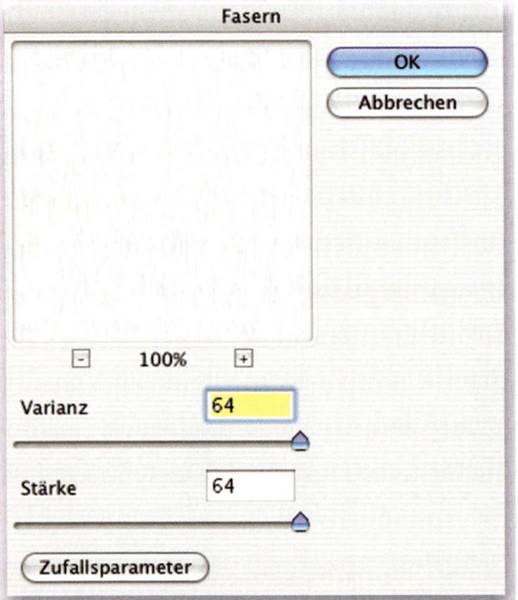

14

14 Legen Sie für eine Holzstruktur einen neuen Alphakanal an. Wählen Sie *Filter > Renderfilter > Fasern*.

15 Um den Effekt zu zu verstärken, wählen Sie die gesamte Fläche, dann *Bearbeiten > Fläche füllen*. Wählen Sie als Farbe Schwarz und als Modus *Ineinanderkopieren*. Wiederholen Sie diesen Befehl etwa dreimal.

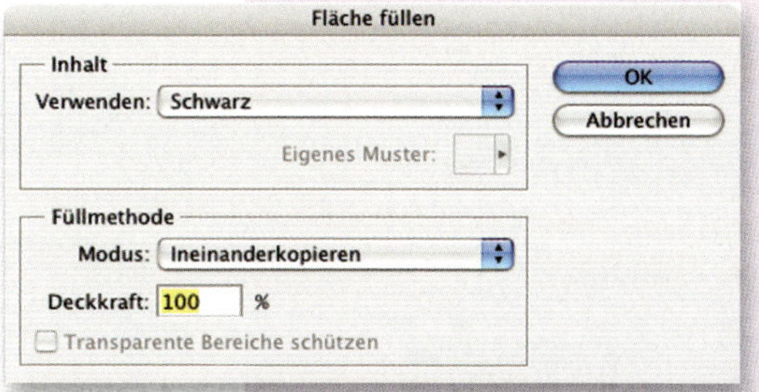

15

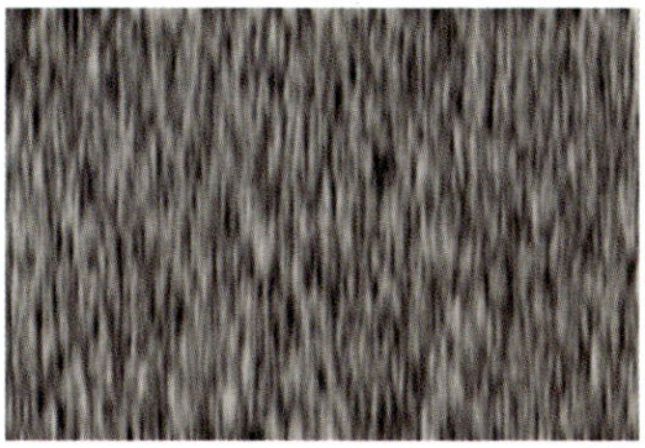

16

17

16

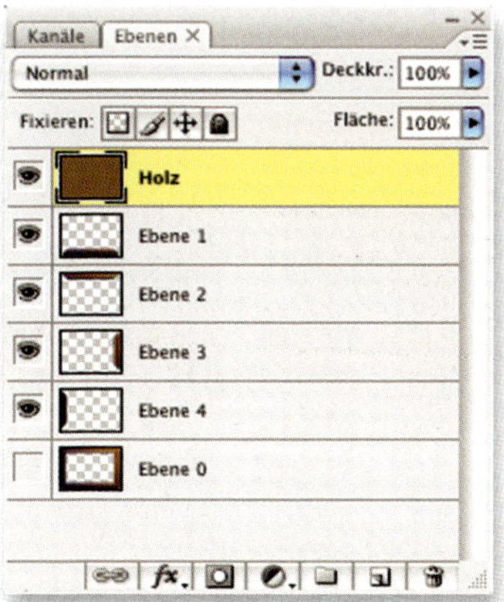

17

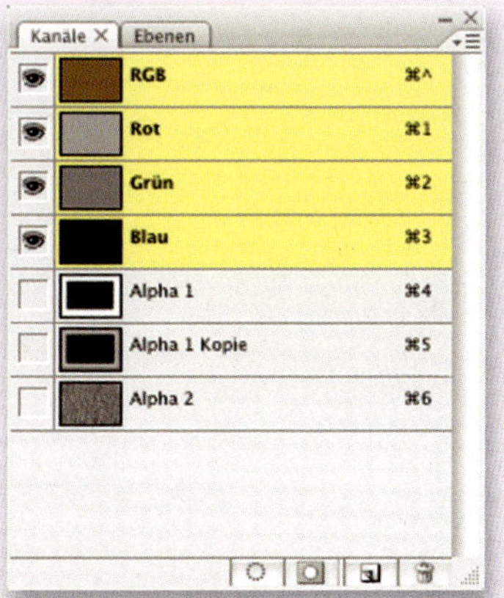

17

16 Glätten Sie das Ergebnis mit dem *Gaußschen Weichzeichner*, Radius *1 Pixel*. Die Streifenwirkung verstärken Sie mit dem Filter *Bewegungsunschärfe*.

17 Schalten Sie wieder den Kanal RGB sichtbar. Legen Sie eine neue Ebene an, die Sie in einem Braunton färben.

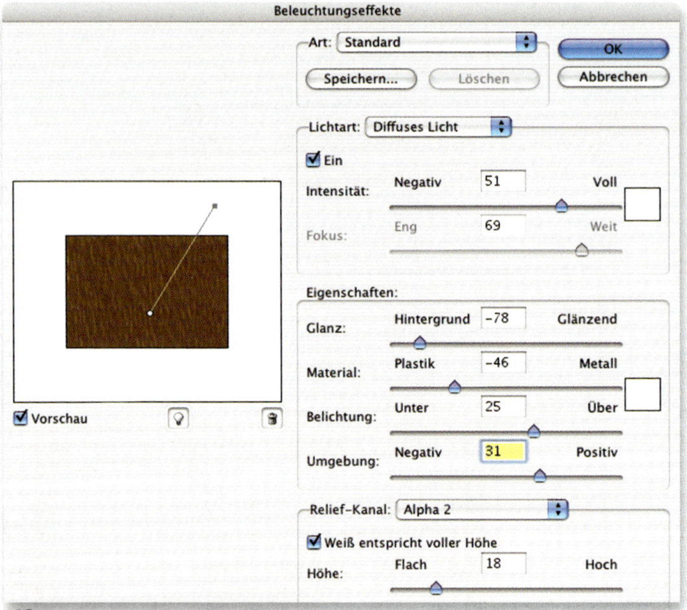

18

18 Rufen Sie den *Filter > Renderingfilter > Beleuchtungseffekte* auf. Wählen Sie hier nun unter *Reliefkanal* den neuen Alphakanal *Alpha 2*. Für den Effekt verwenden Sie die hier gezeigten Einstellungen.

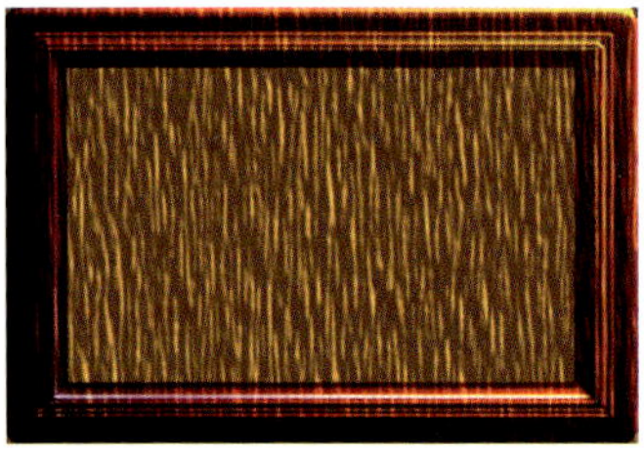
19

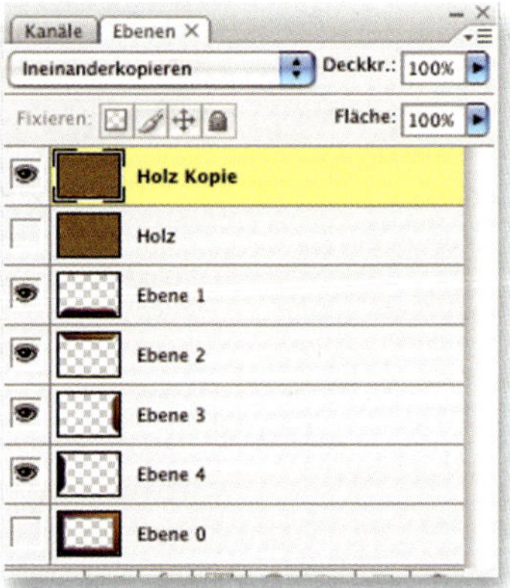

20

19 Überprüfen Sie die Textur: Wählen Sie als Modus für diese Strukturebene *Ineinanderkopieren*, *Weiches Licht* oder *Hartes Licht*. Reduzieren Sie gegebenenfalls zusätzlich die Deckkraft.

20 Sinnigerweise soll eine Holzstruktur nun aber zwei verschiedene Laufrichtungen haben. Deshalb muss die Strukturebene dupliziert und um *90°* gedreht werden.

21 Da jedoch das Duplikat statt eines Querformats ein Hochformat zeigt, skalieren Sie die gedrehte Kopie, bis sie die gesamte Dokumentfläche ausfüllt.

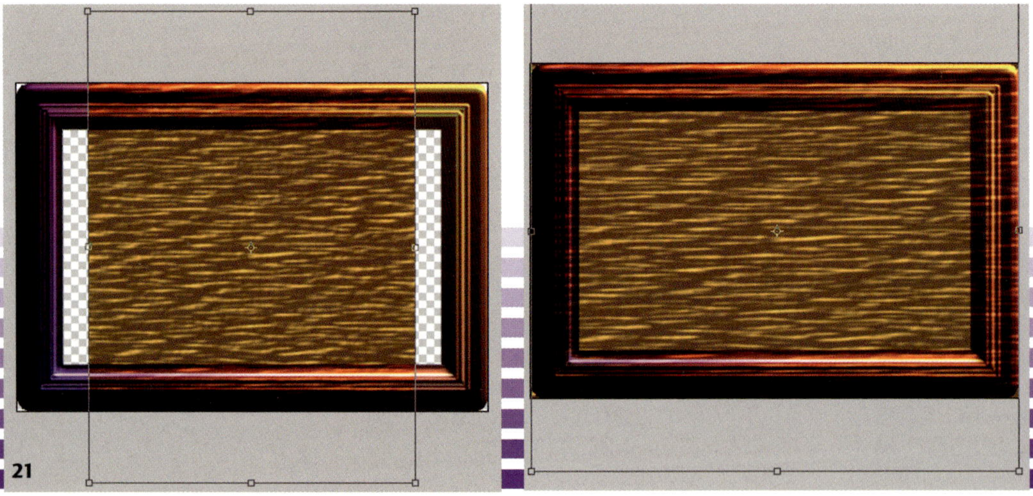
21

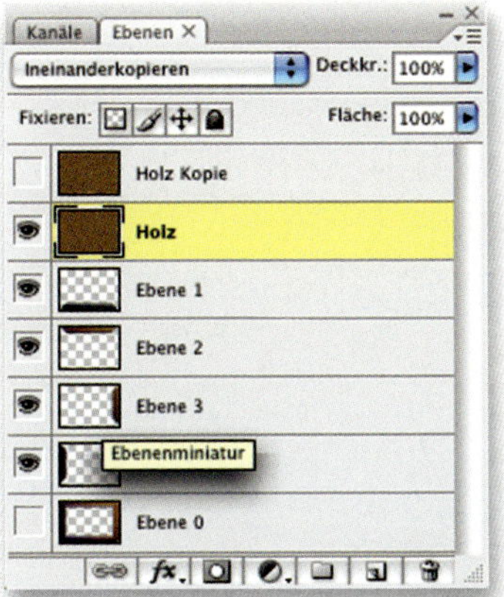

22

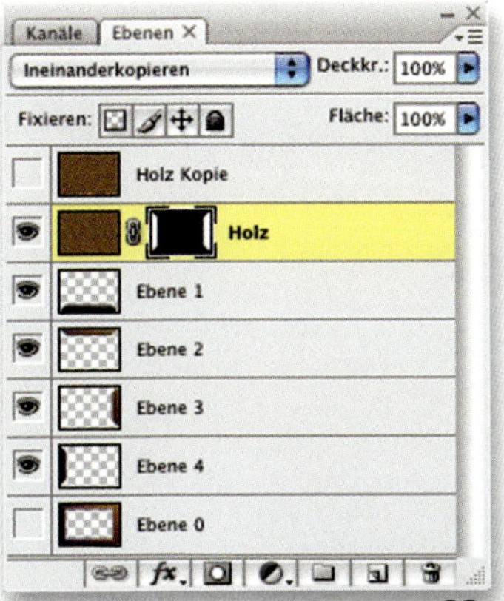

23

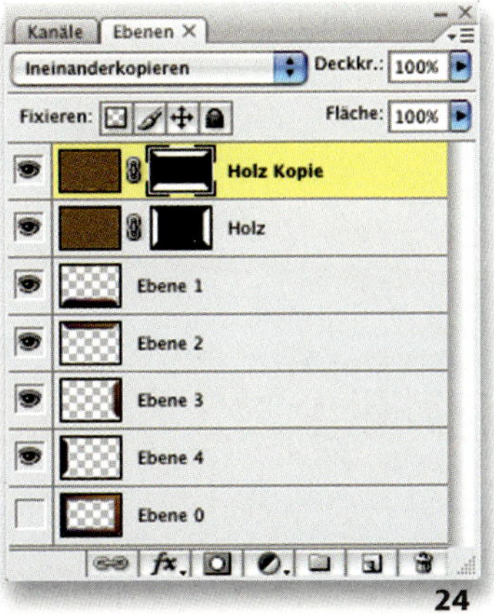

24

22 Wechseln Sie zurück auf die Original-Holzebene (*Holz*) und blenden Sie die Kopie aus. Um die Strukturebene auf die Rahmenform(en) zu begrenzen, laden Sie die Transparenzmaske des oberen Rahmenteils (Klick in die Ebenenminiatur mit gedrückter [Strg]-/[⌘]-Taste). Mit gedrückter [⇧]-Taste fügen Sie die Auswahl des unteren Rahmens hinzu.

23 Klicken Sie bei aktiver Auswahl und (!) aktiver Ebene *Holz* auf das Ebenenmasken-Symbol in der Ebenen-Palette, um die überflüssigen Teile der Struktur auszublenden.

24 Wiederholen Sie den Schritt *23* auf der Holzkopie (*Holz Kopie*) für die obere und untere Rahmenleiste.

25 Reduzieren Sie alle Rahmenebenen. Fügen Sie als *Ebenenstil* noch einen *Schlagschatten* hinzu und ziehen Sie ein weiteres Bild hinter die Rahmenebene.

23

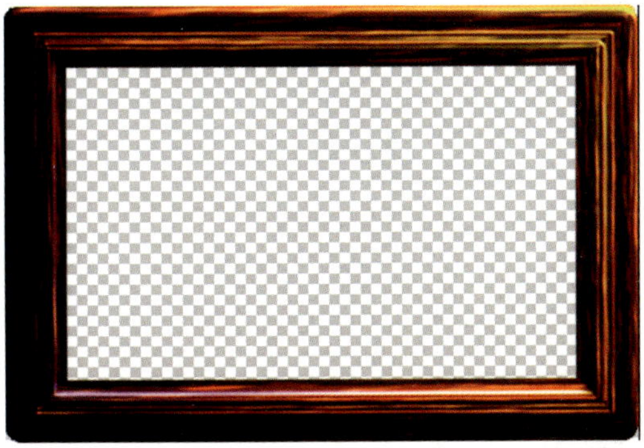

24

Kapitel 6

Wichtige Tastaturkürzel	
Alles auswählen	Strg / ⌘ + A
Auswahl aufheben	Strg / ⌘ + D
Auswahl verbergen	Strg / ⌘ + H
Frei transformieren	Strg / ⌘ + T
Fläche füllen	⇧ + F5

Wichtige Werkzeuge	
Schnellauswahl, Zauberstab	W
Pinsel-Werkzeug	B
Radiergummi-Werkzeug	E
Füllwerkzeug	G
Wechsel Vorder-/Hintergrundfarbe	X

Verfremdungseffekte

Farbverfremdungen > Bilder umfärben

Bilder kann man über *Bild > Anpassungen > Farbton/Sättigung...* (*Färben* aktivieren) einfärben. Über eine Füllung auf einer extra Ebene kombiniert mit den verschiedenen Ebenenmodi ist man deutlich flexibler.

1 Entfärben Sie über *Bild > Anpassungen > Schwarzweiß* ein beliebiges, im RGB-Modus vorliegendes Bild. Legen Sie eine Volltonfarbe-Füllebene an (*Ebene > Neue Füllebene > Volltonfarbe…*). Experimentieren Sie dann mit den *Füllmethoden* des Ebenenmodus dieser Ebene. Beide Varianten rechts sind mit ein und derselben Farbe (einem leuchtenden Mittelblau) entstanden.

1

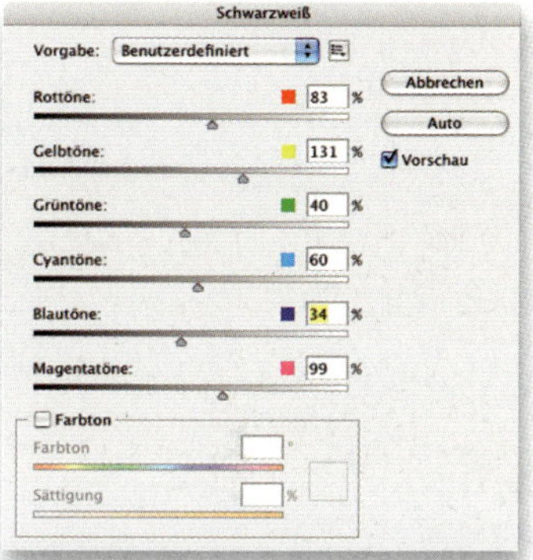

1

2 Statt der Volltonfarbe kann eine *Verlaufsfüllung* gewählt werden. Legen Sie eine Verlaufs-Füllebene an (*Ebene > Neue Füllebene > Verlauf…*). Wählen Sie einen vorgegebenen Verlauf oder erstellen Sie einen neuen. Experimentieren Sie dann mit den Anpassungen des Verlaufsfüllungsdialogs. Zusätzlich können Sie dann auch hier den Ebenenmodus dieser Ebene verändern.

Differenz

Ineinander kopieren

2

2

2

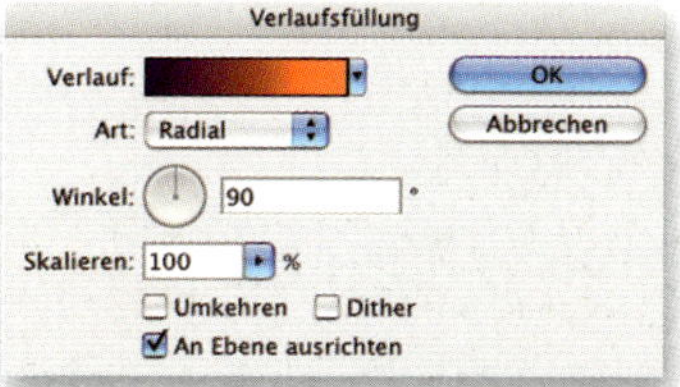

2

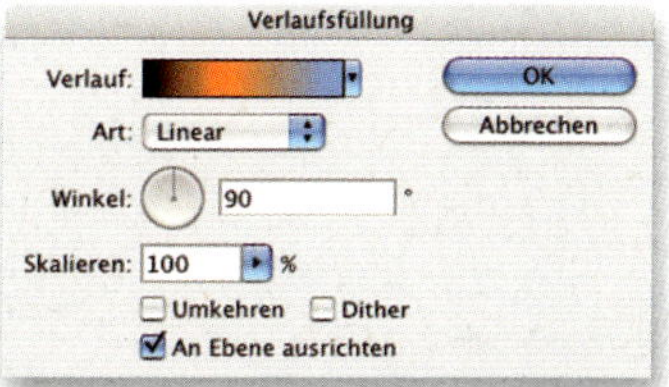

2

3 Bei der Verlaufsumsetzung kolorieren die Verlaufsfarben nicht einfach nur das Bild, sondern die ursprünglichen Farbtöne werden durch die des Verlaufs ersetzt. Duplizieren Sie sicherheitshalber die Ebene, auf der Sie die Verlaufsumsetzung anwenden wollen. Wählen Sie dann *Bild > Anpassungen > Verlaufsumsetzung*. Wählen Sie einen Verlauf aus den vorgegebenen oder erstellen Sie sich einen neuen.
Zusätzlich zu einer so hergestellten Verlaufsumsetzung bieten die verschiedenen Ebenenmodi in Kombination mit der Deckkraft zahllose Variationsmöglichkeiten.

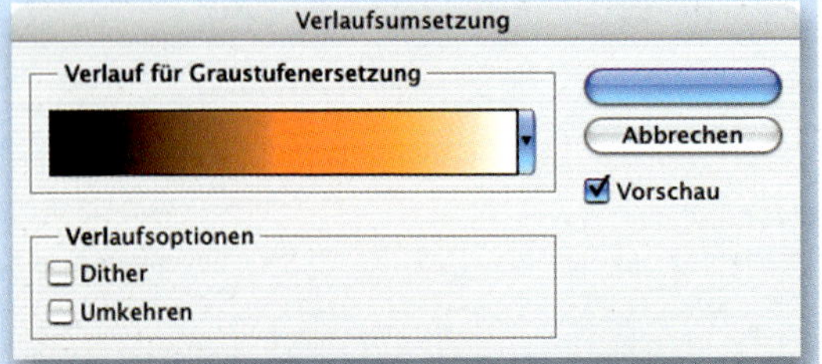

3

3

3

3

3

3

3

Bildbereiche per Tontrennung färben

Mit dem Befehl *Tontrennung* aus dem Menü *Bild > Anpassungen* posterisiert Photoshop jeden Farbkanal in der angegebenen Anzahl von Stufen, so dass beispielsweise in einem RGB-Bild bei zwei Tonwertstufen acht Farben, in diesem Fall Schwarz, Weiß, Rot, Grün, Blau, Cyan, Magenta und Gelb, entstehen. In den meisten Fällen führt die Anwendung dieses Befehls nur zu unbefriedigenden Ergebnissen. Die hier beschriebene Methode gibt Ihnen mehr Kontrolle sowohl über die Anzahl der Farben als auch die Farben selbst, die sowohl RGB- oder CMYK-Farben (im entsprechenden Modus) als auch Sonderfarben (in Volltonfarbenkanälen) sein können.

1 Öffnen Sie das Bild *Gaense.jpg* und wandeln Sie es in den Modus in Graustufen um. Das Bild soll vor dem Posterisieren in seiner endgültigen Größe und

Auflösung vorliegen, da durch die Interpolation bei einer Neuberechnung neue Graustufen bzw. Tonwerte entstehen. Duplizieren Sie die Ebene zum Experimentieren.

1

2

2 Wählen Sie *Bild > Anpassungen > Tontrennung, 4-5 Stufen.* Entfernen Sie mit dem Buntstift unerwünschte Details. Verwenden Sie nur die Graustufen, die im Bild vorkommen, nehmen Sie die Farbe mit der *Pipette* (Aufnahmebereich: 1 Pixel) aus dem Bild auf.

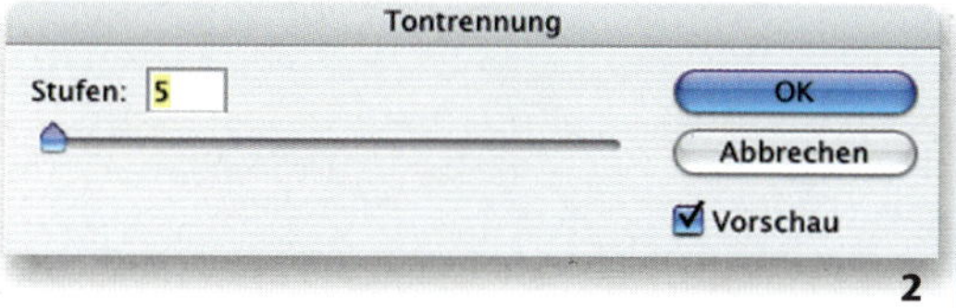

2

✔ Über *Filter > Rauschfilter > Rauschen* reduzieren können Sie die Flächen im Bild noch etwas glätten. Sie erhalten so nach der Tontrennung weniger ausgefranste kleine Flächendedails.

✔ Bei einer Schwarzweißwandlung über *Bild > Anpassungen > Schwarzweiß...* ändert sich der Modus nicht!

3 Konvertieren Sie (wenn notwendig) das Bild in den RGB-Modus. Wählen Sie in der Farbfelder-Palette vier neue Farben und legen Sie sie am Ende der Farbfelder-Palette ab. Sinnvollerweise wählen Sie Farben entsprechend den grauen Tonwerten aus: helle Farben für Weiß und helle Grauwerte bzw. dunkle Farben für dunkle Grauwerte und Schwarz.

3

4 Wählen Sie das *Füllwerkzeug* (versteckt sich unter dem Verlaufswerkzeug) und stellen Sie die Werkzeug-Optionen wie folgt ein: *Glätten* und *Benachbart* sind ausgeschaltet, *Toleranz 1*.

5 Wählen Sie die Farbe, die Sie den schwarzen Bildbereichen zuordnen wollen (als Vordergrundfarbe), und klicken mit dem Fülleimer in eine schwarze Bildstelle. Da die Option *Benachbart* ausgeschaltet ist, werden alle gleichfarbigen Pixel im Bild neu gefüllt. Verfahren Sie genauso mit den übrigen Farben. Falls Ihnen die Farbzusammenstellung nicht gefällt, können Sie beliebig oft neue Farben auswählen und erneut füllen.

5

5

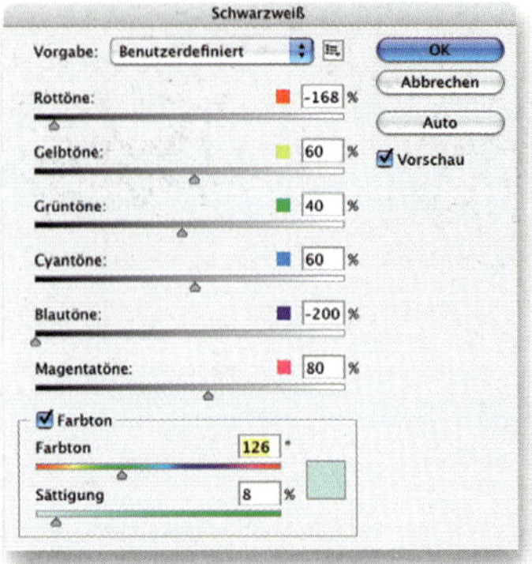

1

Farbstich > Auf alt getrimmt

In gezeigter Broschüre wurden als Stilmittel verschiedene Bilder auf alt getrimmt. Um einen solchen Effekt zu erzielen, gibt es drei Wege.

1 Färben über Schwarzweiß

Neben der Modusänderung (*Bild > Modus > Graustufen*) gibt es seit Photoshop CS3 den Befehl *Bild > Anpassungen > Schwarzweiß... Die* Konvertierung erfolgt hier über die Mischung der einzelnen Farben im Bild. Neben vordefinierten Graustufenmischungen kann man im Dialog die Grauabstufung für bestimmte Farben des Bilds stufenlos in der

© a.r.s. Druck GmbH

© a.r.s. Druck GmbH

Das Original

In Graustufen per Dialog Schwarzweiß ...

... mit aktivierter Option Farbton

Helligkeit anpassen. Eingefärbt wird über die aktive Option *Farbton*, mit der sich *Farbton* und *Sättigung* regeln lassen.

2 Färben über Farbton/Sättigung

Ein Farbbild lässt sich ebenfalls über *Bild > Anpassungen > Farbton/Sättigung...* gezielt einfärben. Im Dialog muss die Option *Färben* aktiviert sein. Zwar ist die Farbintensität und die allgemeine Helligkeit des Bilds zu regeln, einzelne Grauwerte sind jedoch nicht so gezielt zu bestimmen wie unter der Anpassung *Schwarzweiß*.

3 Färben über den Modus Duplex

Bei den beiden ersten Methoden verbleibt das Bild im zuvor eingestellten Modus. Per *Duplex* kann man einem Graustufenbild ein bis vier variable (Vollton-) Farben zuweisen (*Duplex* zeigt zwei Farben). Das Bild muss zuvor in den Modus *Graustufen* gewandelt werden. Man kann jedoch vor der Modusänderung über die Anpassung *Schwarzweiß* die Grauwerte flexibel verteilen. Ein Duplexbild hat nur zwei Farbkanäle. Vorteil: Liegen alle Bilder eines Druckdokuments als Duplex mit derselben Farbkombination vor, reichen zwei Druckplatten.

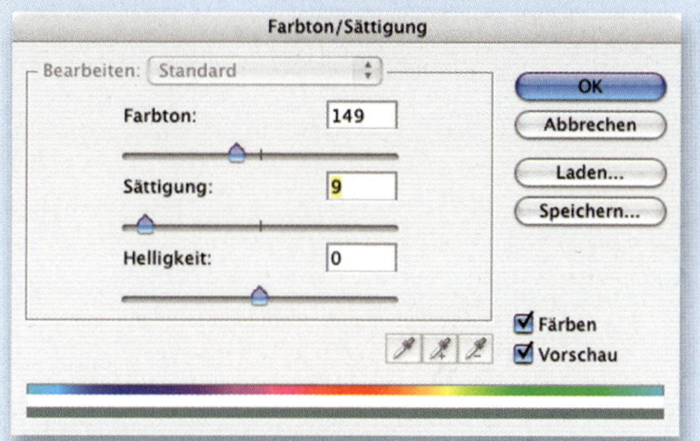

2

Beim Färben über Farbton/Sättigung können die einzelnen Helligkeitswerte nicht gezielt eingestellt werden.

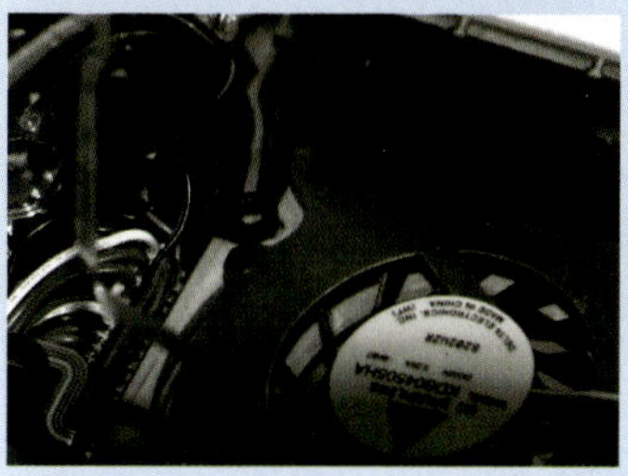

Duplexbilder zeigen einen kräftigeren Farbauftrag als Bilder, die mit den beiden anderen Varianten eingefärbt wurden.

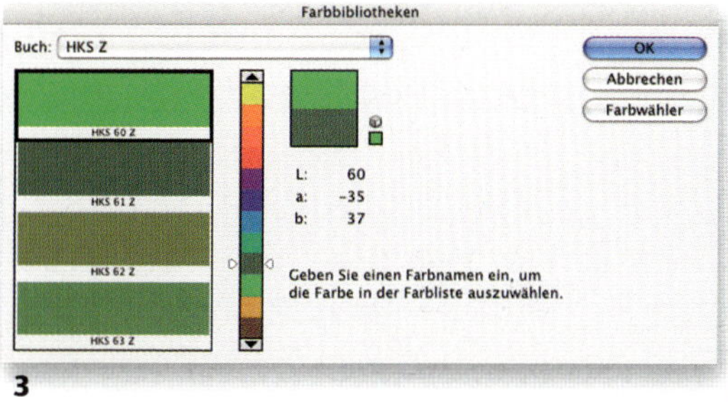

3

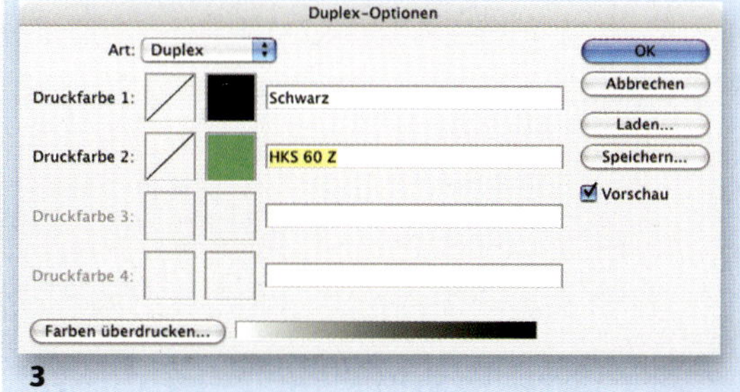

3

Verfremdungen >
Regenbogen bauen

Virtueller Regenbogen

Die Stimmung eines Bilds kann auch über reell wirkende Farbverfremdungen gesteuert werden, so etwa durch einen virtuellen Regenbogen.

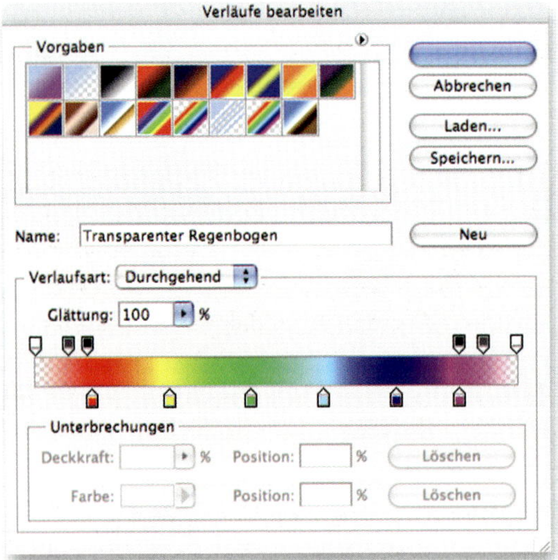

1

1 Öffnen Sie die Datei *Berge.tif.* Wählen Sie bei aktivem *Verlaufswerkzeug* in der Optionsleiste den *Radialverlauf* sowie in der Auswahlliste den *Transparenten Regenbogen*. Klicken Sie auf das Vorschaubild des Verlaufs in der *Optionsleiste.*

2 Schieben Sie die Farbunterbrechungen in 2%-Schritten nach links, so dass sich Magenta bei Position 94%, Rot bei Position 84% befindet. Bearbeiten Sie mit den oberen Schiebereglern die Transparenz. Entfernen Sie die grauen, indem Sie sie nach oben wegziehen. Schieben Sie die schwarzen Regler (100% sichtbar) auf die Endpositionen der Farben (Position 94% und 84%). Die weißen Regler (100% transparent) liegen in etwa 3% von den schwarzen entfernt.

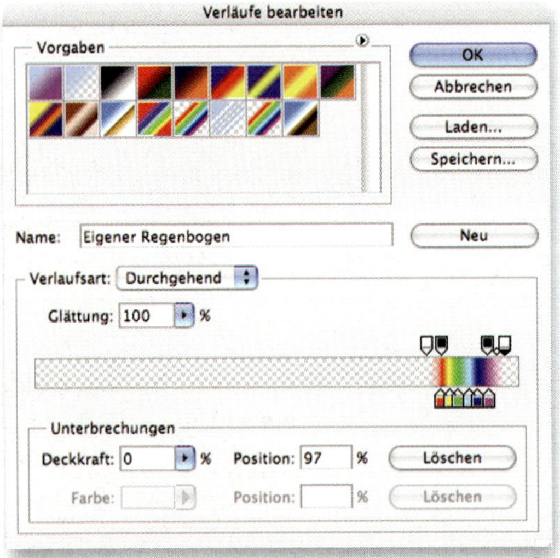

2

✔ Ein Verlauf wird immer durch einen Startpunkt (erster Mausklick mit dem Verlaufswerkzeug, Maustaste gedrückt halten und ziehen) und einen Endpunkt (Loslassen der Maustaste) definiert. Die Zugrichtung bestimmt für einige Verlaufswerkzeuge den Winkel des Verlaufs. Für die Einschränkung auf ein Vielfaches von 45° halten Sie beim Ziehen die ⇧-Taste gedrückt. Bereiche, die vor und hinter dem Start- und Endpunkt liegen, werden mit der reinen Anfangs- bzw. Endfarbe gefüllt. Sind am Start- oder Endpunkt transparente Positionen definiert, werden die Bereiche, die vor oder hinter dem Start- und Endpunkt liegen, transparent.

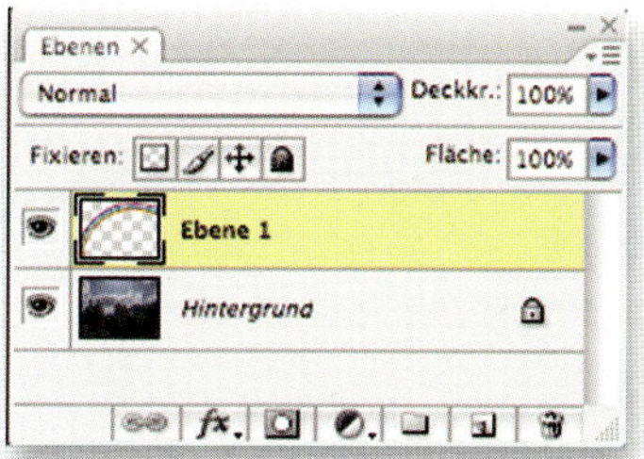

3

3

3 Richten Sie eine neue Ebene für den Verlauf ein. So können Sie nachträglich den Ebenenmodus und die Deckkraft verändern. Ziehen Sie auf der neuen Ebene mit den Verlaufsoptionen *Normal*, 100%, *Transparenz* und *Dither* den Verlauf auf. Der erste Mausklick definiert den Mittelpunkt. Die Position, an der Sie die Maustaste loslassen, definiert den äußeren Rand des Verlaufs. Die Zugrichtung spielt bei einem kreisförmigen Verlauf keine Rolle. Sind Sie nicht zufrieden mit dem Ergebnis, widerrufen Sie den letzten Schritt und versuchen es erneut.

4 Aktivieren Sie die Hintergrundebene. Um den Regenbogen der vorhandenen Wolkenstruktur anzupassen, erstellen Sie mit dem Zauberstab zunächst eine Auswahl der helleren Bereiche des Himmels. Korrigieren Sie die Auswahl im *Maskierungsmodus* (Klick auf die Schaltfläche in der Werkzeugleiste *Im Maskierungsmodus bearbeiten*). Zeichnen Sie die Auswahl weich und speichern Sie sie (Radius: 20 Pixel bei einer Größe des Beispielbilds von 2560 x 1920 Pixel).

4

5

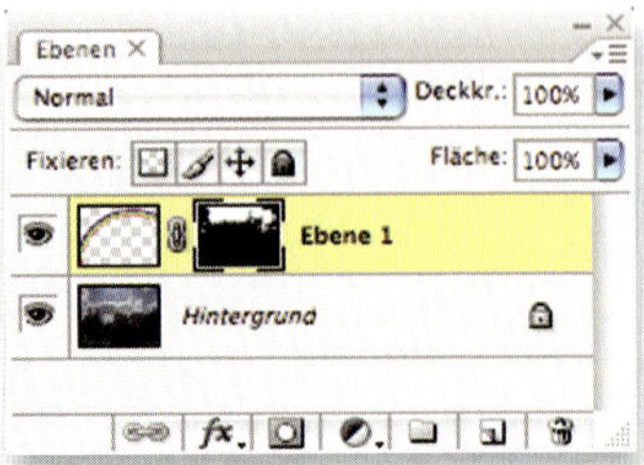

5

5 Wechseln Sie bei aktiver Auswahl in die Regenbogenebene. Klicken Sie in der Ebenen-Palette auf die Schaltfläche *Ebenenmaske hinzufügen*. Die Teile des Regenbogens, die sich nicht in der Auswahl befinden, sind nun nicht mehr sichtbar.

6 Um die Maske zu verändern, aktivieren Sie in der Palette *Kanäle* die Ebenenmaske (Ebene x Maske, im Beispiel *Ebene 1*). Ist die Standardeinstellung der Maske aktiv, fügen Sie der Maske weitere Bereiche hinzu, indem Sie mit Schwarz malen. Weiße Bereiche sind dann nicht maskiert. Über einen Doppelklick auf den Alphakanal öffnen Sie die Kanaloptionen und können die Einstellungen ändern.

6

✔ Per Doppelklick auf die Schaltfläche *Maskierungsmodus* öffnen Sie dessen Optionen. Hier können Sie festlegen, ob die ausgewählten oder die maskierten Bereiche mit der Farbe markiert werden sollen.

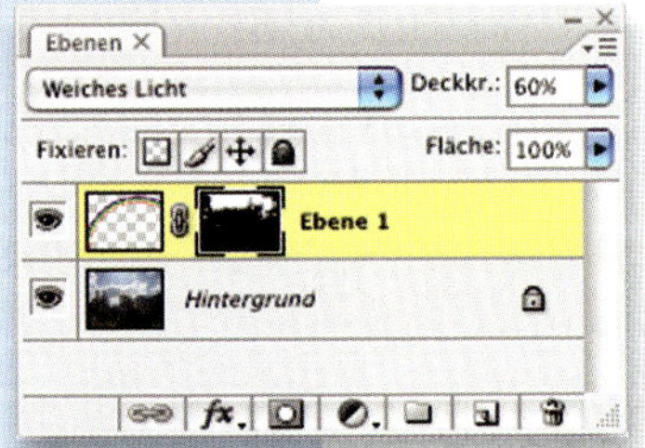

6

6

7

7 Experimentieren Sie mit dem Ebenenmodus. So fügt sich der Regenbogen mit dem Modus *Weiches Licht* gut in den Himmel ein. Setzen Sie die Deckkraft der Ebene auf etwa 60% herab.

Variationen

Mit der Voreinstellung Verlaufswinkel ist es möglich, strahlenförmige Verläufe zu erzeugen:

1 Im Dialog *Verläufe bearbeiten* wählen Sie unter *Vorgaben* die Vorgabe *Transparente Streifen*. Die angezeigte Farbe in der Verlaufsleiste ist die zurzeit eingestellte Vordergrundfarbe. Verschieben Sie die Deckkraftunterbrechung oben, so dass sie paarweise im Wechsel (Schwarz/weiß ... Weiß/Schwarz ...) in 5%-Schritten angeordnet sind.

2 Wählen Sie einen hellgelben Farbton für die Vordergrundfarbe und den *Verlaufswinkel* in der Optionsleiste. Ziehen Sie den Verlauf auf einer neuen Ebene wie abgebildet von der Mitte des Kopfs aus auf. Die Zugrichtung spielt keine Rolle. Verändern Sie Ebenenmodus und Deckkraft, hier wurde der Modus *Ineinanderkopieren* gewählt.

3 Mit der *Schnellauswahl* erstellen Sie auf der Hintergrundebene eine Auswahl des blauen Hintergrunds. Wechseln Sie auf die Strahlenebene. Um die Strahlen auf der Figur auszublenden, legen Sie bei aktiver Auswahl eine *Ebenenmaske* durch Klicken auf den *Ebenenmaske*-Schalter in der Ebenen-Palette an.

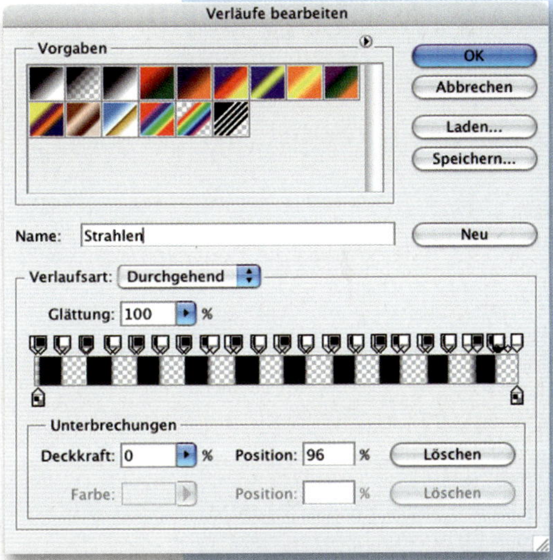

1

2

2

2

3

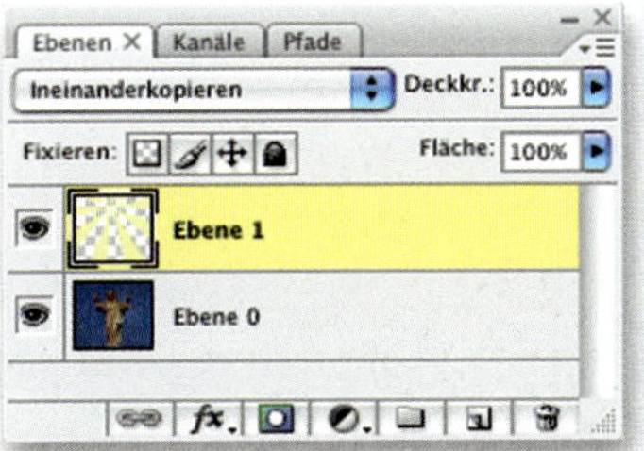

3

3

Verfremdungen > Bereiche umfärben

1

1

Zum Umfärben von Bildbereichen ist es sinnvoll, den gewünschten Ausschnitt vorher auszuwählen, da sonst alle farbähnlichen Bereiche im gesamten Bild von der Veränderung betroffen wären. In diesem Fall bietet sich dafür der Auswahlbefehl *Farbbereich ...* an.

1 Öffnen Sie das Bild *Katzen.tif.* Wählen Sie *Auswahl > Farbbereich ...*. Schieben Sie die Fenster so, dass Sie Bild und Dialog sehen können. Wählen Sie im Menü *Auswahl: Aufgenommene Farben*. Klicken Sie auf den Radiobutton *Auswahl*, um die Vorschau als Graustufenmaske zu sehen. Aktivieren Sie bei *Auswahlvorschau: Schwarzer* oder *Weißer Hintergrund*, je nachdem, wie sich die Auswahl im Bild besser beurteilen lässt. Beginnen Sie mit einer niedrigen Toleranz (40). Wählen Sie die linke Pipette und klicken Sie damit einmal (im Bild) in einen repräsentativen Farbbereich der Farbe, die Sie auswählen wollen. Vervollständigen Sie die Auswahl durch Klicken mit gedrückter [⇧]-Taste (oder Plus-Pipette) auf weitere Farbtöne (fügt Auswahlbereiche hinzu). Klicken mit gedrückter [Alt]-/[⌥]-Taste (oder Minus-Pipette) entfernt Auswahlbereiche.

2 Bestätigen Sie mit *OK.* Das Ergebnis des Befehls *Farbbereich ...* ist eine aktive Auswahl. Diese muss nun im *Maskierungsmodus* nachbearbeitet werden: Doppelklicken Sie auf die Schaltfläche *Maskierungsmodus* in der Werkzeugpalette, um die Optionen zu ändern: *Farbe bedeutet: Ausgewählte Bereiche* (bezieht sich auf die Maskenfarbe, hier Rot) zu ändern. Aktivieren Sie hier die Option *Maskierte Bereiche.* Öffnen Sie per Doppelklick auf das Farbfeld in den *Masken-Optionen* den Dialog *Maskenfarbe* wählen. Ändern Sie das Rot in ein kräftiges Blau.

3 Maskieren Sie mit dem Pinsel alle Bildbereiche, die nicht mit umgefärbt werden sollen, und ergänzen Sie eventuell nicht mit erfasste Bildbereiche. Bessern Sie

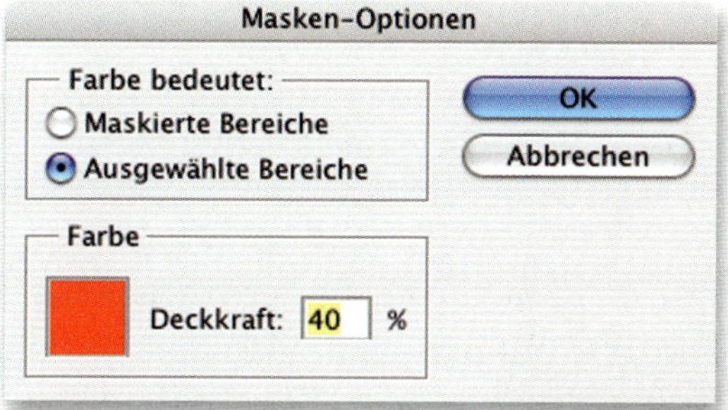

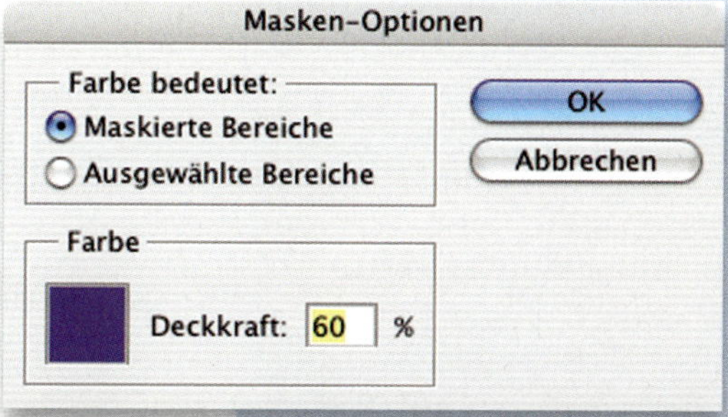

2

2

auch unsauber ausgewählte Kanten aus. Achten Sie auf eine hundertprozentige Deckkraft des Pinsels.

2

2

4 Wechseln Sie dann zurück in den *Standardmodus*. Die entstandene Auswahl grenzt nun die im nächsten Schritt erfolgende Farbänderung ein. Speichern Sie gegebenenfalls die Auswahl (*Auswahl > Auswahl speichern ...*).

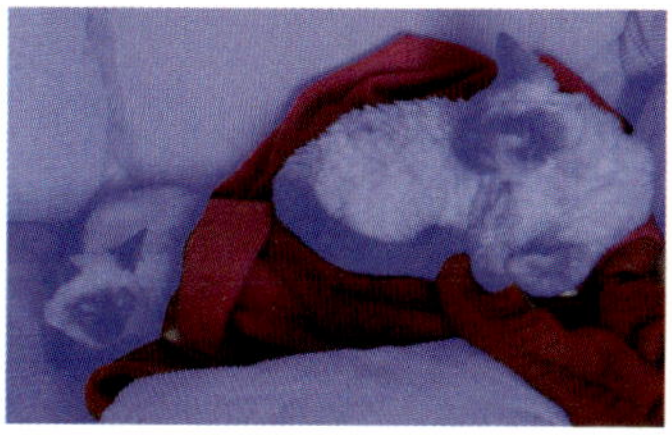

3

4

5 Rufen Sie bei aktiver Auswahl *Bild > Anpassungen > Farbe ersetzen* auf. Ändern Sie bei einer *Toleranz* von 40 gleich den Farbton (Schieberegler), um die noch auszuwählenden Bereiche sehen zu können. Fügen Sie durch Klicken mit der Plus-Pipette weitere Farbbereiche hinzu. Ergänzen Sie die Auswahl mit den Pipetten wie in Schritt 2 beschrieben. Korrigieren Sie gegebenenfalls *Farbton, Sättigung* und *Helligkeit*.

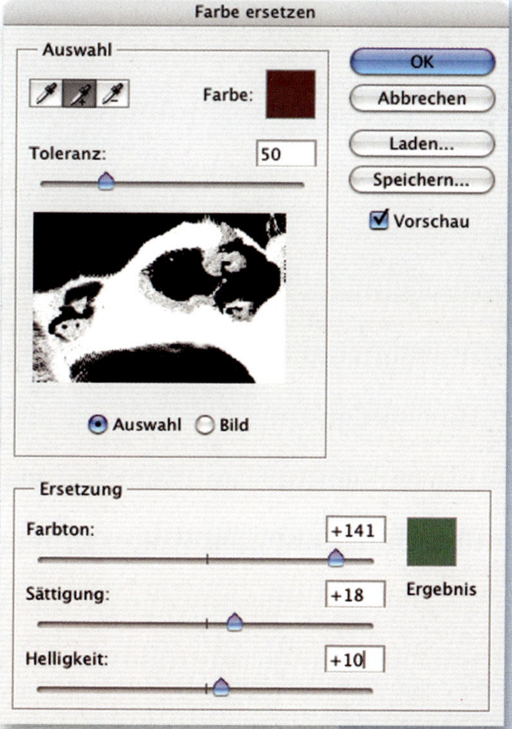

5

5

Verfremdungseffekte > mit Volltonfarbenkanälen

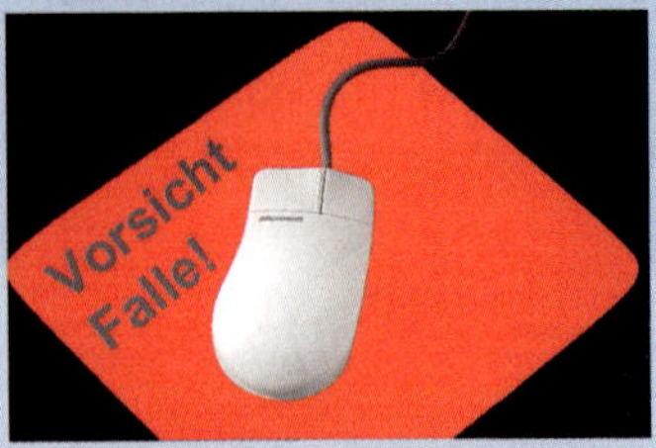

Wenn es nur eine Volltonfarbe im Bild gibt, können Druckkosten gespart werden, indem man mit einem Volltonfarbenkanal arbeitet. Statt mit vier Farben (CMYK-Modus) wird dann nur mit Schwarz und einer Sonderfarbe gedruckt.

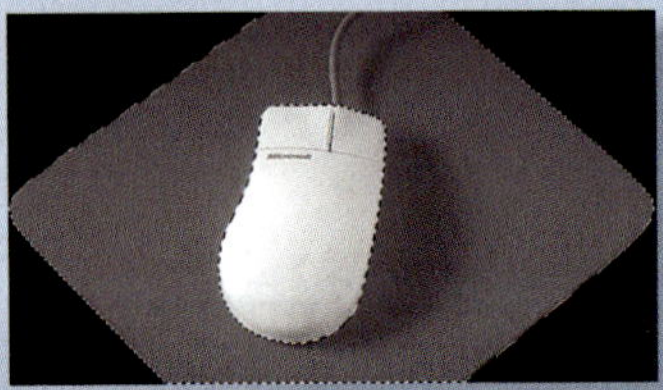

1

1 Öffnen Sie die Datei *Maus.tif*, das Bild liegt bereits im Graustufenmodus vor. In unserer Übung soll die Fläche des Mousepad farbig gestaltet werden. Die Hauptarbeit bei derartigen Aufgaben stellt die Auswahl des Objekts dar. Ideal geeignet ist zunächst das Werkzeug *Schnellauswahl*: Ziehen Sie damit über die Mousepad-Fläche.

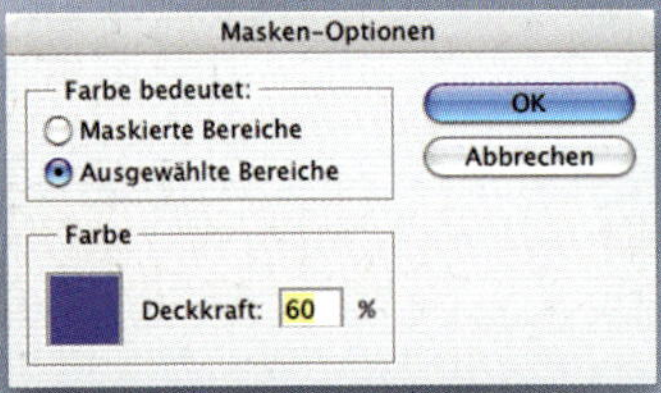

2

2 In der Auswahl befindet sich noch das Kabel der Maus. Um das Kabel aus der Auswahl zu lösen, wechseln Sie in den *Maskierungsmodus*: Doppelklicken Sie auf die Schaltfläche *Maskierungsmodus* in der Werkzeugpalette, um folgende Optionen einzustellen: Wählen Sie *Farbe bedeutet: Ausgewählte Bereiche* (gemeint ist hier die Maskenfarbe, im Beispiel Blau) und stellen Sie bei der *Deckkraft* (der Maskenfarbe) *60%* ein.

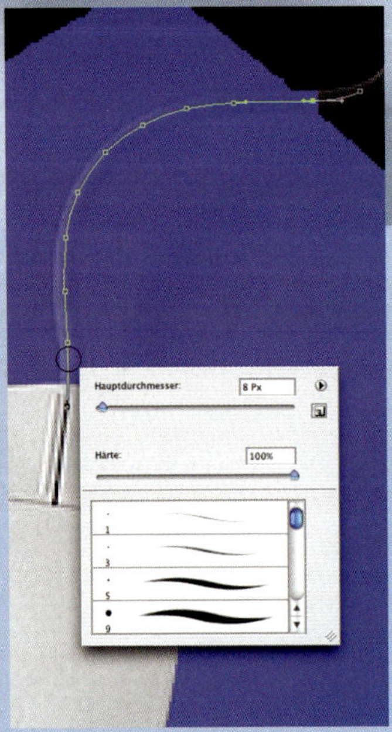

4

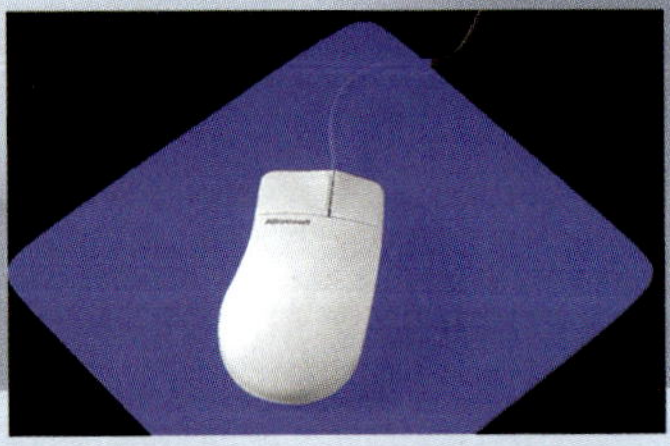

2

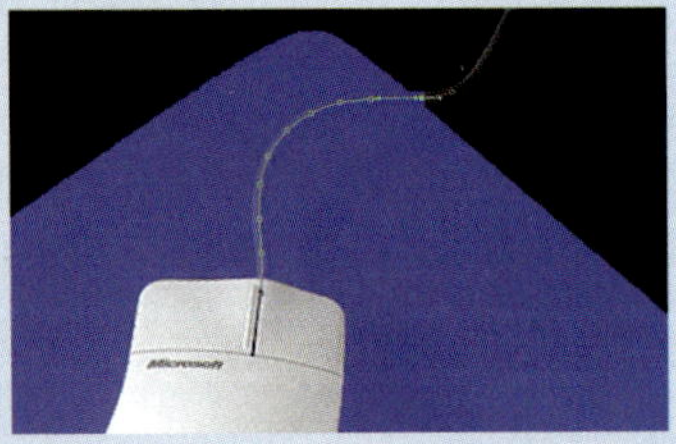

3

3 Verwenden Sie nun einen Pfad: Zeichnen Sie einen Pfad bestehend aus Kurvenpunkten in der Mitte des Kabels. Um einzelne *Ankerpunkte* und/oder deren Steuerlinien zu ändern, verwenden Sie das Werkzeug *Direktauswahl*. Speichern Sie den Pfad (*Pfad speichern...* im Untermenü der Pfade-Palette).

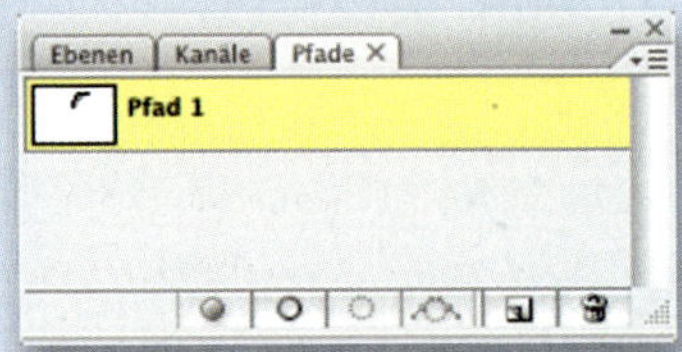

4

4 Bei aktivem Pfad klicken Sie auf den Pinsel in der *Werkzeugpalette* und stellen Sie den Pinseldurchmesser auf die Breite des Kabels ein. Wählen Sie Weiß als Vordergrundfarbe (entfernt bei den gewählten Einstellungen die Maskierungsfarbe). Wählen Sie nun im Untermenü der Pfade-Palette die Option *Pfadkontur füllen...*

5 Wechseln Sie in den Standardmodus – die maskierten Bereiche erscheinen als Auswahl. Speichern Sie die Auswahl unter *Auswahl > Auswahl speichern (Neuer Kanal).* Es entsteht ein neuer Alphakanal. Heben Sie die Auswahl auf.

6 Auf dem Mousepad soll nun noch ausgesparter Text erscheinen. Wählen Sie das Textwerkzeug und geben Sie den Text in weißer Farbe ein. Transformieren Sie den Text auf die gewünschte Größe und Form (*Bearbeiten > Frei transformieren*).

7 Laden Sie die Transparenzmaske der Textebene, indem Sie mit gedrückter Strg-/⌘-Taste auf die Ebenenminiatur klicken (der Cursor ändert sich in ein Handsymbol mit Auswahlrahmen). Wechseln Sie in die Kanäle-Palette, um die bisher erstellte Auswahl weiter zu bearbeiten. Aktivieren Sie den Kanal *Mousepad*. Füllen Sie die Textauswahl Schwarz und heben Sie dann die Auswahl auf.

8 Löschen Sie die Textebene (in der Ebenen-Palette) – sie wird nicht mehr gebraucht. Aktivieren Sie den Gesamtkanal in der Kanäle-Palette und laden Sie die Transparenzmaske von dem Kanal *Mousepad*.

9 Wählen Sie (bei aktivem *Graukanal*) im Untermenü der Kanäle-Palette *Neuer Volltonfarbenkanal.* Durch Klicken auf das Farbfeld gelangen Sie in den Farbwähler und können eine Sonderfarbe (etwa HKS oder Pantone) auswählen.

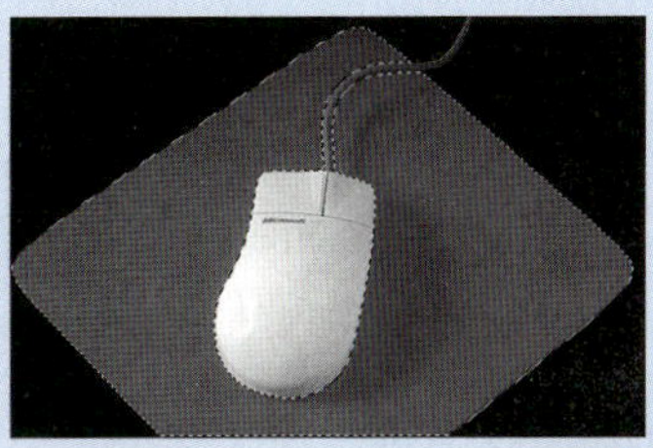
5

4

5

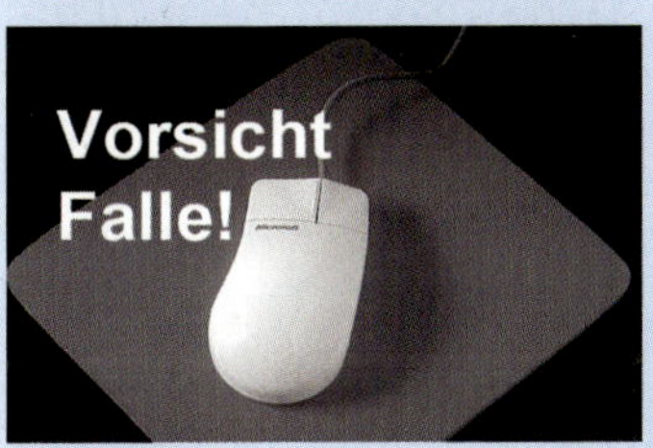

6

6

7

7

7

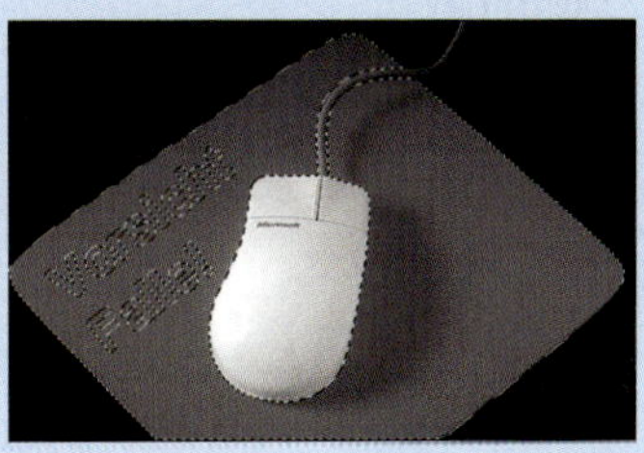
8

✔ Alternativ kann ein Alphakanal durch Doppelklicken auf das Kanalsymbol in einen Volltonfarbenkanal umgewandelt werden – ggf. muss der Kanal zuvor umgekehrt werden; *Bild > Anpassungen > Umkehren.*

Wenn Sie mit *OK* bestätigen, erhält der neue Volltonfarbenkanal automatisch den Namen dieser Farbe. Verändern Sie diese Bezeichnung nicht (ggf. wählen Sie die Farbe neu aus). Eigene Farben, z.B. Klarlack, benennen Sie auch so: *Klarlack*.

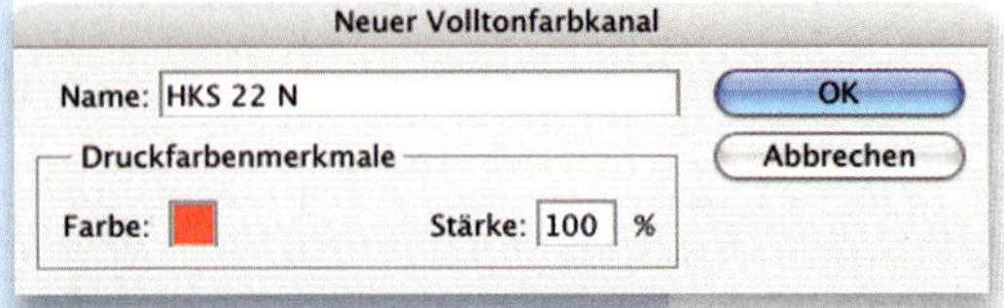

9

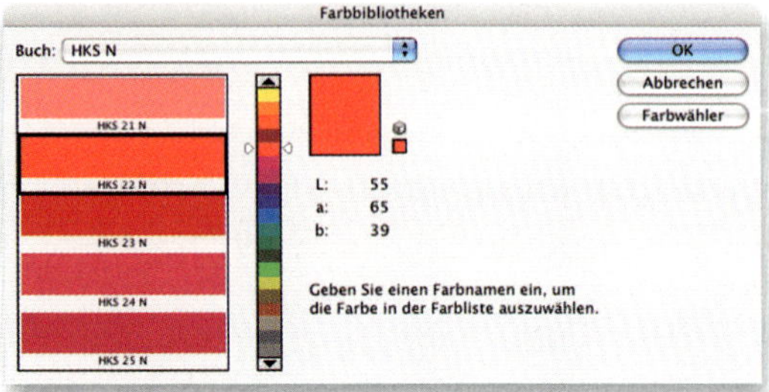

9

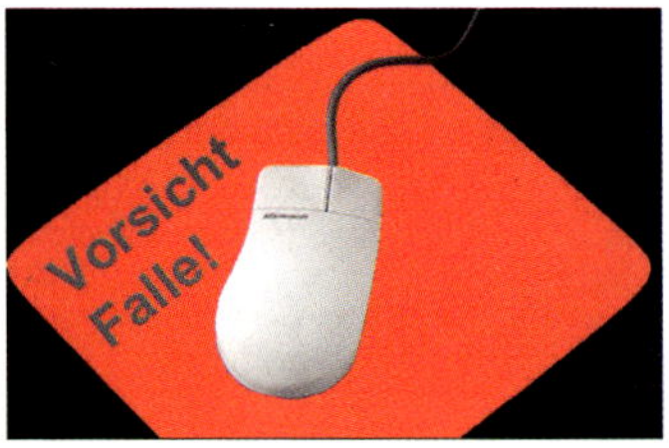

9

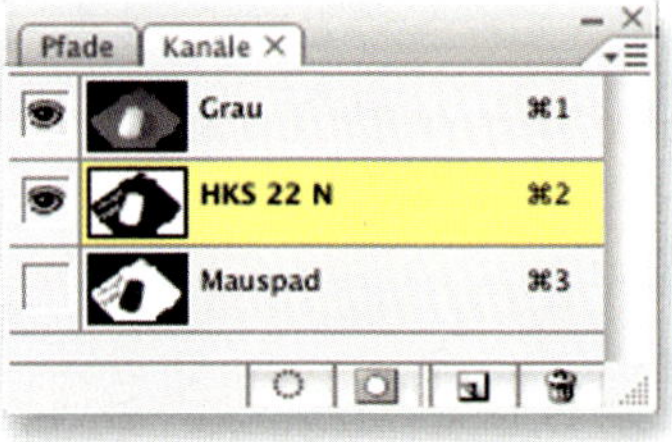

9

✔ Stärke

Mit der Option *Stärke* wird die Deckung der gedruckten Volltonfarbe auf dem Bildschirm simuliert. Ein Wert von 100% simuliert eine vollständig deckende Volltonfarbe und 0% eine durchsichtige Farbe (etwa Klarlack), da Volltonfarbenkanäle auch als Formen für Klarlacke verwendet werden. So können Sie auch eine transparente Druckfarbe sehen. Da die meisten Druckfarben lasierend sind, müssen Sie davon ausgehen, dass die abgedeckten Graustufenbereiche durch die Volltonfarbe hindurchscheinen, d.h., Sie sollten sich in der Druckerei nach der Stärke erkundigen. Möchten Sie das Durchscheinen verhindern, soll also die reine Volltonfarbe gedruckt werden, müssen diese Bereiche ausgespart werden (siehe nächste Seite). Die Einstellung bei *Stärke* ist also abhängig von der Art der Druckfarbe, die Sie verwenden. Wichtig: Die *Stärke* ist nicht die tatsächliche Druckdichte (nicht der Tonwert), sondern nur die Bildschirmdarstellung einer Druckfarbe. Möchten Sie erreichen, dass eine an sich vollständig deckende Volltonfarbe nicht komplett deckt, sondern sich mit den Graustufen im Bild mischt, müssten diese Bereiche im Volltonfarbenkanal nicht vollständig Schwarz, sondern in einem Grauton, entsprechend der gewünschten Druckdichte/Tonwert angelegt werden.

10 Speichern Sie die Datei ab: Bilder mit Volltonfarbenkanälen müssen im Photoshop-DCS-2.0-Format abgespeichert werden. Die Option *Volltonfarben* muss im Dialog *Speichern unter* angeklickt sein. Wählen Sie im folgenden DCS 2.0-Format-Dialog unter DCS: *Einzeldatei mit Farb-Composite (72 Pixel/Zoll)*.

11 (Ohne Abbildung) Beim Exportieren der Datei (mit Volltonfarbenkanälen) in ein Layoutprogramm (InDesign oder QuarkXPress) werden die Volltonfarbennamen übernommen, auch ein in Photoshop angelegter Klarlack. Verändern Sie die Namen nicht, damit sie korrekt belichtet werden können, insbesondere, wenn die Volltonfarbe (oder der Klarlack) auch im Layoutprogramm, etwa für Text, verwendet wird. Ebenso müssen diese Volltonfarben als Volltonfarben definiert bleiben. Drucken Sie zur Kontrolle auch Separationen (Farbauszüge) aus dem Layoutprogramm auf einem PostScript-Drucker aus. Es muss für jeden Volltonfarbenkanal ein Auszug zusätzlich zum Farbkanal (bzw. zu den Farbkanälen) – analog zum Ausdruck aus Photoshop – aus dem Drucker kommen.

12 Möchten Sie das Durchscheinen verhindern, soll also die reine Schmuckfarbe deckend gedruckt werden, muss dieser Bereich ausgespart werden. Laden Sie die Transparenzmaske des Alphakanals *Mousepad*, indem Sie mit gedrückter Strg-/⌘-Taste auf die Ebenminiatur klicken (der Cursor ändert sich in ein Handsymbol mit Auswahlrahmen).

13 Wechseln Sie bei aktiver Auswahl in den Farbkanal Grau. Füllen Sie die Auswahl mit weißer Farbe (*Bearbeiten > Fläche füllen*). Damit werden diese Bereiche aus der Maskierung entfernt.

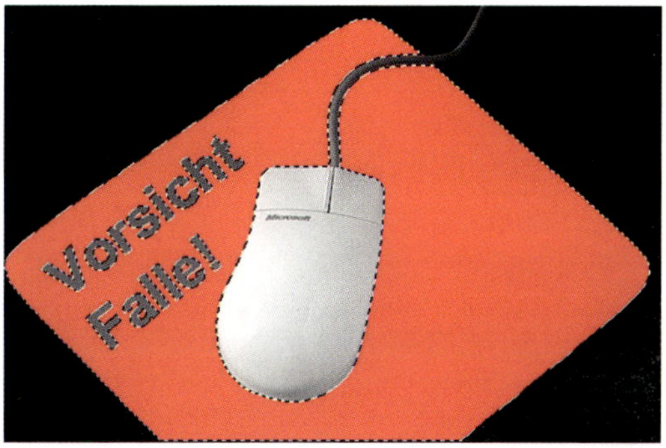

12

✔ Gedruckte Farbauszüge aus Photoshop entsprechen den Filmen, die von der Datei belichtet werden. Sie entsprechen auch den Darstellungen in der Kanäle-Palette.

13

14 Um eventuellen Blitzern vorzubeugen, wird jetzt im Volltonfarbenkanal ein kleiner Überlappungsbereich erzeugt. Wechseln Sie bei aktiver Auswahl in den Volltonfarbenkanal. *Wählen Sie Auswahl > Auswahl verändern > Erweitern.* (In anderen Fällen kann auch Verkleinern notwendig sein, je nachdem, welcher Bereich überlappt werden soll – generell sollte immer die hellere Druckfarbe überlappen.) Füllen Sie die Auswahl im Volltonfarbenkanal mit schwarzer Farbe und heben Sie die Auswahl auf. Blenden Sie Graustufen- und Volltonfarbenkanal ein. Speichern Sie die Übung unter einem neuen Namen ab und drucken Sie Kontrollausdrucke aus bzw. exportieren Sie erneut.

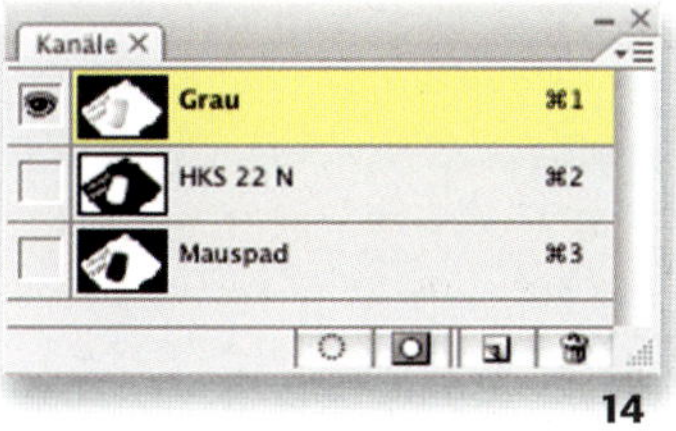

14

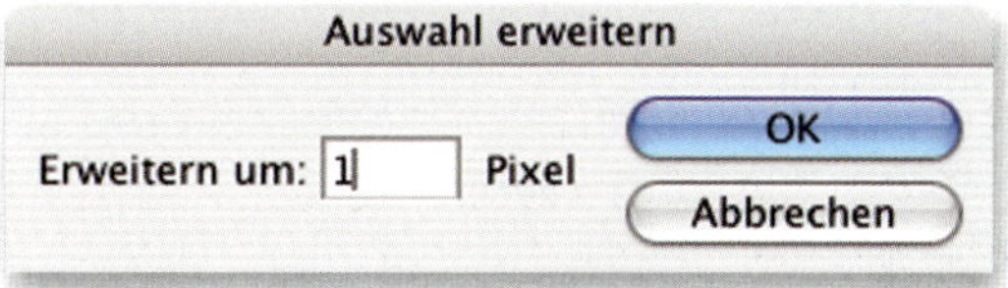

14

14

14

Kapitel 7

Wichtige Tastaturkürzel

In die Zwischenablage kopieren	Strg/⌘ + C
Aus der Zwischenablage einfügen	Strg/⌘ + V
Die ganze Arbeitsfläche wählen	Strg/⌘ + A
Auswahl aufheben	Strg/⌘ + D
Auswahl umkehren	Strg/⌘ + ⇧ + I
Auswahl verbergen	Strg/⌘ + H
Filter Extrahieren ...	Strg/⌘ + ALT/⌥ + X

Wichtige Werkzeuge

Schnellauswahl, Zauberstab	W
Lasso-Werkzeug	L
Auswahlrechteck/-ellipse	M
Verschieben-Werkzeug	V
Freistellungswerkzeug	C
Kopierstempel-Werkzeug	S
Protokollpinsel-Werkzeug	Y
Radiergummi-Werkzeug	E

Werkzeuge im Dialog Extrahieren

Kantenmarker	B
Füllwerkzeug	G
Radiergummi	E
Pipette-Werkzeug	I
Bereinigen	C
Kantenverfeinerer	T
Zoomwerkzeug	Z
Handwerkzeug	H

Auswählen und Freistellen

Auswählen > Die Wahl der Werkzeuge

Werkzeuge für geometrische Auswahlflächen

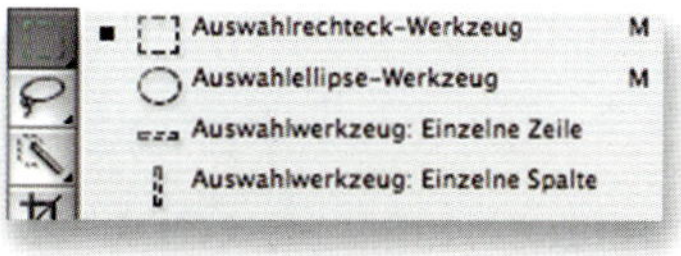

Lasso-Werkzeuge zum Auswahl zeichnen

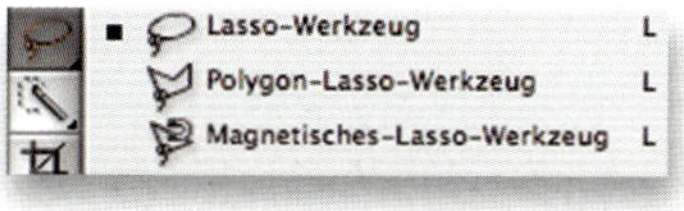

Zauberstab und Schnellauswahl zum Wählen von farblich ähnlichen Bildbereichen

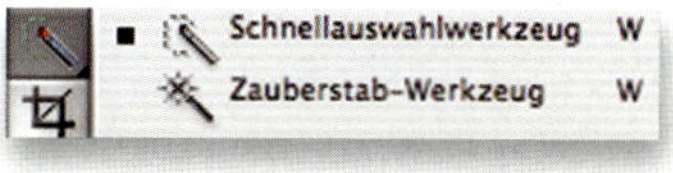

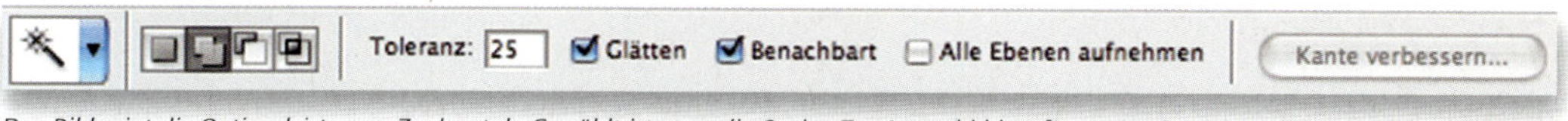

Das Bild zeigt die Optionsleiste zum Zauberstab: Gewählt ist etwa die Option Zur Auswahl hinzufügen. *Im Gegensatz zur neuen Schnellauswahl kann beim Zauberstab die Toleranz eingestellt werden. Neu in CS3 ist der Dialog* Kante verbessern. *Hier können Optionen wie Radius, Kontrast, weiche Kante oder auch Verkleinern/Erweitern in einer Vorschau kontrolliert und verbessert werden.*

Photoshop bietet neun verschiedene Auswahlwerkzeuge, die in drei Gruppen zusammengefasst sind. So befinden sich unter dem *Auswahlrechteck-Werkzeug* noch das *Auswahlellipse-Werkzeug* sowie zwei Werkzeuge zum Wählen einzelner Zeilen und Spalten.

Die zweite Gruppe beinhaltet die drei *Lasso-Werkzeuge*: Mit dem *Lasso-Werkzeug* lässt sich eine Auswahl freihand zeichnen. Dieses Werkzeug eignet sich hervorragend zur groben Auswahl von Bildbereichen, die dann mit stark weichgezeichneten Auswahlrändern korrigiert werden.
Das *Polygon-Lasso-Werkzeug* erstellt eine kurvenlose Auswahl. Hier definiert jeder Mausklick einen Eckpunkt.
Das *Magnetisches-Lasso-Werkzeug* erkennt Kanten und arbeitet somit wesentlich exakter als das *Lasso-Werkzeug*. Es eignet sich zum Wählen von klar definierten Flächen. Bild **1** zeigt etwa mehrere rote Bereiche. Es soll jedoch nur die Tischdecke im Vordergrund

1

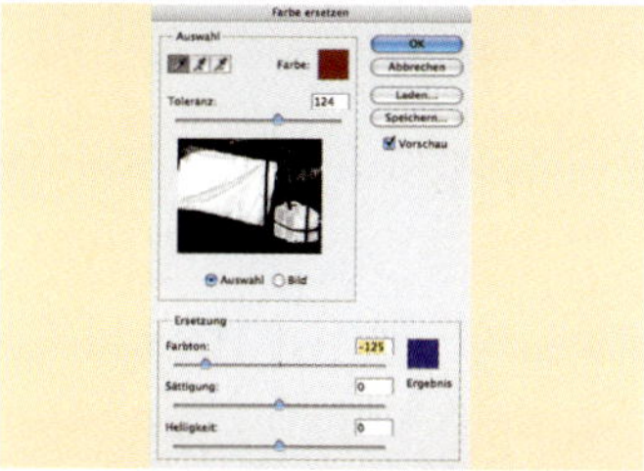

2

3

4

umgefärbt werden. Per *Magnetisches-Lasso-Werkzeug* wird die Decke gewählt.
Im Dialog *Bild > Anpassungen > Farbe ersetzen …* (Bild **2**) kann man festlegen, dass sich die Änderungen nur auf die Auswahl beziehen. Mit dem Regler bei *Farbton* bestimmt man die neue Farbe, hier ein kräftiges Blau. Die *Toleranz* regelt, inwieweit sich die Pixel farblich von der gewählten Farbe unterscheiden dürfen. Um weitere Farbbereiche aufzunehmen, wählt man die Pipette *Hinzufügen*. Im Ergebnis sind andere rote Bildteile von der Änderung nicht betroffen (Bild **3**).

Die dritte Gruppe zeigt das *Zauberstab-Werkzeug* und das neue *Schnellauswahl-Werkzeug*. Beide eignen sich gut zum Wählen von farblich abgegrenzten Bildbereichen. Bild **4** zeigt die *Schnellauswahl* im Einsatz: Anders als beim Gebrauch des Zauberstabs werden hier per Ziehen mit der Maus mehrere Farbbereiche direkt gewählt.

Dies ist das Ausgangsbild. Die Peperoni sollen im Layout freigestellt erscheinen.

Es genügt nicht, in Photoshop die Bildbereiche, die im Layout nicht sichtbar sein sollen, einfach zu löschen.

Beim Speichern des Bilds im Exportformat (TIFF oder EPS) geht die Transparenz verloren und ehemals transparente Bildbereiche werden weiß.

Ein Bild mit tatsächlich transparenten Bereichen erhält man nur mit einem sogenannten Beschneidungspfad.

Freisteller > Transparenz für den Druck

Freigestellte Bilder sind Bilder, deren Rahmen nicht rechteckig ist, sondern eine unregelmäßige Form hat. Zudem kann ein freigestelltes Bild transparente bzw. durchbrochene Bereiche aufweisen. Eine in Photoshop erzeugte Datei mit transparenten Bereichen kann nicht ohne Weiteres in andere Programme übernommen werden. Beim Speichern in einem Exportformat (TIFF oder EPS) werden ursprünglich transparente Bildbereiche weiß aufgefüllt.

Wann braucht man einen Beschneidungspfad?

Es gibt echte und unechte Freisteller. Ein unechter Freisteller zeigt das Bildmotiv mit unregelmäßigen Konturen, welches auf einem (meist) weißen Hintergrund steht. Da sich hinter dem Bild nichts befindet, fällt es nicht auf, dass das Bild praktisch eine rechteckige Form hat, das Motiv also von einer weißen Fläche umgeben ist. Für einen solchen Freisteller genügt es, das Bildmotiv präzise auszuwählen, die Auswahl umzukehren und einfach weiß zu füllen. Auch für die Paprika links benötigt man keinen Beschneidungspfad, da sich das Bild auf einem weißen Hintergrund befindet. Das Umfließen des Textes erreicht man im Layoutprogramm: Hier muss der Bildrahmen über dem Text liegen. In InDesign etwa muss für den Bildrahmen in der Palette *Konturenführung > Konturenführung um Objektform* eingestellt werden. Ein echter Freisteller enthält hingegen einen Beschneidungspfad: Seine (unregelmäßige) Form ist durch die Form des Beschneidungspfads tatsächlich begrenzt. Einen echten Freisteller kann man also benutzen, wenn im Layout- oder Grafikprogramm hinter dem freigestellten Bild Elemente (Texte, Illustrationen oder andere Bilder) liegen, die durch die (eigentlich immer rechteckige) Bildrahmenform nicht abgedeckt werden sollen.

✔ Links unten: Einem **unechten Freisteller** fehlt der Beschneidungspfad; das Bild befindet sich auf einem weißen Hintergrund. Rechts unten: **Echte Freisteller** haben in der Regel einen Beschneidungspfad. Die hinter dem Motiv liegenden Bildteile oder Grafiken sind hinter dem Freisteller zu sehen. Praktisch: Aktuelle Versionen von InDesign und QuarkXPress unterstützen Transparenz auch ohne Beschneidungspfad! (siehe auch *Kap. 12, S. 204 f*)

Anlegen eines Beschneidungspfads

Grundsätzlich müssen die freizustellenden Bereiche von einem Pfad begrenzt sein, der mit dem *Zeichenstift-Werkzeug* gezeichnet werden kann. Einfacher ist es jedoch, eine Auswahl in einen Pfad umzuwandeln. Dieser Pfad wird dann als *Beschneidungspfad* definiert. Musste das Bild für frühere Versionen eines Satzprogramms noch als *Photoshop-EPS* abgespeichert werden, erkennt jetzt InDesign CS3 auch Beschneidungspfade in Bildern mit den Formaten **.tif* oder auch **.psd*. Alle Bildbereiche, die sich außerhalb des Beschneidungspfads befinden, sind dann im Layoutprogramm nicht sichtbar. Ein mit Beschneidungspfad angelegtes Bild kann nur mit einem postscriptfähigen Drucker (bzw. mit einem Drucker mit installiertem Software-RIP – RIP bedeutet Raster Image Processor) oder über das PDF-Format korrekt ausgegeben werden.

1

1 Öffnen Sie die Datei *Blaue_Blume*. Wählen Sie den Hintergrund und drehen Sie die Auswahl um. Am besten zum Wählen eignet sich hier das *Schnellauswahlwerkzeug*.

✔ **Einen Pfad zeichnen:** Möchten Sie den Pfad nicht über eine Auswahl anlegen, sondern per Hand zeichnen, gehen Sie wie folgt vor:

1 Wechseln Sie in die *Pfade-Palette* und legen Sie dort durch Klicken auf das Dokumentsymbol einen neuen Pfad an. Wählen Sie den Zeichenstift sowie die Werkzeugoption *Pfade* (*Neuen Arbeitspfad erstellen*).

2 Zeichnen Sie das Motiv mit dem *Zeichenstift-Werkzeug* präzise nach. Verwenden Sie in unserem Fall nur Kurvenpunkte und keine Eckpunkte (beim Zeichnen mit dem Zeichenstift-Werkzeug klicken, Maustaste gedrückt halten und ziehen; Näheres über den Umgang mit dem Zeichenstift erfahren Sie in *Kapitel 12*). Für die Korrektur einzelner Ankerpunkte verwenden Sie das *Direktauswahl-Werkzeug*.

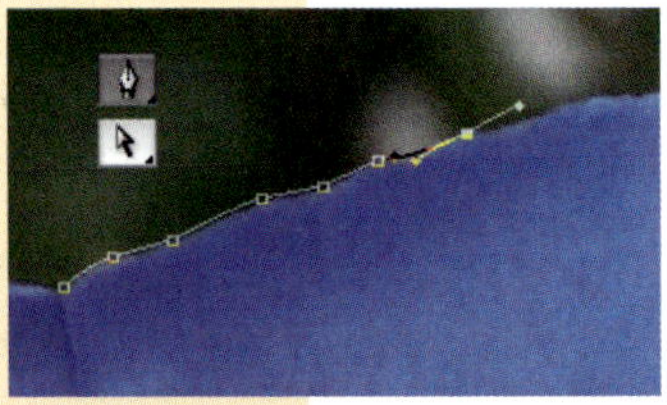

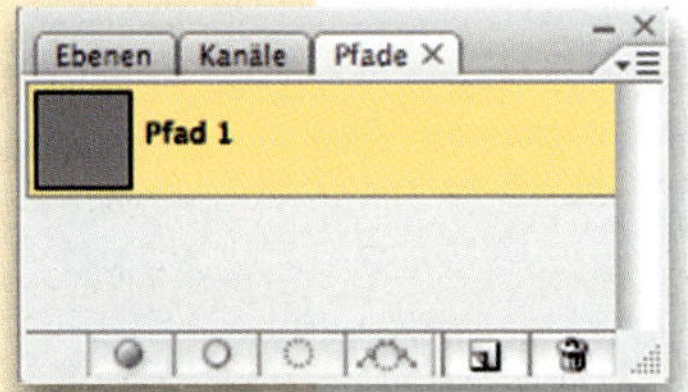

2 Wählen Sie im Untermenü der *Pfade-Palette Arbeitspfad erstellen* (*Toleranz*: siehe unterer Kasten), danach *Pfad speichern...*
Den eigentlichen Pfad zum Freistellen legen Sie mit der Option *Beschneidungspfad*, ebenfalls im Untermenü der *Pfade-Palette*, fest. Wählen Sie hier *Pfad 1* aus. Geben Sie bei *Kurvennäherung* keinen Wert (auch nicht den Wert 0) ein. Speichern Sie die Datei über *Datei > Speichern unter ...*

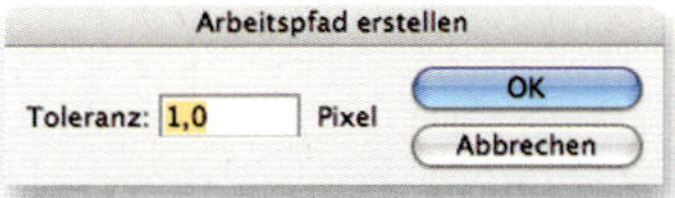

2

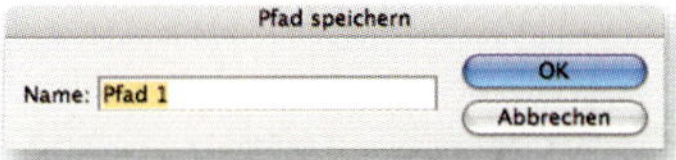

2

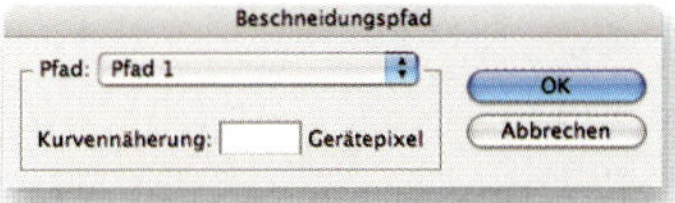

2

3 Sie können das Ergebnis zunächst in Photoshop überprüfen: Erstellen Sie aus dem Pfad eine Auswahl, indem Sie den Befehl *Auswahl erstellen* im Untermenü der *Pfade-Palette* wählen. Wechseln Sie bei aktiver Auswahl in die *Ebenen-Palette*. Wandeln Sie nun per Doppelklick auf die *Hintergrundebene* diese in die bearbeitbare *Ebene 0* um. Klicken Sie auf das Maskensymbol – alle Bereiche außerhalb des Pfads sind nun maskiert. Legen Sie eine neue Ebene im Hintergrund mit einer stark gesättigten Farbe an. Nun können Sie unsaubere Ränder gut sehen und den Pfad gegebenenfalls korrigieren. Löschen Sie dann den Hintergrund sowie die Ebenenmaske, ohne sie anzuwenden.

✔ **Toleranz:** Die Wert bei Toleranz bestimmt die Genauigkeit des Arbeitspfads. Als Minimum muss 1.0 Pixel angegeben werden. Der Pfad orientiert sich so exakt an der zuvor erstellten Auswahl. Je exakter der Pfad erstellt wird, desto höher ist jedoch die Dateigröße.

✔ Um den Arbeitspfad zu bearbeiten, wählen Sie mit dem Direktauswahl-Werkzeug die einzelnen Punkte.

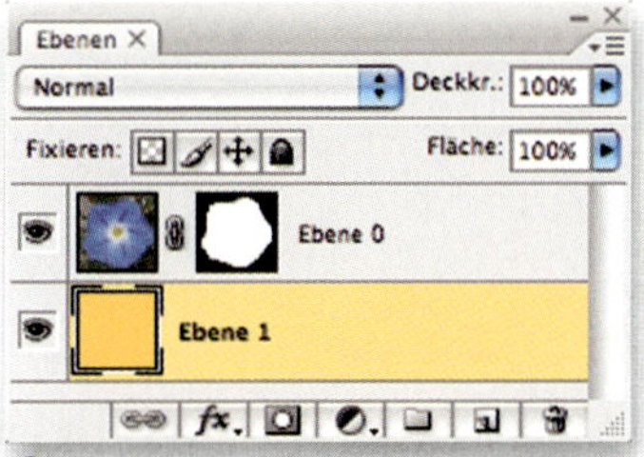

3

3

3

4

4 Testen Sie das Ergebnis im Layoutprogramm: Ziehen Sie eine beliebige farbige Form auf. Wählen Sie in InDesign *Datei > Platzieren* und laden Sie das freigestellte Bild. In QuarkXPress ziehen Sie einen Bilderrahmen auf und wählen *Ablage > Bild laden*. Stellen Sie die Farbe für den Bildrahmenhintergrund auf *Keine*.

5 Möchten Sie in InDesign oder QuarkXPress Text um ein Bild fließen lassen, muss das Bild keinen Beschneidungspfad haben, es kann aber einen haben. In InDesign platzieren Sie das Bild wie unter Punkt 4 beschrieben. Stellen Sie die Farbe für die Fläche auf *Keine*. Aktivieren Sie in der Palette *Konturenführung* die Option *Konturenführung um Objektform*.
In QuarkXPress wählen Sie *Objekt > Umfluss*. Aktivieren Sie dann im Dialog *Modifizieren > Umfluss* bei *Art* die Option *Eingebetteter Pfad, Autom. Bildanzeige* oder *Nicht-weiße Bereiche*.
Drucken Sie die Datei zur Kontrolle aus dem Layoutprogramm auf einem postscriptfähigen Drucker oder als PDF-Datei aus.

✔ **Kurvennäherung:** Bei der Ausgabe des Dokuments am Laserdrucker oder Belichter werden die Postscript-Pfade in Gerätepunkte umgesetzt. Der Wert für die Kurvennäherung legt fest, wie genau dies erfolgen soll. Eine Erhöhung des Werts bewirkt eine Vereinfachung der Kurven – im Extremfall bis hin zu sichtbar geraden Liniensegmenten. Der konkrete Wert wirkt sich bei höheren Geräteauflösungen weniger stark auf die Sichtbarkeit aus. Mit einem angemessenen Wert (5 bis 8 Pixel bei einem hochauflösenden Belichter) erreicht man eine Erhöhung der Belichtungsgeschwindigkeit und kann Probleme vermeiden. Gibt man bei Kurvennäherung keinen Wert (auch nicht 0) ein, wird bei der Belichtung der Standardwert des Ausgabegeräts benutzt, was im Allgemeinen zu guten Ergebnissen führt.

5

Um die Blume befindet sich zwar ein Beschneidungspfad, als Konturenführung ist hier jedoch der Begrenzungsrahmen des Bilds angegeben.

5

Hier wurde der Beschneidungspfad als Konturenführung gewählt.

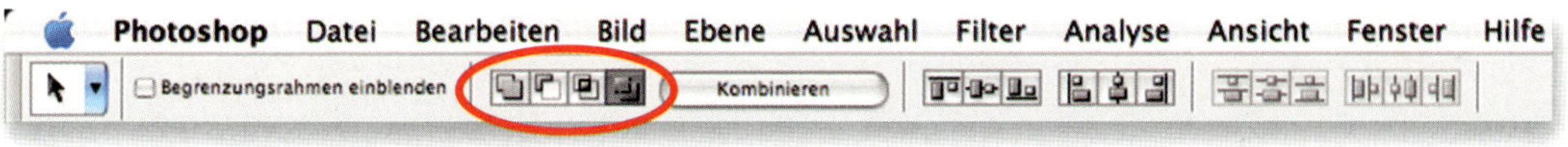

Beschneidungspfade mit mehreren Pfadkomponenten

Manchmal befinden sich in einer Auswahl, die in einen Beschneidungspfad gewandelt werden soll, Bereiche, die nicht mit in die Auswahl einbezogen werden sollen. Diese Bildstellen werden in der Regel gesondert ausgewählt und von der Auswahl abgezogen.

Beim Anlegen eines Beschneidungspfads von einer Auswahl mit Löchern entstehen so mehrere Pfadkomponenten. Wie auch bei den Auswahlwerkzeugen können Sie die Überlappungsoptionen der einzelnen Pfade festlegen. In diesem Beispiel ist ein Beschneidungspfad mit einem durchbrochenen Bereich erzeugt worden. Um die Überlappungsoption zu ändern, wählen Sie alle Pfadkomponenten mit dem Pfadauswahl-Werkzeug. Klicken Sie dann die gewünschte Überlappungsoption (oben rot eingekreist) an. Achtung! Das Ergebnis ist nur in der Pfade-Palette als Miniatur und nicht unbedingt korrekt im Layoutprogramm zu sehen. Erst mit einem Kontrollausdruck an einem postscriptfähigen Drucker oder als PDF-Datei lässt sich der Beschneidungspfad richtig beurteilen.

Form hinzufügen

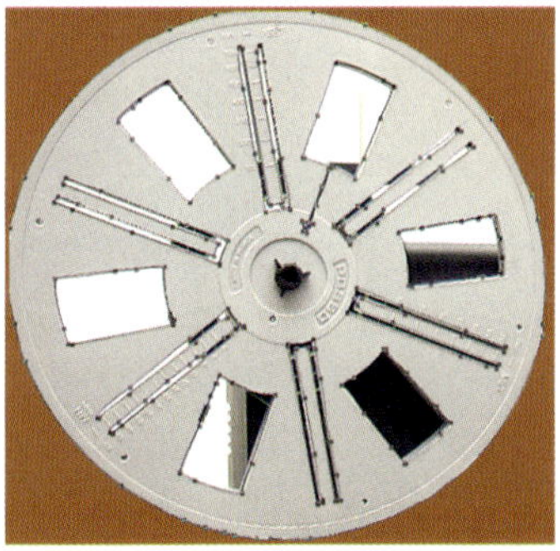

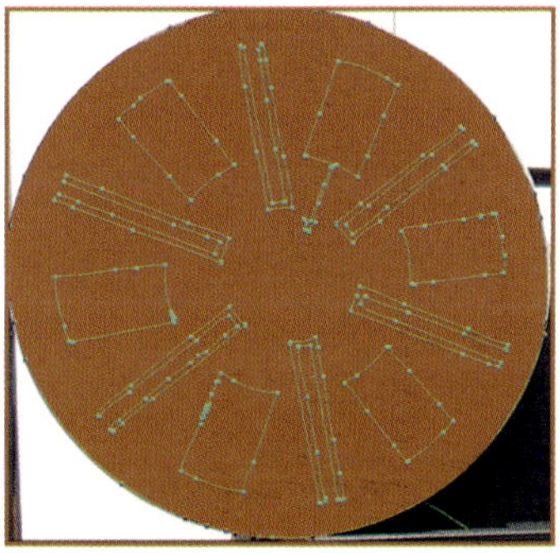

Form subtrahieren

Schnittmenge von Formen

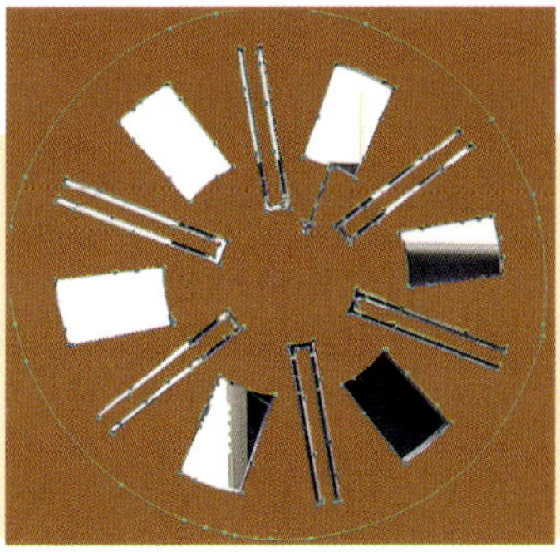

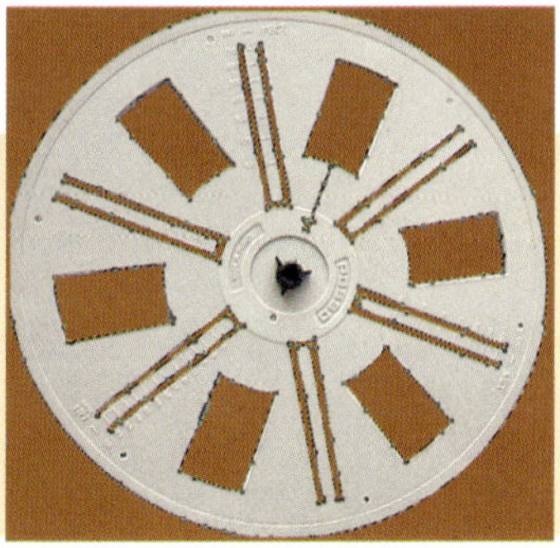

Überlappungen ausschließen

Ansicht in der Pfade-Palette: Nur die weiß dargestellten Bereiche werden beim Belichten sichtbar sein.

© CoCo new media

Freigestellte Motive sind in der Werbung auf Print-Produkten genauso wie im Internet gleichermaßen vertreten. Folgendes Beispiel zeigt einen Ausschnitt der Website des Magazins Pferde heute. Der Webauftritt wurde realisiert von der Agentur CoCo new media.

Schwierige Kanten > Der Filter Extrahieren

Seit Version 5.5 verfügt Photoshop über ein leistungsfähiges Freistellungswerkzeug, das sich hinter dem Befehl *Filter > Extrahieren...* verbirgt. Der Befehl *Extrahieren* trennt relativ einfach Vordergrundobjekte vom Hintergrund, auch bei diffusen und ausgefransten Kanten – wenn auch nicht ganz ohne manuelle Nacharbeit. Das Ergebnis des Befehls ist das freigestellte Motiv – der ehemalige Hintergrund wird gelöscht. Deshalb empfiehlt es sich, vor seiner Anwendung einen *Schnappschuss* aufzunehmen.

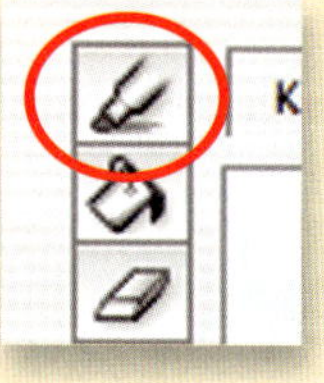

Kantenmarker

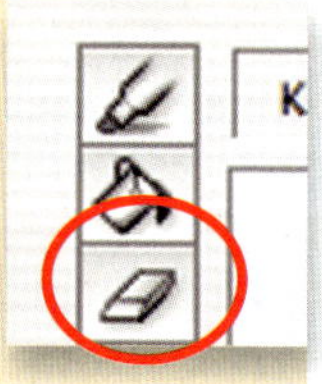

Radiergummi

1

1 Öffnen Sie die Datei *Pferd.jpg*. Speichern Sie das Bild zunächst im Photoshop-Format. Um zu verhindern, dass die Originalbildinformationen verloren gehen, nehmen Sie einen *Schnappschuss* vom Originalbildstatus auf (Schaltfläche unten in der *Protokoll-Palette*). Wählen Sie dann den Befehl *Filter > Extrahieren*.

✔ Einen **Schnappschuss** nimmt man in der Protokoll-Palette auf (standardmäßig wird der Zustand beim Öffnen als Erstes in der Protokoll-Palette dokumentiert). Ein Schnappschuss konserviert einen bestimmten Zustand während der Arbeitssitzung. (Achtung! Dies ist der Zeitraum zwischen dem Öffnen und Schließen des Dokuments.) So kann man innerhalb dieses Zeitraums wieder auf diesen Zustand zurückgreifen. Dies kann auch partiell mit dem Protokoll-Pinsel erfolgen, was beim Extrahieren sinnvoll ist, um eventuell zu viel entfernte Bereiche wieder zurückzuholen.

2 Zoomen Sie an die Bereiche heran, die scharfe Kanten zeigen, etwa die Unterkante des Halses. Mit dem *Kantenmarker* malen Sie so über die freizustellenden Kanten, dass die Markierung sowohl das Objekt im Vordergrund als auch den Hintergrund leicht überlappt. Für deutliche, schärfere Kanten verwenden Sie eine kleinere Werkzeugspitze (gegebenenfalls zusätzlich die Option *Hervorhebungshilfe* in den *Werkzeugoptionen*).

2

3 Für diffuse Kanten, etwa bei der Mähne, wählen Sie eine größere Pinselspitze. Die fertige Kantenmarkierung muss eine geschlossene Form bilden. (Bereiche, in denen das Objekt an Bildkanten stößt, müssen nicht übermalt werden). Zur Korrektur benutzen Sie den *Radiergummi*.

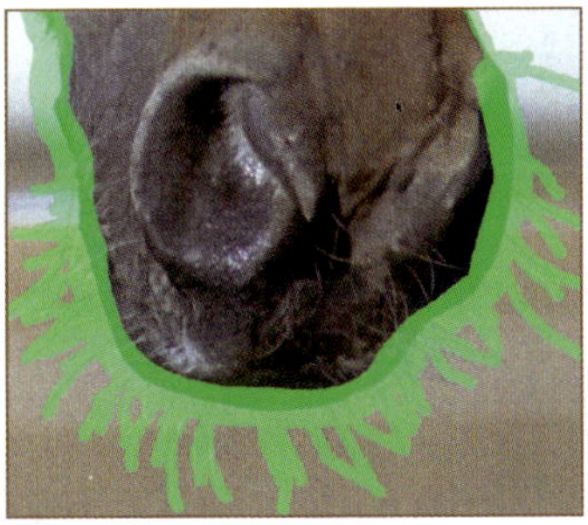
3

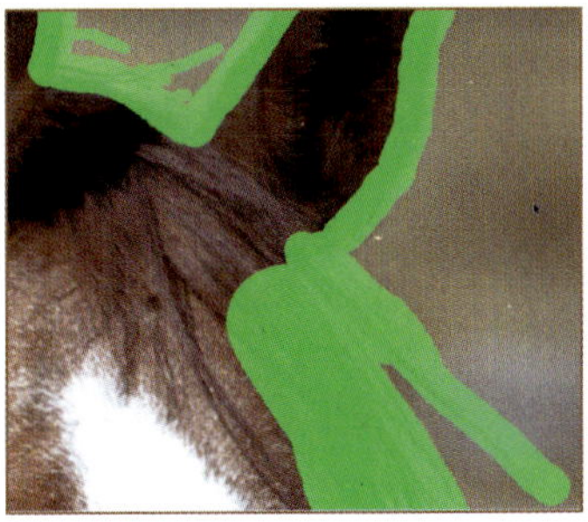
3

4

4

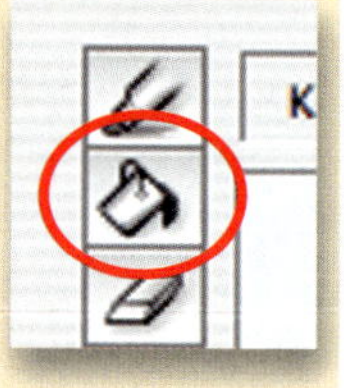

Fülleimer

4 Ist die Form geschlossen, wählen Sie das *Füllwerkzeug* und klicken Sie in den Innenbereich des freizustellenden Objekts. Klicken Sie dann auf *Vorschau*, um das erste Ergebnis zu sehen.

✔ Betrachten Sie kritische Stellen in der Vergrößerung wie auch im gesamten Bild. Je feiner die Lichtkante ist, desto besser wird das Ergebnis.

5

5 Meist ist nach dem ersten Setzen der Lichtkante das Ergebnis noch nicht zufriedenstellend. Malen Sie bei fehlerhaften Bereichen erneut mit dem *Kantenmarker* oder radieren Sie – die Lichtkante erscheint und lässt sich verbessern.

Nach mehreren Ausbesserungen entsteht eine differenzierte Markierung (links), die dann mit dem Füllwerkzeug gefüllt wird (Mitte) und ein gutes Freistellergebnis liefert (rechts).

6 **6** **6**

6 Korrigieren Sie nun die Extrahierungsergebnisse, um »Streukanten« zu entfernen. Um die Kanten des extrahierten Objekts zu bearbeiten, verwenden Sie den *Kantenverfeinerer*. Dieses Werkzeug verstärkt die Deckkraft und dient zum Vervollständigen und Scharfzeichnen von Kanten. Es hat eine kumulative Wirkung, d.h., es arbeitet nach der Deckkrafthäufung der Pixel: Befinden sich in dem »übermalten« Bereich überwiegend deckende Pixel, verstärkt der *Kantenverfeinerer* die Deckkraft weniger deckender Pixel bis zu 100% (mehrmals darüber malen).

Kantenverfeinerer *Bereinigen*

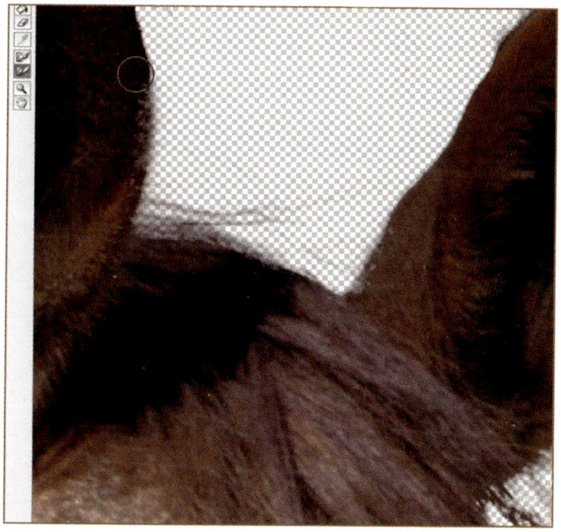

6

7 Um Hintergrundspuren im extrahierten Bereich zu löschen, verwenden Sie das Bereinigen-Werkzeug. Das Werkzeug reduziert die Deckkraft und hat ebenfalls eine kumulative Wirkung, somit arbeitet es nach der Deckkrafthäufung der Pixel: Befinden sich in dem »übermalten« Bereich überwiegend Pixel mit geringer Deckkraft, reduziert das Bereinigen-Werkzeug die Deckkraft bis zu 0% (mehrmals darüber malen). Außerdem können Sie das Bereinigen-Werkzeug verwenden, um Lücken in dem extrahierten Objekt zu füllen. Um wieder Deckkraft hinzuzufügen, ziehen Sie bei gedrückter Alt/⌥-Taste.

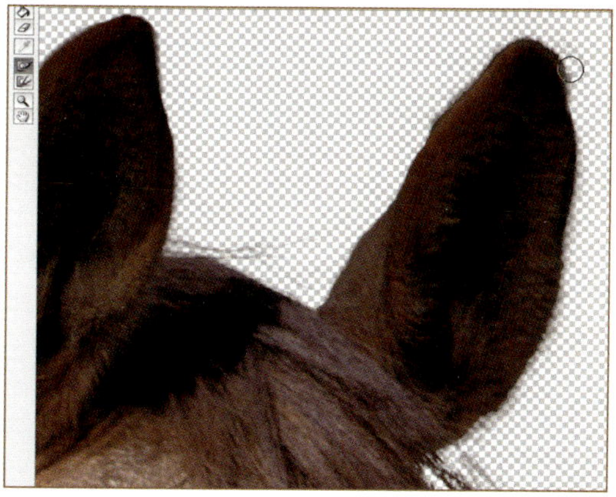

7

8

8

9

8 Bei unklaren Kanten hilft ein Hin- und Herschalten zwischen der Option *Vorschau > Einblenden: Extrahiert* und *Original*. Dies ermöglicht bei diffusen Kanten den Vergleich mit dem Original. Schalten Sie zur Kontrolle unter *Vorschau > Anzeigen*: *Weißer, Grauer* oder *Schwarzer Hintergrund* ein. So können noch zu entfernende Randpixel besser sichtbar gemacht werden.

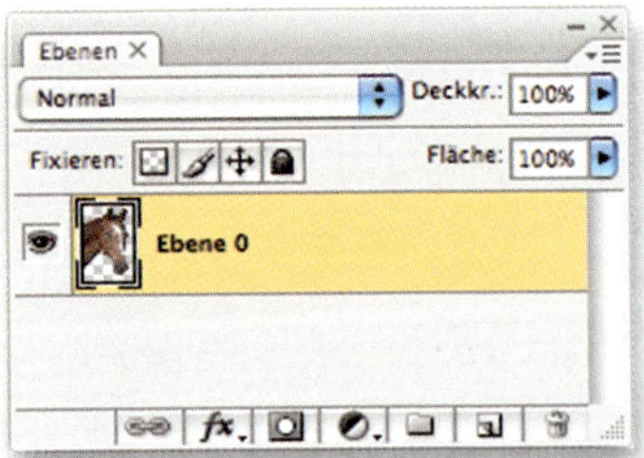

9

9 Arbeiten Sie im *Extrahieren*-Fenster möglichst präzise an der Freistellung – haben Sie den Dialog einmal verlassen, können Sie nicht zu diesem Stadium zurückkehren. Sind Sie zufrieden, klicken Sie auf *OK*. Das Motiv erscheint nun freigestellt auf einer transparenten Ebene, der Hintergrund ist gelöscht.

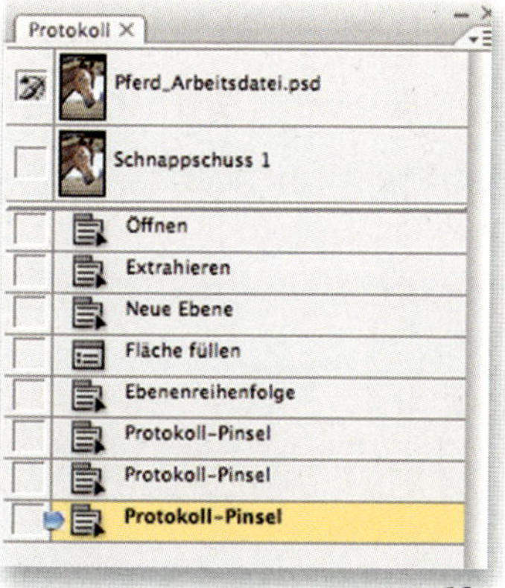

10

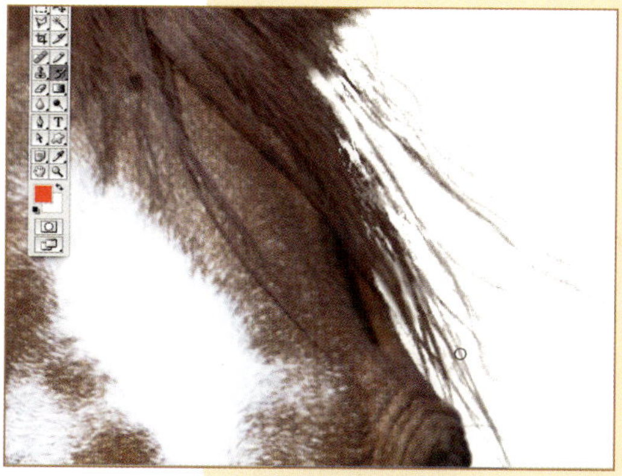

10

10 In der Nachbearbeitung können nun die zu viel entfernten Bildteile zurückgeholt werden. Legen Sie (zur besseren Darstellung) eine weiße Ebene im Hintergrund an. Wählen Sie den *Protokoll-Pinsel* aus der *Werkzeugleiste* und wählen Sie den in Schritt 1 gemachten *Schnappschuss* in der linken Spalte der *Protokoll-Palette* aus. Das Hin- und Herschalten zwischen dem Arbeitsschritt *Pferd.psd* und *Schnappschuss 1* (in der rechten Spalte! der *Protokoll-Palette*) ermöglicht den Vergleich mit dem Original.

10

11 Färben Sie zum Überprüfen den Hintergrund schwarz. Sehen die mit dem Protokollpinsel ergänzten Mähnenhaare noch zu gemalt aus, blenden Sie sie zum Rand hin etwas aus: Ziehen Sie mit dem Lasso-Werkzeug eine Auswahl um die gemalten Mähnenränder. Per *Auswahl > Auswahl verändern > Weiche Kante* sorgen Sie für einen fließenden Übergang zwischen dem Original und den bearbeiteten Bereichen. Stellen Sie hier einen relativ hohen Wert ein (im Beispiel *50 Pixel*).

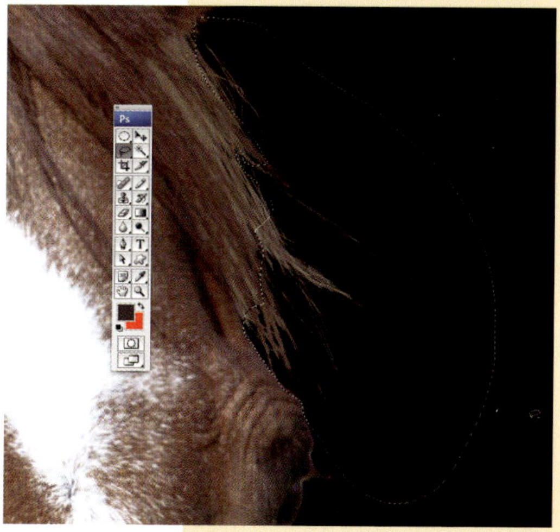

10

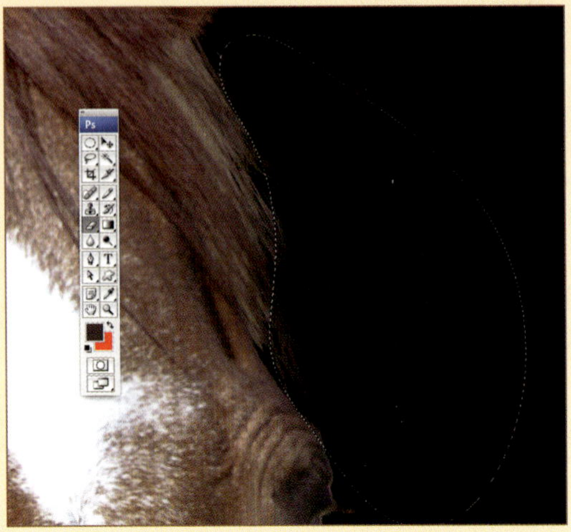

12

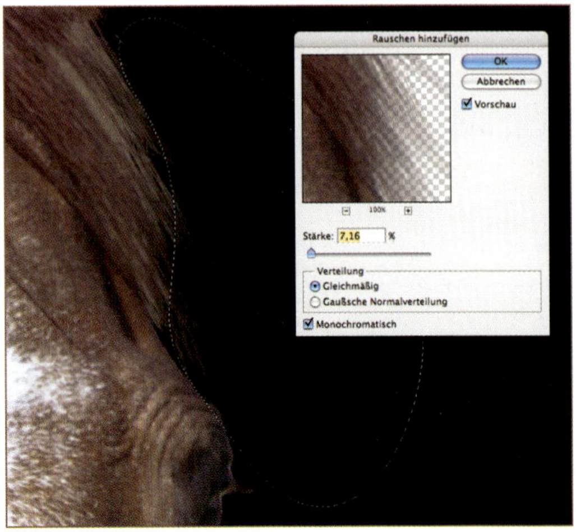

13

✔ Meist sind mehr oder weniger umfangreiche Korrekturen an Haaren, hier an der Mähne, nach dem Freistellen mit dem Befehl *Extrahieren* notwendig. Einfach ist das nicht, da es nicht möglich ist, einzelne feine Haare nachzuzeichnen. Hier hilft nur geschicktes Mogeln mit dem *Protokollpinsel*: Arbeiten Sie mit verschiedenen Pinselstärken und reduzierter Deckkraft: Um den Anschein einer feinen Strähne zu erwecken, legen Sie zunächst einen, etwas dickeren Pinselstrich mit geringer Deckkraft in den Hintergrund. Ziehen Sie danach sehr feine Linien, jedoch mit unterschiedlichen Stärken in einer höheren Deckkraft darüber.

12 Wählen Sie das *Radiergummi-Werkzeug* mit einer großen Pinselspitze (hier: *120 Pixel* Durchmesser) und einer geringen Deckkraft von etwa *15* bis *20* Prozent. Soften Sie gezielt einzelne Bereiche innerhalb der Auswahl mit kurzen Strichen ab.

13 Die glatten Kanten der gemalten Haare können Sie noch über *Filter > Rauschfilter > Rauschen hinzufügen* etwas vergröbern. Arbeiten Sie auch hier in der Auswahl mit der weichen Kante. Achten Sie jedoch darauf, dass sich hauptsächlich die selbst gepinselten Mähnenteile in der Auswahl befinden. Stellen Sie einen Wert ein, bei dem das Rauschen in der Vergrößerung nur geringfügig sichtbar ist.

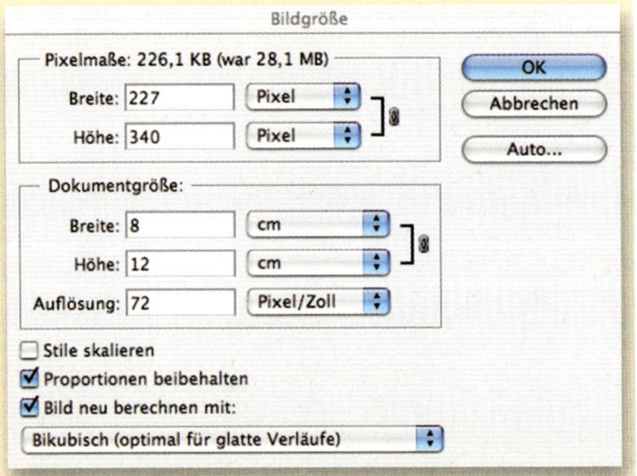

14

14 Soll das freigestellte Bild wie im gezeigten Beispiel für eine Website aufbereitet werden, muss es in der Bildgröße verändert werden. Wählen Sie *Bild > Bildgröße*. Aktivieren Sie die Option *Bild neu berechnen mit:* und wählen Sie hier *Bikubisch*. Geben Sie bei *Auflösung* den Wert *72 Pixel/Zoll* für eine Darstellung im Internet ein. Passen Sie unter *Dokumentgröße* ebenfalls die Höhe des Bilds an.

✔ **Positiver Nebeneffekt:** Wird die Dateigröße eines Bilds mit einem komplizierten Freisteller verkleinert, glätten sich auch eventuelle fehlerhafte Stellen an den Auswahlkanten.

15 Für die grüne Leiste erweitern Sie die Arbeitsfläche am rechten Bildrand. Hier gilt es darauf zu achten, dass die komplette Breite des Bilds auf jedem Monitor angezeigt werden kann. Zwar stellen die meisten modernen Monitore bereits mindestens 1440 Pixel in der Breite dar, die Benutzer von älterer Hardware müssen jedoch ebenso berücksichtigt werden: Eine Größe von 800 x 600 Pixel zeigen auch ältere Monitore. Mit dieser Größe gewährleisten Sie eine Darstellung der Website ohne lästigen Scrollbalken.

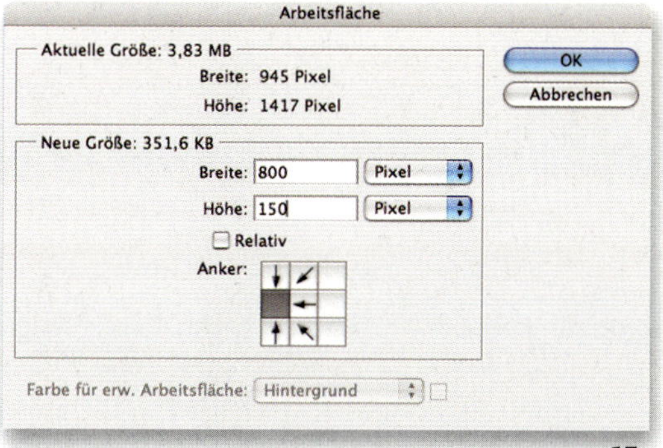

15

16 Legen Sie eine *neue Ebene* an. Schieben Sie die neue Ebene in der *Ebenenpalette* an die unterste Stelle. Füllen Sie die Ebene weiß. Ziehen Sie mit dem *Auswahlrechteck-Werkzeug* eine Auswahl für den schmalen grünen Streifen im unteren Bildbereich auf. Färben Sie auf einer weiteren Ebene über dem weißen Hintergrund die Auswahl mit einem grünen Verlauf.

17 Runden Sie die Kante rechts unten ab: Ziehen Sie eine ellipsenförmige Auswahl über die gesamte Ecke und wählen Sie dann *Auswahl > Auswahl umkehren.* Entfernen Sie die abgerundete Ecke gezielt mit dem *Radiergummi-Werkzeug.* Geben Sie der Pinselspitze eine Härte von *100%.* (Wie Sie gezielt Pinselspitzen einstellen, lesen Sie in *Kapitel 11.*)

16

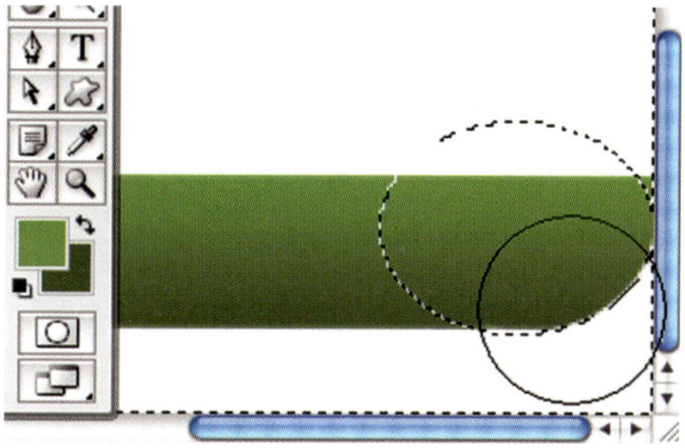

17

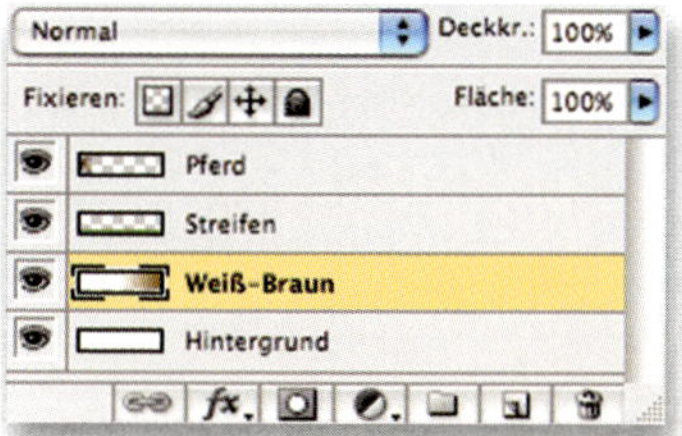

18

18 Füllen Sie eine weitere Ebene zwischen Streifen und Hintergrund mit einem weißbraunen Verlauf. Löschen Sie alle Bereiche unterhalb des grünen Streifens.

18

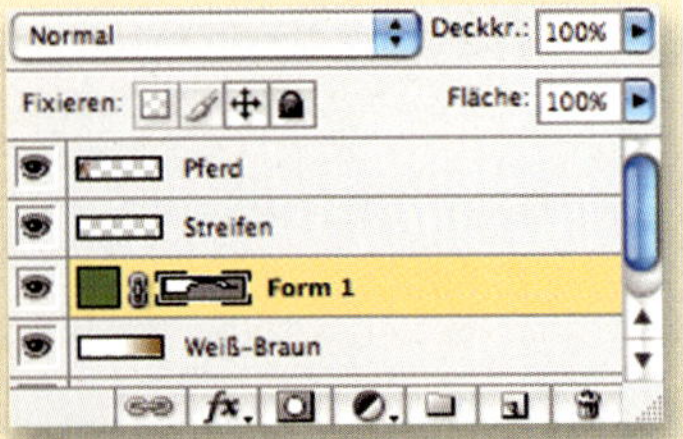

19

19 Ziehen Sie mit dem *Zeichenstift-Werkzeug* eine geschwungene Form. Photoshop legt hierfür eine extra Ebene mit Vektormaske an.

19

20

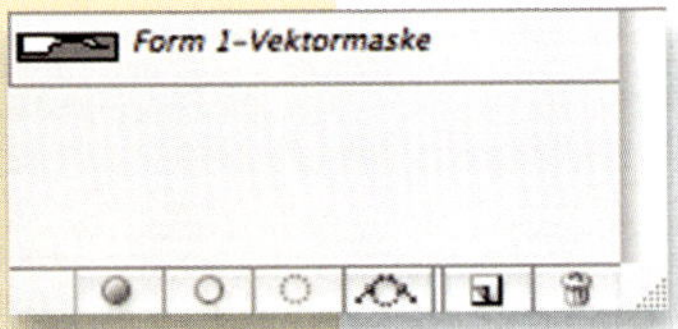

20

20 Wählen Sie im Kontextmenü der Palette *Pfade* die Option *Auswahl erstellen …*

21 Löschen Sie bei aktiver Auswahl (!) die Ebene *Form*1 (siehe *Abb. 19*) mit der Vektormaske. Bilden Sie eine neue Ebene und ziehen Sie in der Auswahl einen grünen Verlauf (siehe *Abb. 20*, Ebene *Grün geschwungen*). Löschen Sie die Auswahl nicht, da Sie sie noch für den Schatten benötigen.

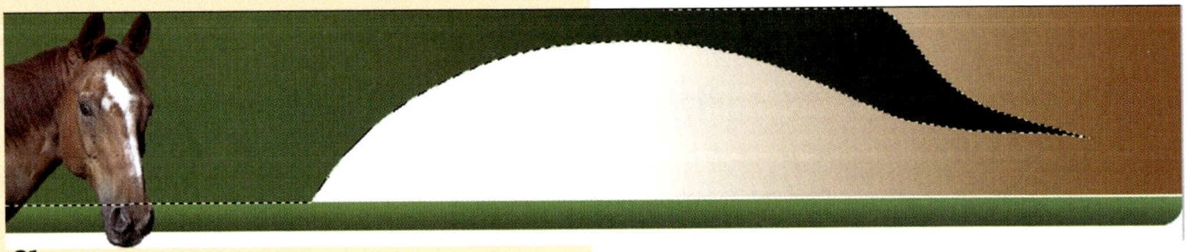

21

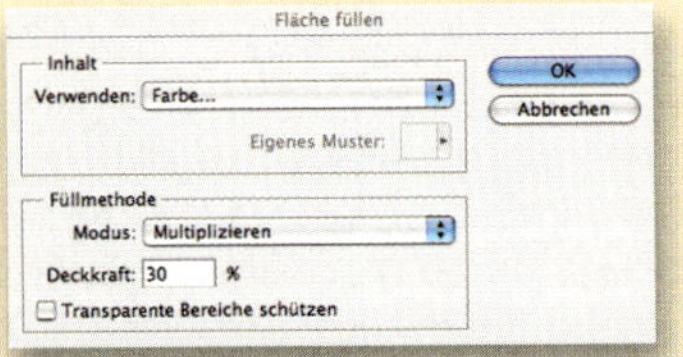

22

22 Legen Sie eine sechste Ebene (Schatten) an. Wählen Sie *Auswahl > Verändern > Weiche Kante …* und geben Sie bei *Radius 2 Pixel* ein. Per *Bearbeiten > Fläche füllen* legen Sie den Schatten an: Suchen Sie unter *Verwenden* bei *Farbe* ein sehr dunkles Braun. Wählen Sie als *Füllmethode* unter *Modus Multiplizieren* und geben Sie bei *Deckkraft* je nach gewählter Schattenfarbe etwa *30%* ein. Blenden Sie zur Kontrolle die Ebene *Grün, geschwungen* aus.

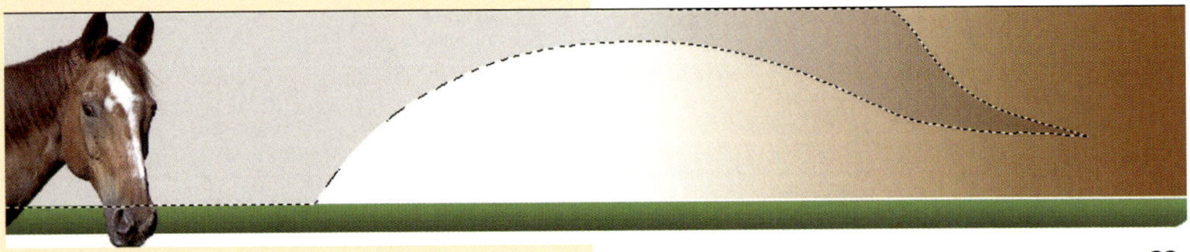

22

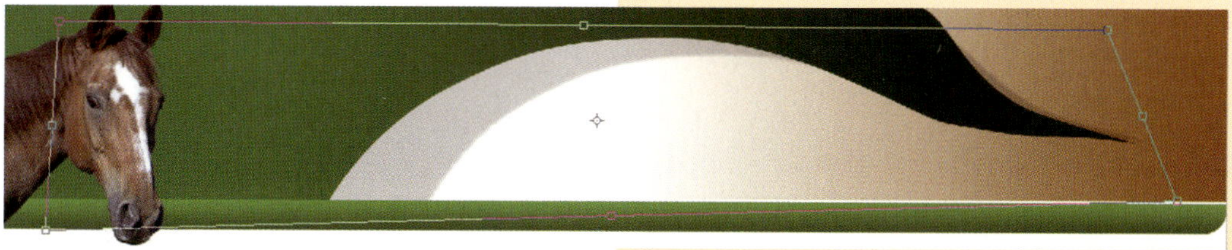

23

23 Um den Schatten passend zu platzieren, blenden Sie die Ebene *Grün, geschwungen* wieder ein. Per *Bearbeiten > Frei transformieren* stauchen Sie den Schatten zunächst in der Breite. Wählen Sie dann *Bearbeiten > Transformieren > Perspektivisch* oder *Verzerren,* um den Schatten in die richtige Form zu ziehen.

23

24

24

24 Wählen Sie auf der Pferdekopfebene die transparenten Bereiche aus und kehren Sie die Auswahl um. Bilden Sie einen perspektivischen Schatten des Pferdekopfs; wenden Sie hierzu die Arbeitsschritte *22* und *23* an.

25 Setzen Sie zum Schluss noch in die rechte Hälfte der Leiste den Text in einer geeigneten Schrift. Wählen Sie *Ebene > Rastern > Text* um die Schrift zu rastern. Soll das Bild im Ganzen im Internet veröffentlicht werden, empfiehlt es sich, die Ebene auf eine *Hintergrundebene* zu reduzieren.

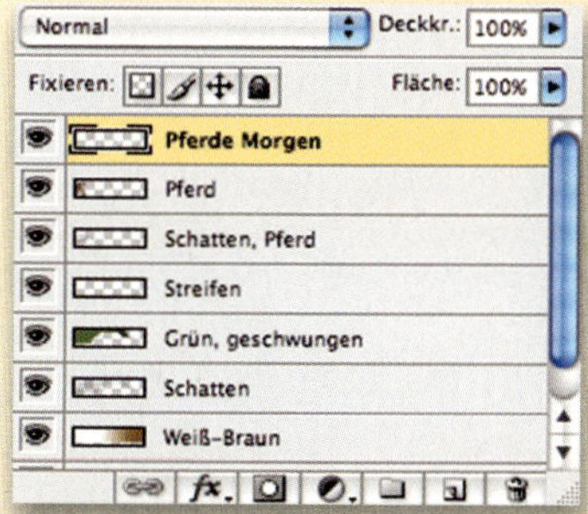

25

25

Auswahl im Detail > Per Schwarzweiß-Anpassung

Freisteller von verschiedenen Motiven, etwa Porträts, finden sich auch auf vielen Titelseiten verschiedener Zeitschriften. Hier geht es darum, einen möglichst neutralen Hintergrund für die auf dem Cover platzierten Texte zu schaffen. Zugleich dürfen die einzelnen Bestandteile des Motivs, etwa hier die Haare, nicht abgeschnitten wirken.

Die Schwierigkeit an solchen komplexen Freistellern liegt darin, dass das wehende Haar keine exakten Grenzen von 100% sichtbar zu unsichtbar hat. Hier gilt es, transparente Bereiche zu definieren, die den Hintergrund durch die einzelnen Strähnen durchscheinen lassen.
Neben dem Filter *Extrahieren* gibt es noch die Möglichkeit, mit einer Maske zu arbeiten: In der Grundeinstellung von Photoshop stellen weiße Bereiche frei, Schwarz schützt. Grautöne bilden transparente Bereiche. Basis für eine solche Maske kann eine in ihren Werten überzogene Schwarzweißkopie des Bilds sein. Hierzu gibt es zweierlei Methoden. Entweder arbeitet man mit Kanälen: Hier verwendet man den Farbkanal, der den besten Kontrast bietet. Dieser wird dann einzeln in ein neues Dokument kopiert und dient als Grundlage für die Maske. Weitaus flexibler geht es über die neue *Schwarzweiß-Anpassung*.

Wandelt man das farbige Original (links) über Bild > Modus in eine Graustufendatei (rechts), ergeben sich wenig brauchbare Kontraste.

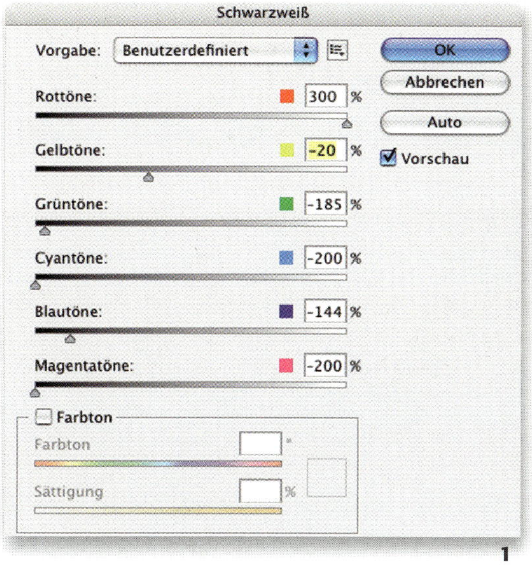

1

1

1 Öffnen Sie ein geeignetes Bild. Legen Sie eine Kopie für die Maske der Haare und des Gesichts an. Wählen Sie *Bild > Anpassungen > Schwarzweiß* .... Als Basis bei Hauttönen eignet sich hier der Rotfilter. Regeln Sie die Einstellungen noch extremer; ziehen Sie den Regler bei *Grüntöne* ganz nach links, den Regler bei *Rottöne* ganz nach rechts.

2

2 Bearbeiten Sie das Bild so, dass es als Maske für das Original verwendet werden kann: Wählen Sie mit dem *Lasso-Werkzeug* alle schwarzen und grauen Flächen innerhalb des Gesichts und färben Sie sie Weiß.

✔ Welche Schwarzweißeinstellungen letztlich für eine Maske passen, hängt ganz von den Farbwerten des Bilds ab. Soll jedoch ein Gesicht mit mitteleuropäischer Hautfarbe und hellen Haaren freigestellt werden, kann man unter *Vorgabe* zunächst den Rot- oder den Gelbfilter verwenden, da hier die Gelb- und Rotwerte in der Regel höher sind als der Cyan- oder Schwarzanteil. Auf diese Art entstandene Masken müssen zum Schluss noch umgekehrt werden. Um direkt die richtige Schwarzweißverteilung in der Maske zu bekommen, müssten im vorliegenden Beispiel die Rot- und Gelbtöne nach unten, die Cyan- und Blautöne eher nach oben geregelt werden. Diese Einstellung ist hier jedoch ungünstig, da so wenig Grauwerte an den Haarrändern erhalten bleiben.
Ideal ist es, wenn im Hintergrund hauptsächlich Komplementärfarben liegen (Farben, die sich im Farbkreis gegenüberliegen, etwa Gelb/Blau oder Rot/Cyan).

3

4

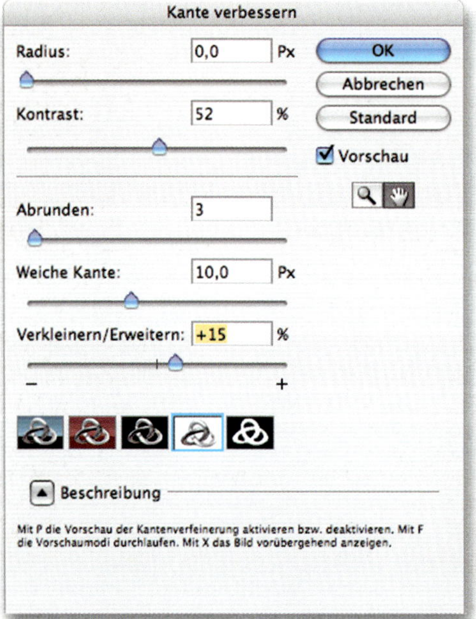

4

3 Den Bereich vom Hals bis hin zur Schulter wählen Sie mit dem *Schnellauswahlwerkzeug*. Färben Sie diese Bereiche ebenfalls weiß.

4 Sollten noch Teile der Haut grau getönt sein, färben Sie auch diese weiß. Entfernen Sie ebenfalls kleinste Grauschleier im Gesicht. Denn: Graue Stellen schaffen in einer nach der Maske erstellten Auswahl transparente Bereiche. Ebenso können Sie bereits Hintergrundbereiche schwarz einfärben, um sie von der Maske auszugrenzen.

✔ **Werkzeugmix:** Verwenden Sie zum Auswählen unterschiedliche Werkzeuge; arbeitet etwa das *Schnellauswahl*-Werkzeug zu ungenau, versuchen Sie es mit dem *Zauberstab*. Justieren Sie die Auswahl im Dialog *Kanten verbessern.*

✔ **Zauberstab und Schnellauswahl** scheinen ähnliche Ergebnisse zu liefern, doch der Schein trügt: Während eine mit dem *Zauberstab* erstellte Auswahl oft ausgefranste Kanten zeigt, arbeitet die *Schnellauswahl* wesentlich sauberer. Feine Toleranzeinstellungen hingegen ermöglicht nur die Schnellauswahl.

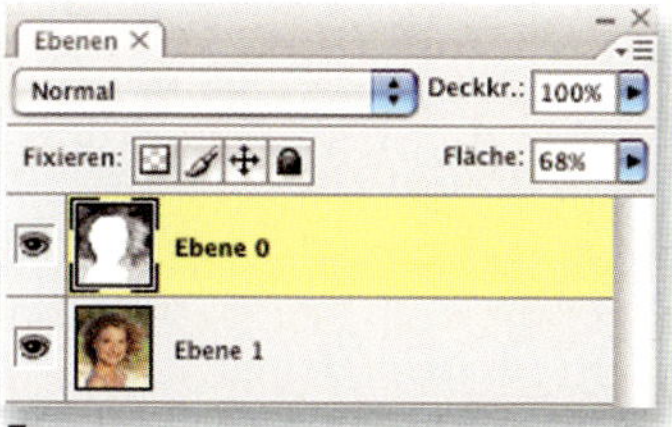

5

5 Legen Sie sich das Original als Referenz auf eine neue Ebene, die Sie unter die Maskenebene schieben. Sind Sie sich bei einigen Bildstellen unsicher, ob diese zum Motiv oder zum Hintergrund gehören, setzen Sie die Deckkraft der oberen Ebene etwas herab. Das Original ist so leicht durch die Maske zu erkennen.

5

✔ Das Referenzbild beim Arbeiten an einer Maske muss nicht Schwarzweiß sein. Oft erlauben es gerade die farbigen Kontraste, zwischen Hintergrund und freizustellendem Motiv zu unterscheiden. Haben Sie die Maske über den Dialog *Bild > Anpassungen > Schwarzweiß ...* angelegt, befindet sich die Datei immer noch im RGB-Format. Sollten Sie den Modus geändert haben, stellen Sie zunächst den Modus der Maskendatei unter *Bild > Modus* auf *RGB*, um eine farbige Referenz anzulegen.

6

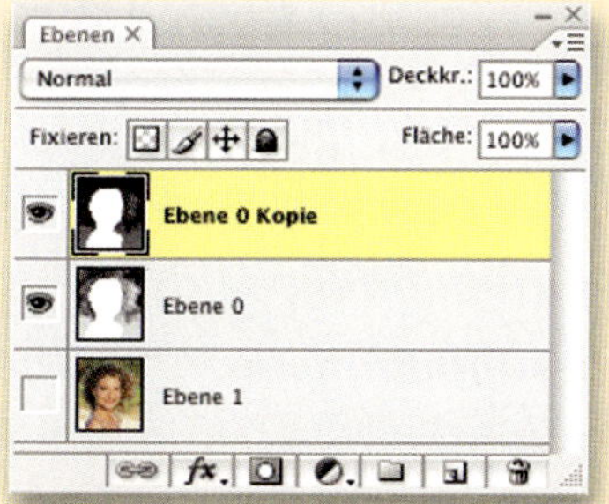

6

6 Schalten Sie die Sichtbarkeit der untersten Referenzebene aus. Legen Sie eine Kopie der Maskenebene an. Auf dieser Kopie färben Sie per *Bild > Anpassungen > Helligkeit/Kontrast* den unteren Bereich des Hintergrunds schwarz.

7

7 Wählen Sie mit den bereits vorgestellten Werkzeugen und Techniken Teile des Hintergrunds aus, um sie schwarz zu färben. Verwenden Sie hierzu den *Zauberstab* mit einer geringen Toleranz (im Beispiel etwa ein Wert von 5). In der Regel ist jedoch keine saubere Auswahl des Hintergrunds auf Anhieb zu erzielen. Letztlich kommt es darauf an, möglichst genau die scharf abgegrenzten Kanten (im Beispiel etwa der Bereich um die Schultern) per Zauberstab-Auswahl zu erfassen.

8 Wechseln Sie in den *Maskierungsmodus*. Malen Sie die Lücken in der Maske aus: Wählen Sie hierzu einen Pinsel mit einer größeren Pinselspitze. Alle Bereiche, die eindeutig zum Hintergrund gehören, sollten zu 100 Prozent bedeckt sein; der Bereich der Haare jedoch bleibt frei.

✔ **Masken-Optionen:** In der Standardeinstellung von Photoshop sind im Maskierungsmodus immer die ausgewählten Bereiche maskiert, also mit einer transparenten Farbschicht bedeckt. Per Doppelklick auf die Schaltfläche Im *Maskierungsmodus* bearbeiten öffnen sich die *Masken-Optionen*, in denen man definiert, welche Bereiche farbig gekennzeichnet sein sollen. Ebenso kann hier die Maskenfarbe geändert werden.

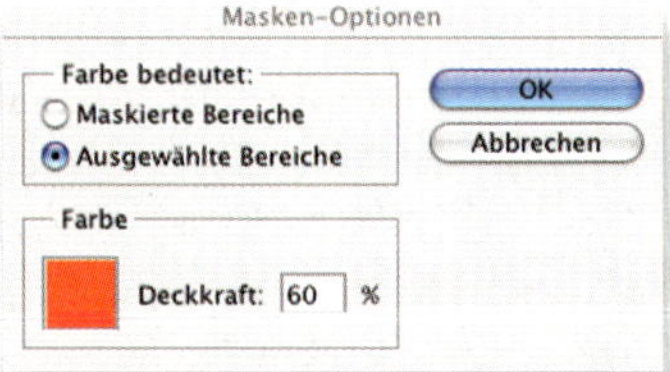

8

8

9 Schalten Sie zurück in den *Standardmodus*. Färben Sie die Hintergrundauswahl schwarz. Es sollte nun eine relativ geschlossene Auswahl des Hintergrunds zu sehen sein, die nur an den Haarkanten noch ausgefranste Ränder zeigt. Glätten Sie diese über *Auswahl > Auswahl verändern > Weiche Kante …* Im Beispiel ist bei einer Bildgröße von *2640 x 3000 Pixel* ein Wert von *4 Pixel* gewählt.

10 Per *Auswahl > Auswahl umkehren* wählen Sie das Gesicht mit den Haaren. Wählen Sie den *Zauberstab* und in der Optionsleiste *Von der Auswahl subtrahieren*. Klicken Sie in den weißen Bereich des Kopfs und der Schulter, um diese Flächen von der Auswahl abzuziehen. Gewählt sind jetzt nur noch die wehenden Haare sowie ein kleiner, schmaler Rand entlang der unteren Kante von der Schulter zum Hintergrund.

11 Um transparente Bereiche um die Haarspitzen herum besser zu erfassen, können Sie solche Bildteile auf eine neue Ebene kopieren und sie getrennt vom Rest des Bilds bearbeiten. Die verschiedenen Farbinformationen können Sie nutzen, indem Sie die Auswahl auf der Ebene mit dem farbigen Referenzbild (*Ebene 1*) treffen. Kopieren Sie also die Auswahl auf eine neue Ebene (Strg-/⌘ + C, dann Strg-/⌘ + V legt den ausgewählten Bereich automatisch auf eine neue Ebene). Schieben Sie die Ebene (*Ebene 2*) an die oberste Stelle.

9

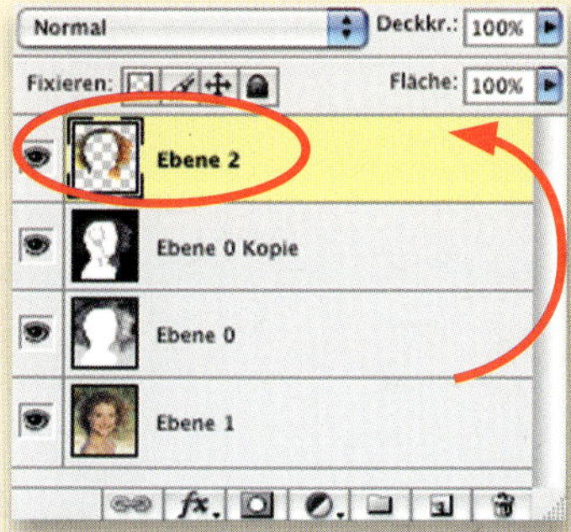

11

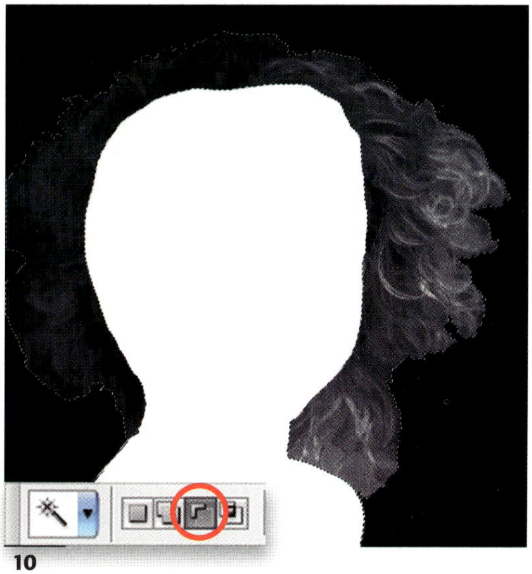
10

11

12

13

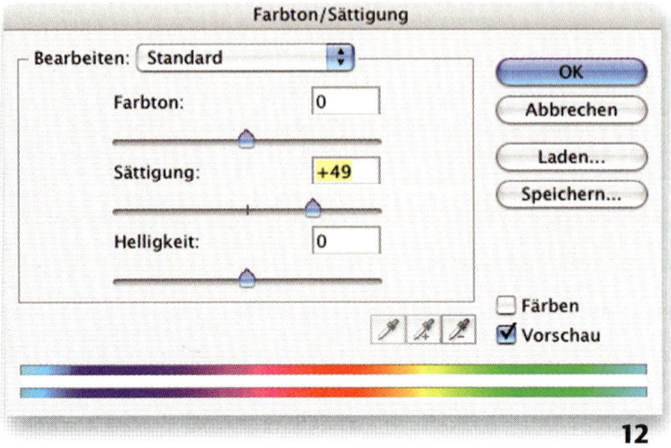

12

12 Verstärken Sie nun den Farbkontrast. Wählen Sie bei aktiver Ebene 2 *Bild > Anpassungen > Farbton/ Sättigung*. Erhöhen Sie die Sättigung so, dass sich ein möglichst intensiver Farbkontrast zwischen den Haaren und dem Hintergrund ergibt.

13 Kopieren Sie die aktivierte Ebene (*Ebene 2*) für weitere Arbeitsschritte. Zum Färben des Hintergrunds eignet sich die Methode *Bild > Anpassungen > Farbe ersetzen*. Im Dialog *Farbe ersetzen* wählen Sie möglichst viele Grüntöne mit der *Hinzufügen-Pipette*. Indem Sie den Regler bei Helligkeit auf einen Wert von *-100* setzen, färben Sie die gewählten Grüntöne schwarz.

14 Wählen Sie nun *Bild > Anpassungen > Schwarzweiß*.

13

15 Schalten Sie die Sichtbarkeit aller Ebenen über der farbigen Variante aus. Wählen Sie mit dem Lasso grob die Bereiche der Locken, bei denen kein Hintergrund durchschimmert. Wählen Sie *Auswahl > Auswahl verändern > Weiche Kante ...* (im Beispiel bei einer Bildgröße von *2640 x 3000 Pixel 4 Pixel*). Aktivieren Sie nun wieder die oberste Ebene und füllen Sie die Auswahl weiß. Retuschieren Sie mit dem Pinsel oder dem Kopierstempel graue und weiße Reste im Hintergrund.

16 (Ohne Abbildung) Die fertige Maske sollte auf eine Ebene reduziert sein. Beim Laden der Maske tauchen jedoch häufig noch fehlerhafte Stellen auf, die Reparaturarbeiten an der Maske erfordern. Heben Sie deshalb eine Kopie der Datei mit allen Ebenen auf, um an dieser Stelle gezielte Änderungen vornehmen zu können.

17 Duplizieren Sie beim Originalbild die Ebene *Hintergrund*. Alternativ wandeln Sie die Hintergrundebene per Doppelklick zur editierbaren E*bene 0*. Wählen Sie nun *Ebene > Ebenenmaske > Alle ausblenden*. In der Palette *Kanäle* ist der neue Kanal *Hintergrund Kopie Maske* bzw. *Ebene 0 Maske* entstanden.

18 Selektieren Sie die gesamte Bildfläche der Maske und kopieren Sie sie in die Zwischenablage. Wählen Sie im Originalbild den Kanal *Hintergrund Kopie Maske*. Blenden Sie den Kanal *RGB* aus, den Kanal *Hintergrund Kopie Maske* hingegen ein. Importieren Sie aus der Zwischenablage die Maske in den Kanal.

14

15

17

18

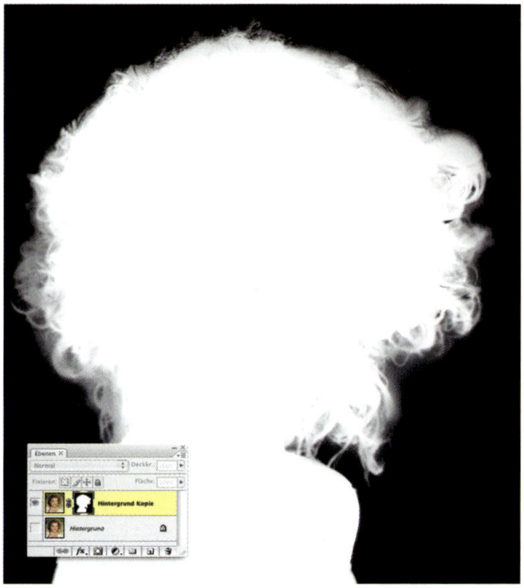

18

19

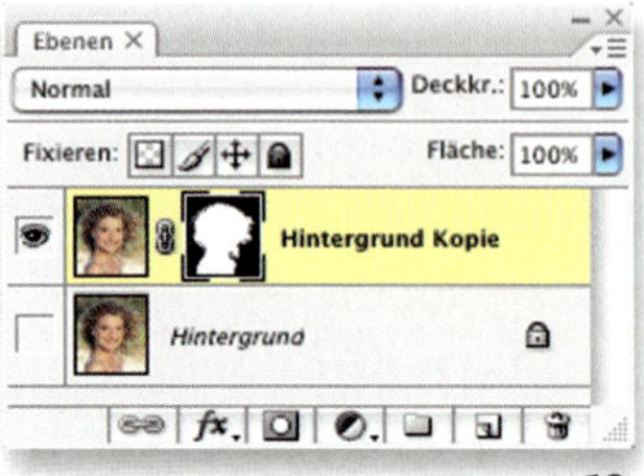

19

19

20 Arbeiten Sie mit der Kopie der Hintergrundebene, blenden Sie die Hintergrundebene aus. Blenden Sie den Kanal *RGB* wieder ein, den Kanal *Hintergrund Kopie Maske* hingegen aus. Der Kopf erscheint nun vor transparentem Hintergrund.

21 Legen Sie eine neue Ebene mit weißer Füllung unter die Ebene *Hintergrund Kopie* (*Ebene 0*). Vor dem weißen Hintergrund sind Fehler deutlich zu erkennen. So schimmern etwa die Haare im transparenten linken Bildbereich an den Spitzen grün. Ziehen Sie mit dem *Lasso-Werkzeug* eine grobe Auswahl um den verfärbten Bereich. Stellen Sie über die Option *Kante verbessern* einen weichen Auswahlrand ein. Die farblich anzupassenden Bereiche sollten jedoch komplett in der Auswahl enthalten sein. Über *Bild > Anpassungen > Selektive Farbkorrektur* regeln Sie den neuen Farbton. Bei blondem Haar, wie hier im Beispiel, erzielt man über eine Korrektur der Grautöne brauchbare Ergebnisse.

17

✔ Bei Fehlern in der Auswahl können Sie direkt in die Maske die Korrekturen malen. Blenden Sie hierzu nur den Maskenkanal ein und aktivieren Sie ihn.

22 Alle auf dem Cover abgebildeten Texte werden in der Regel im Satzprogramm über das Bild gelegt. Möchten Sie den Text jedoch künstlerisch verfremden, können Sie ihn in Photoshop anlegen. Hier eignen sich Einstellungen unter *Ebene > Ebenenstil > Abgeflachte Kante und Relief* sowie ein *Schlagschatten*. Soll der Text mit Filtern bearbeitet werden, kann er über *Ebene > Rastern > Text* bearbeitbar gemacht werden. (Nähere Informationen über die Textgestaltung entnehmen Sie *Kapitel 4*.)

22

22

23 Optional in Photoshop: Ziehen Sie mit dem *Auswahlrechteck-Werkzeug* einen Kasten im unteren Bereich des Bilds für die Schlagzeile auf. Füllen Sie die rechteckige Auswahl mit derselben Farbe, die der Text aufweist. Wählen Sie als Modus *Multiplizieren*. Das Beispiel zeigt zur Veranschaulichung noch eine Schlagzeile auf dem Balken.

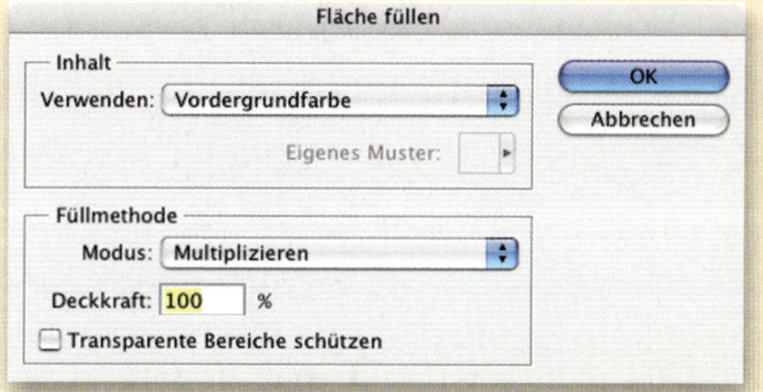

23

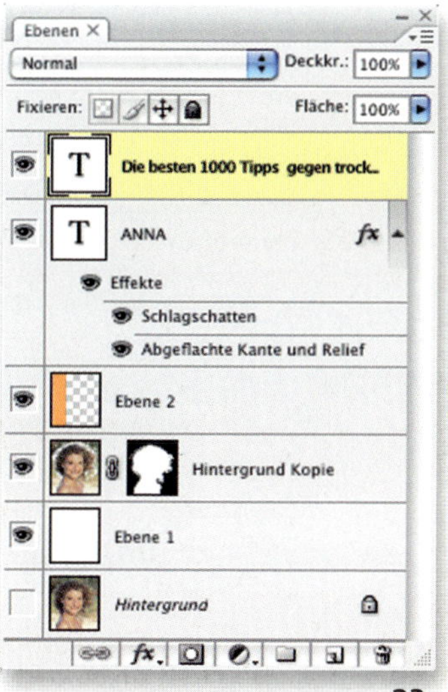

23

23

Kapitel 8

Korrektur

Wichtige Tastaturkürzel

Tonwertkorrektur	Strg / ⌘ + L
Gradationskurven	Strg / ⌘ + M
Verblasssen	Strg / ⌘ + ⇧ + F
Farbeinstellungen	Strg / ⌘ + ⇧ + K

Wichtige Werkzeuge

Schnellauswahl, Zauberstab	W
Reparatur-Pinsel-Werkzeug	J
Pinsel-Werkzeug	B
Radiergummi-Werkzeug	E
Kopierstempel-Werkzeug	S
Weich-/Scharfzeichnen, Wischfinger	R
Abwedler, Brennen, Schwamm	O

Bilder korrigieren > Funktionen und Werkzeuge

Zum Korrigieren von Bildern bietet Photoshop verschiedene Funktionen und Werkzeuge. So finden Sie die Funktionen zum Korrigieren von Farbe (im weitesten Sinn, also auch Helligkeit, Sättigung und Kontrast) unter *Bild > Anpassungen*. Die meisten dieser Funktionen können Sie auch auf einer *Einstellungsebene* anwenden. Vorteil von *Einstellungsebenen*: Sie arbeiten zerstörungsfrei und lassen sich im Laufe des Arbeitsprozesses zu jeder Zeit nachjustieren. Näheres zu den Einstellungsebenen erfahren Sie im letzten Teil dieses Kapitels.

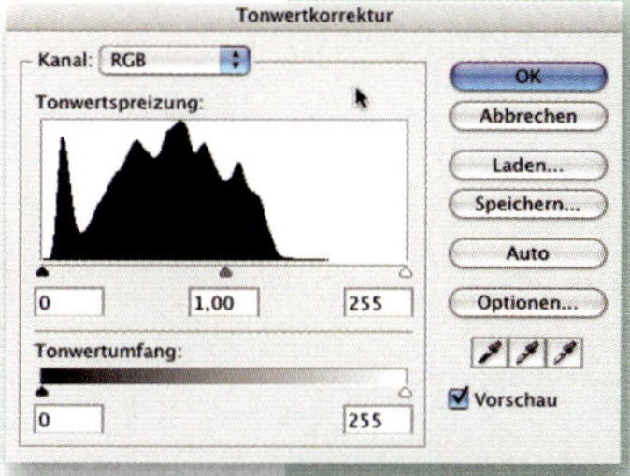

Zu den wichtigsten Funktionen für die Farbkorrektur gehören Tonwertkorrektur und Gradationskurven.

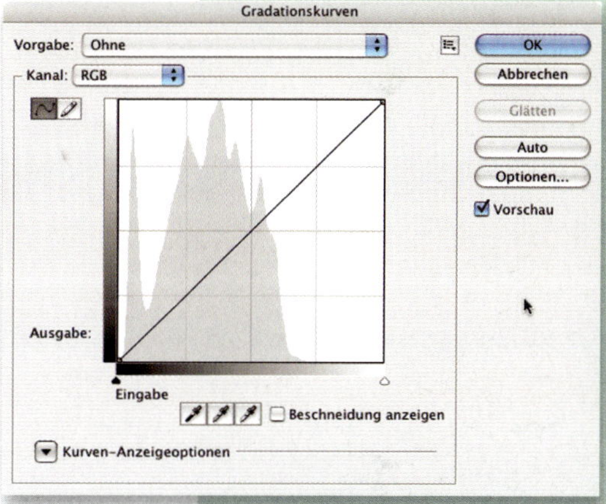

Alle weiteren Korrekturfunktionen finden Sie im Menü *Filter*. Hierzu gehören *Rauschfilter*, *Weichzeichnungsfilter* sowie die *Scharfzeichnungsfilter*.

Eine Korrektur kann sich auf das komplette Bild auswirken oder auf eine Auswahl. So werden in der Regel bei allen Filtern und Einstellungen aktive Auswahlbereiche automatisch berücksichtigt (mehr über Auswahlen erfahren Sie in *Kapitel 7 > Auswählen und Freistellen*).

Wendet man eine Korrektur auf eine Auswahl an, muss diese in den meisten Fällen weichgezeichnet werden, damit ein fließender Übergang vom korrigierten Bereich zu den unveränderten Bildbereichen entsteht. Eine Ausnahme bilden Veränderungen an Objekten mit exakten Kanten (Beispiel: die Farbe eines Autos verändern).

Um kleinere Stellen gezielt zu bearbeiten, eignen sich verschiedene Reparaturwerkzeuge. Näheres dazu erfahren Sie in den nächsten Übungen.

Zu den wichtigsten Korrekturwerkzeugen gehören die Gruppe der Reparatur-Pinsel (oben) sowie das Kopierstempel-Werkzeug (gelb unterlegt). Alle anderen spielen eine eher untergeordnete Rolle

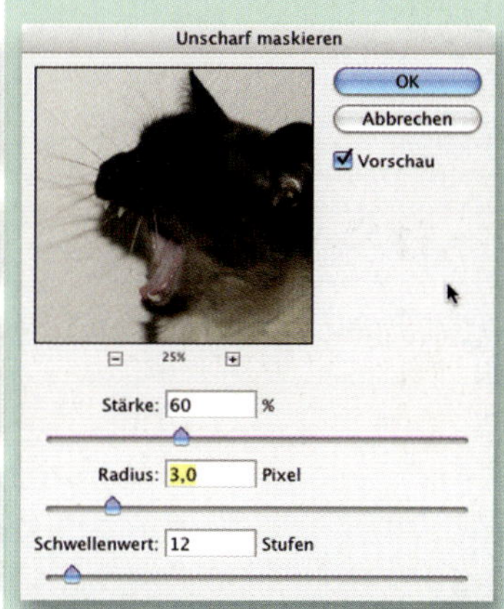

Zum Nachschärfen vorallem von gescannten Bildern eignet sich der Filter Unscharf maskieren, der auch in besserer Scann-Software enthalten ist.

Bilder korrigieren > Bildstörungen entfernen

Besonders Scans von alten Bildern zeigen oft eine Fülle von Bildstörungen. Hier reichen die zuständigen Filter wie *Rauschen entfernen* oder *Staub und Kratzer ... meist* nicht aus; gefragt ist Handarbeit.

1 Öffnen Sie aus dem Photoshop-Programmordner > *Beispiele* das Bild *Altes Bild.jpg*.

2

3

✔ Die Option *Schwellenwert* regelt, wie unterschiedlich die Pixel sein müssen, damit sie gelöscht werden. Am besten funktionieren Werte zwischen 0 und 128.
Der *Radius* bestimmt, wie groß der Bereich ist, in dem nach ungleichen Pixeln gesucht wird.

✔ Um ein gutes Ergebnis bei der Bildretusche zu erzielen, empfiehlt es sich, folgende Reihenfolge einzuhalten:

- Entfernen von Bildrauschen und anderen Störungen wie Kratzern
- Zurechtschneiden mit dem Freistellwerkzeug
- Tonwertkorrektur
- Eventuelle Nachbesserungen der Gradationskurve
- Weitere Farbkorrekturen und gezielte Farbänderungen
- Schärfen (Unscharf maskieren)

2/3

2 Entfernen Sie die größeren Störflecken mit *Filter* > *Rauschfilter* > *Staub und Kratzer*. Ziehen Sie zunächst beide Regler (*Radius* und *Schwellwert*) ganz nach links; in der Vorschau erkennen Sie, dass kleinste Störflecken bereits verschwunden sind. Erhöhen Sie dann Schritt für Schritt den Wert bei *Radius* (höhere Werte weichen die Flächen des Fotos stärker auf). Stellen Sie den geringsten Wert ein, sodass die meisten Flecken verschwinden.

3 Mit dem *Schwellwert* holen Sie die Kanten und die Zeichnung im Bild zurück: Erhöhen Sie vorsichtig den Wert, bis die kleinsten Fehler wieder auftauchen, und wählen Sie dann den nächst geringeren Wert.

4 Entfernen Sie nun das generelle Bildrauschen mit *Filter > Rauschfilter > Rauschen reduzieren.* Schieben Sie hier zunächst die Regler *Stärke* und *Details scharfzeichnen* ganz nach rechts, den Regler *Details erhalten* hingegen ganz nach links. Justieren Sie nun den Wert bei *Details scharfzeichnen.* Reduzieren Sie den Wert so weit, dass kein Muster mehr in den Bildflächen zu sehen ist. Regeln Sie nun *Details erhalten,* damit feinere Bildzeichnungen wieder zu sehen sind. Justieren Sie gegebenenfalls auch den Wert bei *Stärke.*

4

✔ Der Kopierstempel ist mit Vorsicht zu genießen: Unter manchen Umständen entstehen deutlich sichtbare Retuschespuren. So sieht man etwa im Druck Helligkeitsunterschiede (vom retuschierten Bildteil zum originalen) zum Teil deutlicher als auf dem heimischen Bildschirm. Dieselben Fehler sind dann etwa auch auf einem besser eingestellten Monitor zu erkennen. Um solchen unschönen Überraschungen vorzubeugen, sollte darauf geachtet werden, den Monitor regelmäßig und fachkundig zu kalibrieren.

5 Entfernen Sie die verbleibenden größeren Bildstörungen mit dem Kopierstempel. Legen Sie zunächst eine Kopie der Hintergrundebene an. Sie können so immer wieder auf Teile des Bilds zurückgreifen, sollten Sie sich beim Stempeln vertan haben. Stellen Sie eine Werkzeugspitze mit einem geringen Prozentwert bei *Härte* ein.
Entfernen Sie den weißen Fleck links im Hintergrund etwa auf Augenhöhe mit einer Werzeugspitze, die etwas größer ist. Wählen Sie eine *Deckkraft* von *100%,* Option *Ausger.* ist aktiviert. Nehmen Sie mit gedrückter `Alt`-/`⌥`-Taste und einem linken Mausklick eine Bildstelle direkt rechts daneben auf. Hier sollte in etwa der benötigte Grauwert sein. Ziehen Sie nun zwei- bis dreimal kurz über den Störfleck.
Stempeln Sie Schritt für Schritt alle Störungen aus dem Bild. Nehmen Sie öfter eine neue Quelle auf, um unschöne Muster zu vermeiden.
Experimentieren Sie mit der Einstellung der *Deckkraft*; zum Teil eignet sich ein Wert von etwa *70%* bis *80%,* um unterschiedliche Farb- bzw. Grauwertabweichungen durch das Hindurchscheinen der Originalfläche auszugleichen (etwa links unten, bei den Falten des Sakkos).

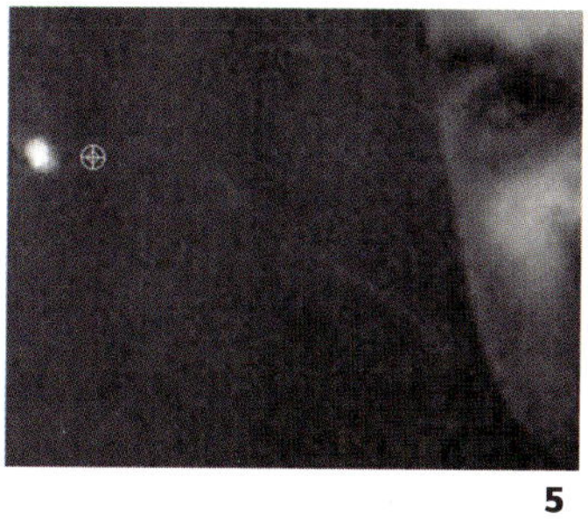
5

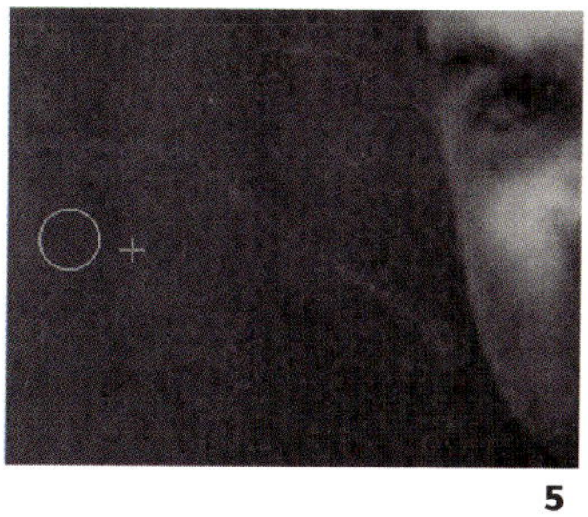
5

Bilder korrigieren > Hauttöne prüfen

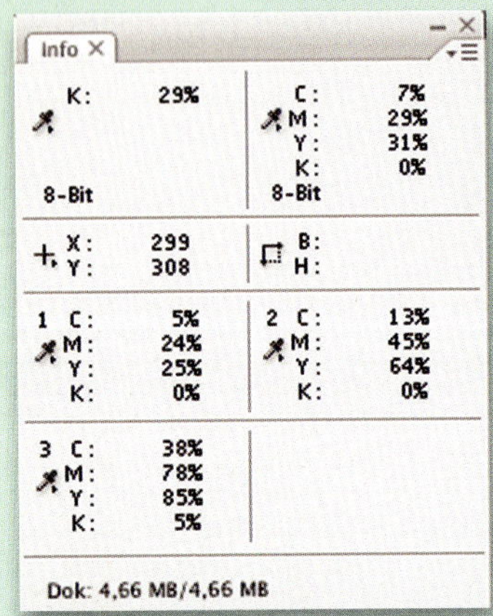

Die Info-Palette für das Bild links zeigt oben die Helligkeit (entspricht Graustufen = K) und die Farben im aktuellen Farbmodus (CMYK) der aktuellen Mausposition an. Der untere Bereich (1 bis 3) zeigt die drei Farbaufnehmer.

Das Prüfen und Korrigieren von Hauttönen gehört zu den häufigsten Aufgaben in der Bildbearbeitung. Meist kann mit den Werkzeugen von Photoshop schlechten Vorlagen oder Scans zu mehr Ausstrahlung verholfen werden. Aber: Den Hautton schlechthin gibt es nicht! Denken Sie nur an die asiatische, südamerikanische, afrikanische Haut; gesunde und kränkliche Haut, blasse, rosige, gebräunte Haut; Haut im Sonnenlicht, im Schatten ...

Ein wenig Gespür für Farbe und Einfühlungsvermögen in das jeweilige Motiv sind die Voraussetzung für eine erfolgreiche Korrektur. Für Ungeübte steht am Anfang das Studium von Referenzbildern. Diese sollen im CMYK-Modus vorliegen und idealerweise schon einmal gedruckt worden sein: Ein bereits gedrucktes Bild hat den Vorteil, dass man die Farbwiedergabe mit der Vorlage vergleichen und so überprüfen kann. Ist der Druck stimmig, kann er (die gemessenen Werte) als Referenz für ähnliche Bilder verwenden.

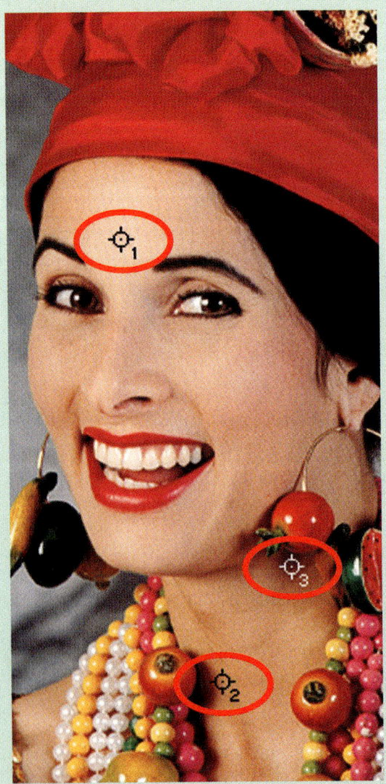

1 Öffnen Sie ein Referenzbild. Stellen Sie den Aufnahmebereich des Farbaufnahme-Werkzeugs auf 3 x 3 Pixel Durchschnitt ein. Öffnen Sie die Info-Palette und stellen Sie in den Optionen (zu öffnen über das Paletten-Menü) eine Anzeige auf Graustufen ein. Wählen Sie das *Farbaufnahme-Werkzeug*. Suchen Sie mithilfe der Info-Palette drei Hauttöne im Bild und klicken Sie jeweils einen Farbaufnehmer:

1. einen hellen (K = 20 bis 30%),
2. einen mittleren (K = um die 50%) und
3. einen dunklen (K = um die 80%) Hautton.

Lesen Sie dann die Werte in der Info-Palette ab. (Farbaufnehmer werden nicht mit gedruckt; sie können durch Ziehen aus dem Bild entfernt werden.)

Vergleicht man nun die Werte mehrerer ähnlicher Referenzbilder, ist festzustellen, dass die Prozentwerte niemals genau übereinstimmen. Notiert man sich die abgelesenen Werte in einer Tabelle oder einem Diagramm, finden sich jedoch bestimmte Durchschnittswerte, beispielsweise bei einem mittleren Hautton mitteleuropäischen Typs: für Cyan

15-20%, Magenta 50%, Gelb 50-60% und Schwarz 0%. Ist die Haut dunkler (etwa in Schattenbereichen), so nehmen die Werte verhältnismäßig zu. Bei einem Hautton zum Beispiel mit 80% Helligkeit (Wert bei K): Cyan 40-50%, Magenta 70-80%, Gelb 80-90% und Schwarz 5-30%. Ähnlich verhält es sich mit sehr hellen Hauttönen: Die Anteile von Magenta und Gelb liegen bei 25 bzw. 30%, der Anteil von Cyan weist jedoch auch in ganz hellen Hauttönen einige Prozentpunkte (2-5%) zur Brechung der warmen Töne auf.

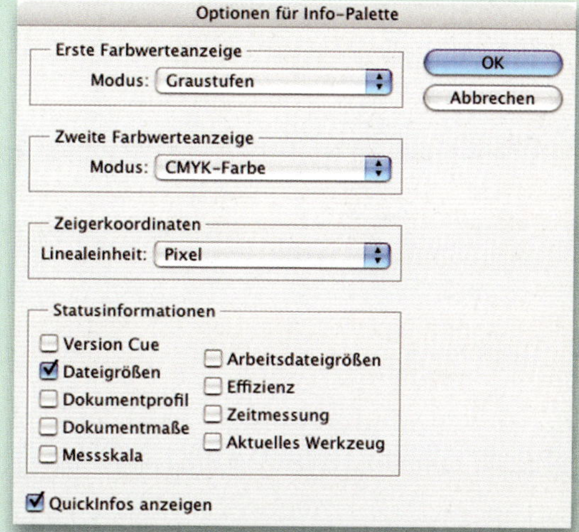

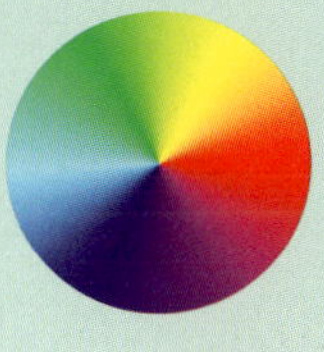

Beim Korrigieren von Hauttönen vergegenwärtigen Sie sich immer den Farbkreis: Möchten Sie etwa den Grünanteil verringern, müssen Sie den Anteil von Magenta (im Kanal Magenta) erhöhen; wollen Sie den Rotanteil erhöhen, müssen Sie den Cyananteil (im Kanal Cyan) verringern.

In den Optionen für die Info-Palette kann die erste Farbwertanzeige geändert werden, um etwa den Grauwert bestimmter Farben zu prüfen. Die Abbildung zeigt die mögliche Zusammensetzung eines mittleren Hauttons in den Druckfarben Cyan/Magenta/Gelb mit möglichen Abweichungen bei unterschiedlichen Hauttypen in 5%-Schritten

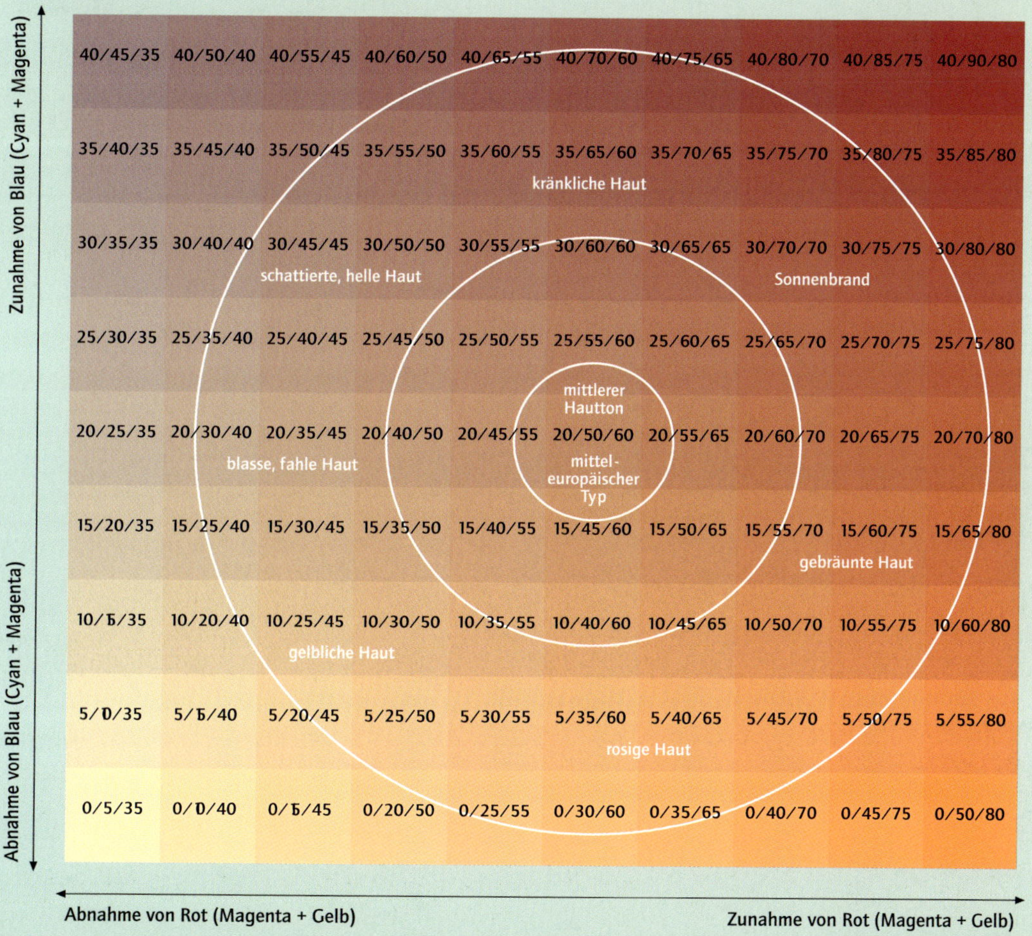

Bilder korrigieren > Hauttöne anpassen

Für eine erfolgreiche Korrektur der Hauttöne müssen einige Voraussetzungen erfüllt sein. Der Bildschirm muss kalibriert, das heißt die Farbdarstellung muss richtig eingestellt sein. Falls nötig, muss vorher eine Tonwertkorrektur durchgeführt werden (Tonwertkorrektur-Dialog) und für die Druckausgabe muss der Weißwert richtig eingestellt sein.

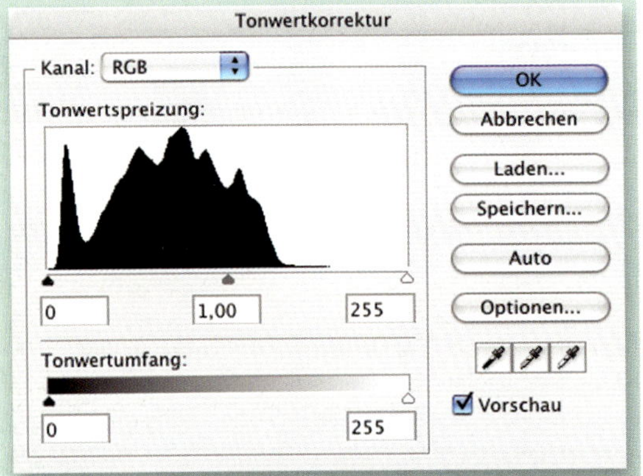

1

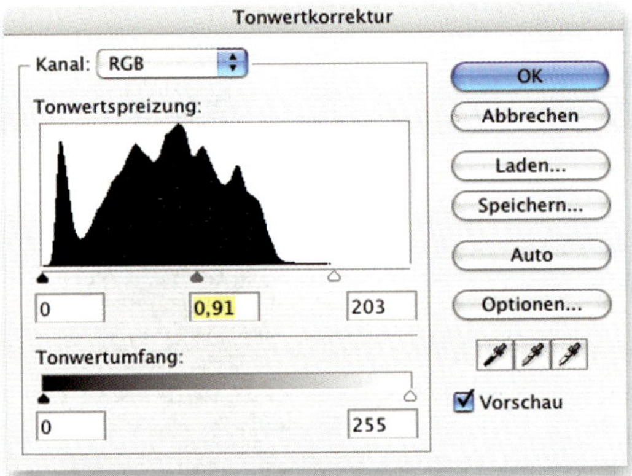

1

1

1

✔ Mit dem mittleren grauen Regler justieren Sie die mittleren Tonwerte; im Beispiel etwa wurde der Regler etwas nach rechts geschoben, damit die Haut weniger blass wirkt.

1 Öffnen Sie die Datei *Gesicht.tif*. Schon ohne Messung fallen die Farbfehler bei diesem Bild auf. Zuerst überprüfen Sie die Tonwertverteilung (*Bild > Anpassungen > Tonwertkorrektur*). Der Abfall der Kurve im rechten Bereich zeugt von einer schlechten Verteilung; hier mangelt es im hellen Bereich. Ziehen Sie den weißen Schieberegler rechts unter der Tonwertkurve in die Mitte bis zum Beginn der Kurve.

2 Prüfen Sie dann die Graubalance im Bild: Neutrale Grautöne dürfen keinen Farbstich zeigen. Damit Sie anhand einer repräsentativen Farbe messen, stellen Sie noch den Aufnahmebereich der Pipette auf 3 x 3 Pixel Durchschnitt ein. Setzen Sie einen Farbaufnehmer an einen neutralen Grauwert, der einer Vorlage oder Ihrer Einschätzung nach Neutralgrau sein müsste: Im Beispielbild bleibt nur der kaum sichtbare Ausschnitt des Kopfhörerkabels. Stellen Sie in der Info-Palette die Anzeige für den Farbaufnehmer auf RGB ein (neutrale Grauwerte lassen sich am besten bei RGB überprüfen; sie müssen etwa gleiche Werte bei Rot, Grün und Blau zeigen). Im CMYK-Modus setzen sich neutrale Grautöne aus jeweils gleichen Anteilen der Buntfarben Magenta und Gelb sowie einem etwas höheren Anteil Cyan zusammen. Der Schwarzanteil kann je nach Helligkeit der Bildstelle und Separationseinstellungen variieren. In der RGB-Anzeige (Info-Palette) sieht man zu viel Rot und zu wenig Grün.

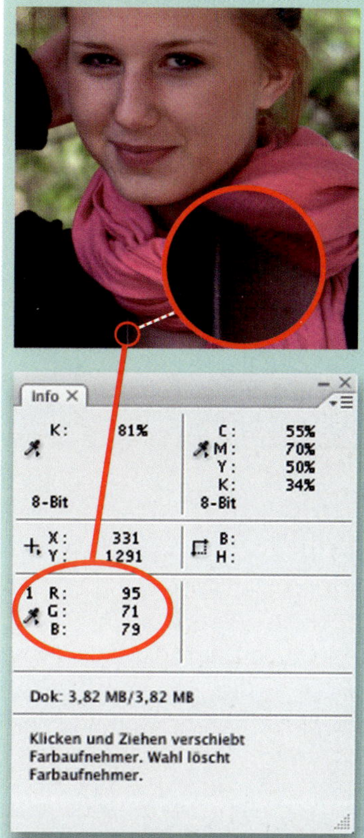

2

3 Verwenden Sie den Befehl *Bild > Anpassungen > Gradationskurven*. Ziehen Sie die Kurve für die betroffenen Farbkanäle in die gewünschte Richtung, um die RGB-Werte anzugleichen. Kontrollieren Sie die Werte dabei in der Info-Palette. Es kommt nicht darauf an, einzelne Grauwerte exakt einzustellen, sondern eine ausgewogene Graubalance im gesamten Bild zu erreichen. Hier wurde im Rotkanal der Rotanteil verringert sowie im Grünkanal der Grünateil erhöht. Mit dem Einstellen der Graubalance sieht das Bild bereits deutlich besser aus.

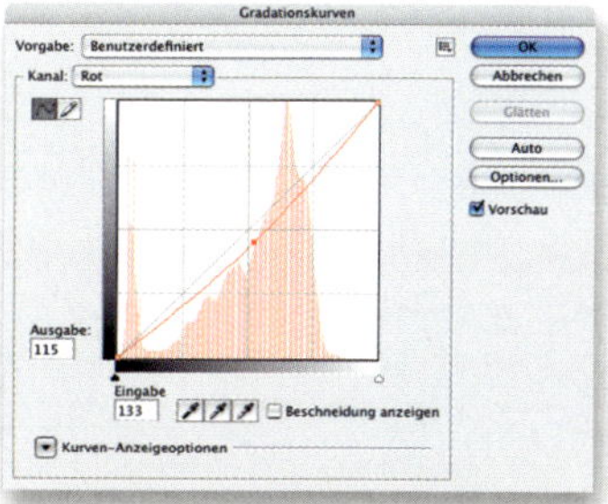

3

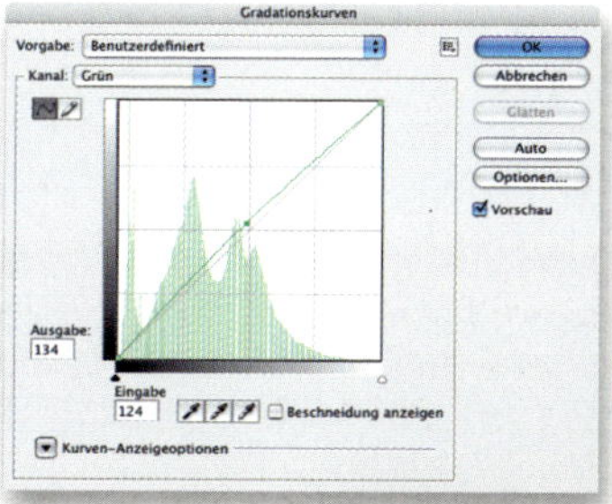

3

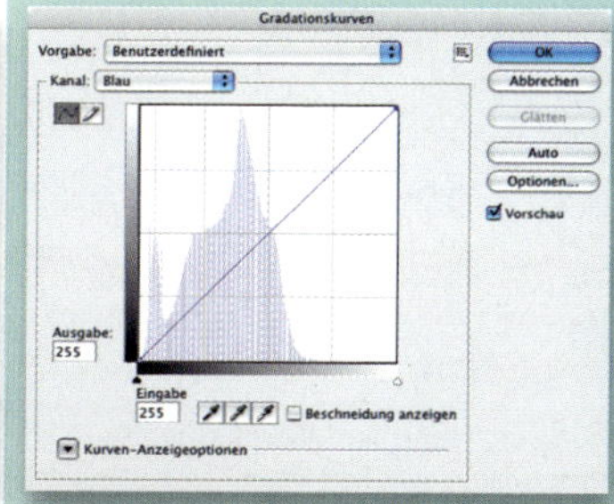

3

4 Hautkorrekturen sind einfacher mit CMYK-Werten durchzuführen, da in diesem Farbraum die farblichen Bestandteile der Haut besser zu kontrollieren sind. Hierzu muss vorher der Modus in CMYK gewandelt werden. Eine solche Modusänderung macht jedoch nur Sinn, wenn der Zielfarbraum ebenfalls CMYK ist. Andernfalls bearbeiten Sie das Bild weiter im RGB-Farbraum; die CMYK-Werte sehen Sie in der zweiten Farbwertanzeige oben rechts, sobald Sie das Farbaufnahme-Werkzeug über einen gesetzten Farbaufnehmer bewegen.

4

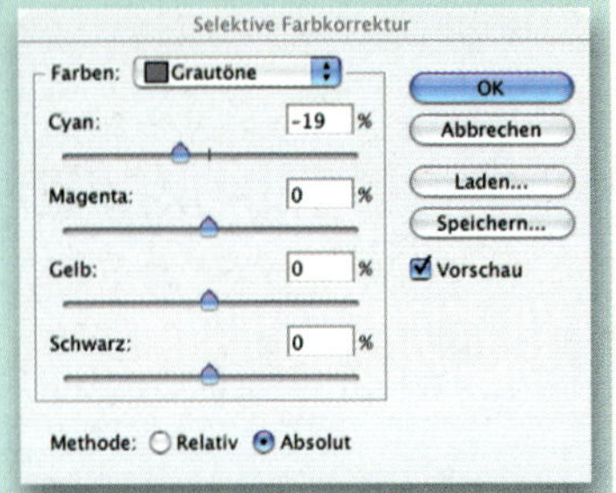

5

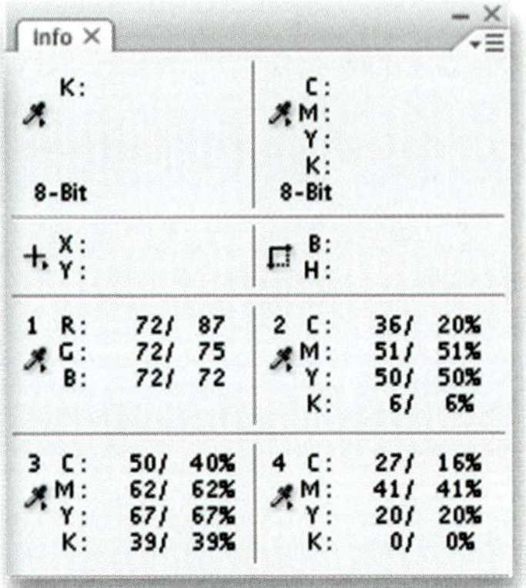

5

5 Jetzt beginnt die eigentliche Korrektur: Setzen Sie drei Farbaufnehmer wie auf *Seite 142* beschrieben. In diesem Beispiel liegt Farbaufnehmer 2 auf einem 60%igen Tonwert, Farbaufnehmer 3 auf einem 80%igen Tonwert, Farbaufnehmer 4 auf einem 45%igen Tonwert. Vergleichen Sie die aufgenommenen Werte mit denen der Tabelle von *Seite 143*. Verglichen mit den exakten und umliegenden Werten des mitteleuropäischen Typs ist bei allen drei Werten zunächst der Cyananteil zu hoch. Richten Sie eine neue Einstellungsebene mit *Selektiver Farbkorrektur* ein. Verringern Sie hier zunächst den Cyanwert bei *Farben: Grautöne*.

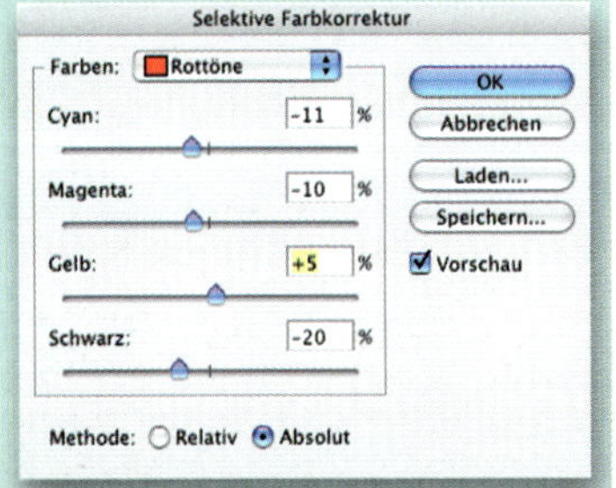

6

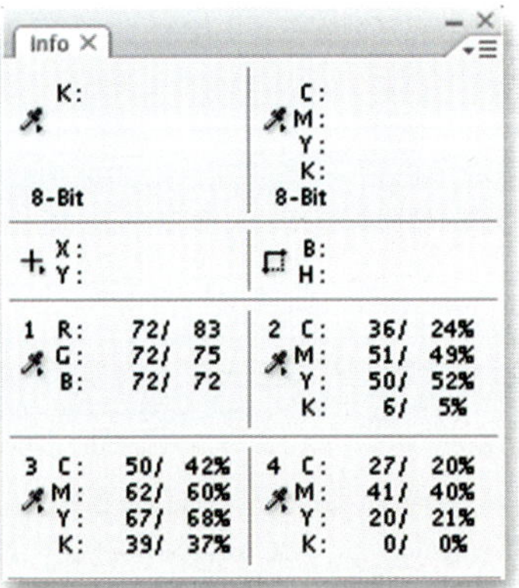

6

6 Noch ist der Gelbwert allgemein zu gering. Meist muss er in den Rot- und/oder Gelbtönen, den Hauptbestandteilen der Hautfarbe, korrigiert werden. Schieben Sie an den Reglern und verfolgen Sie dabei laufend die Änderungen in der Info-Palette.

7 Vergleichen Sie die Übungsdatei mit dem Referenzbild von *Seite 142*. Per Doppelklick auf das Symbol der Einstellungsebene in der Ebenenpalette öffnet sich der Dialog *Selektive Farbkorrektur*. Hier können Sie die Farben zu jeder Zeit gezielt nachjustieren.

✔ Selektive Farbkorrektur ist ein Verfahren, das die Zusammensetzung der einzelnen Farbkomponenten (Primär- und Sekundärfarben) ändert. Selektiv meint dabei, dass die Erhöhung oder Verringerung des Farbenanteils in einer Primär- oder Sekundärfarbe keinen Einfluss auf die Zusammensetzung der anderen Primär- und Sekundärfarben hat. Es ist damit möglich, den Cyananteil in der Rotkomponente zu erhöhen, ohne dass der Cyananteil in der Blaukomponente erhöht wird (etwa um einen Hautton weniger rötlich erscheinen zu lassen, ohne dass sich der Hintergrund im gleichen Bild verändert). Durch die Korrektur werden die Farben durch Erhöhung oder Verringerung der Druckfarbenanteile verändert. Die Korrektur kann sich auf das gesamte Bild beziehen oder auf einzelne Bildteile, die man vorher auswählt oder indem man in der Einstellungsebene eine Maskierung anlegt.

Vor der Farbkorrektur

Nach der Farbkorrektur

Anwendungsbeispiel > Porträtretusche

Vor der Retusche

© Commosso

Das fertig retuschierte Porträt

Wie das oben abgebildete Beispiel zeigt, benötigen auch professionell aufgenommene Porträts in der Regel etwas Retusche, um eventuelle Schönheitsfehler zu mildern. Doch ist hier Vorsicht geboten: Eine gute Retusche verändert so wenig wie möglich das eigentliche Aussehen; je besser retuschiert wurde, desto weniger ist es in der Regel zu erkennen. Letztlich gliedert sich eine Porträtretusche, die mehr oder weniger immer dieselben Arbeitsschritte beinhaltet, wie folgt:

1 In jedem Fall sollten die Originaldaten während der gesamten Arbeit zur Verfügung stehen. Sind nur Farbeinstellungen, wie in der letzten Übung besprochen, nötig, sollte auf Einstellungsebenen gearbeitet werden. Ist jedoch Stempeln angesagt, sollte man auf einer Ebenenkopie arbeiten, da so stets auf das Original zugegriffen werden kann.

2 Zuerst wird immer die Farbe im gesamten Bild korrigiert. (Die Vorgehensweise beschreibt die vorherige Übung.) Die Zähne können bereits an dieser Stelle aufgehellt werden. Eventuell bietet es sich hier an, zuvor eine Auswahl zu erstellen.

3 Danach wird die Haut etwas geglättet (Einsatz von verschiedenen Filtern, beschrieben in der Übung *Bildstörungen entfernen, Seite 140*) und andere Unreinheiten und Fehler werden behandelt. Im Gegensatz zur Übung *Bildstörungen entfernen*, kommen hier Bereichsreparatur-Pinsel, Reparatur-Pinsel und das Ausbessern-Werkzeug zum Zuge. Auf den Kopierstempel sollte bei der Porträtretusche verzichtet werden. Über *Bearbeiten* > *Verblassen* kann verloren gegangene Struktur wieder zurückgeholt werden.

Bilder korrigieren > Einstellungsebenen

Das Arbeiten mit Einstellungsebenen macht es möglich, mit verschiedenen Farb- und Tonwerteinstellungen zu experimentieren, ohne die Pixel endgültig zu verändern. Dies kann sowohl im Rahmen einer Bildkorrektur als auch zum Ausprobieren spezieller Effekte genutzt werden. Zusätzliche Flexibilität bietet die Arbeit mit Maskierungen innerhalb der Einstellungsebenen.

✔ Einstellungsebenen verfügen über fast alle Befehle des Befehls *Bild > Anpassungen*. Alle Veränderungen werden in den Einstellungsebenen gespeichert. Damit lassen sich diese Veränderungen wieder rückgängig machen und auch jederzeit über Doppelklick auf die Einstellungsebene in der Ebenen-Palette weiterbearbeiten. Zusätzlich wirken die Einstellungsebenen wie Masken, d.h., dass einzelne Bildteile separat von anderen und in unterschiedlicher Stärke behandelt werden können. Die in den Einstellungsebenen vorgenommenen Veränderungen werden erst tatsächlich im Bild angewandt, wenn die Einstellungsebene mit anderen Ebenen reduziert oder alle Ebenen auf die Hintergrundebene reduziert werden. Beachten Sie, dass im CMYK-Modus nicht alle Befehle des Befehls *Bild > Einstellungen* verfügbar sind bzw. dass beim Umwandeln vom RGB-Modus in den CMYK-Modus Einstellungsebenen reduziert werden.

1

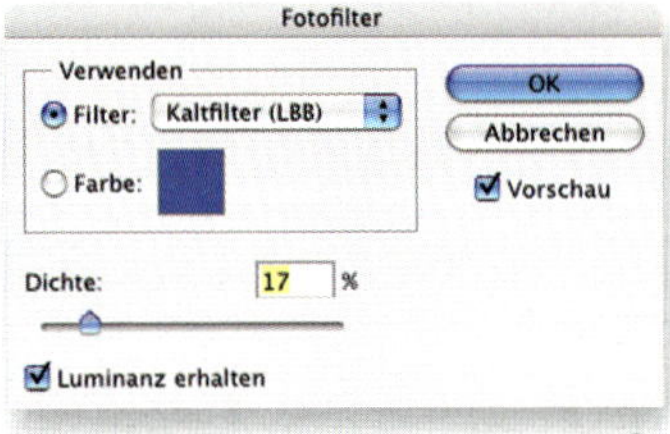

1

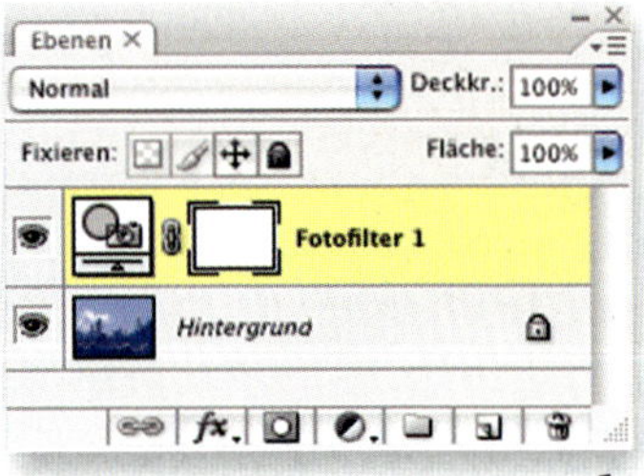

1

1 Öffnen Sie die Datei *Eis.tif*. Der frostige Eindruck des Bilds soll noch verstärkt werden. Klicken Sie auf den Schalter *Einstellungsebene* in der Ebenen-Palette und wählen Sie *Fotofilter...* Wählen Sie im Dialog *Fotofilter* bei *Filter* einen der drei *Kaltfilter*.

2 Wandeln Sie das Eis in Schwarzweiß. Aktivieren Sie die Hintergrundebene, wählen Sie den Himmel und speichern Sie die Auswahl. Kehren Sie die Auswahl um (*Auswahl > Auswahl umkehren*). Wählen Sie bei aktiver Auswahl eine neue *Einstellungsebene > Farbton/Sättigung*. Experimentieren Sie mit den Einstellungen. Entfärbt wird lediglich das Eis, der Himmel bleibt blau. Nach dem Bestätigen mit *OK* erscheint die Maske zum Teil schwarz gefüllt.

2

2

3 In einem anderen Beispiel montieren wir einen neuen Himmel in das Bild. Öffnen Sie die Datei *Sunset.tif* und ziehen Sie sie per Drag&Drop in die Eis-Datei. Im Bereich des Eises muss der Sonnenuntergang ausgeblendet werden. Laden Sie die Auswahl des Himmels (*Auswahl > Auswahl laden*). Klicken Sie bei aktiver Auswahl in der Ebenen-Palette auf die Schaltfläche *Ebenenmaske hinzufügen*.

4 Möchten Sie das Eis nachträglich färben, klicken Sie auf die Ebenenminiatur der Einstellungsebene *Schwarzweiß* um den Dialog erneut zu öffnen. Aktivieren Sie hier die Option *Farbton* und stellen Sie im *Farbton* eine passende Farbe ein.

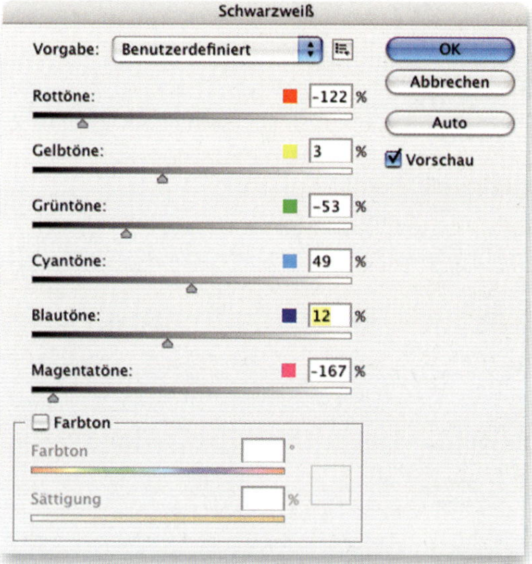

2

3

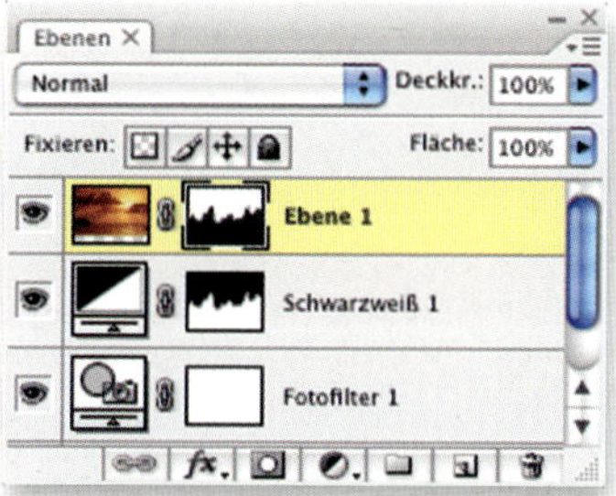

3

3

✔ Ist nichts gewählt, während Sie eine neue Einstellungsebene erstellen, erscheint eine leere (weiß gefüllte) Einstellungsebenen-Maske in der Ebenen-Palette. Eine solche Einstellungsebene wirkt auf das gesamte Bild. Wenn Sie hingegen eine aktive Auswahl im Bild haben, bevor Sie eine neue Einstellungsebene erstellen, erscheint diese Auswahl als Maske: Die Bereiche, die nicht ausgewählt waren, erscheinen schwarz in der Miniaturdarstellung; in diesen Bereichen hat die Einstellungsebene keine Auswirkung auf das Bild. Graue Bereiche in der Einstellungsebenen-Maske haben eine entsprechend reduzierte Wirkung. Jede Einstellungsebenen-Maske lässt sich, wie normale Ebenenmasken auch, mit Mal- und Bearbeitungswerkzeugen weiterbearbeiten.

4

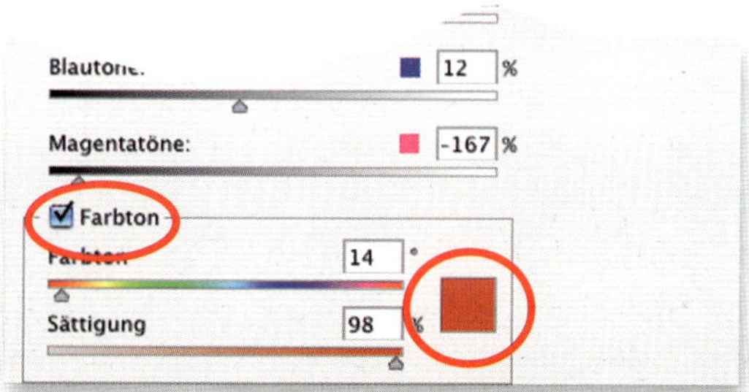

4

Kapitel 9

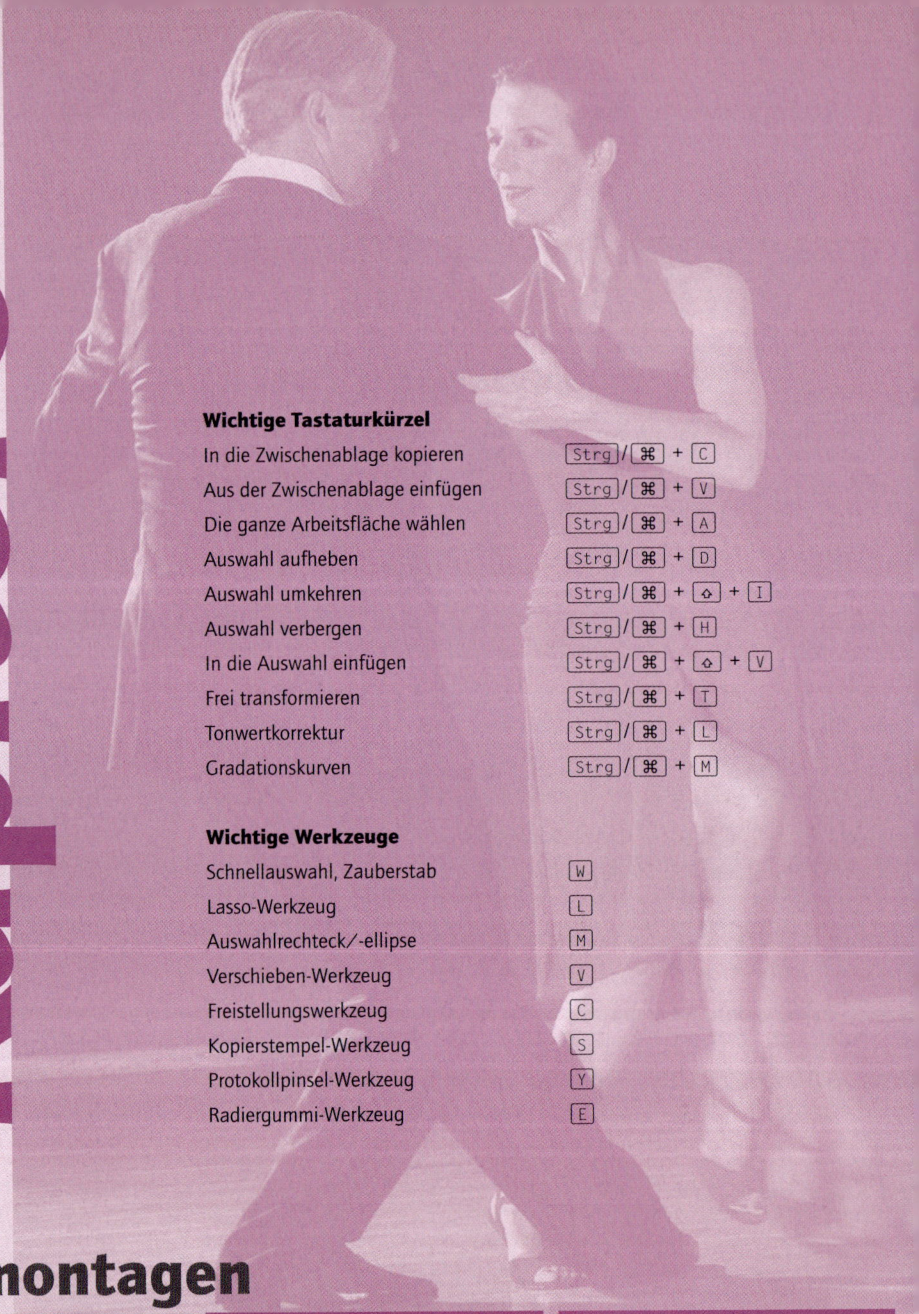

Wichtige Tastaturkürzel

In die Zwischenablage kopieren	Strg / ⌘ + C
Aus der Zwischenablage einfügen	Strg / ⌘ + V
Die ganze Arbeitsfläche wählen	Strg / ⌘ + A
Auswahl aufheben	Strg / ⌘ + D
Auswahl umkehren	Strg / ⌘ + ⇧ + I
Auswahl verbergen	Strg / ⌘ + H
In die Auswahl einfügen	Strg / ⌘ + ⇧ + V
Frei transformieren	Strg / ⌘ + T
Tonwertkorrektur	Strg / ⌘ + L
Gradationskurven	Strg / ⌘ + M

Wichtige Werkzeuge

Schnellauswahl, Zauberstab	W
Lasso-Werkzeug	L
Auswahlrechteck/-ellipse	M
Verschieben-Werkzeug	V
Freistellungswerkzeug	C
Kopierstempel-Werkzeug	S
Protokollpinsel-Werkzeug	Y
Radiergummi-Werkzeug	E

Bildmontagen

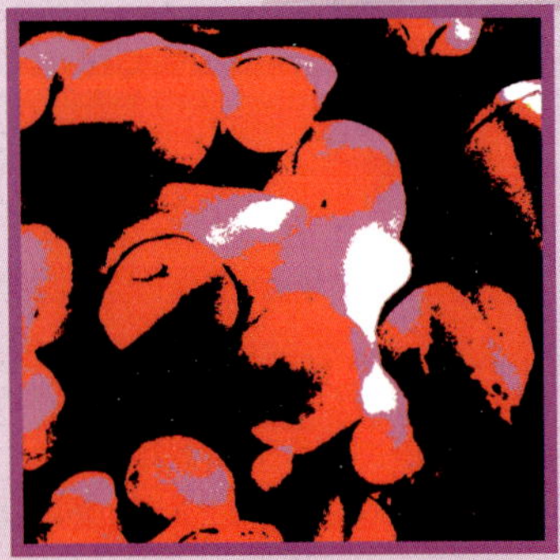

Bildmontagen > Techniken

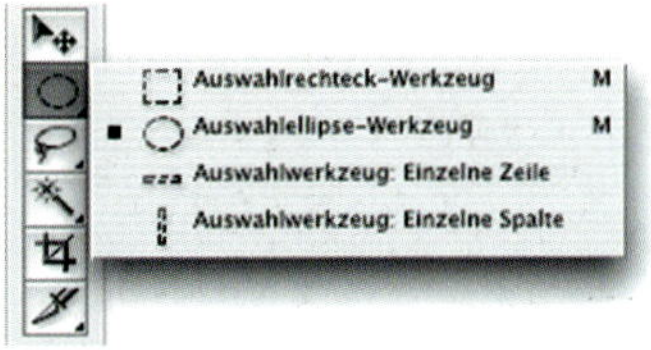

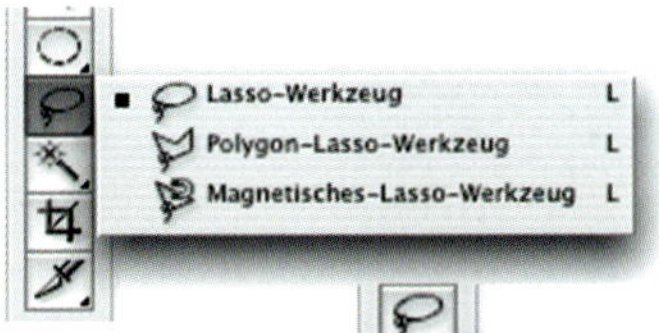

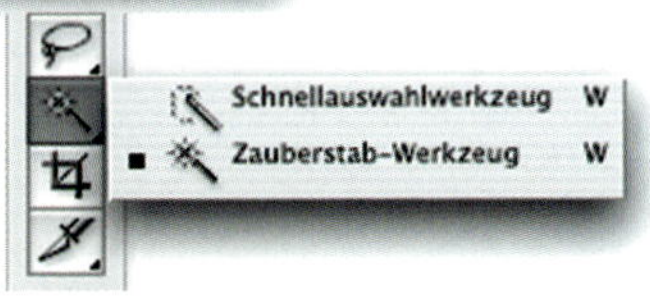

Montage und Collage sind in der herkömmlichen Bildbearbeitung Techniken, um aus mehreren Negativen bzw. Fotografien oder auch anderem Bildmaterial neue Kompositionen, meist mit einer neuen Botschaft herzustellen. Die diesbezüglichen Bearbeitungsmöglichkeiten von Photoshop sind vielfältig und einfach zu handhaben, so dass praktisch jede Bildidee – mehr oder weniger zeitaufwändig – verwirklicht werden kann. Die wichtigsten Arbeitsmittel bei Montagen sind neben freigestellten Bildteilen *Ebenenmasken* (*Verlaufsmasken* und/oder handgemalte Maskierungen) *Vektormasken* (für scharfkantige Maskierungen) sowie die *Ebenenmodi* (etwa Ineinanderkopieren).

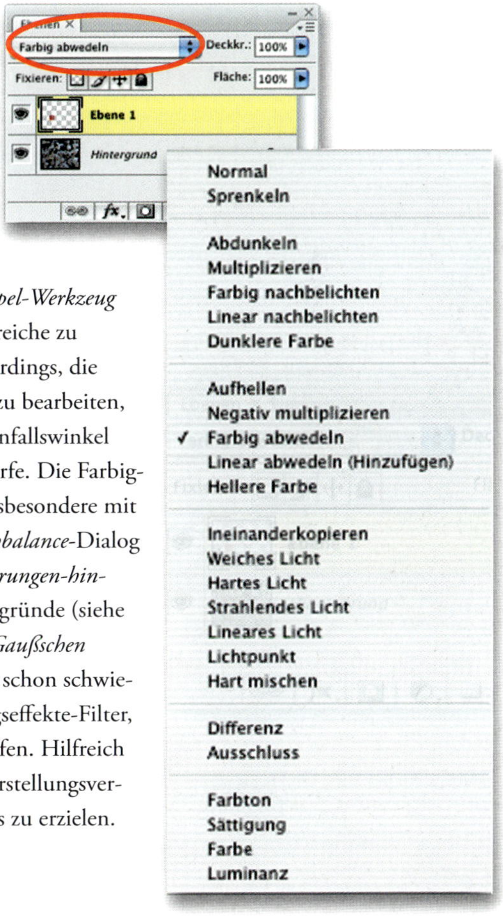

Für die Auswahl der benötigten Bildteile werden die Befehle *Farbbereich auswählen* (Menü *Auswahl*), das *Zauberstab-* oder *Schnellauswahlwerkzeug*, der Befehl *Extrahieren* (Menü *Filter*) oder auch der *Maskierungsmodus* verwendet. Die erstellten Auswahlbereiche können mit weichen Auswahlkanten versehen werden, um weichere Übergänge zu erzeugen. Der Befehl *In die Auswahl einsetzen* (Menü *Bearbeiten*) legt automatisch eine Ebenenmaske an. Außerdem spielt das *Stempel-Werkzeug* eine zentrale Rolle, wenn es darum geht, fehlende Bildbereiche zu ergänzen. Entscheidend für gelungene Resultate ist es allerdings, die Montageelemente so zu fotografieren, auszuwählen oder zu bearbeiten, dass sie auch zueinander passen. Dies betrifft etwa den Einfallswinkel des Lichts, die Farbigkeit, aber auch Körnigkeit und Schärfe. Die Farbigkeit kann mit den Befehlen des *Bild-Einstellen*-Menüs, insbesondere mit dem *Tonwertkorrektur-*, dem *Gradationskurven-* oder *Farbbalance*-Dialog angepasst werden. Fehlende Körnigkeit wird mit dem *Störungen-hinzufügen*-Filter erzeugt; Unschärfe für Hinter- bzw. Vordergründe (siehe Anwendungsbeispiel *Nimm 3 für 1, Seite 162*) mit dem *Gaußschen Weichzeichner*. Bei unterschiedlicher Beleuchtung wird es schon schwieriger: Versuchen Sie eine Korrektur mit dem Beleuchtungseffekte-Filter, ansonsten müssen Sie auf passendere Vorlagen zurückgreifen. Hilfreich sind außerdem Kenntnisse aus Naturstudien, visuelles Vorstellungsvermögen, Geduld und der Anspruch, ein perfektes Ergebnis zu erzielen.

Modus: Normal

Ebenenmodi

Eine wichtige Montagetechnik ist das Überblenden von geeigneten Motiven über die verschiedenen Modi in der *Ebenen*-Palette: Mit der Füllmethode (auch Ebenenmodus genannt) werden die Farbwerte der Pixel im Bild für die gewählte Ebene verändert. Ausgangsfarbe ist die Originalfarbe im Bild, Füllfarbe ist die Farbe, die mit der Füllmethode übertragen wird, und Ergebnisfarbe ist die beim Mischen der beiden Farben entstehende Farbe.

Modus: Luminanz

Modus: Farbig abwedeln

✔ Modi zum farbigen Abdunkeln

Abdunkeln wählt die jeweils dunklere Farbe aus Ausgangs- oder Füllfarbe als Ergebnisfarbe. Pixel, die heller als die Füllfarbe sind, werden ersetzt, Pixel, die dunkler sind als die Füllfarbe, bleiben unverändert. *Multiplizieren* multipliziert den Farbwert der Ausgangsfarbe mit dem der Füllfarbe. Die Ergebnisfarbe erscheint koloriert und abgedunkelt. *Multiplizieren* verstärkt die Tiefen, ohne die Farbigkeit der darunterliegenden Ebenen zu verlieren, und ist gut zum Schattieren geeignet (beim Füllen mit Schwarz entsteht Schwarz; Füllen mit Weiß hat keine Auswirkung). *Farbig nachbelichten* und Linear nachbelichten dunkelt die Ausgangsfarbe ab (weißer Farbauftrag hat keine Auswirkung). *Dunklere Farbe* vergleicht alle Kanalwerte der Ausgangs- und Füllfarbe. Angezeigt werden die Farben mit den niedrigeren Werten. Die beiden dunkleren Farben werden nicht zu einer dritten Farbe gemischt, die Ergebnisfarbe verwendet die Füll- oder Ausgangsfarbe mit dem niedrigsten Kanalwert.

Modus: Ineinanderkopieren

Modus: Abdunkeln

Modus: Aufhellen

✔ Modi zum farbigen Aufhellen

Aufhellen wählt die jeweils hellere Farbe aus Ausgangs- oder Füllfarbe als Ergebnisfarbe. Dunklere Pixel werden ersetzt, Pixel, die heller als die Füllfarbe sind, bleiben unverändert. *Negativ multiplizieren* multipliziert die umgekehrten Farbwerte der Ausgangsfarbe und der Füllfarbe mit dem Ergebnis einer gleichzeitigen Aufhellung und Abschwächung der Farbigkeit (Füllen mit Schwarz hat keine Auswirkung; durch Füllen mit Weiß entsteht Weiß). *Farbig abwedeln* und *Linear abwedeln* hellt die Ausgangsfarbe auf (schwarzer Farbauftrag hat keine Auswirkung). *Hellere Farbe* vergleicht alle Kanalwerte der Ausgangs- und Füllfarbe. Angezeigt werden die Farben mit den höheren Werten. Die beiden helleren Farben werden nicht zu einer dritten Farbe gemischt, die Ergebnisfarbe verwendet die Füll- oder Ausgangsfarbe mit dem höchsten Kanalwert.

✔ Modi zum farbigen Mischen

Ineinanderkopieren, Weiches Licht und *Hartes Licht* sind verschiedene Kombinationen aus *Multiplizieren* und *Negativ multiplizieren* mit jeweils unterschiedlicher Wirkung auf helle und dunkle Farben. *Strahlendes Licht, Lineares Licht* und *Lichtpunkt*: Die Füllfarbe wirkt als eine Art Lichtquelle mit jeweils unterschiedlicher Wirkung auf helle und dunkle Farben (schwarzer und weißer Farbauftrag hat keine Auswirkung). Ein 50%iges Grau als Füllfarbe ist ein neutrale Farbe, die in diesen sechs Modi keine Veränderung zeigt.

Differenz subtrahiert die Farbe (Ausgangs- oder Füllfarbe) mit dem niedrigeren Helligkeitswert von der mit dem höheren Helligkeitswert. Das Füllen mit Weiß kehrt die Ausgangsfarbwerte um. Beim Füllen mit Schwarz gibt es keine Änderung. *Ausschluss* erzeugt einen ähnlichen, jedoch kontrastärmeren Effekt wie *Differenz. Hart mischen* fügt der Füllfarbe den Wert der einzelnen RGB-Kanäle zu den RGB-Werten der Ausgangsfarbe hinzu. Ist die Summe eines Kanals 255 oder höher, wird der Wert 255 zugewiesen, ist sie kleiner als 255, wird der Wert 0 verwendet. Alle angeglichenen Bildpunkte zeigen somit in den einzelnen RGB-Kanälen den Wert 0 oder 255. Der Modus ändert die Farben des Bilds in die Primärfarben: Rot, Grün, Blau, Cyan, Gelb, Magenta, Weiß oder Schwarz.

Farbton, Sättigung, Farbe sowie *Luminanz* arbeiten mit Kombinationen der Komponenten des *HSB*-Modells und können nur auf Farbbilder angewendet werden.

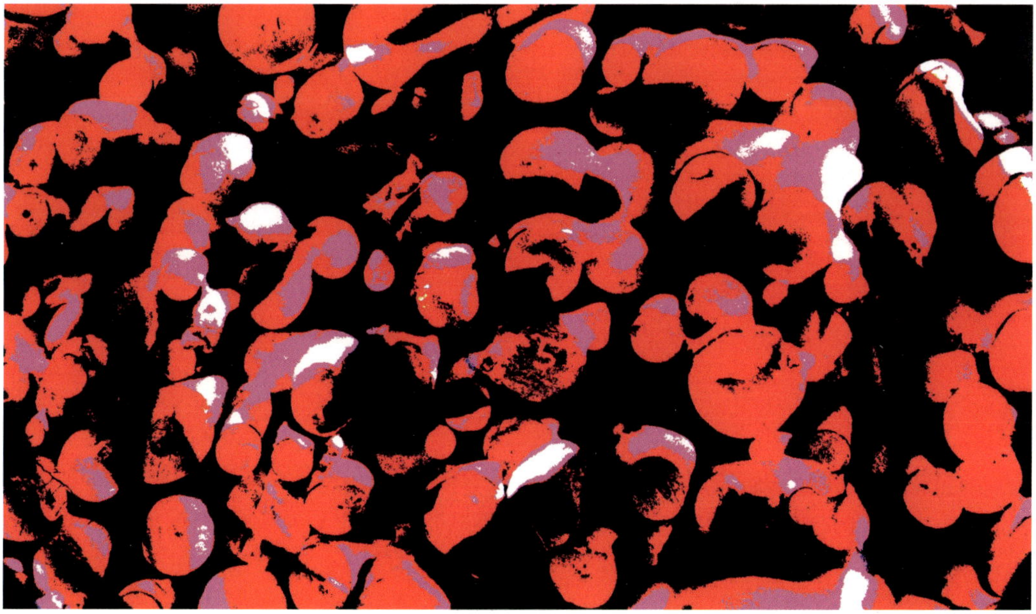

Das Bild setzt sich zusammen aus den gleichen Bildern wie die kleinen Beispielbilder auf der linken Seite. Die Blume ist nun auf die Größe des Holzbilds skaliert, überblendet sind die beiden Bilder mit dem Modus Hart mischen, der alle Farben im Bild in die Primärfarben wandelt.

Ebenenmasken

Mithilfe von Ebenenmasken lassen sich Bildteile spielend leicht – auch mit weichen Übergängen – aus- und einblenden. Ein einfaches Beispiel soll die Wirkungsweise demonstrieren.

1

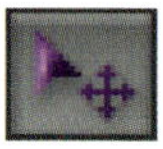

1 Blume und Holzstapel sollen ineinandergeblendet werden. Öffnen Sie die beiden Dateien *Blume.tif* und *Holz.tif*. Laden Sie die Auswahl der Blumendatei. Ziehen Sie in die Datei *Blume02.tif* das zweite Bild. Die Blume deckt nun zu großen Teilen den Holzstapel ab.

3

2

2 Klicken Sie bei aktiver Blumenebene auf das Ebenenmaskensymbol in der Ebenen-Palette oder wählen Sie *Ebene > Ebenenmaske > Alle einblenden.* Eine leere Ebenenmaske entsteht.

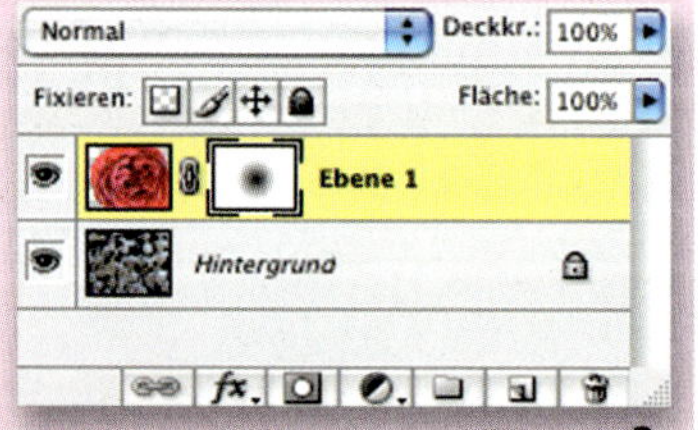

3

3 Bei aktiver Ebenenmaske ziehen Sie nun einen linearen Verlauf von Schwarz nach Weiß in diagonaler Richtung auf. Alternativ können Sie mit Maskierungsfarbe (Schwarz) und einem weichen Pinsel und der Option *Airbrush* über die Bereiche sprühen, die Sie ausblenden wollen. Das Ergebnis sehen Sie sofort im Bild, die Maskierung in der Miniaturdarstellung.

4

4

4 Optional: Probieren Sie in der Ebenenpalette die verschiedenen Modi. Das Beispiel zeigt den Modus *Hellere Farbe.*

Vektormasken

Für Maskierungen mit scharfen Konturen sind Vektormasken besser geeignet. Öffnen Sie für folgende Übung die Dateien *Fussball.tif* sowie *Globus.tif*.

1 Zeichnen Sie die Bildbereiche, die nach der Maskierung sichtbar sein sollen, mit dem Zeichenstift nach. Wenn Sie in die Pfade-Palette wechseln, ist dieser Pfad dort zunächst als Arbeitspfad sichtbar.

1

1

2

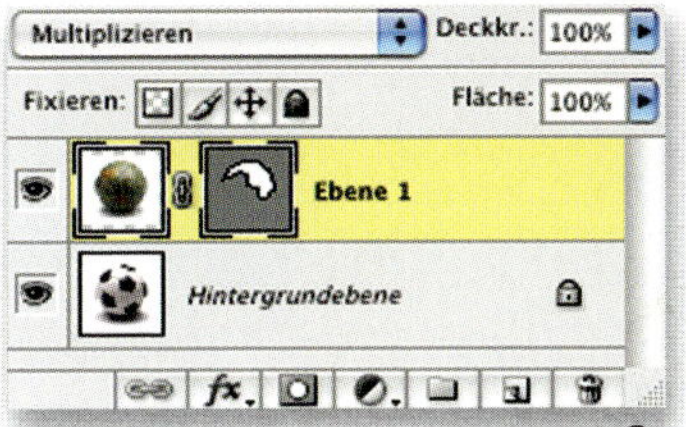

3

2 Beachten Sie, dass der alte Pfad gelöscht wird, wenn Sie den Arbeitspfad deaktivieren und einen neuen Pfad zu zeichnen beginnen. Deshalb ist es sinnvoll, den Arbeitspfad über einen Doppelklick auf die Pfadminiatur in der Pfade-Palette zu speichern (»Pfad 1«). Für den nächsten Arbeitsschritt muss der gewünschte Pfad aktiviert, also grau unterlegt sein.

3

3 Wählen Sie dann unter *Ebene > Vektormaske > Aktueller Pfad.*

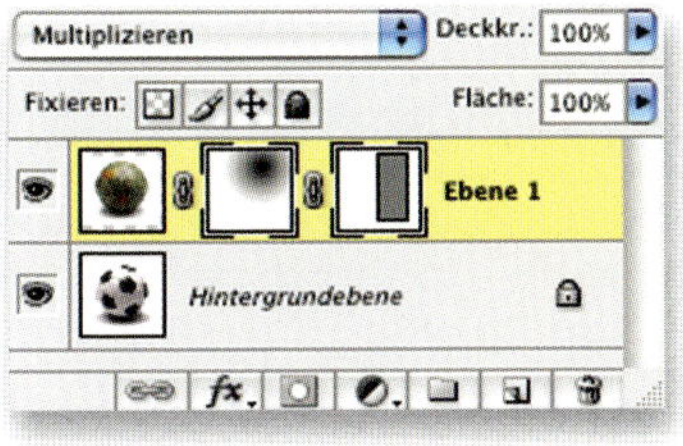

✔ **Ebenenmaske und Vektormaske kombinieren**: Es können maximal eine (Pixel-)Ebenenmaske sowie eine Vektormaske pro Ebene angelegt werden. Die Anordnung in der Ebenen-Palette erfolgt immer in der gleichen Weise (Ebene/Ebenenmaske/Vektormaske), unabhängig davon, in welcher Reihenfolge die Masken erstellt werden.

Anwendungsbeispiel 1 > Nimm 3 für 1

© Commosso

© Commosso

Für eine Werbekampagne der Firma Commosso wurden verschiedene Montagen angefertigt, die durch ihre ungewöhnlichen Kombinationen der verschiedenen Motive die Blicke des Betrachters auf sich ziehen sollen.

Das gesamte Layout sowie die hier gezeigte Bildmontage erledigte die Werbeagentur Commosso selbst, die auch freundlicherweise die hier abgedruckten Arbeitsschritte zur Verfügung stellte.

Die Zutaten

Stellvertretend für alle Montagen der Werbekampagne sind hier die Arbeitsschritte der Collage für die erste Anzeige gezeigt.

Zur Verfügung standen die unten gezeigten Fotos; das der Prüfstation, das Bild mit dem Spiegelei und ein drittes Foto, welches den Dosendeckel zeigt.

© Commosso

© Commosso

© Commosso

Folgende Arbeitsschritte sollen den Einbau eines Objekts in die Collage zeigen.

1 Der Deckel wird zunächst freigestellt:
Hierfür wird der Hintergrund mit dem *Schnellauswahlwerkzeug* gewählt. Im *Maskierungsmodus* wird mit dem Pinsel die Wulst am unteren Deckelrand zur Auswahl hinzugemalt.

Per Doppelklick in der Ebenen-Palette wird die Hintergrundebene zur bearbeitbaren *Ebene 0*. Die umgekehrte Auswahl kann nun gelöscht werden.

1

1

✔ Näheres über Auswahlen lesen Sie in *Kapitel 7 > Auswählen und Freistellen*. Über den Maskierungsmodus lesen Sie in *Kapitel 2 > Ebenen und Masken*.

1

2 Nach dem Freistellen wird der Deckel über die Zwischenablage kopiert und in das Hintergrundbild eingefügt.

2

© Commosso

© Commosso

3 Über *Bearbeiten > Frei transformieren* werden die beiden Fremdkörper mit gedrückter ⇧-Taste proportional skaliert …

4 … um dann in der Höhe gestaucht zu werden. Hilfreich sind hier die vorab gezogenen Hilfslinien.

3

5 Per *Bild > Anpassungen > Farbbalance* oder über *Bild > Anpassungen > Selektive Farbkorrektur* wird der Dosendeckel farblich an seinen neuen Hintergrund angepasst. Ebenso kann über *Bild > Anpassungen* der *Kontrast* etwas herabgesetzt werden.

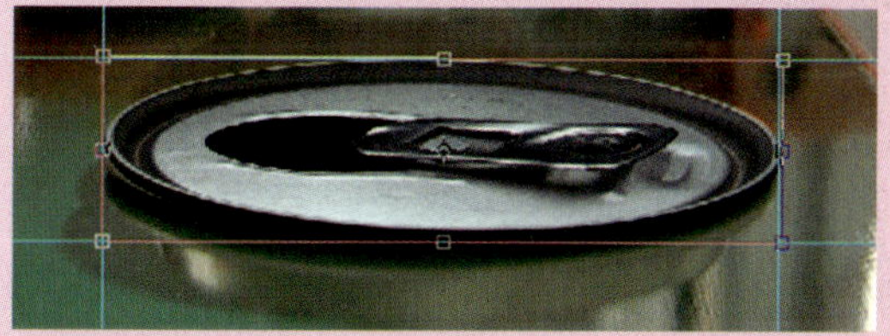

4

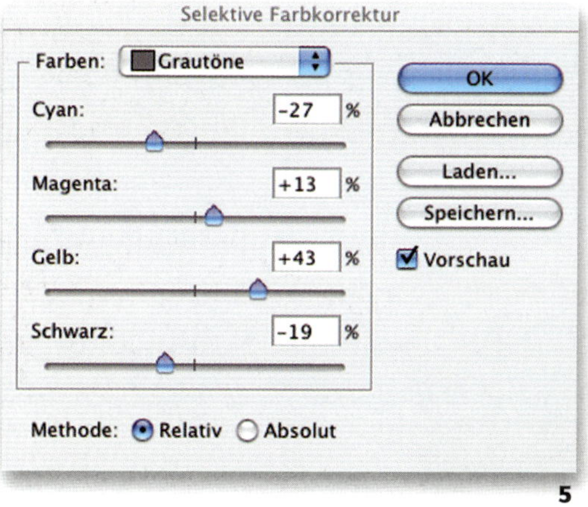

5

5

6 Der Originaldeckel (oben) zeigt noch eine leichte Unschärfe im vorderen Bereich. Zudem spiegelt sich an den Kanten das rote Licht der Prüfanlage.

6

7

7 Per *Zauberstab* werden die Lichter im neuen Deckel gewählt und die Auswahl mit einer weichen Kante versehen. Über *Bild* > *Anpassungen* > *selektive Farbkorrektur* entstehen die roten Lichtreflexionen.

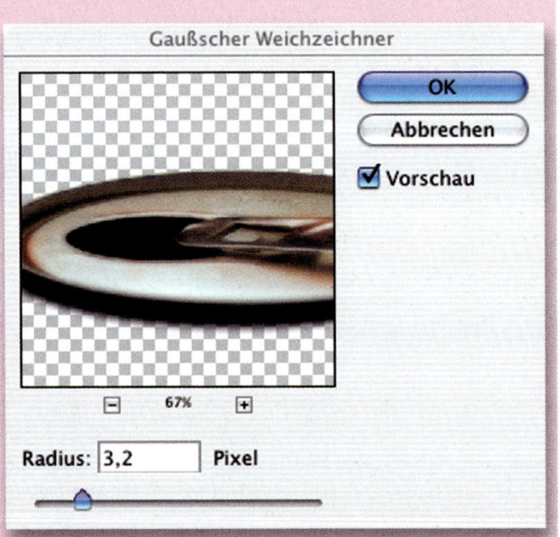

9

8

8 Um Tiefenunschärfe von vorne nach hinten auf den Deckel zu legen, wechselt man in den *Maskierungsmodus*. Hier wird mit dem *Verlaufswerkzeug* ein linearer Verlauf von Weiß (unten) nach Schwarz (oben) gesetzt.

10

9 Wieder zurück im *Standardmodus* wird der *Gaußsche Weichzeichner* auf die Dosendeckelebene angewandt ...

10 ...und der neue Deckel auf den alten geschoben.

Zwar wird das Ei ähnlich wie der Dosendeckel in das Ausgangsbild montiert, einige Arbeitsschritte unterscheiden sich jedoch erheblich:

Erster Unterschied:
Anders als der neue Deckel deckt das Spiegelei mit seinem Umriss den Deckel auf dem Originalbild nicht ganz ab. Somit muss zunächst auf dem Original gestempelt werden.

Zweiter Unterschied:
Das Ei passt sich in seiner Form bereits im Original recht gut dem Hintergrund an. Zwar muss es im nächsten Schritt noch etwas in der Größe angepasst werden, eine unregelmäßige Skalierung ist jedoch nicht notwendig.

Dritter Unterschied:
Hier passt der Rand farblich nicht zum Förderband. Musste beim oberen Deckel das komplette Motiv farblich verändert werden, reicht es hier aus, nur die Ränder etwas anzupassen.

Vierter Unterschied:
Originaldeckel und Deckelersatz kommen mit derselben Spiegelung und demselben Schattenwurf zurecht. Beim Ei muss jedoch eine extra Schattenebene konstruiert werden.

Anwendungsbeispiel 2 >
Schnitt per Vektor- und Ebenenmasken

Auf folgendem Plakat, das die Werbeagentur Commosso im Zuge einer Anzeigenkampagne für die Verbraucherzentrale Bayern e.V. entworfen hat, dient eine Ananas-Scheibe als Schwimmreifen.

Bis auf den Ananas-Freisteller kamen hier für das Verdecken und Zeigen der unterschiedlichen Bildteile fast ausschließlich verschiedene Maskierungsmethoden zum Zuge.

1

1

2

1 Die Ananas wurde lediglich in der Größe an den Hintergrund angepasst. Auf eine unregelmäßige Skalierung in der Höhe wurde, anders als beim Deckel im letzten Beispiel, verzichtet.

2 Auf einer Kopie der Hintergrundebene wurden die überflüssigen Schwimmreifenspuren per *Stempel-Werkzeug* entfernt.

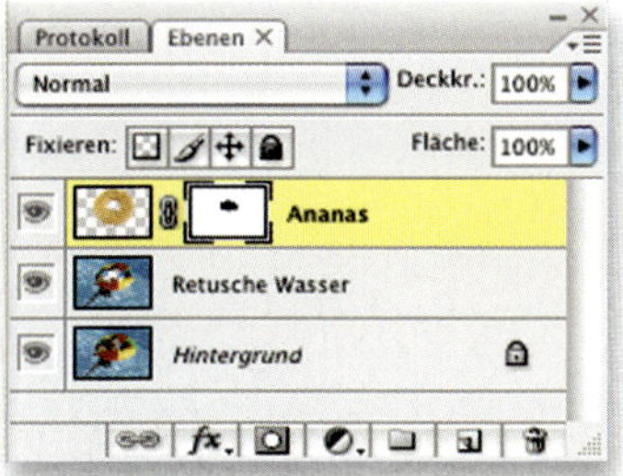

3

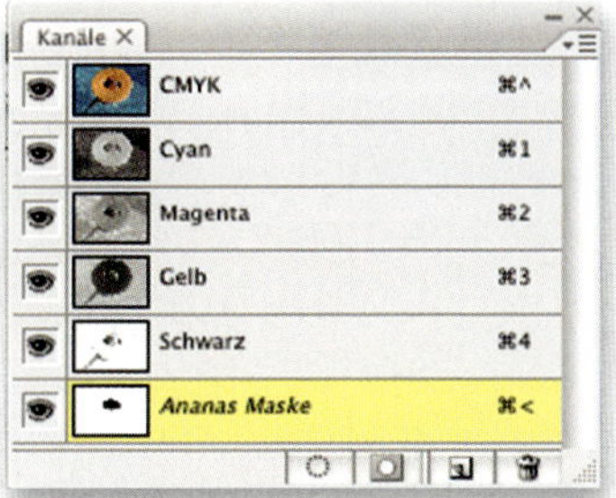

3

3

3 Die ausgefransten Ränder des Ananasausschnitts in der Mitte des Rings unten wurden per *Ebenenmaske* auf der *Ananas*ebene ausgeblendet.

4 Eine weitere *Ebenenmaske* auf der Ebene *Retusche Wasser* blendet Retuschespuren des Wassers auf dem Kind aus. Die Auswahl des Kindes ist ebenfalls als Pfad gespeichert. Zusätzlich zur Ebenenmaske liegt der Pfad des Kindes als Vektormaske auf der Ebene Ananas; Teile der Ananas, die das Kind verdecken würden, sind somit ausgeblendet.

5 Fehlende Bereiche der Brust wurden mit dem Stempel-Werkzeug angefügt.

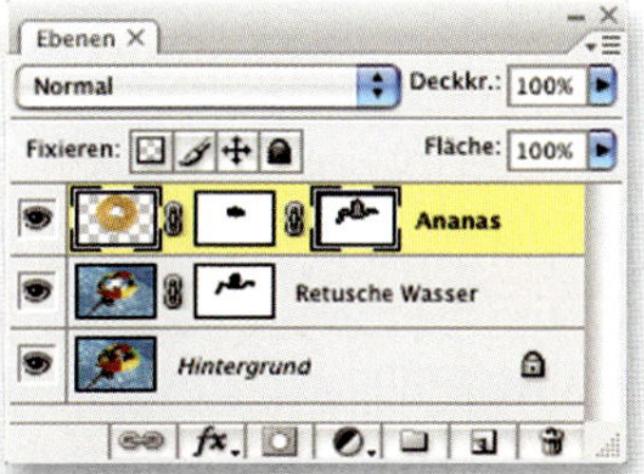

4

4

5

Anwendungsbeispiel 3 > Spiegelungsretusche

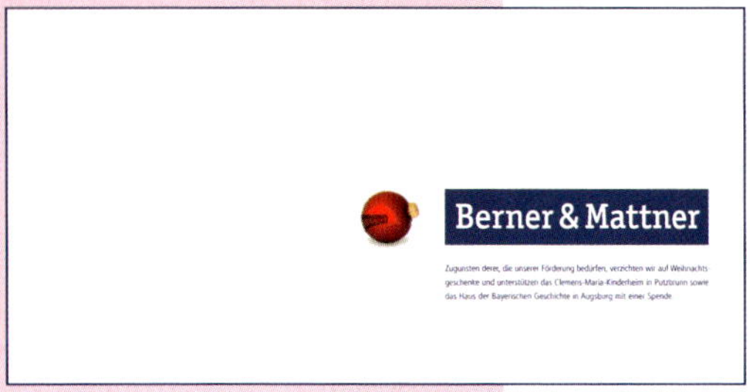

Für das Unternehmen Berner & Mattner GmbH sollte eine Weihnachtskarte entwickelt werden, deren einziges Bildmotiv eine Weihnachtsbaumkugel sein sollte, auf der sich das Firmenlogo spiegelt.

Zwar ist mit den verschiedenen Montagemethoden in Photoshop fast alles machbar, häufig ist es jedoch notwendig, verschiedene Arbeitswege zu probieren, um die Variante zu finden, die das beste Ergebnis liefert.

Ursprünglich geplant war es, in das Bild der Kugel die Spiegelung des Logos hineinzuretuschieren. Selbst mehrere Versuche dieser Vorgehensweise zeigten nicht den gewünschten Effekt.

Letztlich klappte es dann anders: Vor eine spiegelnde Kugel wurde das gedruckte Logo gestellt. Da jedoch die Kugel spiegelte, musste nun die auf der Kugel befindliche Spiegelung des Fotografen wegretuschiert werden.

Außenseiten der Karte

Innenseiten der Karte

1 Für die Logospiegelung wurde zunächst das Logo in der passenden Größe ausgedruckt …

1

2 … und vor die Weihnachtskugel in einer Rundung aufgestellt.

2

3 Das fertige Foto zeigt bereis das Logo gespiegelt – wie gewünscht. Gespiegelt wurde allerdings nicht nur der Schriftzug, sondern auch die Fotografin.

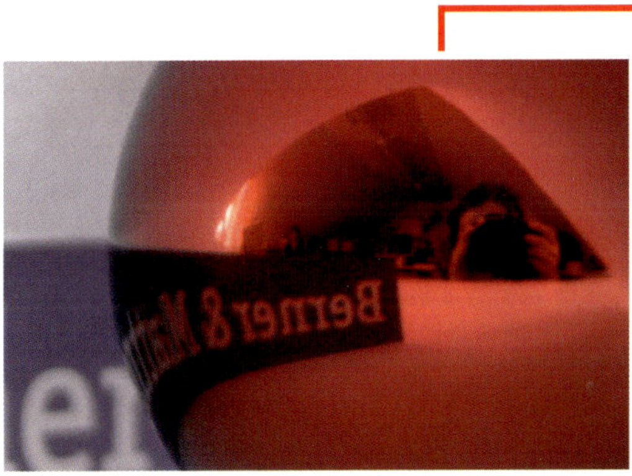

3

3

4 Zuletzt erfolgte die Bildbearbeitung in Photoshop:

- Das Motiv wurde freigestellt.
- Alle unerwünschten Spiegelungen wurden per Stempel entfernt und mit verschiedenen Filtern entfernt und abgesoftet.
- Mit den verschiedenen Werkzeugen des Befehls *Bild > Anpassungen* wurden farbliche Anpassungen vorgenommen.
- Ein neuer Schatten fand auf einer Extraebene Platz.

4

Kapitel 10

Wichtige Werkzeuge

Pinsel-Werkzeug	B
Radiergummi-Werkzeug	E
Schnellauswahl, Zauberstab	W

Zeichnen

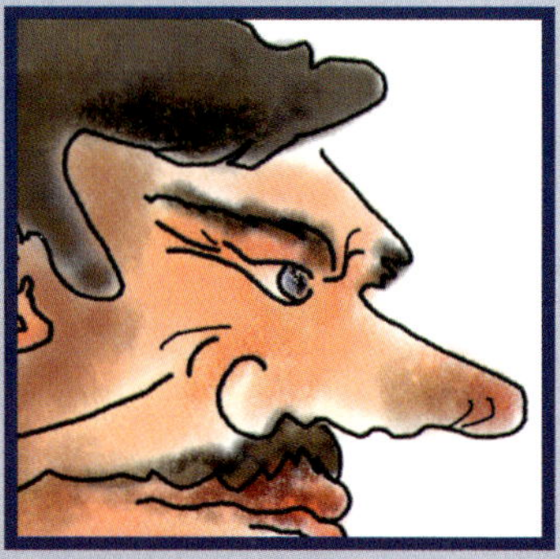

Zeichnen > Pinselspitzen verändern

Photoshop bietet unzählige vordefinierte Pinselspitzen, die in verschiedenen Sets zusammengefasst sind: so etwa Pinsel für nasse oder trockene Farbe, für Spezialeffekte, Kalligrafie-Pinsel, Pinsel mit breiten Spitzen oder für Schlagschatten. Es sind dies meist Grundformen, denen mit »dynamischen Optionen« kleine Wunder zu entlocken sind. Begutachten Sie zuerst einige vorhandene Spitzen, um sie dann zu verändern.

Schaltfläche für die Pinsel-Palette

1 Richten Sie dazu eine neue RGB-Datei, 8 x 5 cm, 300 dpi, ein, *Hintergrundinhalt*: *Weiß*. Wählen Sie den *Pinsel* aus der Werkzeug-Palette. Öffnen Sie mit einem Klick auf das entsprechende Symbol die *Pinsel*-Palette. Hier erscheinen alle momentan verfügbaren Pinselspitzen und im unteren Vorschaufeld sind alle Veränderungen sofort sichtbar. Es empfiehlt sich, die Pinselspitzen-Palette aus dem Palettenraum zu ziehen, damit sie während der Arbeit geöffnet bleibt. (Der Palettenraum steht nur für Bildschirmauflösungen über 800 x 600 Pixel zur Verfügung.)

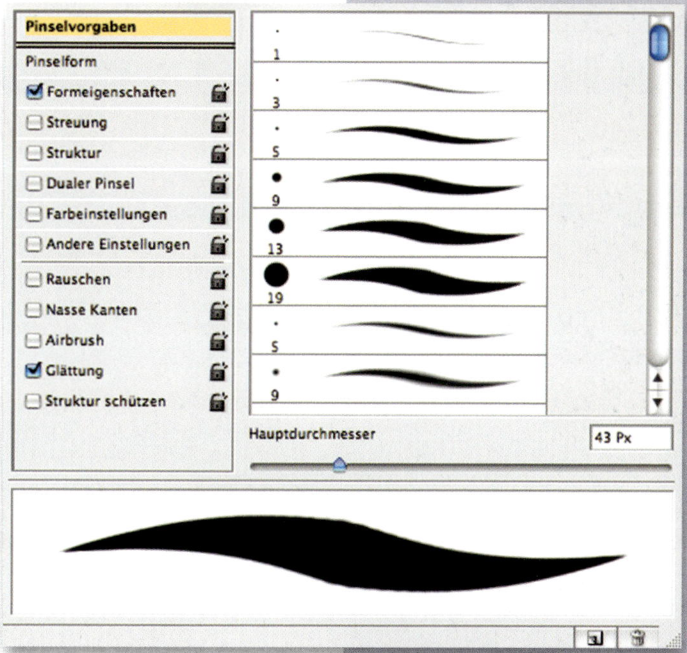

1

2 Stellen Sie nun die Anzeige im Paletten-Menü auf *Nur Text* um. Ziehen Sie einen Strich mit einer Pinselspitze *Spritzer*. Beim Ziehen werden Sie feststellen, dass der borstige Strich nicht viel mit dem zarten Tupfer der Miniatur zu tun hat.

3

3 Klicken Sie nun auf *Formeigenschaften* und ziehen den Schieberegler bei *Größen-Jitter* hoch. »Jitter« ist eine Zufallsoption: Bei *0%* bleibt der Malstrich im Strichverlauf unverändert, bei *100%* unterliegt er vollständig dem Zufall. Verändern Sie auch die *Streuung* und probieren Sie weitere Striche.

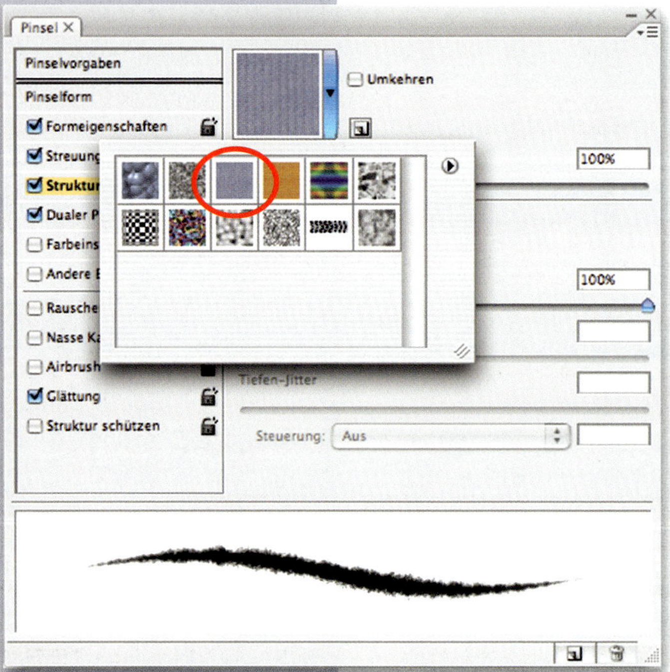

4

4 Ist auf der Übungsseite kein Platz mehr, füllen Sie die Fläche mit weißer Farbe auf: Stellen Sie *Weiß* als Hintergrundfarbe ein und drücken Sie dann die Strg-/⌘-*Taste* und die Entf-*Taste*. Bei manchen Strichen im unteren Beispiel lässt die Option *Nasse Kanten* die Linien darunter durchscheinen. Für weitere Strichvarianten klicken Sie auf *Struktur*. Wählen Sie in der Auswahlliste für Muster etwa *Woven* (im Bild links rot gekennzeichnet), wirkt der Pinselstrich, als sei er auf einer Leinwand gezogen worden. Neben den vorgegebenen Strukturen können Sie auch eigene Muster auf die Pinselspitze übertragen.

✔ Die Steuerungsoptionen für (Stift-) Steuerung, etwa Zeichenstift-Druck, sind nur für ein angeschlossenes Grafiktablett verfügbar.

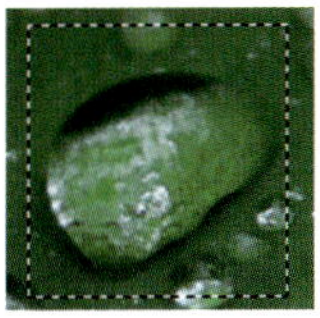

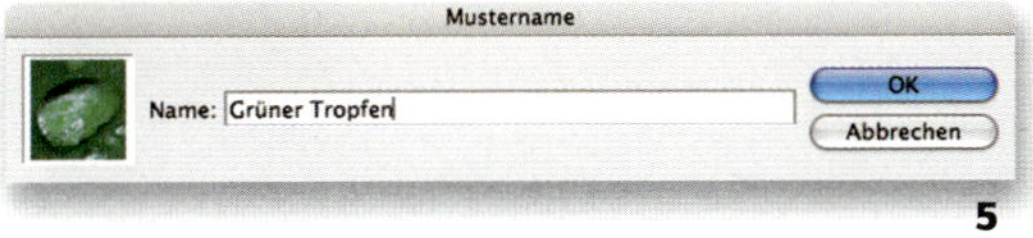

5

5 Eine eigene Struktur aus einem Foto oder einer Zeichnung nehmen Sie wie folgt auf:
Ziehen Sie mit dem *Auswahlrechteck* über eine Bildstelle, die Sie als Struktur verwenden wollen, und wählen Sie dann *Bearbeiten > Muster festlegen...*; die Struktur (das Muster) erscheint dann sofort in der *Pinselspitzen*-Palette und kann dort ausgewählt werden. Wie Sie sehen, haben Sie schon mit diesen drei Optionen eine Vielzahl von Möglichkeiten, eine ursprünglich simple Pinselspitze aufzupeppen.

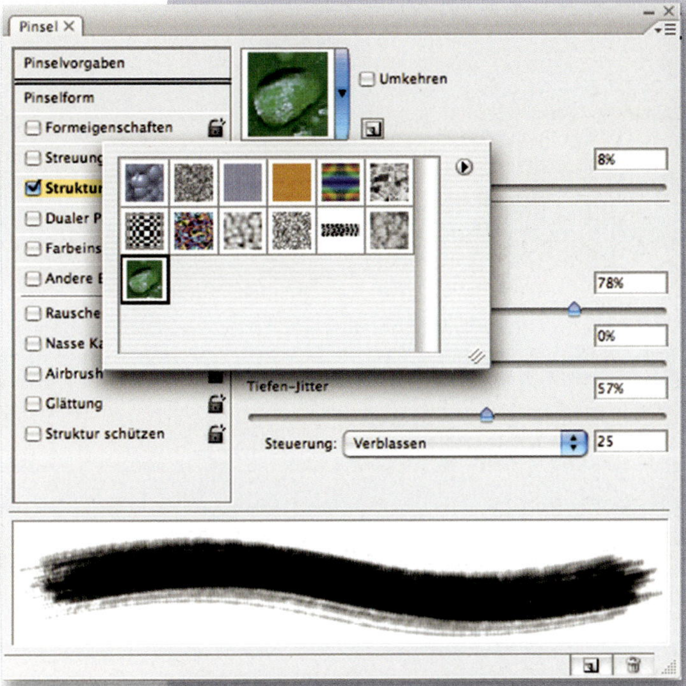

5

6

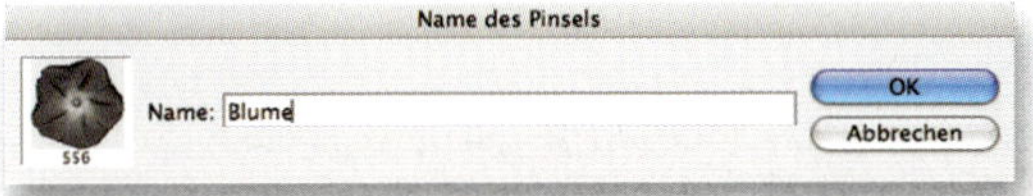

6

6 Ein eigenes Motiv kann auch Grundlage für eine Pinselspitze sein. Öffnen Sie die Datei »Blume.tiff«. Die Blume soll als neue Pinselspitze aufgenommen werden. Klicken Sie mit dem *Zauberstab* (*Toleranz 10*) in den weißen Hintergrund und kehren Sie die Auswahl um. Wählen Sie *Bearbeiten > Pinselvorgabe festlegen...* Die neue Pinselspitze erscheint ganz unten bei den Pinselvorgaben. Schließen Sie die Datei und verwenden Sie die zu Beginn dieser Übung erstellte Datei weiter. Füllen Sie sie gegebenenfalls mit weißer Farbe.

✔ Die ursprüngliche Größe einer Pinselspitze richtet sich nach der Größe des Motivs.
Der *Hauptdurchmesser* des Pinsels kann jedoch zu jeder Zeit in der Optionsleiste unter *Pinsel* justiert werden.

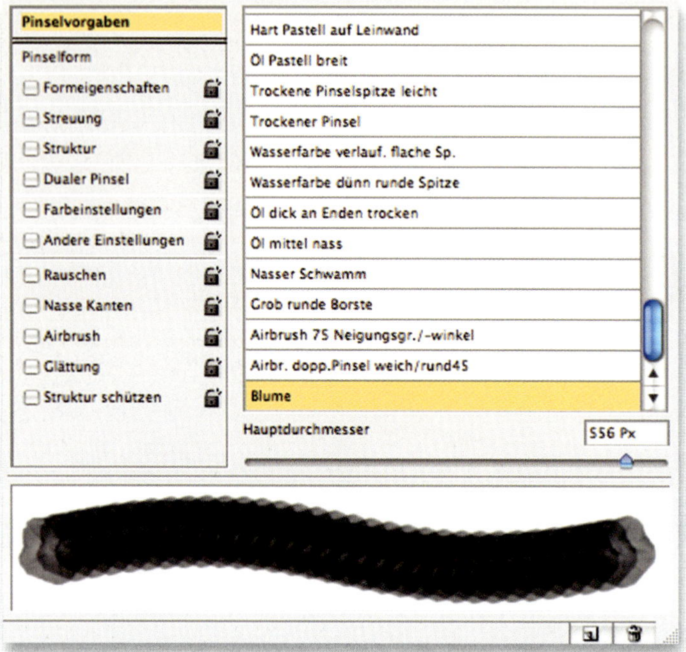

6

Ziehen Sie mit der neuen Pinselspitze einen Strich – das Ergebnis ist noch nicht sehr aufregend.

6

7 Klicken Sie auf *Pinselform* und stellen Sie zunächst den Abstand auf *110%*, damit sich Blumen nicht mehr überlagern. Probieren Sie die veränderte Pinselspitze noch einmal aus.

✔ Abstand Da ein Malstrich in Photoshop aus einer Reihe sich teilweise überlagernder Punkte oder »Pinseltupfen« aufgebaut wird, ist es möglich, den Abstand zwischen den einzelnen Punkten zu variieren. Damit können Sie zum Beispiel gepunktete oder gestrichelte Linien erzeugen oder eben den Abstand zwischen den einzelnen »Pinseltupfen« regulieren. Die Normaleinstellung für einen nicht gebrochenen Strich liegt bei 25%. 100% setzt Punkt an Punkt ohne Abstand. Wenn die Option *Abstand* ausgeschaltet ist, reagiert der Malstrich auf die Geschwindigkeit, mit der Sie die Maus ziehen.

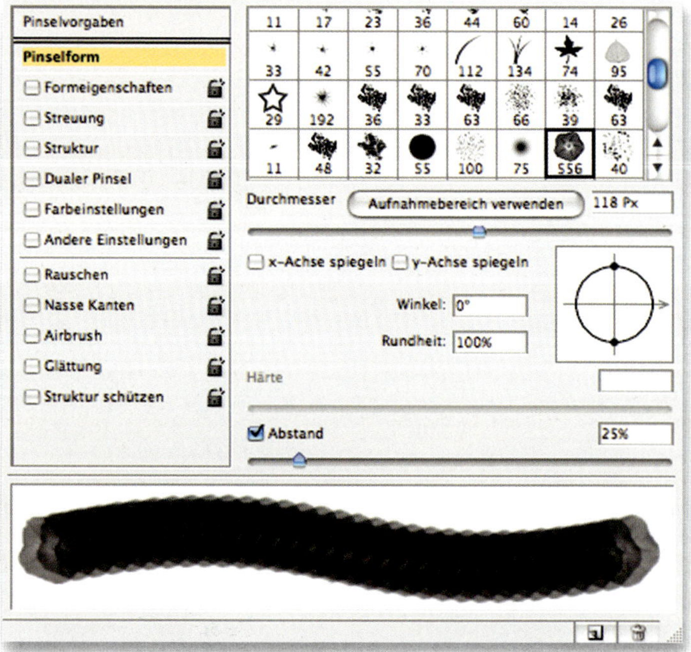

7

7

8 Interessant wird es mit dem *Winkel-Jitter*: Erstellen Sie eine weitere Pinselspitze mit der Datei *Auto*. Eine Auswahl ist hier bereits festgelegt; über *Auswahl > Auswahl laden* ... wählen Sie den Kanal *Auto*. Setzen Sie den Abstand nun auf *150%*. Klicken Sie auf *Formeigenschaften*. Stellen Sie ein paar Prozente bei *Größen-Jitter* ein. Bei *Winkel-Jitter* schieben Sie den Regler auf *5%* und wählen Sie unter *Steuerung: Richtung*. Dies ist eine der überzeugendsten dynamischen Optionen, denn der Malstrich reagiert nun auf die Richtung, in die Sie die Maus ziehen.

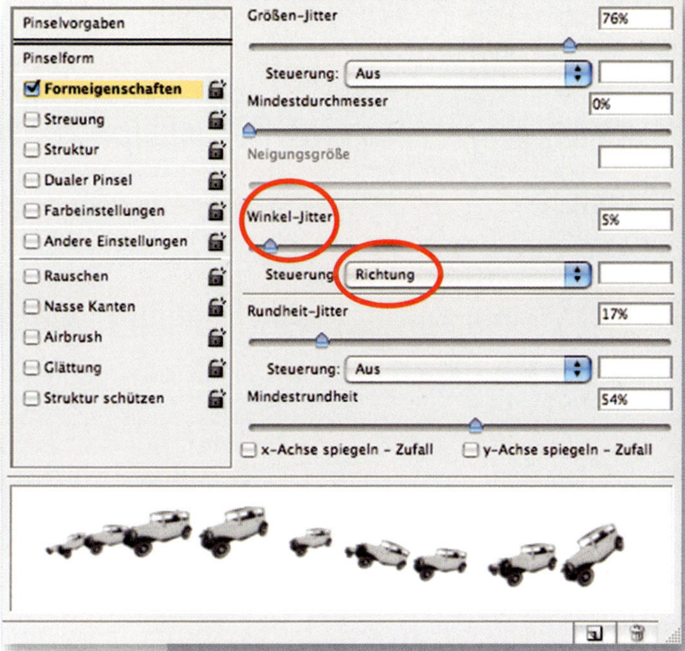

8

Rechts:
Beim kreisförmigen Ziehen im Uhrzeigersinn liegen die Reifen innen. Beim Ziehen gegen den Uhrzeigersinn liegen die Reifen außen.

Unten:
Beim Zeichnen von links nach rechts zeigen die Räder nach unten. Wird hingegen von rechts nach links gezeichnet, drehen sich die Pinsel-Autos um.

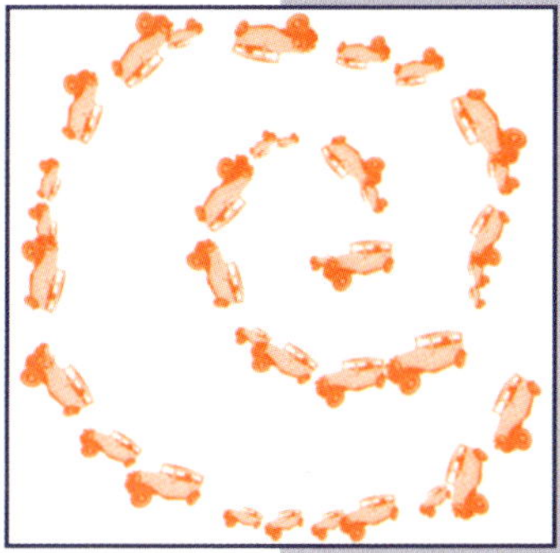

8

8

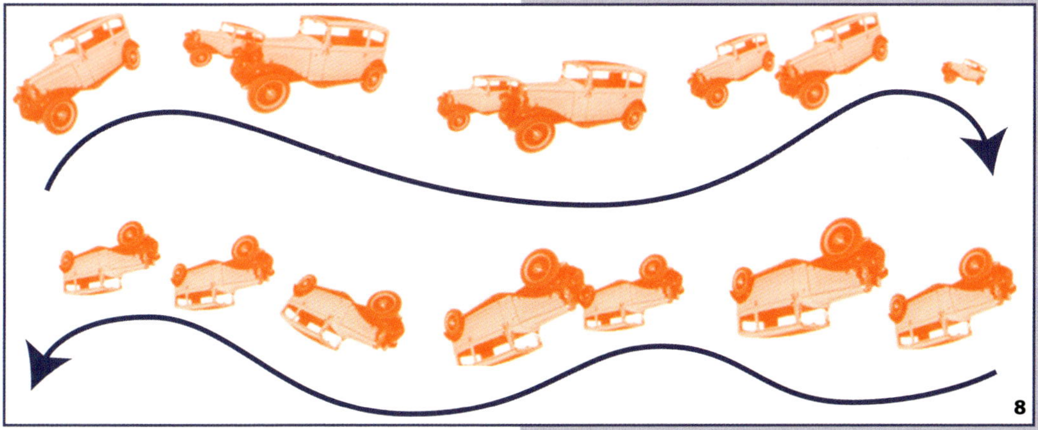

8

9 Die *Jitter*-Einstellungen sind auch dazu geeignet, glatte Pinselkanten aufzurauhen. Wählen Sie noch einmal eine *Spritzer*-Pinselspitze und ziehen Sie einen Strich. Klicken Sie dann auf *Formeigenschaften* und verändern Sie den *Größen-Jitter* und den *Winkel-Jitter*. Probieren Sie die Wirkung aus.

Ohne Jitter-Werte

Größen-Jitter: 50%

Winkel-Jitter: 50%

10 Eine weitere Möglichkeit zur Kantengestaltung bietet das Laden von anderen Strukturen, etwa *Gesteinsmuster*, *Naturmuster* oder *Künstlerpapier*. Geladen werden sie über das Menü der Strukturenvorschau in den *Pinselvorgaben* unter *Struktur*.

Weitere Änderungen bringen verschiedene *Modi*. Zeigt etwa der *Modus Multiplizieren* die Struktur hauptsächlich an den Rändern, ist das Muster beim *Modus Subtrahieren* auch innerhalb des Pinselstrichs zu sehen.

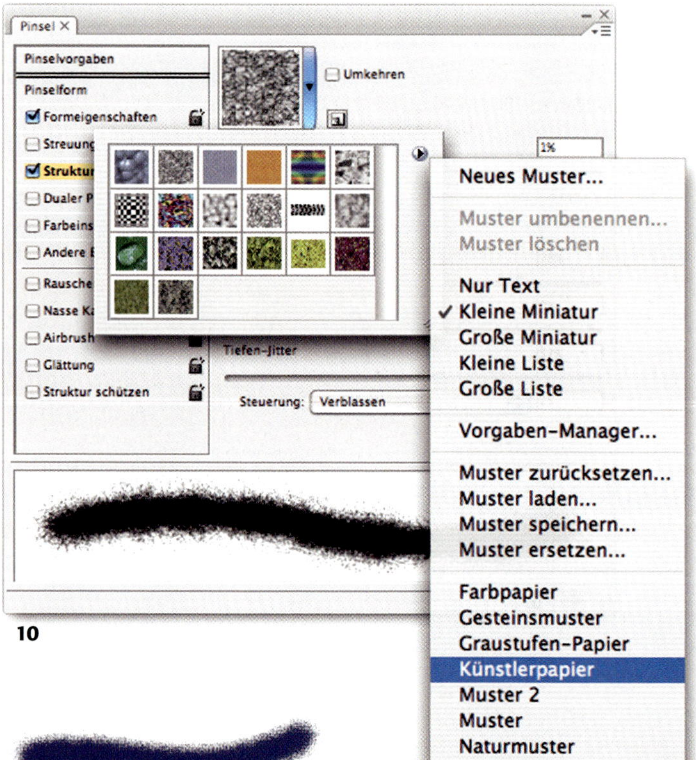

10

Grobes Gewebe:

Multiplizieren, Subtrahieren

Blätter:

Multiplizieren, Subtrahieren

Steine:

Multiplizieren, Subtrahieren

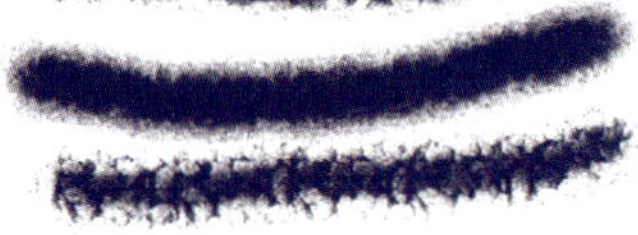

11 Ebenfalls Farbvarianten lassen sich per Jitter einstellen: Wählen Sie den selbst erstellten Blumenpinsel. Geben Sie bei *Formeigenschaften* dem *Größen-Jitter* einen hohen Wert. Unter *Streuung* wählen Sie bei *Anzahl 3* und stellen den Schieberegler bei *Anzahl-Jitter* auf einen mittleren Wert. Wählen Sie die eigentliche *Streuung* so, dass zwar einzelne Blumen an den Rändern nach außen ragen, jedoch die Pinsellinie noch klar erkennbar ist.

Klicken Sie auf *Farbeinstellung* und probieren Sie die Einstellungen bei *Farbton-Jitter* und *Helligkeits-Jitter* aus.

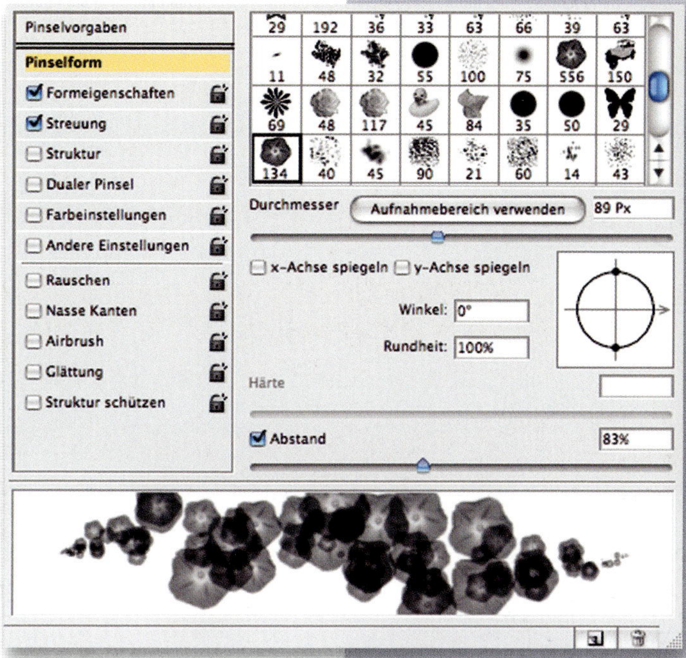

11

Farbeinstellung inaktiv

Farbton-Jitter 100%

Farbton-Jitter 100%

Helligkeits-Jitter 100%

11

12 Laden Sie im Paletten-Menü die *Pinsel für Spezialeffekte*. Wählen Sie dann die Pinselspitze *Verlaufende Wasserfarbe*. Experimentieren Sie unter *Farbeinstellung* und *Formeigenschaften* bei *Steuerung* mit *Verblassen* (oben). Einen ähnlichen Effekt erzielen Sie, wenn Sie unter *Andere Einstellungen* bei *Deckkraft-Jitter* unter *Steuerung* ebenfalls *Verblassen* wählen (unten).

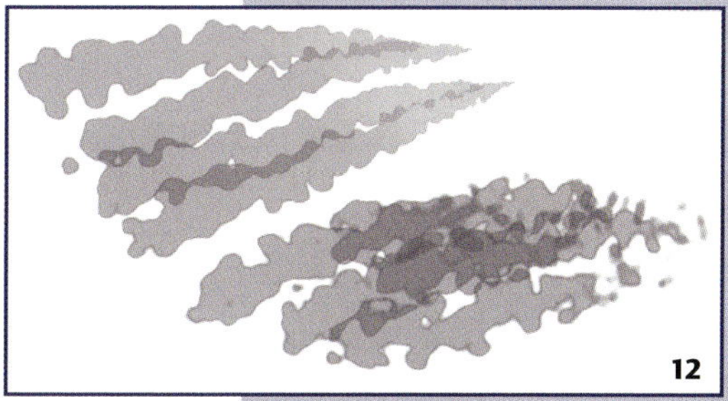

12

Anwendungsbeispiel Süddeutsche Zeitung > Sie haben einen Tick?

sueddeutsche.de

www.sueddeutsche.de/ticks

Im Zuge der Anzeigenkampagne "*Sie haben einen Tick?*" entwickelte der *Süddeutsche Verlag* unter anderem ein Motiv, auf dem einzelne Ticks zeichnerisch dargestellt sind. Solche Zeichnungen können mit verschiedenen Pinselspitzen in Photoshop angefertigt werden. Die Datei für den Abdruck in diesem Buch wurde freundlicherweise vom Süddeutschen Verlag GmbH zur Verfügung gestellt.

Schritt 1:
Die Konturen werden mit einem dünnen Pinsel vorgezeichnet.

Schritt 2:
Mit dicken Pinseln in verschiedenen Einstellungen wird das Objekt coloriert.

Zum Vergleich:
Das Original

1 Ein Pinsel für die Umrandung basiert auf einem *Airbrush* mit einem geringen *Durchmesser*, je nach zu zeichnendem Detail. Setzen Sie zudem unter *Pinselform* den *Abstand* auf *10%* herab. Aktivieren Sie die *Streuung* mit *66%* und stellen Sie den Wert *2* bei Anzahl ein.

2 Laden Sie die *Pinsel für nasse Farbe.* Zum Füllen der Formen eignet sich der Pinsel *Wasserfarbe dicke Spitze*.

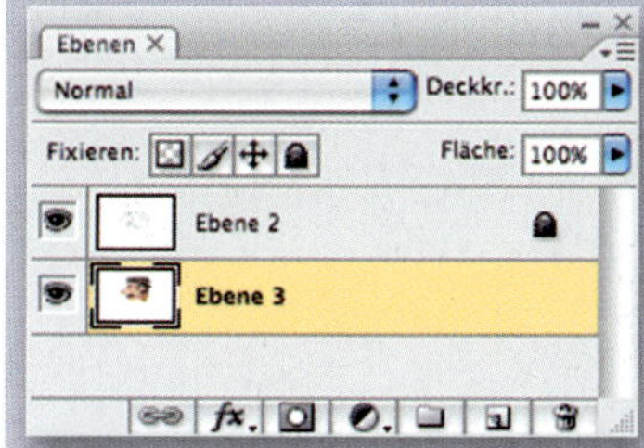

Legen Sie zuvor eine neue Ebene unter die Ebene, auf der die Konturen liegen. Vorteil: Bei Fehlern in der Füllung können Sie radieren, ohne die fertig gezeichnete Kontur zu beschädigen. Auch ist die Grafik klarer abgegrenzt, wenn die Begrenzungslinien zuoberst liegen.

Verändern Sie die Einstellungen unter *Struktur*; probieren Sie unterschiedliche Strukturen aus, etwa *Strukturiertes Musterelement* oder *Granit* aus der Gruppe *Naturmuster*.

Skalieren Sie die Struktur und tupfen mit großer Pinselspitze, um Effekte, wie etwa im Haar zu sehen, zu erzeugen.

Wechseln Sie zwischen den Modi *Subtrahieren* und *Multiplizieren*.

Pinselspitzen > Für freie Illustrationen verwenden

Wie das Beispiel auf den beiden letzten Seiten zeigt, bieten die dynamischen Pinselspitzeneinstellungen gerade für freie Illustrationen interessante Möglichkeiten, die reizvolle Alternativen oder Ergänzungen zum manuellen Zeichnen darstellen können.

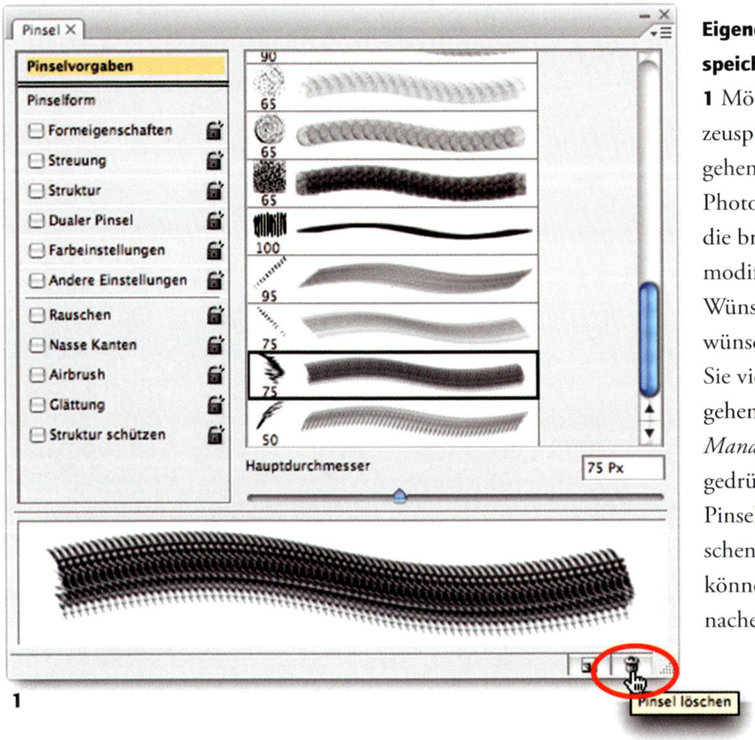

1

Eigene Pinselspitzensets speichern

1 Möchten Sie sich eigene Werkzeuspitzensets zusammenstellen, gehen Sie am besten von einem Photoshop-Set aus. Behalten Sie die brauchbaren Pinselspitzen und modifizieren Sie sie nach Ihren Wünschen. Löschen Sie die unerwünschten Pinselspitzen. Möchten Sie viele Pinselspitzen löschen, gehen Sie über den *Vorgaben-Manager*. Hier können Sie bei gedrückter [⇧]-Taste mehrere Pinselspitzen auswählen und löschen – in der *Pinselspitzen*-Palette können nur einzelne Pinselspitzen nacheinander gelöscht werden.

✔ Die Option *Vorgaben-Manager …* im Untermenü der Pinselspitzen-Palette ist nur dann zugänglich, wenn bei aktivem *Pinsel-Werkzeug* in der *Pinsel*-Palette die *Pinselvorgaben* gewählt sind!

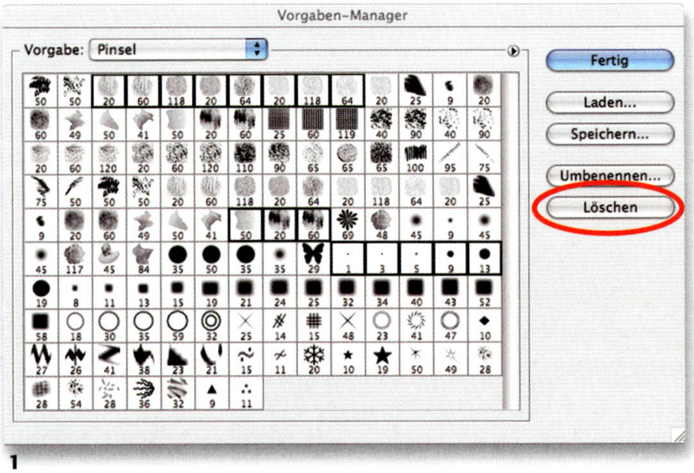

1

2

2 Für ein neues, leeres Pinselspitzenset eignet sich am besten das Pinselspitzenset *Breite Pinsel*. Das Set hat nur fünf Spitzen, die (bei gedrückter [Alt]-/[⌥]-*Taste*) sehr schnell gelöscht sind.

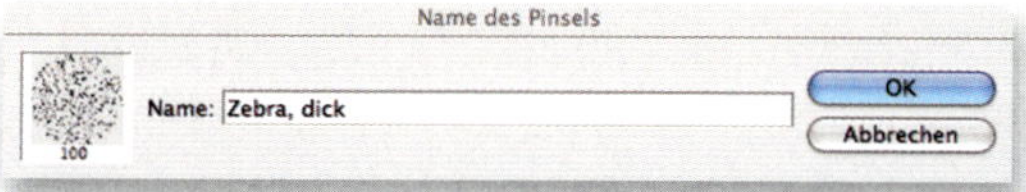

3

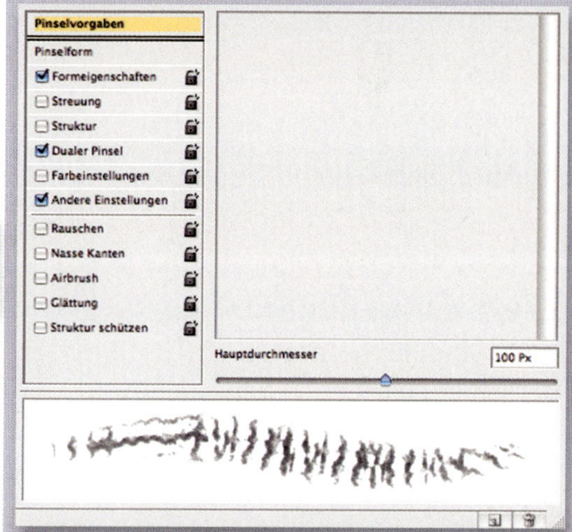

3

3 Erstellen Sie sich Ihre neuen Spitzen und speichern Sie sie nacheinander mit dem Befehl *Neue Pinselvorgabe* im Untermenü der *Pinselspitzen*-Palette oder durch Klicken auf das Dokumentsymbol.

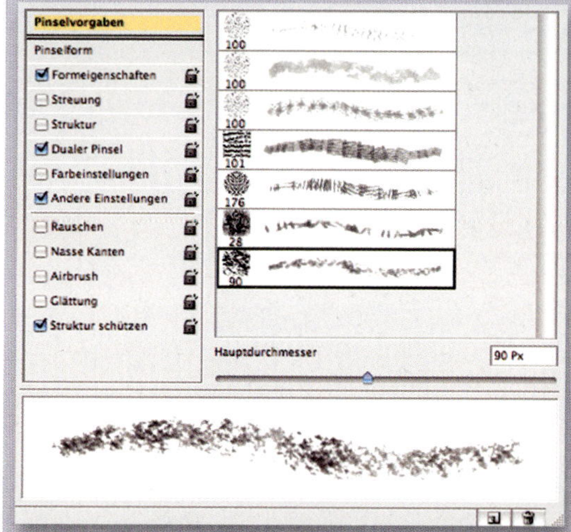

4

4 Ist Ihre neue bzw. Ihre veränderte Pinselvorgabe fertig, speichern Sie sie unter einem neuen Namen, am besten in dem vom Programm vorgeschlagenen Ordner *Adobe Photoshop CS3 > Vorgaben > Pinsel*.

Anwendungsbeispiel 2 > WirtschaftsWoche

© Torsten Wolber

Die hier vorgestellte Zeichnung ist von dem Illustrator Torsten Wolber für eine Titelseite der Zeitschrift WirtschaftsWoche angefertigt worden. Zunächst entstand bereits in Photoshop eine grobe Skizze des Motivs (oben links), die dann nach Absprache mit dem Art Director verändert wurde (oben rechts).

Im Dokument der fertigen Skizze wurden einzelne Details auf unterschiedlichen Ebenen angelegt: die Konstruktion der Skyline in einem speziellen 3D-Programm für Skizzen und zwei weitere Ebenen für die Strahlen sowie den Boden. Die Figur ist eine leicht abgeänderte Kopie der ursprünglichen Skizze.

Neue Ebenen dienen der weiteren Differenzierung: So gibt es etwa verschiedene Ebenen, die dem Boden wie auch der Figur durch unterschiedliche Filter Struktur verleihen. Um dennoch den Charakter einer Handzeichnung zu bewahren, liegen zuoberst weitere Pinselstrichebenen.

Der letzte Schliff:
Die verschiedenen Ebenen der Figur wurden zu einer Ebene zusammengefasst. Abschließende Feinheiten sind per Handarbeit auf dem Grafiktablett entstanden.

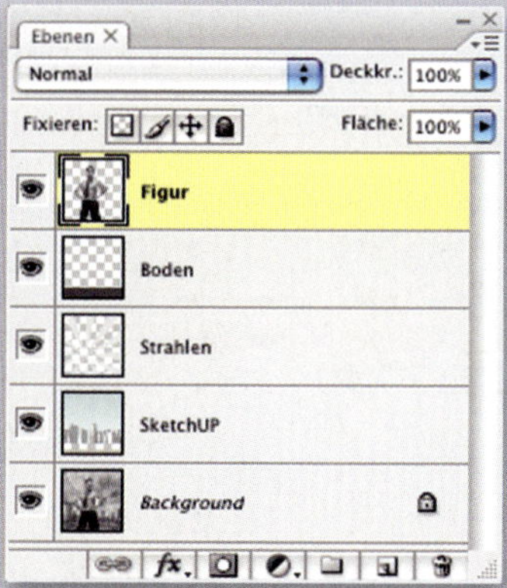

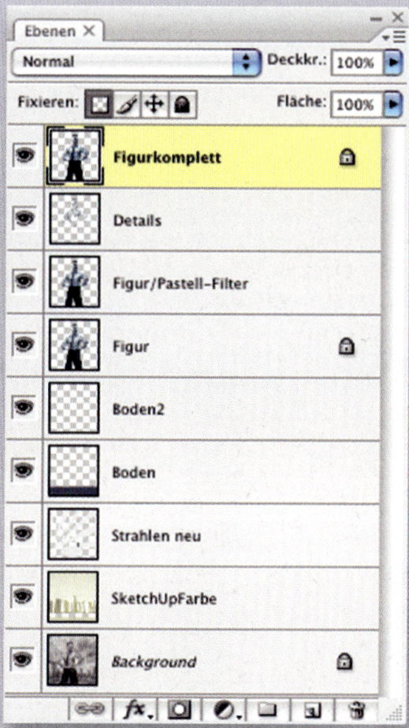

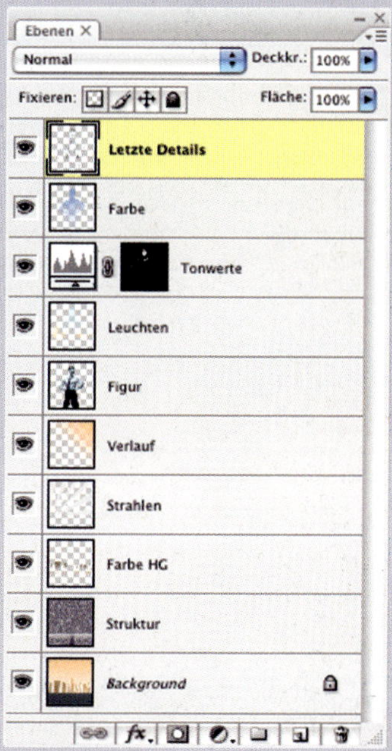

Kapitel 11

Wichtige Tastaturkürzel

Neue Ebene	Strg / ⌘ + ⇧ + N
Neue Ebene durch Kopie	Strg / ⌘ + N
Kopieren	Strg / ⌘ + C
Einfügen	Strg / ⌘ + V
Fläche füllen	⇧ + F5

Wichtige Werkzeuge

Zeichenstift-Werkzeug	P
Text-Werkzeug	T
Schnellauswahl, Zauberstab	W
Pfadauswahl-Werkzeug	A

Formebenen und Smart Objekte

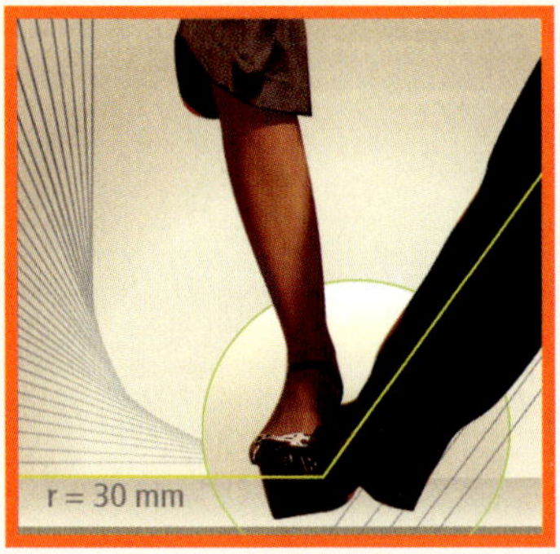

Formebenen und Smart Objekte > Vektoren in Photoshop

Um mit Vektorobjekten zu arbeiten, gibt es die Formebenen (seit Photoshop Version 6) sowie Smart Objekte (seit Photoshop Version CS2).

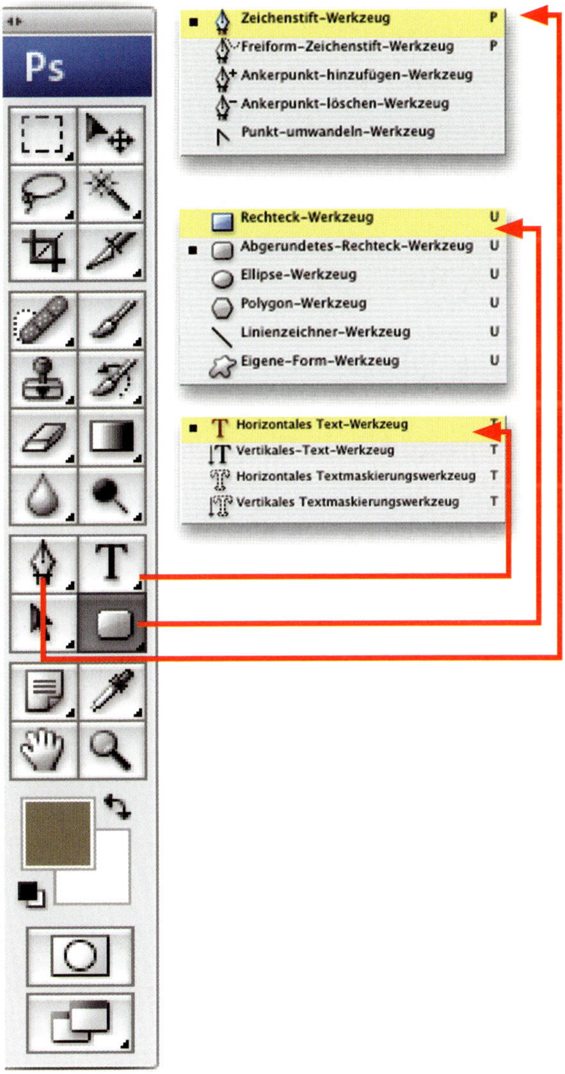

Vorteil beider Lösungen ist, dass die Objekte – wie vorher nur in Grafikprogrammen – über Ankerpunkte und Bèzierkurven jederzeit weiter editierbar sind. Ein weiterer Pluspunkt ist die auflösungsunabhängige Ausgabe. Aber auch für Aufgaben, bei denen überwiegend mit geometrischen Formen gearbeitet werden muss, bieten die Formebenen eine komfortable Alternative zu den Pixelebenen.

Generell gibt es drei Möglichkeiten, Vektoren in Photoshop zu erzeugen oder zu platzieren:

1. Mit einem der dafür geeigneten Werkzeuge für Vektoren
2. Über die Funktion *Datei > Platzieren...* Hier kommen drei Formate in Frage: *ai, das generische Format von Illustrator, PDF und EPS. Beim Platzieren einer Illustrator-Datei konvertiert Photoshop die Daten automatisch in ein PDF.
3. Über die Zwischenablage einfügen

Werkzeuge für Vektoren

Photoshop bietet mehrere Werkzeuge zum Erstellen von Vektoren. Sie sind alle im unteren Bereich der Werkzeug-Palette angesiedelt. Zu ihnen gehören Werkzeuge zum Zeichnen von Pfaden und Formen (*Zeichenstift*, *Freiform-Zeichenstift*), Werkzeuge zum Erstellen von geschlossenen Pfaden und Formen sowie Werkzeuge zum Bearbeiten der Pfade. Nicht zuletzt gibt es das Werkzeug zum Erstellen von horizontalem und vertikalem Text.

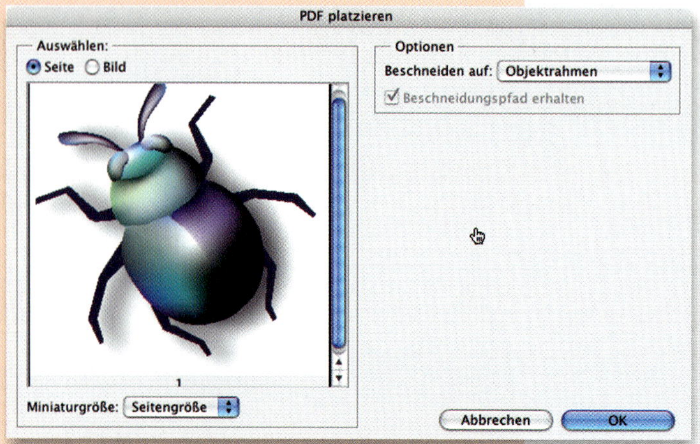

Eine Vektorgrafik platzieren

Wird eine Illustrator-Datei oder ein PDF platziert, bietet der Dialog *PDF platzieren* verschiedene Optionen zum Beschneiden des Vektorelements. Das Objekt erscheint dann zunächst in einem frei verschieb- und skalierbaren Rahmen auf der Bildfläche. Per Doppelklick auf das Rahmeninnere wird dessen Inhalt als Smart Objekt auf einer extra Ebene platziert. Seine Vektorinformationen sind dann weiterhin in Illustrator bearbeitbar.

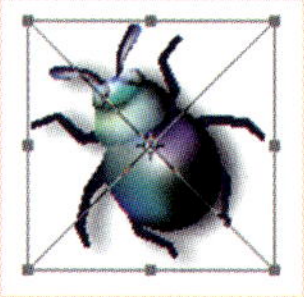

✔ Für den Export der Datei in ein Layoutprogramm – einschließlich der Vektordaten – muss diese im Format Photoshop-EPS (*.eps) abgespeichert werden. Im EPS-Optionen-Dialog muss die Option *Mit Vektordaten* angeklickt sein. Möchten Sie Vektorebenen in Photoshop weiter als solche bearbeiten, muss die Datei zusätzlich noch einmal im Photoshop-Format (*.psd) abgespeichert werden. Beim Öffnen einer EPS-Datei (auch mit eingeschlossenen Vektordaten) in Photoshop werden diese in Pixel umgewandelt, also gerastert.

Umgang mit Smart Objekten

Smart Objekte dienen hauptsächlich der zerstörungsfreien Bearbeitung. Hierbei werden nicht nur importierte Vektorgrafiken berücksichtigt, auch Pixeldaten können zum Smart Objekt umgewandelt werden. Vorteil: Das gewandelte Objekt behält auch beim Verkleinern die ursprünglichen Bildinformationen, sodass es ohne Qualitätsverlust wieder auf seine ursprüngliche Größe skaliert werden kann. Vorsicht ist dennoch geboten; wird das Objekt über die Originalgröße hinaus skaliert, interpoliert es Photoshop wie jedes andere Pixelbild beim Vergrößern auch – und das mit allen bekannten Qualitätsverlusten.

1 Legen Sie eine neue Datei an. Wählen Sie *1000 Pixel* jeweils für die *Breite* und die *Höhe* bei einer Auflösung von *72 Pixel/Zoll*. Der *Hintergrundinhalt* ist *Weiß*, *Farbmodus* soll *RGB-Farbe* sein. Platzieren Sie die Grafik *Kaefer.ai* (*Datei > Platzieren*). Übernehmen Sie die Einstellungen der Abbildung links oben.

2 Transformieren Sie den Käfer: Ziehen Sie am Greifer links oben, dann an dem rechts unten, um den Käfer auf die gesamte Bildfläche zu vergrößern. Halten Sie beim Ziehen die Hochstelltaste gedrückt, um die Grafik proportional zu skalieren. Platzieren Sie die Grafik per Doppelklick. In der *Ebenen*-Palette befindet sich nun an der rechten unteren Ecke des Vorschaubilds das Symbol für das Smart Objekt.

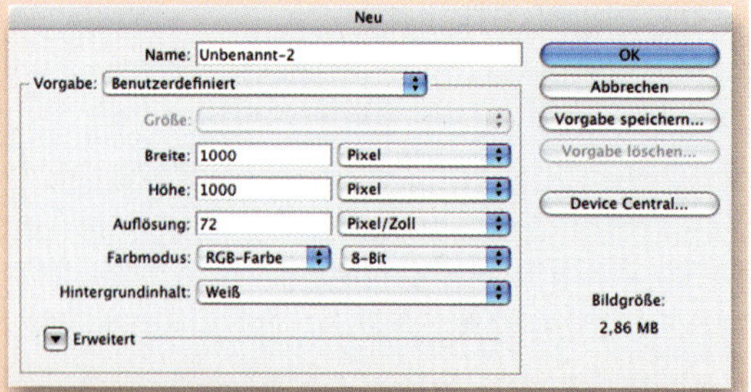

1

2

3

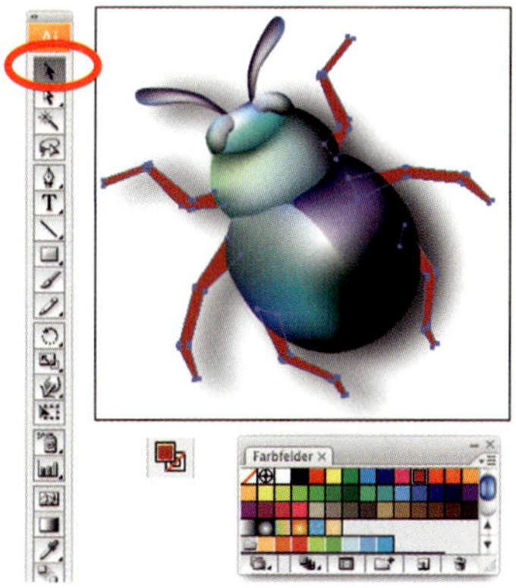

4

3 Speichern Sie die Datei. Bearbeiten Sie den Käfer in Illustrator: Mit einem Doppelklick auf das Symbol für das Smart Objekt starten Sie Illustrator. Bestätigen Sie die nun erscheinende Meldung mit einem Klick auf *OK*. Der Käfer erscheint in Illustrator in einem neuen Dokument als Vektor Smart Objekt platziert.

4 Klicken Sie hier mit dem Auswahlwerkzeug auf eines der Beine; da sie gruppiert sind, sind alle sechs Beine selektiert. Klicken Sie in der Werkzeugleiste das Feld für die *Fläche*-Farbe und wählen Sie in dem Bedienungsfeld *Farbfelder* eine neue Farbe, um die Beine umzufärben.

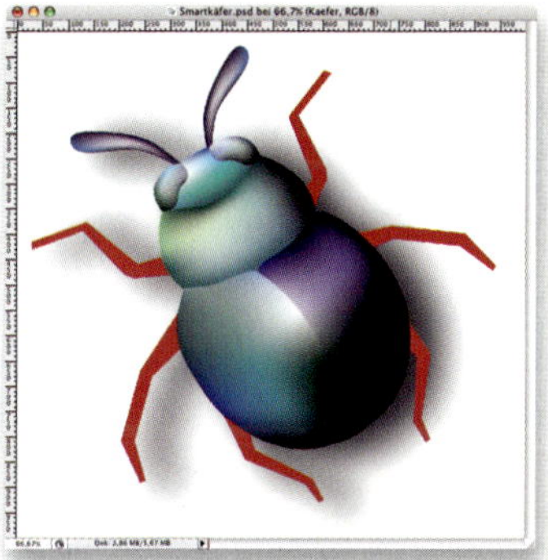

6

5 (Ohne Abbildung) Wählen Sie *Datei > Speichern*. Damit Photoshop die Änderungen automatisch übernehmen kann, muss die Illustrator-Datei am selben Ort wie die Photoshop-Datei gespeichert sein.

6 Aktivieren Sie wieder das Photoshop-Dokument; die Änderungen sind automatisch übernommen worden.

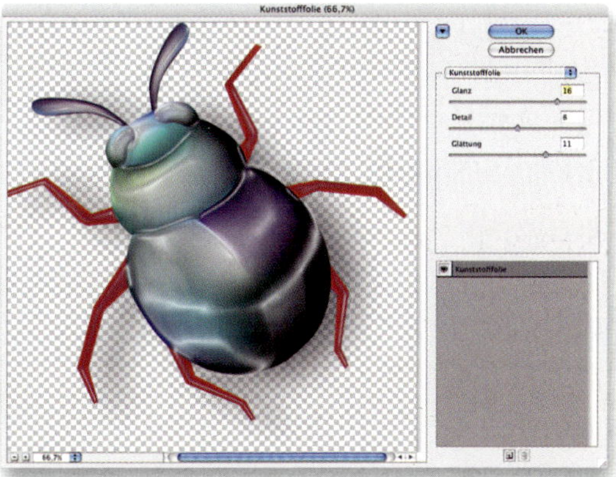

7

7 Wenden Sie den *Filter > Kunstfilter > Kunststofffolie ...* auf das Objekt an. Ein auf ein Smart Objekt angewandter Filter arbeitet zerstörungsfrei und kann in seinen Einstellungen geändert werden: Per Doppelklick auf die Schaltfläche für die Filter-Füllmethode in der *Ebenen*-Palette rechts in der Filterebene öffnen Sie die *Fülloptionen*. Die Grafik kann wie in Schritt 3 beschrieben weiter mit Illustrator bearbeitet werden; der angewandte Filter ist jedoch nur in Photoshop zu sehen.

7

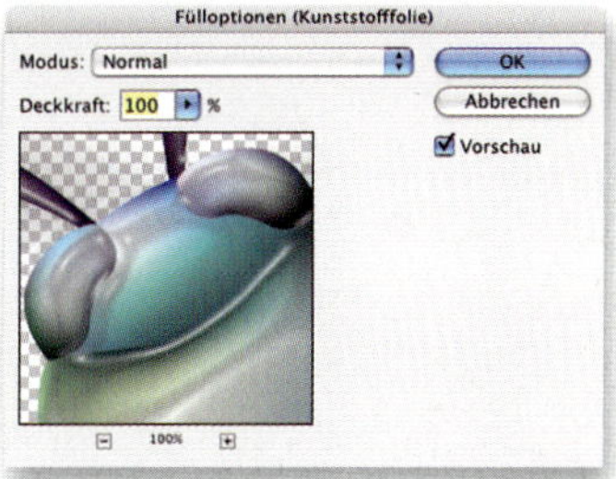

7

Vektoren bilden > Pfad aus Auswahl

Mithilfe der Palette *Pfade* können Sie aus einer Auswahl einen Pfad aus Beziérkurven bilden. Solche Pfade werden im Allgemeinen als Beschneidungspfade zum Platzieren eines Bildes im Layoutprogramm benötigt (siehe auch *Kapitel 7*). Es ist jedoch auch möglich, mittels eines Pfads eine Vektormaske zu erstellen: Dieser Pfad kann auf ein weiteres Bild übertragen und skaliert werden, unabhängig von der Größe des Pfads und des Zielbilds (Vektoren sind frei skalierbar ohne Qualitätsverlust!).

1

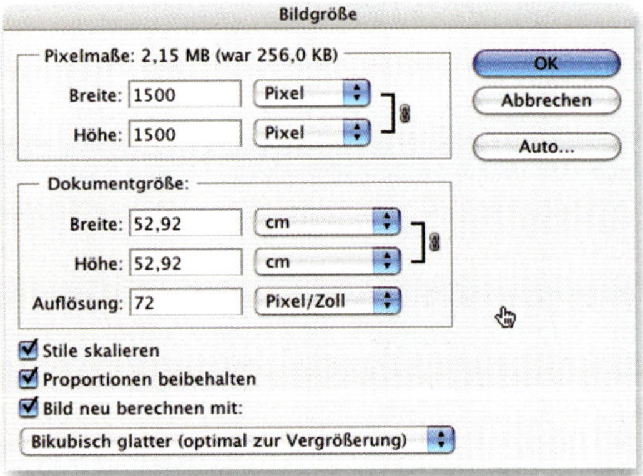

1

1 Die Form für die Vektormaske liefert eine Puzzlestruktur: Öffnen Sie die von Photoshop mitgelieferte Datei *Puzzle.psd* aus dem Photoshop-Programmordner > *Vorgaben* > *Strukturen*. Speichern Sie das Bild unter einem neuen Namen, um das Original zu erhalten. Um exaktere Pfade zu erstellen, vergrößern Sie die Struktur mit dem Befehl *Bild* > *Bildgröße* (Interpolation: *Bikubisch glatter*). Wählen Sie eine *Breite* und eine *Höhe* von *1500 Pixel*, belassen Sie die anderen Werte.

2

2

2 Die Trennlinien der einzelnen Puzzleteile sind noch zu breit. Wählen Sie *Bild* > *Anpassungen* > *Helligkeit/Kontrast*. Schieben Sie den Helligkeitsregler ganz nach rechts.

3 Klicken Sie mit dem *Zauberstab*-Werkzeug in eines der Puzzleteile; um alle Teile zusammenzuwählen, muss die Option *Benachbart* deaktiviert sein. Stellen Sie einen hohen Wert bei *Toleranz* ein (im Beispiel *80*).

4 Wechseln Sie in die Palette *Pfade*. Klicken Sie unten auf die Schaltfläche *Arbeitspfad aus Auswahl erstellen*. Wählen Sie im Palettenmenü *Pfad speichern*.

5 (Ohne Abbildung) Öffnen Sie nun die Datei *Puzzlebild.psd*, das Bild soll in ein Puzzle verwandelt werden.

6 Wechseln Sie zur Puzzledatei. Der *Pfad 1* in der Palette *Pfade* muss aktiviert sein. Wählen Sie *Bearbeiten > Kopieren*. Aktivieren Sie erneut das *Puzzlebild.psd*. Per *Bearbeiten > Einfügen* laden Sie den Puzzlepfad in das zweite Bild. Vorteil des *Vektor*pfads: Der Pfad passt sich in der Höhe automatisch an das neue Bild an, obwohl das Zielbild deutlich größere Maße hat.

3

2

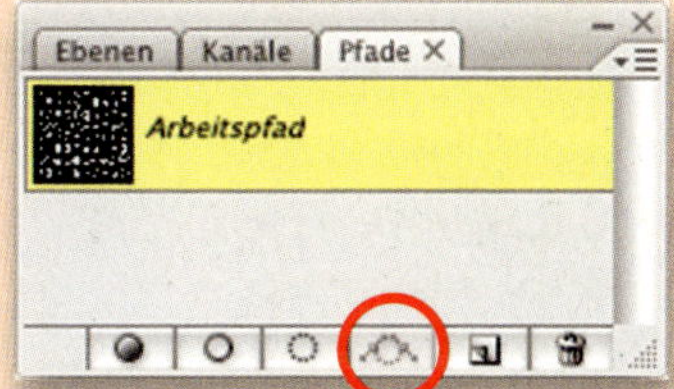

4

4

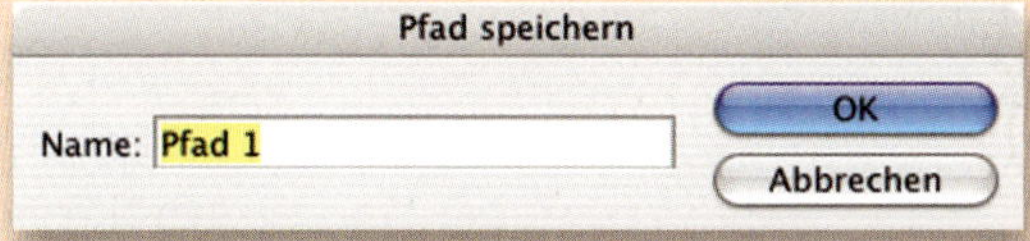

4

6

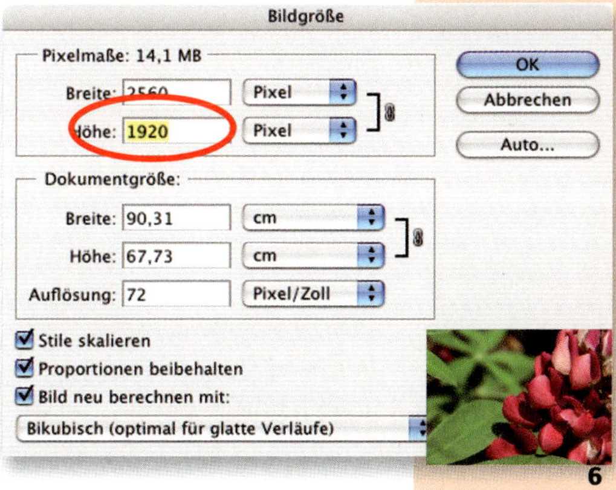

6

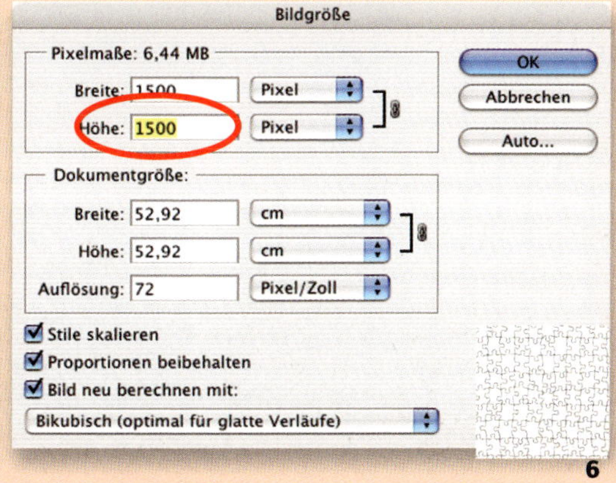

6

7

7 Wählen Sie bei aktivem Pfad *Bearbeiten > Pfad frei transformieren*. Ziehen Sie mit gedrückter [⇧]-Taste den Pfad proportional größer, so dass er die gesamte Breite des Bilds ausfüllt. Achten Sie jedoch darauf, dass die Pfade der untersten Reihe der Puzzleteile im Bild unbeschädigt bleiben.

8 Ziehen Sie mit dem *Pfadauswahl*-Werkzeug ein Auswahlrechteck über die unterste Reihe der Puzzleteile, die sich außerhalb der Bildfläche befindet, und löschen Sie diese. Achten Sie jedoch dabei darauf, dass keine Puzzleteile, die noch in das Bild unten hineinragen, gewählt sind. Wie weit sich die Auswahl erstreckt, erkennen Sie an den Ankerpunkten: Bei gewählten Bereichen sind diese sichtbar.

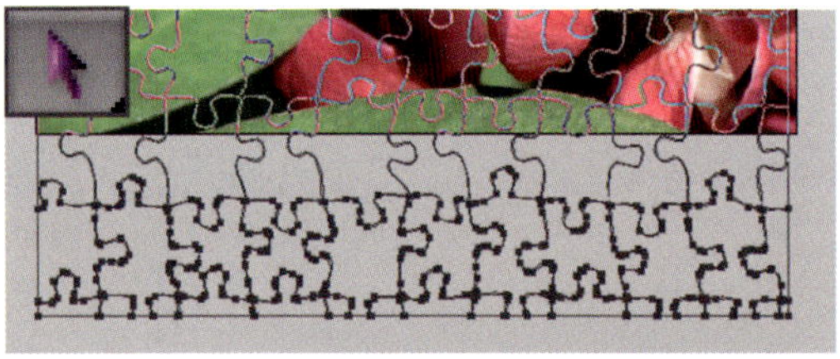

8

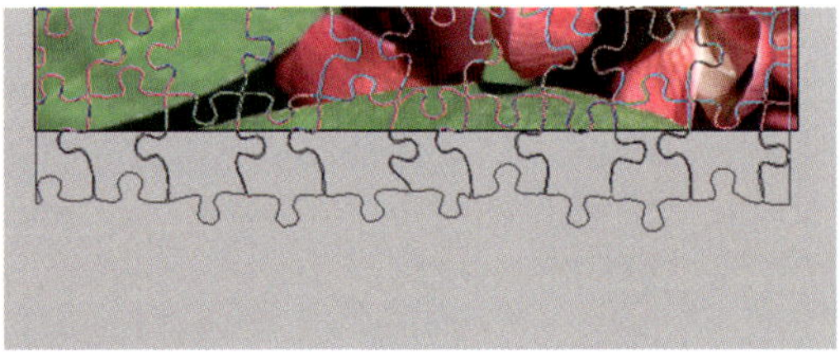

8

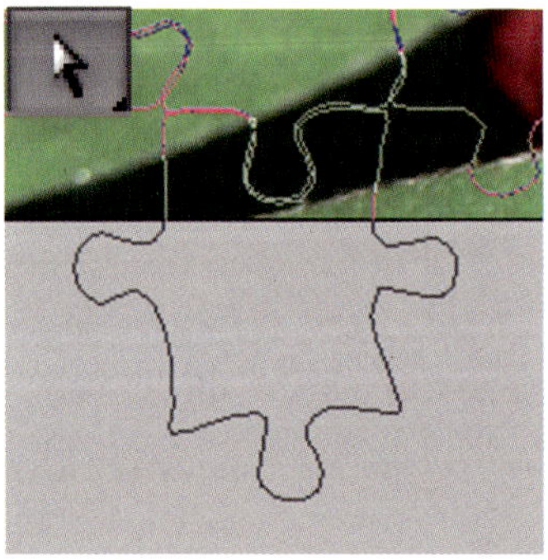

9

9 Wählen Sie mit dem *Direktauswahl-Werkzeug* einzeln die Teile, die nur zur Hälfte das Bild bedecken, und löschen Sie diese.

10 Beim Erstellen der Pfade kann es passieren, dass zwei Puzzleteile miteinander verbunden sind. Löschen Sie in diesem Fall in einer vergrößerten Ansicht vorsichtig die einzelnen Punkte mit dem *Direktauswahl*-Werkzeug: Klicken Sie auf den Pfad, um ihn zu selektieren. Die Ankerpunkte selektieren Sie mit dem ersten Löschvorgang (Klick auf die [←]-Taste oder *Bearbeiten > Löschen*), ein zweiter Löschvorgang entfernt sie.

Um exakte Puzzleformen zu erhalten, müssen Verbindungen einzelner Puzzleteile gelöst werden.

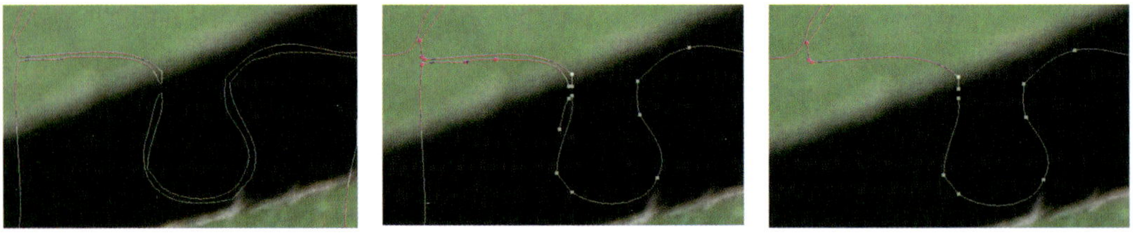

11 Schließen Sie die Lücke mit dem *Zeichenstift*-Werkzeug: Führen Sie den Mauszeiger in der Vergrößerung über den oberen Ankerpunkt, erscheint unter dem Zeigersymbol ein kleiner, ungefüllter Ankerpunkt, klicken Sie. Führen Sie den Mauszeiger nun über den unteren Ankerpunkt. Schließen Sie mit einem Klick die Lücke, sobald ein kleiner Kreis unter dem Zeiger zu sehen ist.

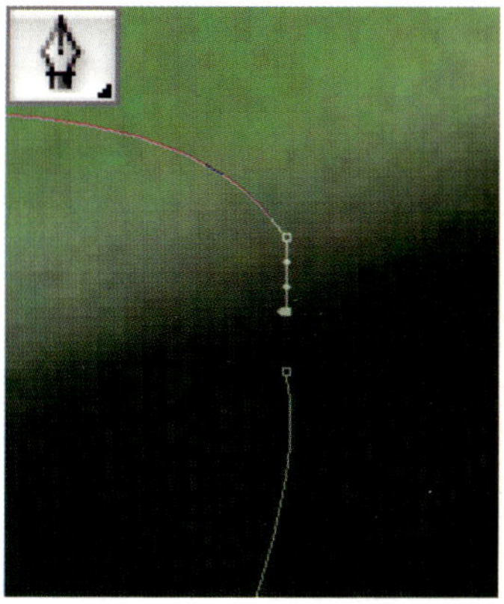

11

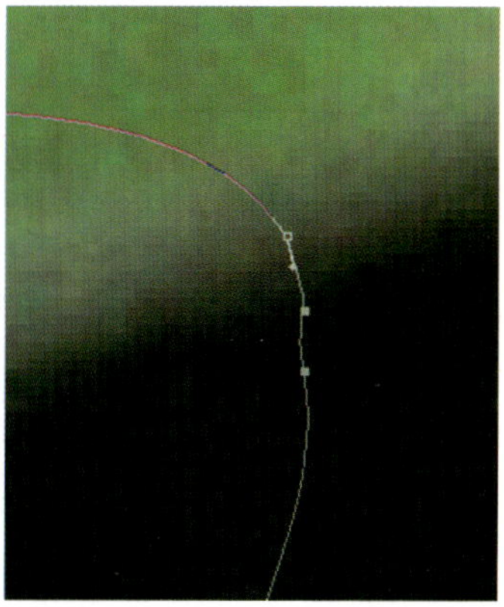

11

12 Löschen Sie, wie im Schritt 9 beschrieben, die Pfade der unvollständigen Puzzleteile an den Rändern. Es sollen nur noch komplette Teile bestehen bleiben.

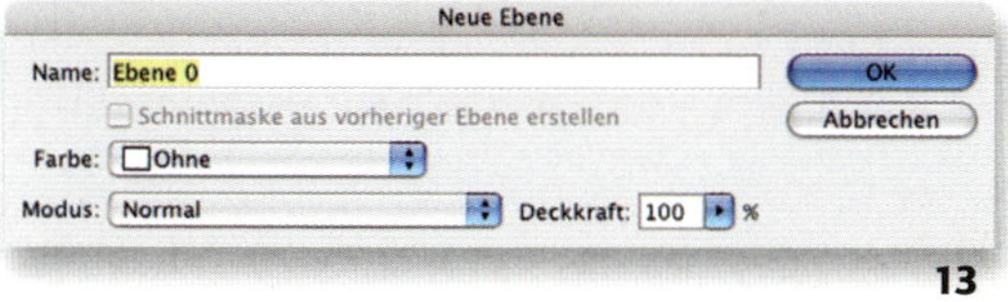

13

✔ Alternativ zum Löschen der Randteile können Sie auch Ecken zusammenfügen (wie Schritt 11) um so Eckteile zu bilden.

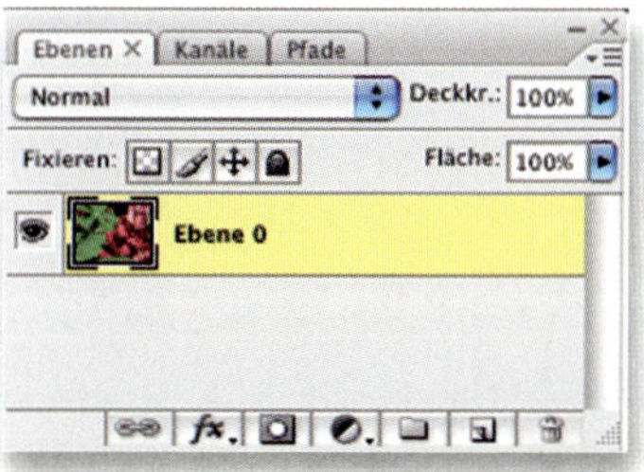

13

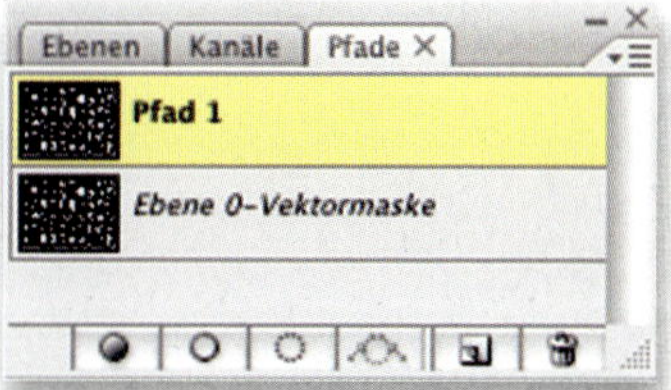

13

13 Per Doppelklick wandeln Sie die Hintergrundebene zur bearbeitbaren *Ebene 0*. Wählen Sie *Ebene > Vektormaske > Aktueller Pfad*, um den Pfad zu prüfen. In der Palette *Pfade* erscheint nun die *Ebene 0 Vektormaske*.

13

✔ Eine Vektormaske löscht nichts: Die Bildstellen, die nicht mehr zu sehen sind, sind lediglich durch die Maske verdeckt. Eine Maske können Sie beliebig verändern, ohne die eigentlichen Bildinformationen anzugreifen. Um die Maske zu löschen, gibt es drei Wege:

Ebene > Vektormaske > Löschen
Die Maskenminiatur auf das *Löschen*-Symbol in der *Ebenen*-Palette ziehen
Die Vektormaske auf das *Löschen*-Symbol in der *Pfade*-Palette ziehen

14

14 Im Bild sollen einzelne Teile noch außerhalb des Puzzles sein. Diese Teile dürfen nicht Bestandteil des gesamten Puzzlepfads sein, sondern sie müssen extra Pfade bilden.
Löschen Sie die Vektormaske. Selektieren Sie *Pfad 1*, dann einen Puzzleteilpfad mit dem Direktauswahl-Werkzeug, etwa von der Ecke rechts unten. Kopieren Sie den einzelnen Puzzlepfad (*Bearbeiten* > *Ausschneiden*).

15 Legen Sie über das Menü der Pfade-Palette einen neuen, noch leeren Pfad an. Fügen Sie den in der Zwischenablage gespeicherten Pfadbestandteil in den Pfad 2 ein (*Bearbeiten* > *Einfügen*).

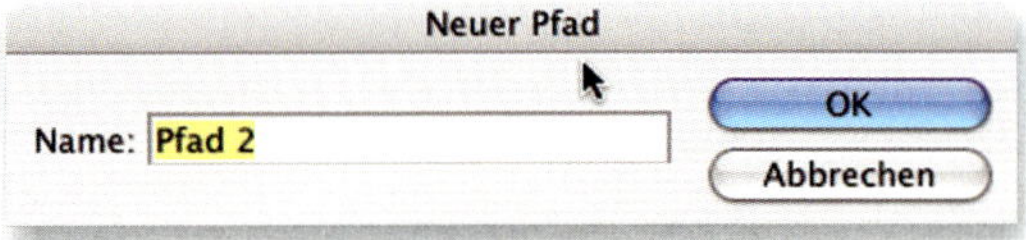

15

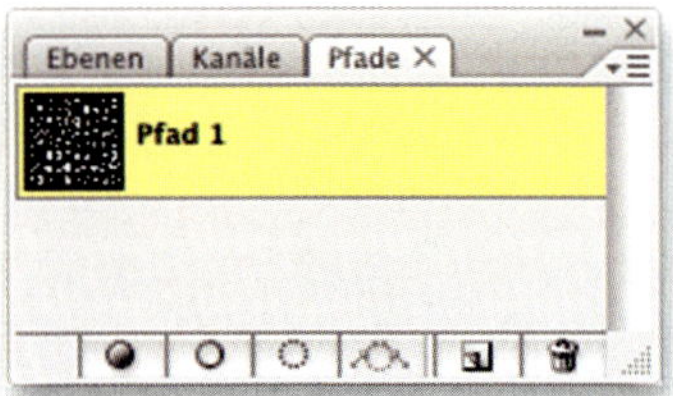

15

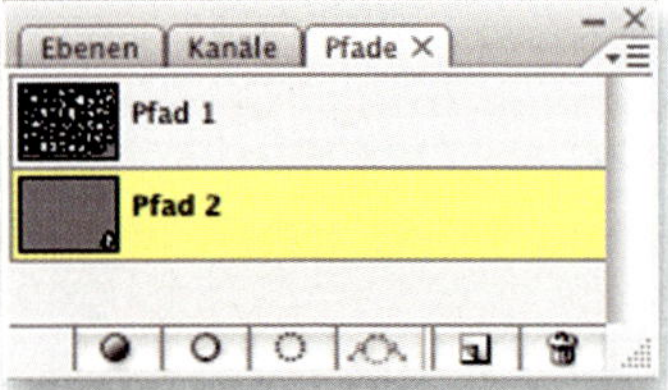

15

✔ Um unschöne Ecken in den Pfaden zu glätten, verwenden Sie das *Punkt-umwandeln*-Werkzeug. Klicken Sie auf den Ankerpunkt und halten Sie die linke Maustatste gedrückt und ziehen Sie. Ziehen Sie die Grifflinien so, dass sich die Krümmung dem Pfad anpasst. Verschieben Sie gegebenenfalls den Ankerunkt mit dem *Direktauswahl*-Werkzeug.

✔ Die Kopie einer Ebene erstellen Sie, indem Sie die zu kopierende Ebene auf die Schaltfläche Neue Ebene erstellen ziehen.

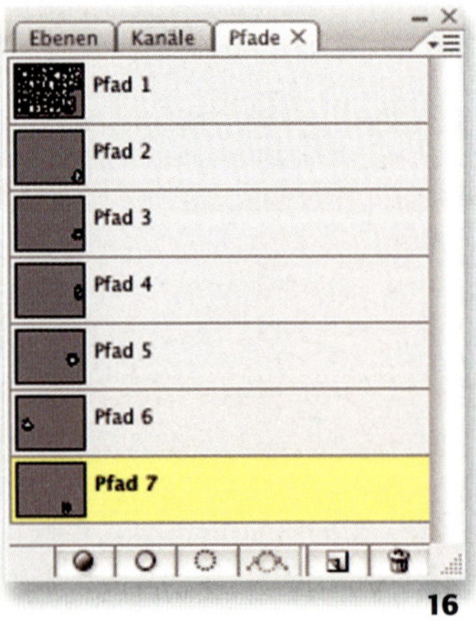

16

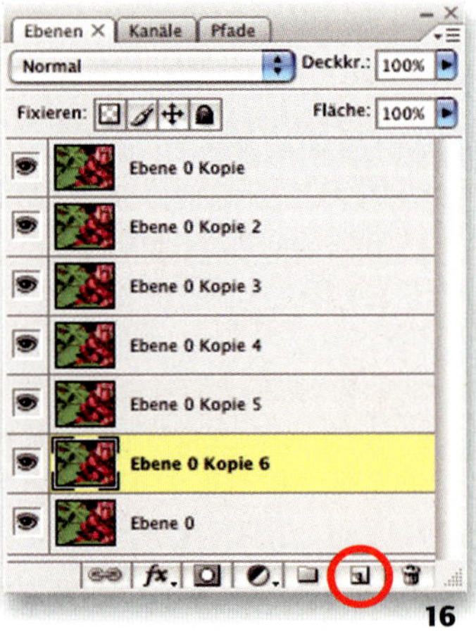

16

16 Erstellen Sie weitere Pfade, auf die Sie einzelne Puzzleteil-Pfadabschnitte legen. Verwenden Sie hierzu das *Pfadauswahl*-Werkzeug. Bilden mehrere Puzzleteilpfade einen gemeinsamen Pfad, trennen Sie sie wie in den Schritten *10* und *11* beschrieben.

17 Wechseln Sie in die Ebenen-Palette. Legen Sie so viele Kopien der Bildebene an, wie einzelne Puzzlelteilpfade vorhanden sind.

18 Erstellen Sie noch eine weitere Ebene für den Hintergrund: Wählen Sie alles aus und füllen Sie die Fläche Weiß.

19 Wählen Sie die oberste Ebene (hier: *Ebene 0 Kopie*). Wählen Sie zudem in der *Pfade*-Palette den obersten Pfad, den mit den restlichen Puzzleteilen, dann *Ebene > Vektormaske > Aktueller Pfad*. Um das Ergebnis sehen zu können, blenden Sie alle Ebenen außer der obersten und der weißen Ebene zuunterst aus.

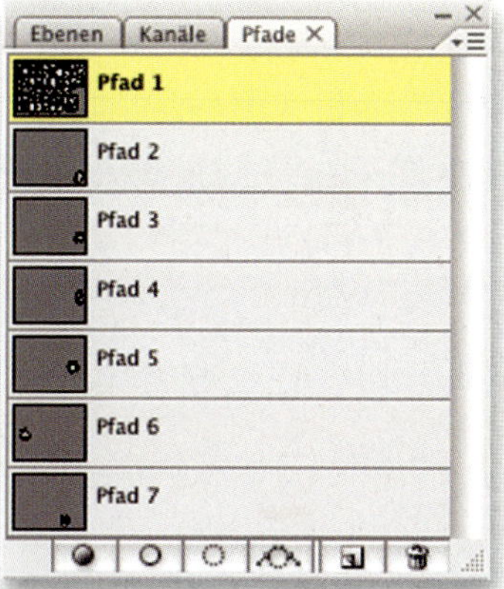

19

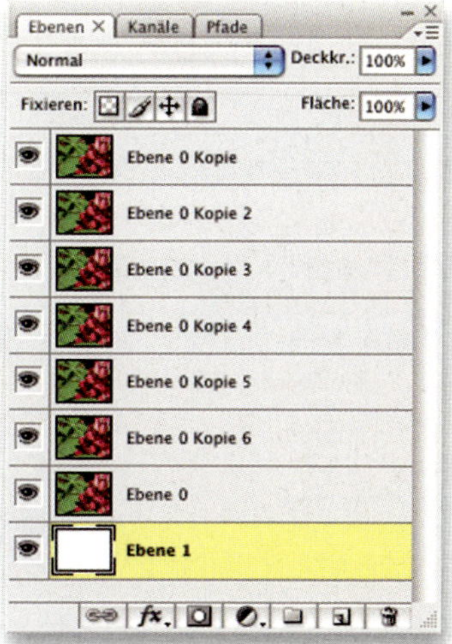

18

20 Bilden Sie mit der gleichen Vorgehensweise für jede Ebene mit den einzelnen Pfaden eine *Ebenenmaske*. Blenden Sie alle Ebenen wieder ein: Es sollte das vollständige Puzzle auf weißem Hintergrund zu sehen sein.

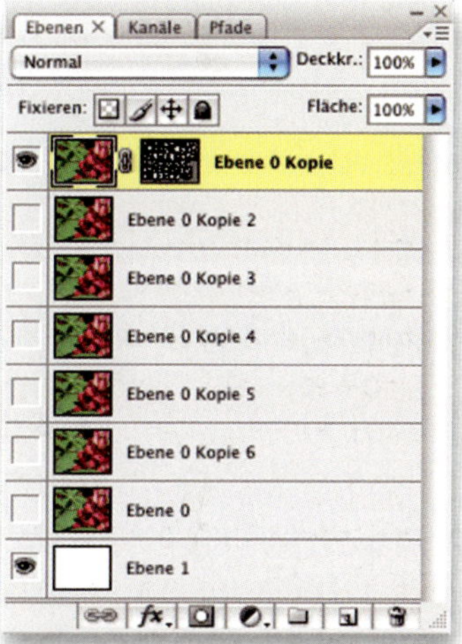

19

19

20

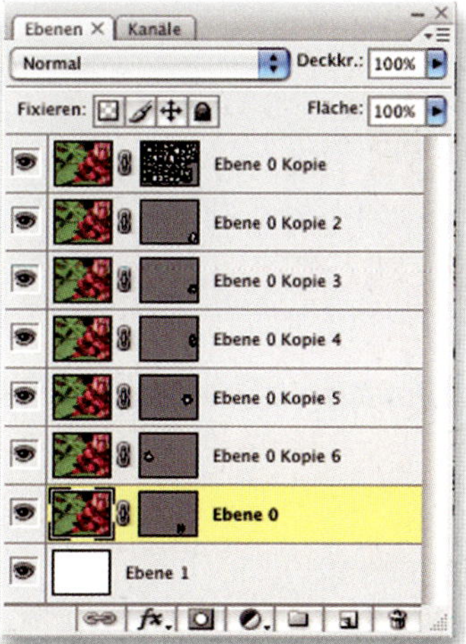

20

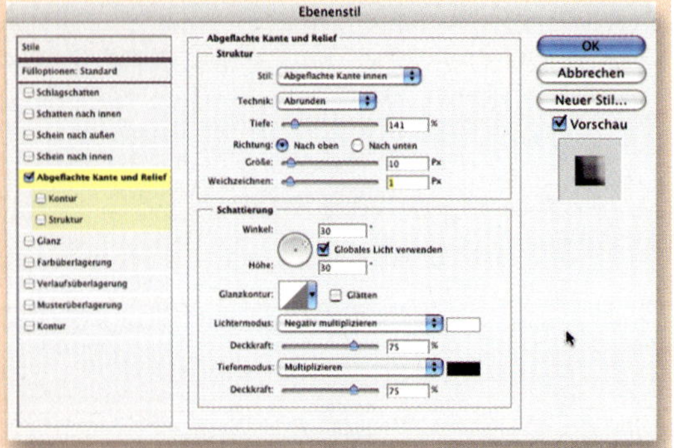

21

21

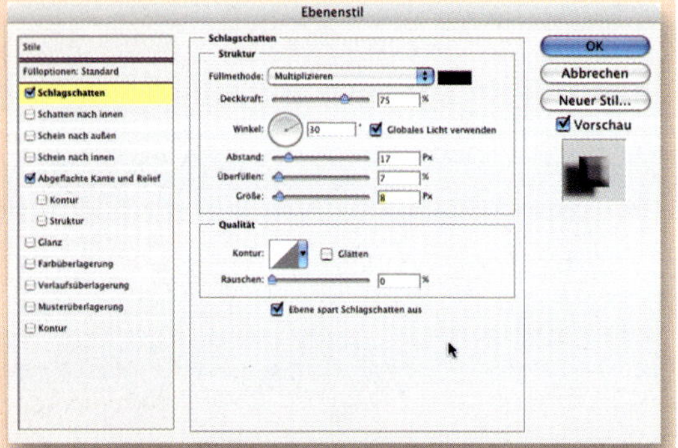

22

22

21 Über einen Ebenenstil verleihen Sie dem Puzzle eine dreidimensionale Wirkung. Beginnen Sie wieder mit der obersten Ebene, schalten Sie dazu die *Sichtbarkeit* der anderen Ebenen aus. Wählen Sie *Ebene > Ebenenstil > Abgeflachte Kante und Relief*. Stellen Sie in etwa die gezeigten Werte ein.

22 Fügen Sie einen Schlagschatten hinzu: Den Dialog *Ebenenstil* öffnen Sie erneut mit einem Doppelklick auf das Symbol *Effekte einblenden* (*fx*). Aktivieren Sie den *Schlagschatten* und stellen Sie ihn wie gezeigt ein.

23

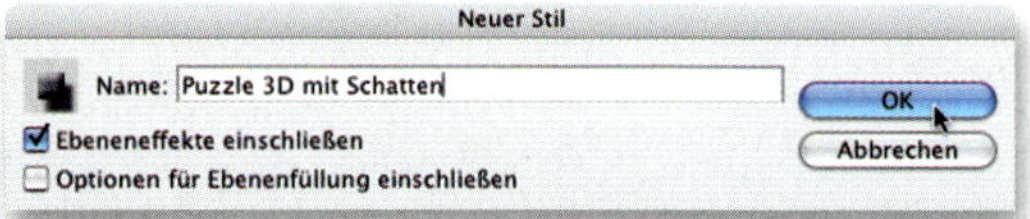

23

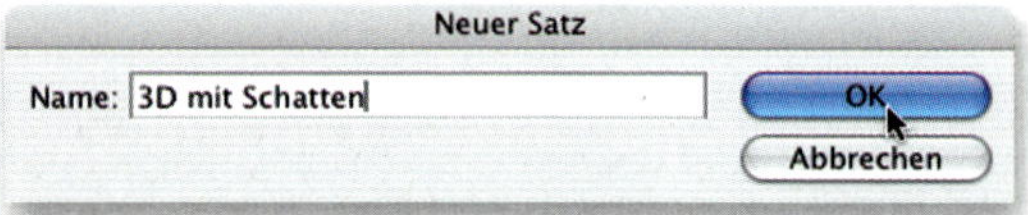

23

23 Mit einer Aktion können Sie den restlichen Puzzleteilen schell den Effekt hinzufügen. Wählen Sie zunächst die nächst untere Ebene. Öffnen Sie dann im *Fenster*-Menü die Palette *Aktionen*. Klicken Sie auf die Schaltfläche *Neuen Satz erstellen*, benennen Sie den Satz. Klicken Sie dann auf *Neue Aktion erstellen*: Mit einem Klick auf *Aufzeichnen* startet die Aufnahme; die Schaltfläche *Aufzeichnung beginnen* in der *Aktionen*-Palette unten leuchtet rot.

24 Wählen Sie nun *Ebene > Ebenenstil > Fülloptionen*. Klicken Sie auf *Stile* und aktivieren Sie den soeben erstellten Stil. Stoppen Sie die Aufnahme mit einem Klick auf die *Schaltfläche Aufzeichnung beenden*.

25 Wenden Sie die Aktion auf alle Ebenen nacheinander an: Vergewissern Sie sich, dass die neue Aktion noch aktiv ist. Wählen Sie dann die nächste Ebene und klicken Sie in der Aktionen-Palette auf die Schaltfläche *Auswahl ausführen*.

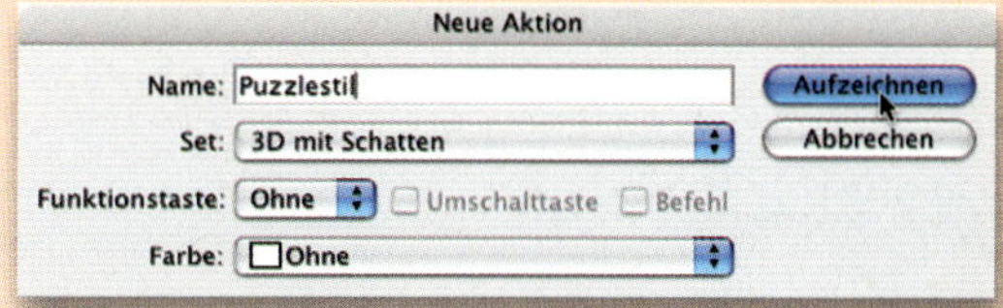

23

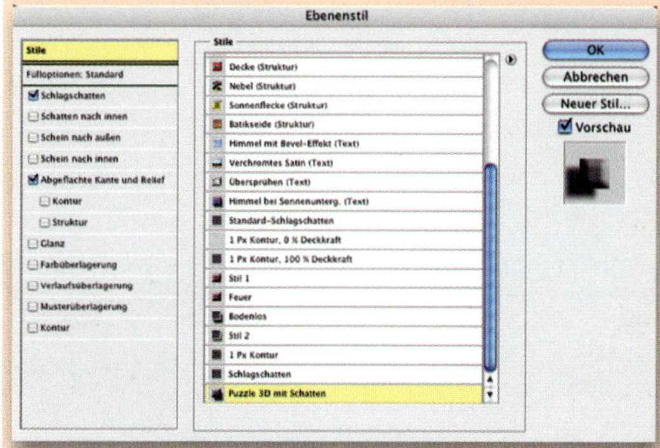

24

25

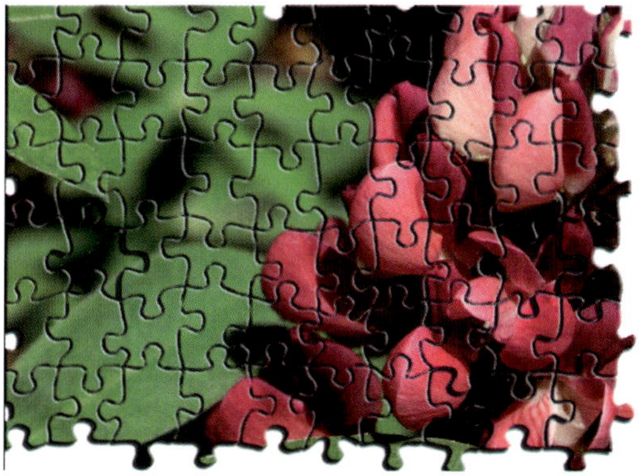

25

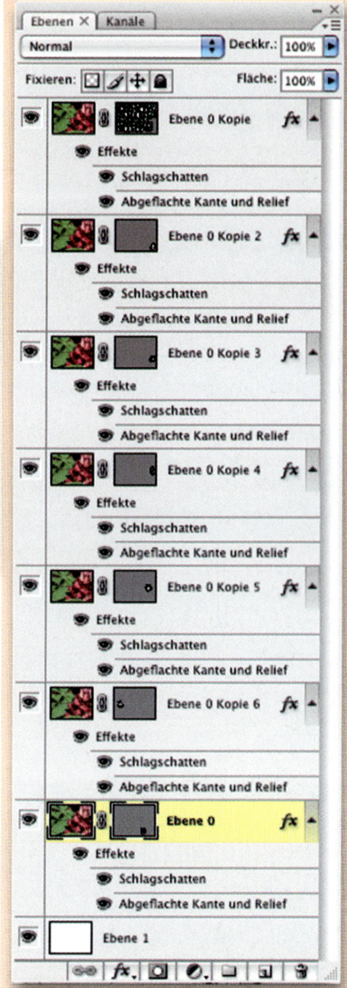

25

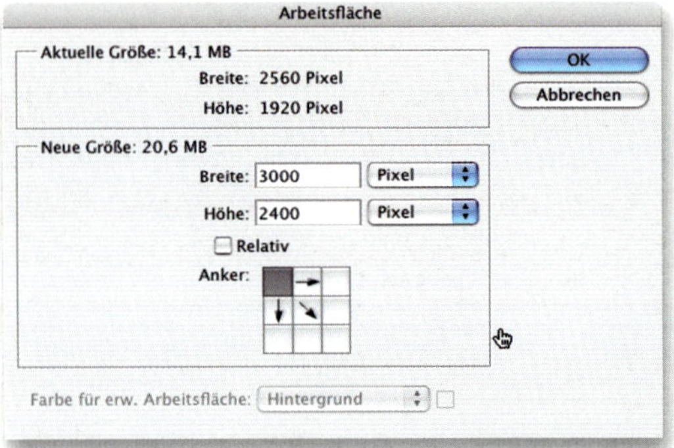

26

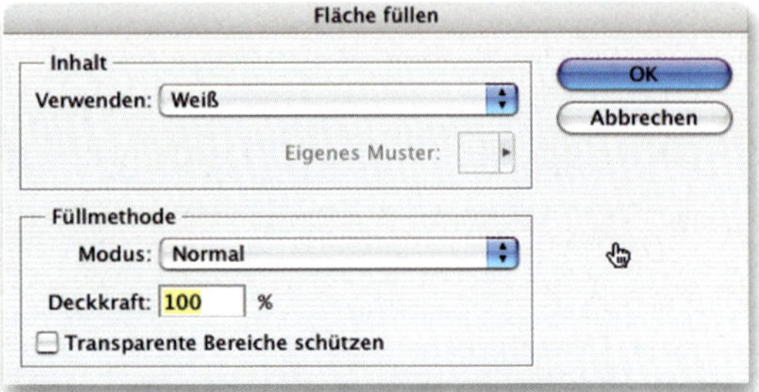

26

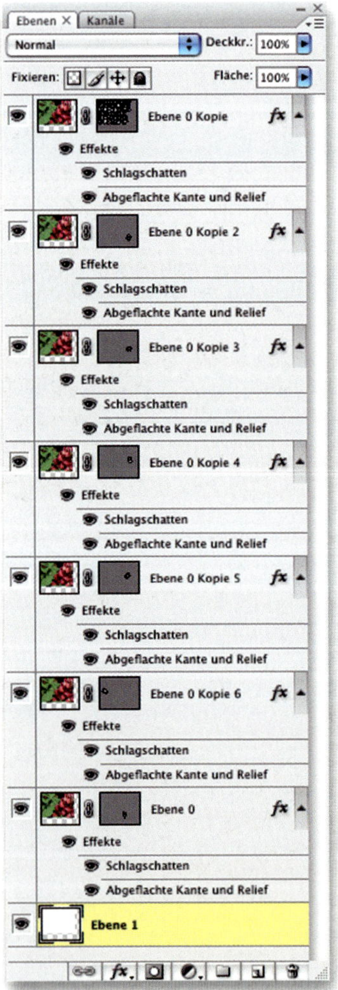

27

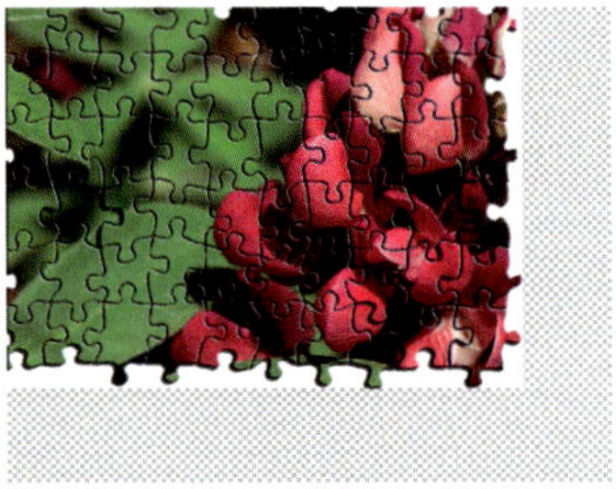

26

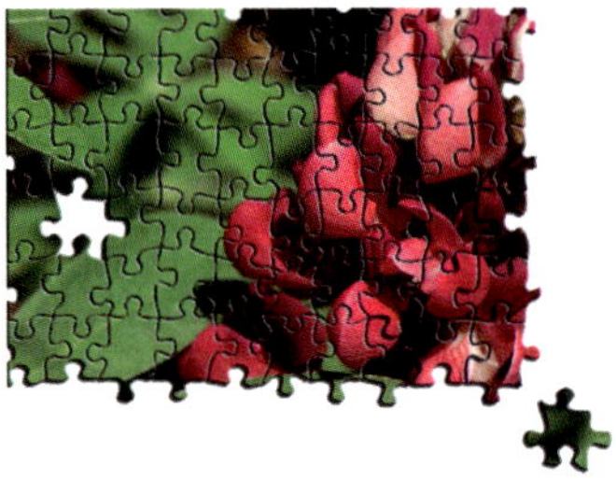

26

26 Um die einzelnen Puzzleteile aus dem Bild herauszulegen, vergrößern Sie zunächst die Arbeitsfläche (*Bild > Arbeitsfläche)*. Füllen Sie die neuen Bereiche der Fläche auf der als Hintergrund angelegen weißen Ebene (*Ebene 1*) weiß.

27 Aktivieren Sie eine Ebene mit einem einzelnen Puzzleteil.

> ✔ Wird eine Ebenenmaske auf die Ebene angewandt, kann die durch die Maske erzeugte Auswahl nicht mehr geändert werden. Jedoch kann nur so der auf der Ebene liegende Bildausschnitt (Puzzleteil) transformiert, etwa gedreht oder perspektivisch verzerrt, werden. Im Beispiel kann die Auswahl jedoch zu jeder Zeit über die Palette Pfade wieder geladen werden.

Verschieben Sie das Teil mit dem Verschieben-Werkzeug an eine beliebige Stelle. In der *Ebenen-*Palette sehen Sie anhand der beiden Miniaturen der entsprechenden Ebene (Pfad wie auch Bild), dass Photoshop alle Zutaten zusammen verschiebt.

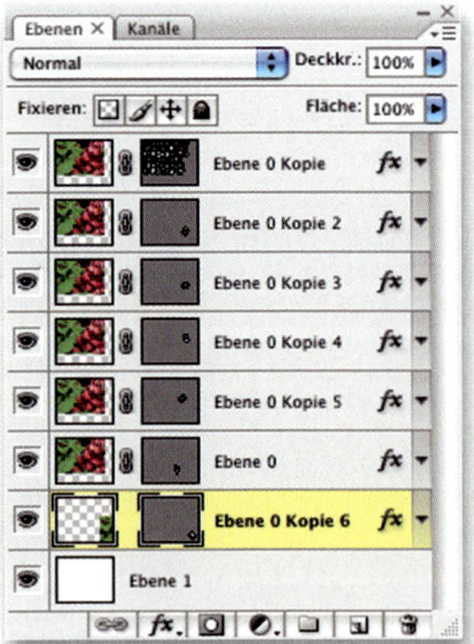

27

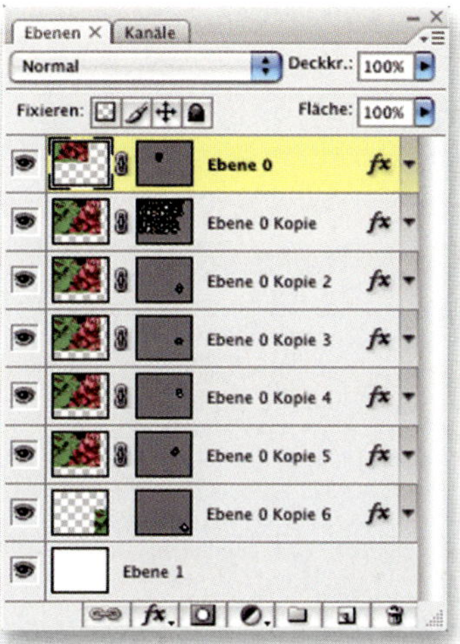

28

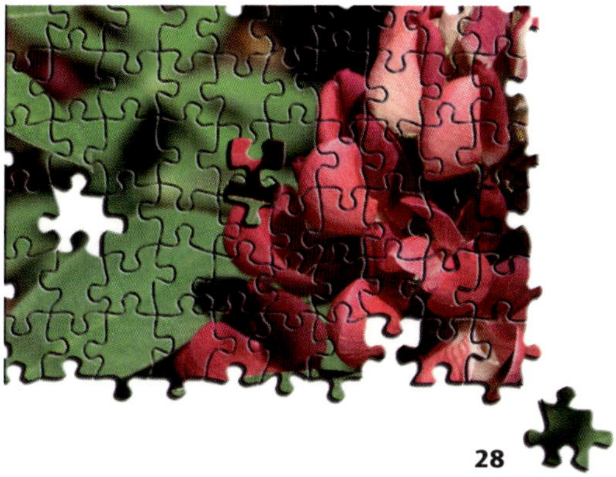

28

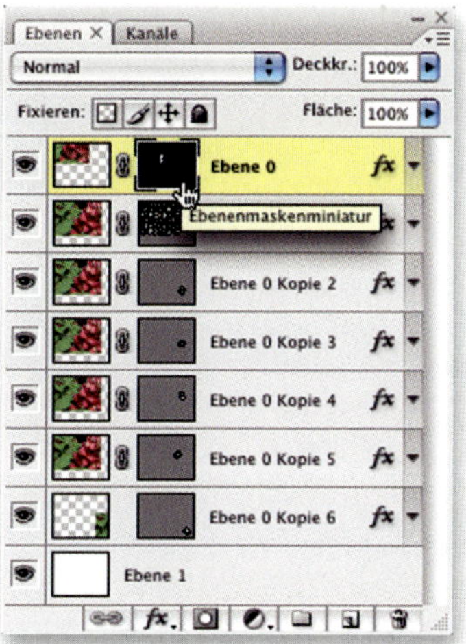

28

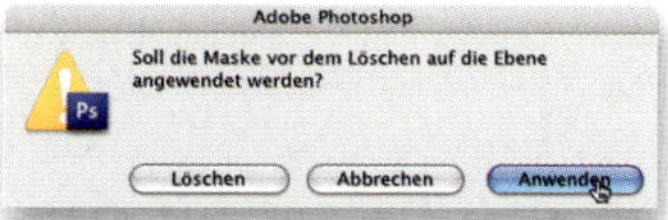

28

28 Legen Sie ein Puzzleteil gedreht über das gesamte, fast fertige Puzzle:

- Verschieben Sie das Teil im Bild und legen Sie dann dessen Ebene in der Ebenen-Palette an die oberste Stelle.
- Wählen Sie *Ebene* > *Rastern* > *Vektormaske*.
- Ziehen Sie in der *Ebenen*-Palette die Ebenenmasken-Miniatur in den Müll: Bestätigen Sie im darauf folgenden Dialog, dass die Maske auf die Ebene angewandt wird.
- Drehen Sie das Teil über die Funktion *Bearbeiten* > *Frei transformieren*.

29

29 Um einen entfernteren Abstand eines Puzzleteils zum Untergrund vorzutäuschen, verändern Sie im Dialog *Ebenenstil* den Abstand bei Schlagschatten (Doppelklick auf den *Schlagschatten* in der Ebenen-Palette).

30 Ändern Sie alle einzelnen Puzzleteile in ihrer Position und Drehung.

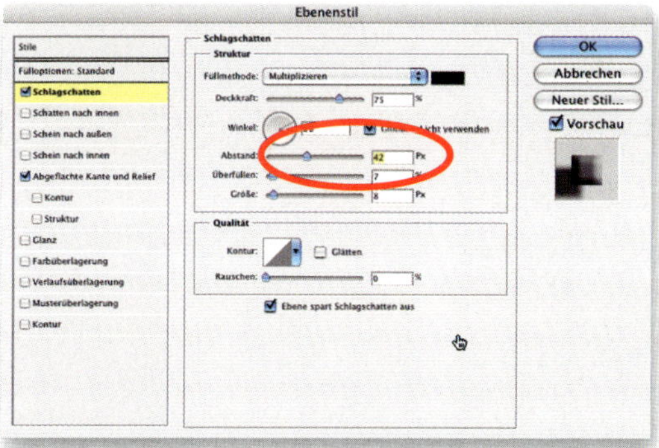

30

30

Anwendungsbeispiel > Formebenen und Smart Objects

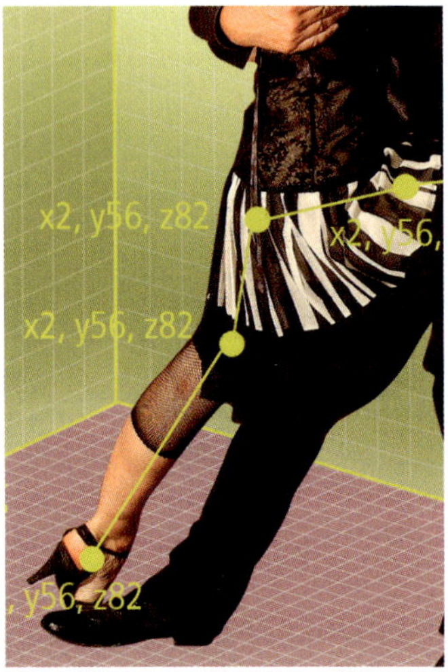

In einer Werbekampagne für eine Tangoschule wurden verschiedene Themenbereiche aus Mathematik und Medizin für die Hintergrundgestaltung verwendet. Hierbei wurden die Positionen der Paare sowie die emotionale Ausstrahlung des Bilds (Beispiel Medizin) aufgegriffen und mit der jeweils passenden Formstruktur umgesetzt. Die grafische Darstellung basiert auf exakten Linien, Kurven und weiteren geometrischen Formen. Um unklaren Kanten vorzubeugen, wurde hier mit Formebenen, Vektormasken und Smart Objects gearbeitet. Die einzelnen Formebenen von widerkehrenden Strukturelementen sind zu Gruppen zusammengefasst, um den Überblick in der Ebenen-Palette zu erleichtern.

Foto: © Juliane Popp

© Commosso

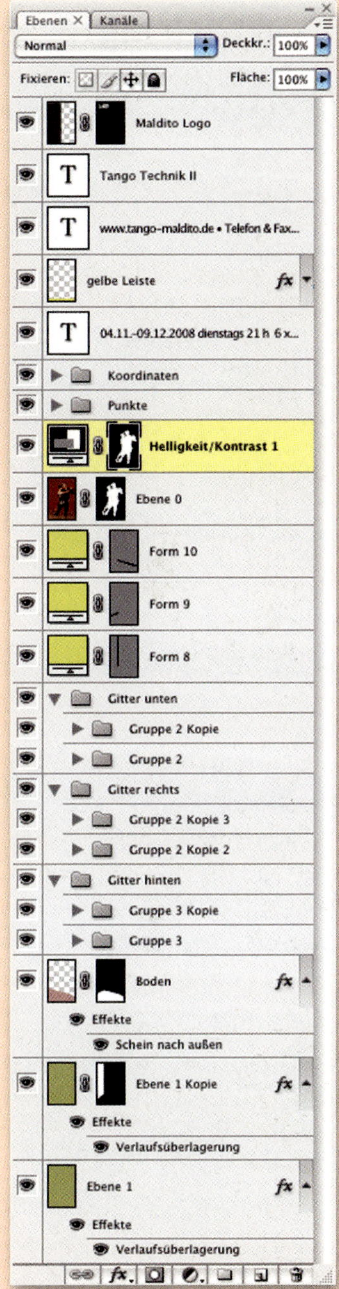

Im oben gezeigten Beispiel kommen klassische Freistellarbeiten und Bildbearbeitungen zur Geltung. Das Tänzerpaar wurde per *Ebenenmaske* vom Hintergrund freigestellt (*Ebene 0*). Zudem wurden per *Einstellungsebene* Helligkeit und Kontrast angepasst. Um diese Korrektur auf das Paar zu beschränken, kam wieder die *Ebenenmaske* zum Zug. Der Hintergrund ist frei aus drei Flächen gestaltet; die zwei Wände und der Boden. Hier werden die jeweiligen Formen ebenfalls über *Ebenenmasken* gebildet (*Ebene 1 Kopie, Boden*), nur für die rechte Wand wird keine Maske benötigt, da sie in der Ebenenhierarchie zuunterst liegt. Die Plastizität der Formen entsteht durch unterschiedliche *Ebenenstile*. Alle Linien (Flächenbegrenzung und Karomuster) im Hintergrund belegen verschiedene *Formebenen*, die zum Teil in Gruppen zusammengefasst sind. Die Punkte sowie deren Verbindungslinien liegen ebenso auf einzelnen *Formebenen*, die in der Gruppe *Punkte* zusammengefasst sind.

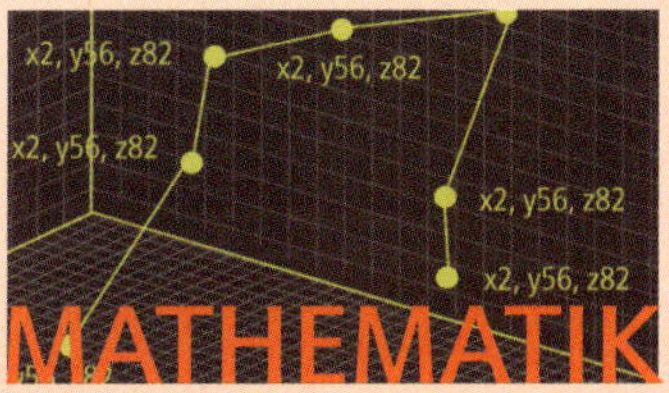

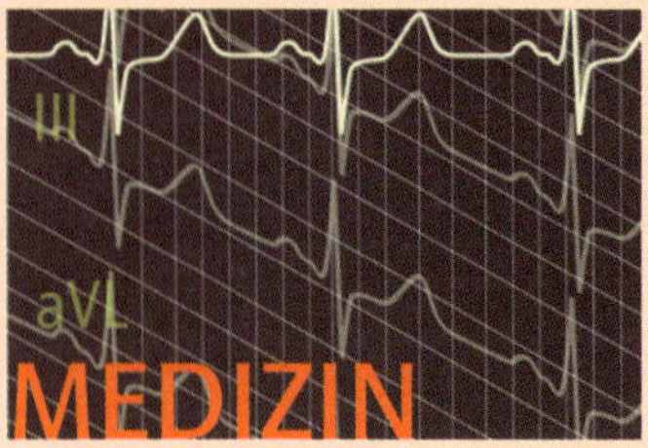

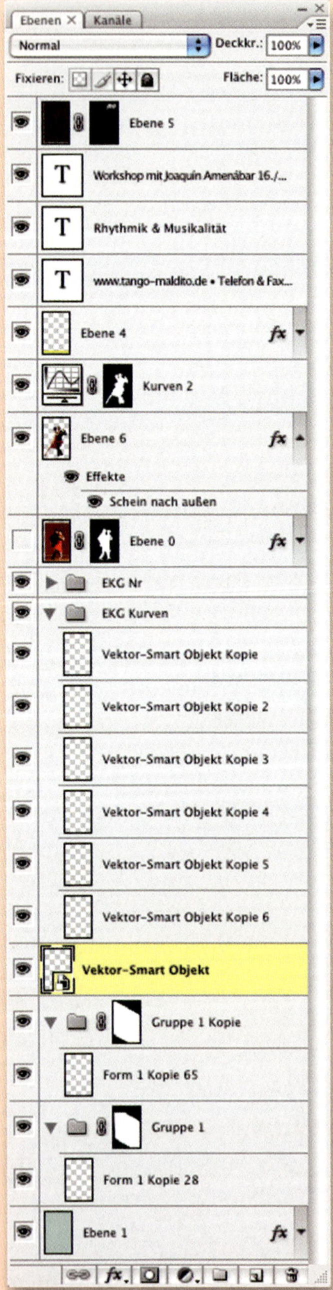

Ähnlich wie im voranstehenden Beispiel wurden auch hier die Tänzer per Ebenenmaske vom Hintergrund freigestellt und über eine Einstellungsebene angepasst.

Im Gegensatz zum Beispiel Mathematik kommen hier keine Formebenen zum Einsatz. Die vertikalen und diagonalen Linien sind zu zwei Gruppen zusammengefasst (*Gruppe 1, Gruppe 1 Kopie*), eine Vektormaske begrenzt sie oben und unten im Bild.

Eine EKG-Kurve wurde in Illustrator erstellt und im Photoshop-Dokument als Vektor-Smart-Objekt eingesetzt. Der Perspektive angepasste Kopien der EKG-Kurve befinden sich in der Gruppe *EKG-Kurve*.

© Commosso

Ebenfalls in dieser Anzeige wurde das Tango-Paar mittels Ebenenmaske vom Hintergrund getrennt, eine Anpassung der Farben war hier nicht notwendig.

Wie in der ersten Anzeige wurde hier wieder mit Formebenen gearbeitet. Die diagonalen Linien links im Bild könnte man ebenso über zwei Linien erstellen, die in Illustrator über die Funktion *Angleichen* (Menü: *Objekt*) und das Werkzeug *Angleichen* in drei Schritten hintereinander erstellt werden können. (Bei den Angleichen-Optionen müsste als Abstand *Festgelegte Stufen* und als Ausrichtung *Am Pfad ausrichten* zuvor eingestellt werden!) Um den Überblick in der Ebenen-Palette zu bewahren, sind die Liniengruppen zu zwei Gruppen zusammengefasst (*Schräge Linien, Linien*).

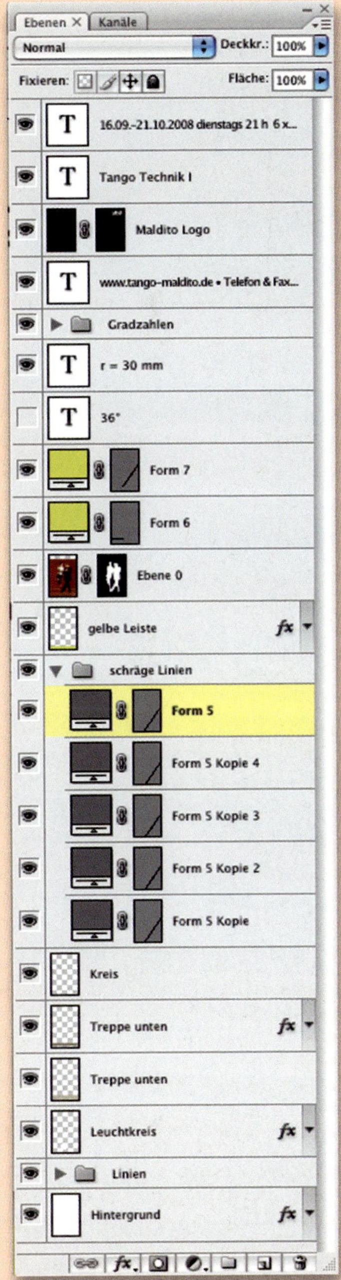

© Commosso

Kapitel 12

Wichtige Tastaturkürzel	
Öffnen	Strg/⌘ + O
Durchsuchen	Strg/⌘ + Alt/⌥ + O
Schließen	Strg/⌘ + W
Speichern	Strg/⌘ + S
Speichern unter	Strg/⌘ + ⇧ + S
Für Web und Geräte speichern	Strg/⌘ + ⇧ + Alt/⌥ + S
Zurück zur letzten Version	F12
Seite einrichten	Strg/⌘ + ⇧ + P
Drucken	Strg/⌘ + P
Eine Kopie drucken	Strg/⌘ + ⇧ + Alt/⌥ + P

Wichtige Werkzeuge	
Auswahlrechteck, Ellipse-Werkzeug	E
Lasso-Werkzeug(e)	L
Schnellauswahl, Zauberstab	W
Füllwerkzeug	G
Textwerkzeug	T

Speichern für Print und Web

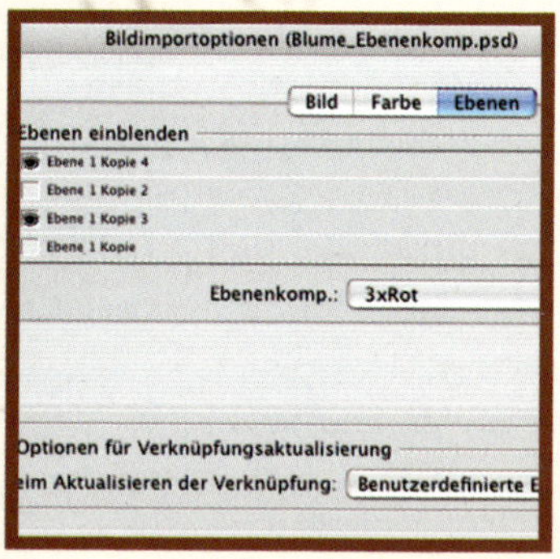

Speichern > Printmedien

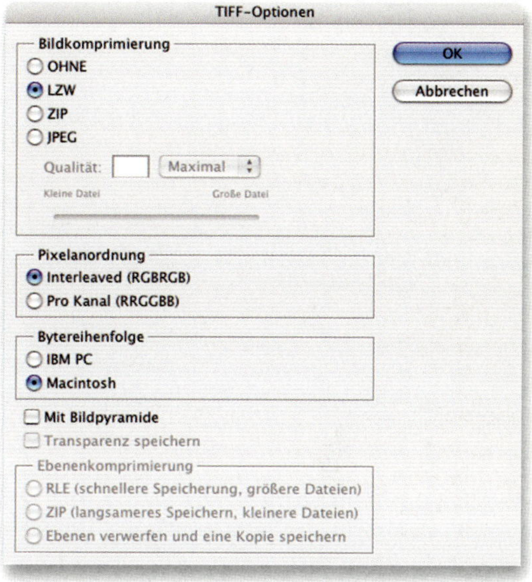

Welches Bildformat ist für den Druck das richtige?

Die häufigsten zwei Pixelbild-Speicherformate für das professionelle Print-Publishing sind TIFF und EPS. Zudem wird der Import einer Datei im Photoshop-eigenen Format PSD von den gängigen Layout- und Satzprogrammen immer besser unterstützt.

TIFF- und EPS-Format sind somit besonders dazu geeignet, Bilder abzuspeichern, die in ein Layoutprogramm (z.B. QuarkXPress, InDesign) oder auch in ein Grafikprogramm (Adobe Illustrator) integriert werden sollen, um später belichtet und industriell gedruckt zu werden.

Das TIFF-Format

Das TIFF-Format (Tagged Image File Format) ist verbreiteter, da es von sehr vielen Programmen – auch systemübergreifend – sozusagen gesprochen und verstanden wird. Das TIFF speichert praktisch alle Farbtiefen (1, 4, 8, 24, 32 oder 48 Bit pro Pixel) und ist damit für nahezu alle Bildmodi verfügbar (Bitmap, Graustufen, indiziertes Farbbild, RGB, CMYK und Lab). Seit Photoshop-Version 6 können TIFFs auch mit Ebenen (inklusive transparenten Bereichen) und Vektoren gespeichert werden. Das heißt, ein Bild mit mehreren Ebenen muss nicht unbedingt auf den Hintergrund reduziert werden, um es als TIFF abspeichern zu können. Bedenken Sie jedoch, dass bei Projekten mit umfangreichem Bildmaterial schnell riesige Datenmengen zusammenkommen und Sie die Ebenen zum Belichten nicht brauchen. Es empfiehlt sich also nach wie vor das Speichern von zwei Versionen: eine mit Ebenen für Ihre Archivierung und eventuelle Nachbearbeitung und eine reduzierte für die Druckerei. Als Bildkomprimierung sollte nur LZW (= verlustfrei) verwendet werden. Dies reduziert den Festplattenspeicherbedarf und kann ein Vorteil gegenüber dem EPS-Format sein. Das ZIP-TIFF ist zwar verlustfrei, aber nicht immer kompatibel und beim JPEG-TIFF müssen Qualitätsverluste hingenommen werden. Beim Speichern musste außerdem bis vor kurzem noch entschieden werden, ob das Bild am Mac oder PC (unterschiedliche Byte-Reihenfolge) verwendet werden sollte. Mittlerweile lassen sich jedoch auch Bilder, die im Mac-Format abgespeichert wurden, trotzdem am PC öffnen. Die Layoutprogramme können beide Versionen verarbeiten. Möchten Sie Ebenen mitspeichern, empfiehlt sich die Ebenenkomprimierung ZIP.

Die Bildvorschau wird durch das Layoutprogramm generiert und entspricht weder farblich noch auflösungstechnisch dem, was Sie in Photoshop gesehen haben. Die Option *Mit Transparenz* ist verfügbar für Photoshop-Bilder ohne Hintergrund und mit transparenten Bereichen. Für freigestellte Bildbereiche empfehle ich jedoch immer Beschneidungspfade (siehe *Kapitel 8*). Soll der Freisteller in einem älteren Layoutprogramm platziert werden, empfiehlt es sich, ihn im EPS-Format zu speichern, da nur diese Kombination eine korrekte PostScript-Ausgabe garantiert. Beim Speichern mit Ebenen bleiben transparente Ebenen auch ohne Anklicken dieser Option grundsätzlich erhalten.

Das EPS-Format

Das EPS-Format (Encapsulated PostScript) speichert Farbtiefen von 1, 4, 8, 24 oder 32 Bit pro Pixel. Mögliche Bildmodi für das EPS sind Bitmap, Graustufen, Duplex, indiziertes Farbbild, RGB und CMYK. Das EPS-Format ist außerdem ein Format, welches Graustufen- und CMYK-Bilder mit Druckkennlinien und Rasterungseinstellungen speichern kann. Außerdem garantiert es das korrekte Belichten von Beschneidungspfaden.

Im Gegensatz zum TIFF kann das EPS keine Ebenen speichern. Das EPS ist jedoch dafür zuständig, dass Vektoren beim Belichten in der vollen Belichterauflösung ausgegeben werden können. Dafür muss beim Speichern die Option *Mit Vektordaten* angeklickt werden (dies ist nur möglich, wenn Text- oder Formebenen in der Datei vorhanden sind). Bleibt die Option ausgeschaltet, werden Vektoren in der Bildauflösung des Bilds in Pixel umgerechnet (gerastert). Beachten Sie außerdem den Hinweis, dass die Vektoren bei einem erneuten Öffnen in Photoshop ebenfalls in Pixel umgerechnet werden. Auch beim EPS empfiehlt sich also das Speichern von zwei Versionen: eine mit Ebenen für Ihre Archivierung und eventuelle Nachbearbeitung (besonders der vektorbasierten Bildelemente wie Formen und Text) und eine reduzierte, mit Vektordaten für die Druckerei. Ist im EPS ein Beschneidungspfad in der Pfade-Palette angelegt, wird dieser automatisch als solcher im Layoutprogramm interpretiert.

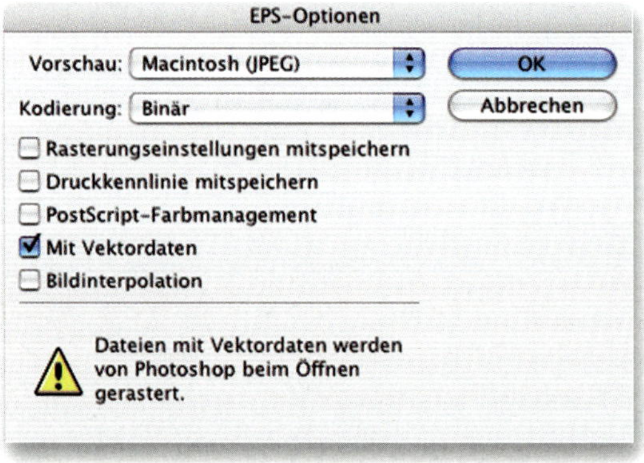

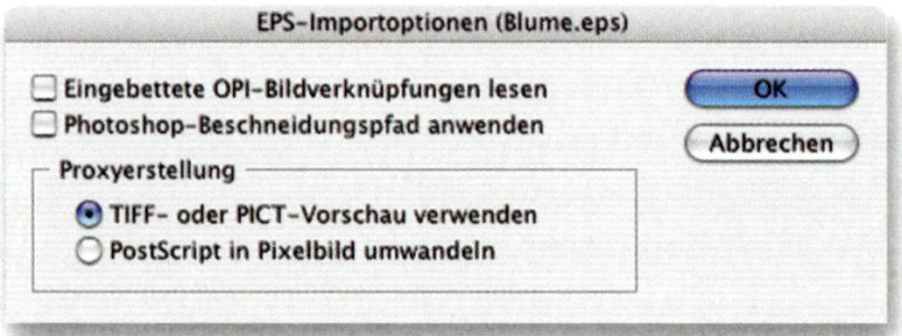

EPS-Importoptionen von InDesign CS3

Das EPS enthält eine Bildvorschau in seiner Dateiressource. Dies ist ein Grund für seinen größeren Speicherbedarf auf der Festplatte, aber gleichzeitig für einen beschleunigten Ladevorgang und Bildaufbau im Layoutprogramm. Am Mac steht außerdem eine Bildvorschau als JPEG zur Verfügung, die zügig aufgebaut wird und die beste Bildwiedergabe garantiert. Bearbeitungsmöglichkeiten für ein EPS im Layoutprogramm gibt es so gut wie keine: Lediglich für ein Bitmap-EPS kann über die Option *Weiß ist transparent* das Weiß im Bild ausgeblendet werden. Volltonfarbkanäle werden jedoch in einem EPS nicht übernommen.

EPS-Variante DCS 2.0-Format

DCS (Desktop Color Separation) ist eine Variante des EPS-Formats für Bilder im Graustufen- oder CMYK-Modus (mit und ohne Schmuckfarbenkanälen). Wählen Sie das DCS 2.0-Format immer dann, wenn die Separationen und Volltonfarben in einer Datei gespeichert werden sollen. Die DCS-Option *Mehrfachdatei mit Farbcomposite Bild – 72 Pixel/Inch* erzeugt vorseparierte Dateien: bei einem CMYK-Bild eine Masterdatei sowie vier weitere Dateien, die die entsprechenden Farbauszüge enthalten. Zur Belichtung müssen sich alle fünf Dateien in einem Ordner befinden und die Namen dürfen nicht verändert worden sein. Wenn Sie auf Nummer sicher gehen wollen, verwenden Sie diese Option nicht, sondern speichern Sie die Datei als Einzeldatei mit Farbcomposite Bild – 72 Pixel/Inch.

Bilder mit Volltonfarbkanälen, die belichtet werden sollen, sollten ebenfalls im Format Photoshop DCS 2.0 abgespeichert werden. Beim TIFF werden Volltonfarben nicht in allen Layoutprogrammen übernommen; QuarkXPress etwa ignoriert sie gänzlich. InDesign hingegen übernimmt Volltonfarben im gespeicherten Tiff. Bilder zum Belichten im Duplex-Modus können nur im Format Photoshop EPS abgespeichert werden.

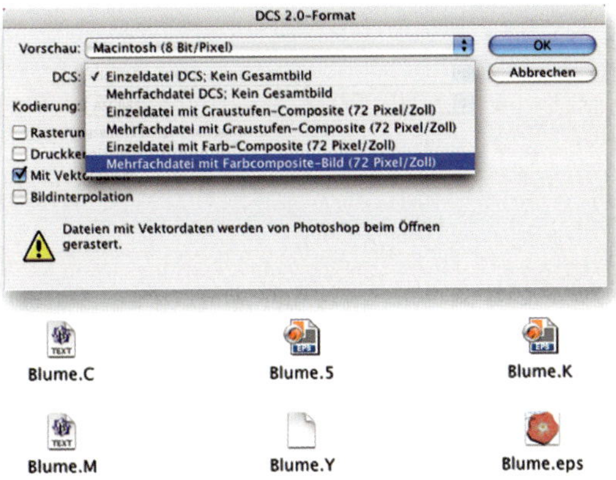

Speichern in Photoshop	TIFF	EPS	DCS 2.0
Speichern von Vektordaten	ja	ja	ja
Speichern von Beschneidungspfaden	ja	ja	ja
Speichern von Rasterweiten	nein	ja	ja
Speichern von Druckkennlinien	nein	ja	ja
Speichern von Duplex	nein	ja	nein
Speichern von Druckfarben	ja	nein	ja
Komprimierung	LZW	JPEG	nein
Speichern von Alphamasken	ja	nein	nein
Anhängen von ICC-Profilen	ja	ja	ja

Import von PSD-Dateien im Satzprogramm

Mittlerweile ist es nicht mehr unbedingt notwendig, Bilder im Format Tiff oder EPS zum Platzieren im Layoutprogramm zu speichern. Besonders Adobe InDesign CS3 arbeitet sehr zuverlässig und sogar schneller, wenn man das Photoshop-eigene Format *PSD einsetzt. Bei dem hier gezeigten Beispiel unterstützt InDesign alle wichtigen Photoshop-Funktionen:

Um die komplette Importfunktionalität zu nutzen, muss im Dialog *Platzieren* die Option *Importoptionen anzeigen* aktiviert sein.

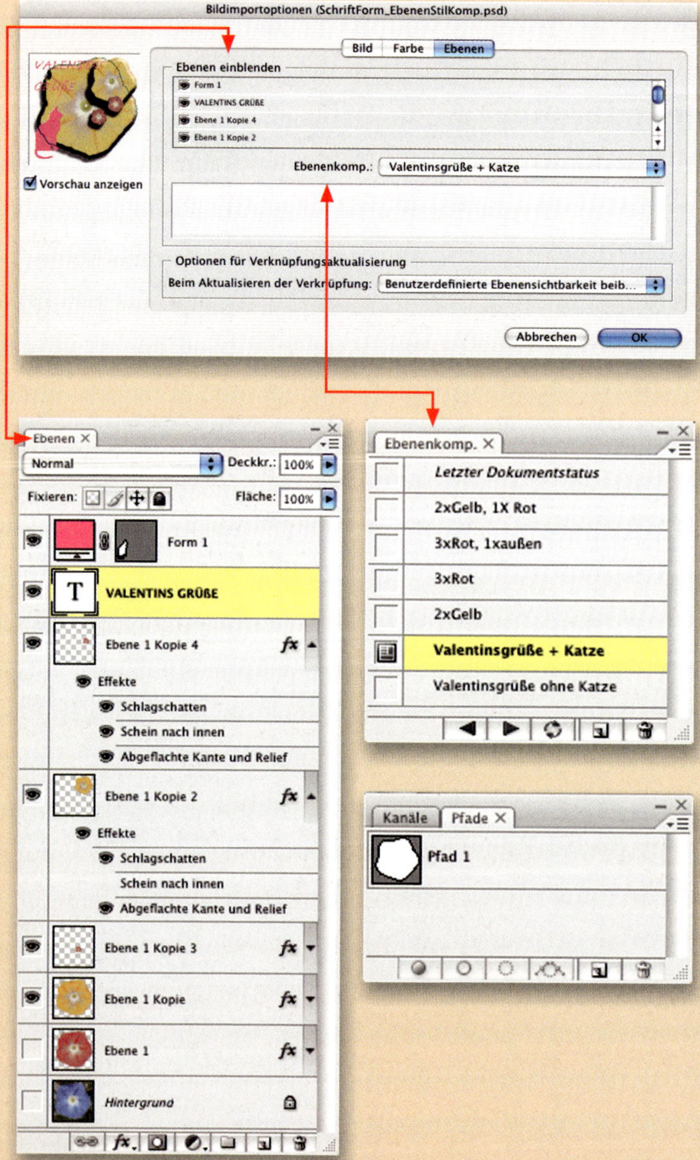

In dem darauf erscheinenden Fenster *Bildimportoptionen* kann man unter *Bild* eine per Alphakanal gespeicherte Auswahl übernehmen.

Unter *Ebenen* lassen sich Ebenen selektieren sowie ein- und ausblenden. Ebenso kann man bestimmte, vorher festgelegte Ebenenkompositionen selektieren und zunächst in einer Vorschau kontrollieren.

Zudem werden Sonderfarben automatisch übernommen.

Ebenfalls *Text-* und *Formebenen* werden mit ihren Vektorinformationen erkannt und korrekt angezeigt.

Leider können in Photoshop platzierte Formen und Texte nachträglich in InDesign nicht weiterbearbeitet werden. Es empfiehlt sich also, Texte, die die nicht mit besonderen Photoshop-Funktionen bearbeitet werden sollen (wie etwa in *Kapitel 4* vorgestellt), generell im Layoutprogramm zu erstellen.

Auch QuarkXPress ermöglicht bedingt einen Import von PSD-Dateien. Seit Version 7 liefert und installiert das Satzprogramm die XTention *PSD Import XT* direkt mit dem Programmpaket.

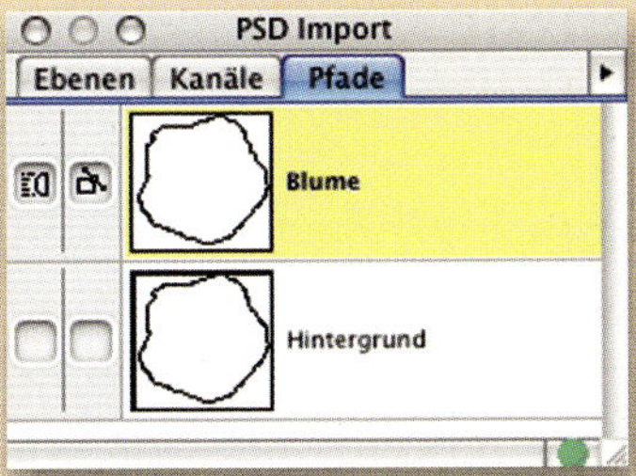

Nach dem Platzieren des Bilds im PSD-Format in QuarkXPress muss die Palette *PSD Import* über das Menü *Fenster* geöffnet werden. Hier hat man Zugriff auf alle Ebenen, Kanäle und Pfade, so wie sie in Photoshop angelegt wurden.

Vorteil gegenüber InDesign: Selbst nach dem Platzieren lassen sich über diese Palette Änderungen vornehmen. In InDesign hingegen kann man jegliche Einstellungen nur über den Dialog *Bildimportoptionen vor dem Platzieren* tätigen.

Diese Art Photoshop-Import klappt jedoch nur dann zuverlässig, wenn keine weiteren Photoshop-eigenen Techniken in der Datei vorhanden sind. So erkennt QuarkXPress keine Ebenenstile, Smartfilter oder Textebenen. Beim Platzieren einer solchen Datei wandelt QuarkXPress alle Ebenen zu einem einzigen Composite-Bild um.

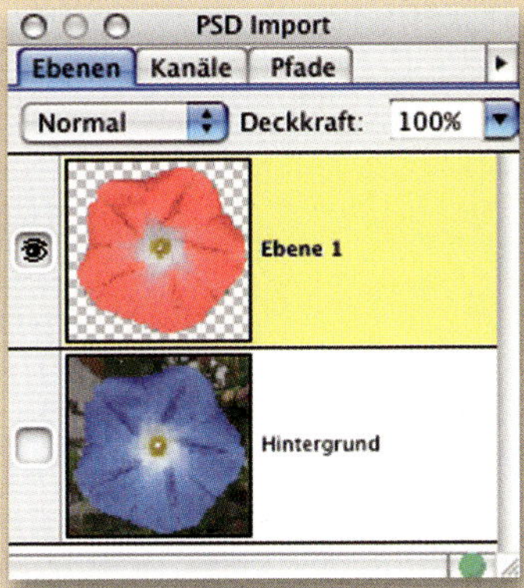

Textebenen übernimmt das Programm zwar ohne weitere Meldung, sie werden allerdings nicht als Text erkannt und werden somit gerastert.

Zeigt ein Photoshop-Dokument Ebenenstile, Text- oder Formebenen, werden beim PSD-Import mit QuarkXPress alle Informationen zu einem Composite-Bild zusammengefasst. Texte und Vektorformen erscheinen somit, wie die Vergrößerung eines Ausschnitts unten zeigt, gerastert.

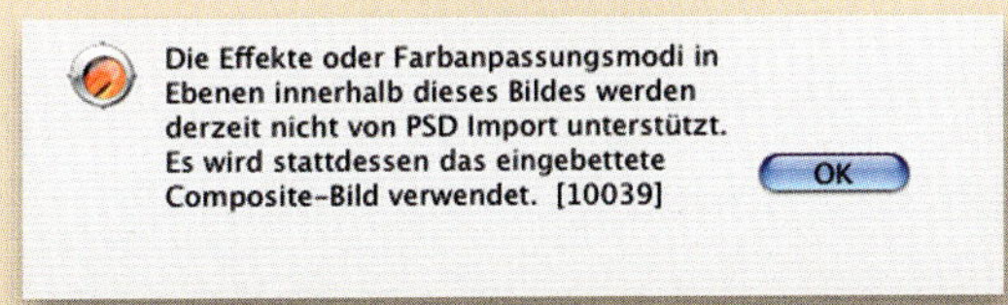

Speichern > Fürs Web

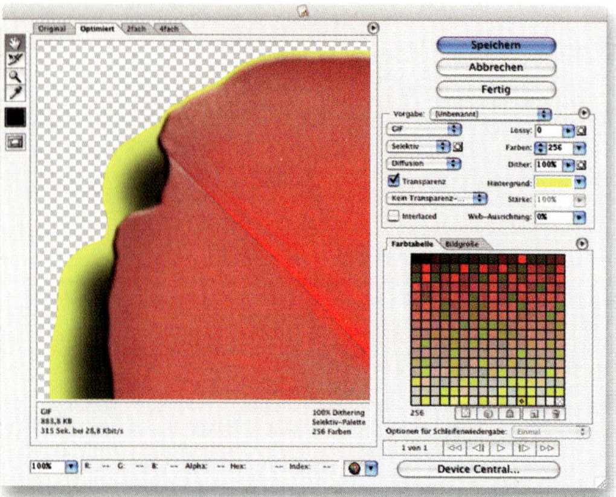

Gespeichert als GIF mit 256 Farben hat das Bild eine Dateigröße von 883,8 KB. Die Hintergrundtransparenz bleibt im 100% transparenten Bereich erhalten, senitransparente Bereiche unter dem Schatten werden mit gewählter Hintergrund- und Schattenfarbe simuliert.

Ausschnitt aus dem Original: Das Bild ist eigentlich für den Druck konzipiert: Der Schriftzug ist in einer Sonderfarbe angelegt, die alle Webformate ignorieren. Ebenso wird der hier sichtbare Beschneidungspfad beim Speichern fürs Web nicht berücksichtigt.

Formate für das Web

Gebräuchliche Dateiformate für das Web sind GIF (Graphic Interchange Format) und JPEG (Joint Photographics Experts Group). Wie die Namen schon zum Ausdruck bringen, wird das GIF häufiger für Grafiken, Illustrationen, Schriftzüge verwendet, das JPEG hingegen eher für fotorealistische Abbildungen. Zudem setzt sich immer mehr das PNG (Portable Network Graphics) durch.

Das GIF-Format

GIFs ermöglichen es, transparente Bildbereiche in die Darstellung zu übernehmen, und sind zum Erstellen von Animationen geeignet. Zudem ist ihre Dateigröße verhältnismäßig klein. Beim Speichern im GIF-Format wird das Bild indiziert: Alle Farben im Bild werden in die Farben einer Farbtabelle mit maximal 256 Farben (für das Web meist der Web-Farbtabelle) konvertiert. Durch das Reduzieren der Anzahl der Farben von Millionen auf 256 oder weniger verändert sich natürlich auch das Aussehen des Bilds. Mit dem *Dithering* hat man eine Möglichkeit, das Aussehen ein wenig zu verbessern. Beim Speichern im GIF-Format erfolgt eine verlustfreie Komprimierung (mit dem LZW-Verfahren; während des Speichervorgangs werden keine Daten aus dem Bild entfernt). Die Stärke der Komprimierung hängt von der Anzahl der Farben, ihrer Häufigkeit und Anordnung im Bild ab. Beim Kompressionsverfahren im GIF-Format wird nach Veränderungen entlang horizontaler Linien gesucht – Grafiken mit horizontalen Linien haben somit weniger Speicherbedarf als Grafiken mit vertikalen Linien. Sind vertikale Linien eventuell noch mit einem Störungs- oder Weichzeichnungsfilter bearbeitet, nimmt die Dateigröße weiter zu.

Das JPEG-Format

Das JPEG-Format eignet sich sehr gut für Fotos oder fotorealistische Bilder, weniger gut jedoch für einfarbige Flächen. Beim Speichern im JPEG-Format wird ein verlustreiches Kompressionsverfahren angewendet; überflüssige, über die Wahrnehmung des menschlichen Auges hinausgehende Daten werden aus dem Bild entfernt. Der Kompressionsalgorithmus sucht in Flächen von 8 x 8 Pixel nach Gebieten mit leichten Farbveränderungen und ist am effektivsten und am wenigsten auffällig, wenn viele solcher Bereiche in einem Bild vorkommen. Die Stärke der Komprimierung steht in einem direkten Verhältnis zur Qualität des komprimierten Bilds und kann individuell festgelegt werden. Ein stark komprimiertes Bild hat zwar eine geringere Dateigröße, aber auch eine schlechtere Qualität. Im Dialog *Für Web und Geräte speichern...* kann man anhand der Vorschau und der angezeigten Dateigröße sehr gut ein optimales Verhältnis finden (erst ab Photoshop 5.5). Die Bildkomprimierung dient immer dem Verringern der Dateigröße und damit der Erhöhung der

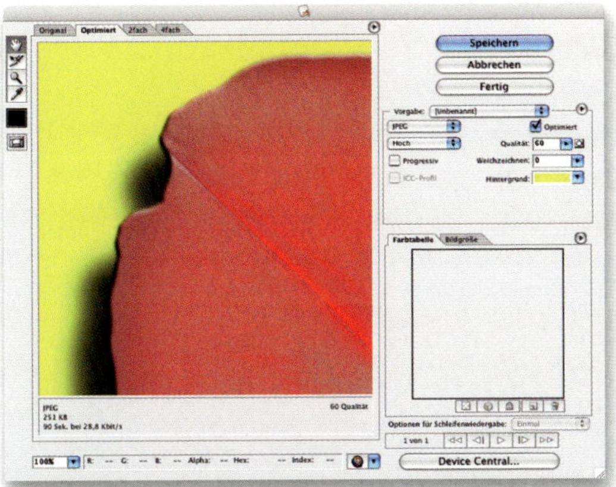

Gespeichert als JPEG in einer hohen Qualität ist das Bild mit 251 KB deutlich kleiner als ein Tiff derselben Datei. Transparenzen bleiben nicht erhalten, eine Hintergrundfarbe kann gewählt werden, der Schatten wird korrekt mit der Hintergrundfarbe verrechnet.

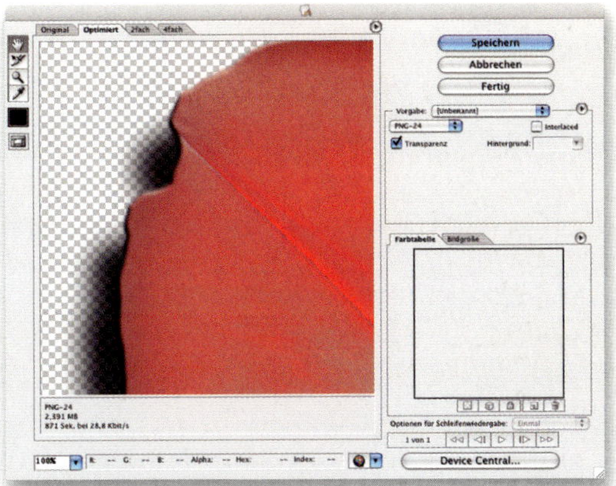

Wohl das optisch beste Ergebnis zeigt das PNG-24, leider mit einer Dateigröße von 2,391 MB (!) auch das speicherintensivste. Transparenzen bleiben komplett erhalten, auch in den senitransparenten Bereichen des Schattens.

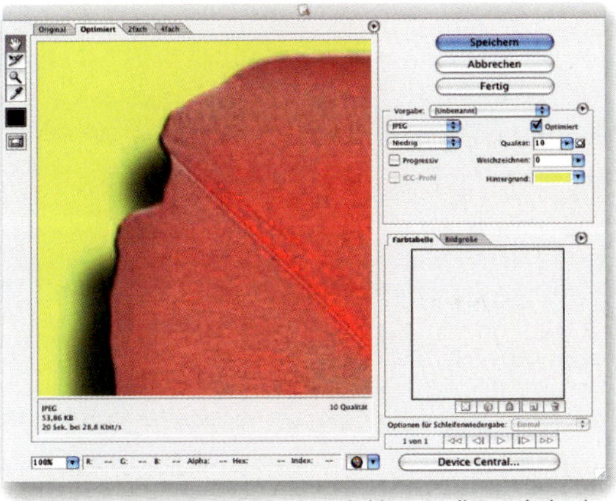

Nur noch 54 KB hat das JPEG in einer niedrigen Qualität. Jedoch zeigen sich Komprimierungsspuren; in Bildbereichen, die Verläufe zeigen, sieht man deutliche JPEG-Artefakte in Form von sich farblich abgrenzenden Kästchen.

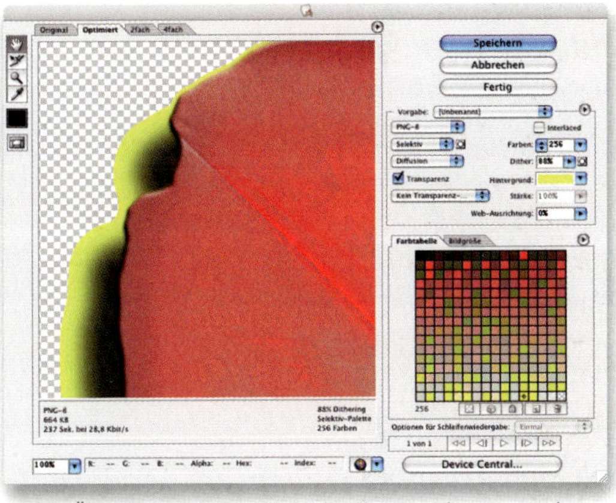

PNG-8: Ähnlich wie beim GIF bleibt die Hintergrundtransparenz im 100% transparenten Bereich erhalten, senitransparente Bereiche unter dem Schatten werden mit gewählter Hintergrund- und Schattenfarbe simuliert. Auch die Dateigröße von 664 KB ähnelt der des GIF.

Übertragungsgeschwindigkeit. Öffnet man ein Bild im JPEG-Format, wird es – im Gegensatz zum GIF – dekomprimiert. Da dieser Vorgang Zeit beansprucht, kann es vorkommen, dass ein solches Bild länger zur Anzeige im Browser benötigt als ein GIF-Bild gleicher Größe.

Das PNG-Format

Eine Alternative zu JPEG bietet das PNG-Format. Vorteil: PNG komprimiert verlustfrei (Lossless). Zudem unterstützt PNG 24-Bit-Bilder und stellt Hintergrundtransparenz ohne gezackte Ränder dar (bis zu 256 Transparenzstufen können in einem Bild erhalten sein). PNG unterstützt neben indizierten Farb- und Graustufenbildern auch RGB- und Bitmap-Bilder ohne Alphakanäle. Nachteil: PNG-Dateien sind in der Regel deutlich größer als JPEG-Bilder. Es gibt zwei verschiedene PNG-Formate: PNG-8 und PNG-24. Bei PNG-8-Bildern kann man festlegen, wie transparente Pixel optimiert werden sollen. Alternativ simuliert man die Transparenz, indem halbtransparente Pixel mit einer gewählten Hintergrundfarbe gefüllt oder überblendet werden. PNG-24 stellt zwar als einziges Webformat alle Transparenzstufen dar, generiert jedoch dadurch höhere Dateigrößen.

Der Dialog Für Web und Geräte speichern

Zum Speichern von Bildern für das Web verwenden Sie *Datei > Für Web und Geräte speichern...* Hier können Sie alle relevanten Einstellungen vornehmen und verschiedene Varianten hinsichtlich Aussehen und Dateigröße vergleichen.

Wählen Sie die Vorschau-Option *4-fach*. Durch Anklicken eines Vorschaufelds werden rechts die zugehörigen Einstellungen angezeigt. Gehen Sie die Speicheroptionen im rechten Teil des Dialogs am besten der Reihe nach durch. Wählen Sie ein Speicherformat (siehe Tabelle).

Beim GIF-Format wählen Sie dann entweder für websichere Farben *Restriktiv (Web)* oder eine andere Option, wenn die Farben nicht websicher zu sein brauchen. Haben Sie *Restriktiv (Web)* gewählt, erscheint bei *Farben*: *Auto*, was bedeutet, dass Photoshop die tatsächlich für das aktuelle Bild benötigten Farben aus der Tabelle der websicheren Farben zusammenstellt und sie gleichzeitig in der Farbtabelle anzeigt. Sie können nun versuchen, die Anzahl der Farben und damit die Dateigröße weiter zu reduzieren. Außerdem können Sie über den Schieberegler bei *Lossy* den zulässigen Datenverlust bei der GIF-Komprimierung steuern. Verfolgen Sie dabei die aktuelle Vorschau – eine korrekte Darstellung ist nur bei 100 Prozent Darstellungsgröße gewährleistet.
Da beim GIF die Anzahl der Farben durch Indizierung auf 256 beschränkt ist, kann es zu sehr harten Farbübergängen kommen; wählen Sie deshalb gegebenenfalls die Dithering-Option *Diffusion* und bewegen Sie den Schieberegler bei *Dither*, bis Sie mit dem Dithering zufrieden sind. *Diffusion* bringt die beste Darstellung von weichen Farbübergängen.

Für transparente Bereiche im Bild kann die Option *Transparenz* aktiviert werden. Ist *Transparenz* deaktiviert, werden die transparenten Bereiche vollständig mit Weiß oder einer ausgewählten Hintergrundfarbe gefüllt. Ist Transparenz aktiviert, kann eine Hintergrundfarbe zur Anpassung an gleichfarbige Webhintergründe ausgewählt werden. Die Option *Hintergrund* legt diese Hintergrundfarbe für geglättete

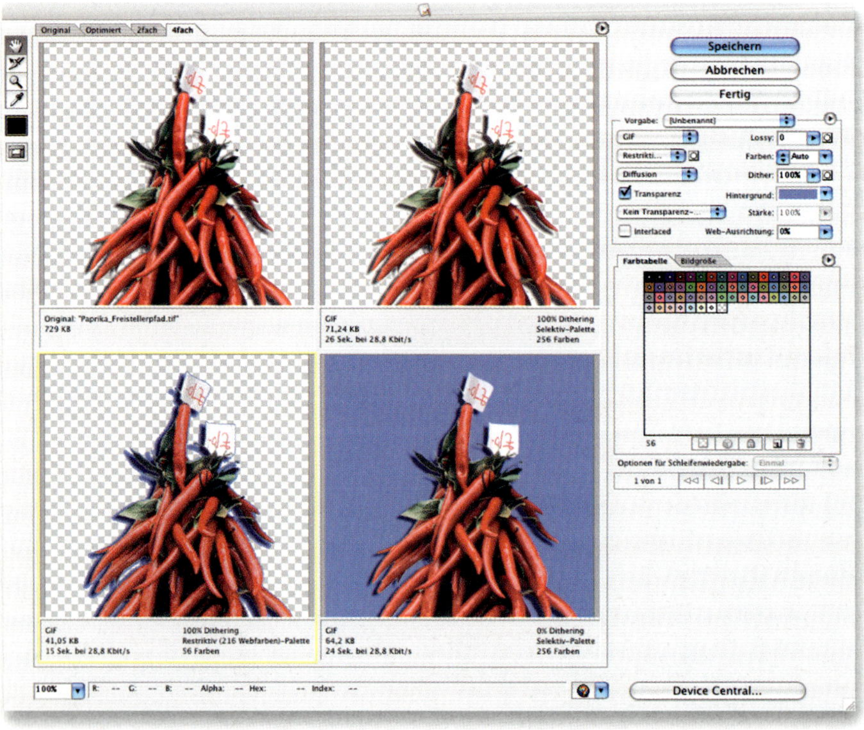

Das Motiv ist eigentlich kein Kandidat für das GIF-Format. Möchte man jedoch die Transparenz erhalten und die zu hohe Dateigröße vermeiden, stellt dieses Format die einzige Alternative dar.

Kanten und halbtransparente Bereiche wie Schatten fest. Ist die Option *Hintergrund: Ohne* gewählt und *Transparenz* aktiviert, wird Transparenz mit harten Kanten erzeugt. Bei aktivierter Option *Transparenz* können auch teilweise transparente Pixel gedithert werden. *Diffusion-Transparenz*-Dither ist in den meisten Fällen am besten geeignet. In jedem erdenklichen Fall sind das Ergebnis und die Dateigröße im aktuellen Vorschaufenster zu sehen.

	GIF	JPEG	PNG
Mögliche Farben	von 2 bis 256	16,7 Mio.	256 oder 16,7 Mio.
Speicherung der Farben	Farbtabelle	als RGB-Werte	Farbtabelle oder als RGB-Werte
Komprimierung	ohne Verluste	mit Verlusten	ohne Verluste
Transparenz	ja (1-Bit)	nein (nur Austauschfarbe)	ja (8-Bit oder 24-Bit)
Bevorzugt für	Grafiken, Schriftzüge, bedingt geeignet für fotorealistische Abbildungen mit Transparenz	fotorealistische Abbildungen ohne Transparenz	alle Arten von Bildern besonders geeignet für Bilder mit semitransparenten Bereichen

Links oben: RGB-Bild (Millionen Farben)

Rechts oben: ohne Dithering (256 Farben) – flächige Verteilung der Pixel

Links unten: Diffusion-Dithering (256 Farben) – Zufallsverteilung der Pixel

Rechts unten: Muster-Dithering (256 Farben) – musterartige Verteilung der Pixel

✔ Dither oder Dithering simuliert bei der GIF-Konvertierung (RGB = Millionen Farben in 256 oder weniger Farben) die in der Farbtabelle nicht vorkommenden Farben.

Aktivieren Sie ein anderes Vorschaufeld und wählen Sie das gleiche Speicherformat mit anderen Optionen oder ein anderes Speicherformat zum Vergleichen.

Beim JPEG-Format wählen Sie eine Qualitätsstufe (*Maximum, Hoch, Mittel, Niedrig*) aus dem Menü oder ziehen Sie den Schieberegler, um die Qualität stufenlos einzustellen.

Progressiv bezieht sich auf den Ladevorgang des Bilds im Web-Browser – das Bild wird in mehreren Durchgängen mit immer kleineren Details aufgebaut. (Zwar kann der Betrachter schneller in einer groben Ansicht das Bildmotiv erahnen, jedoch benötigt diese Art der Darstellung mehr Arbeitsspeicher.)

Wählen Sie, ob das verwendete Farbprofil (*ICC-Profil*) in die Datei eingebettet werden soll. Von dieser Option ist eigentlich abzuraten, da sie die Dateimenge mitunter erheblich vergrößert und die meisten Web-Browser damit nichts anfangen können. Falls die Datei transparente Bereiche enthält, ist die Option *Hintergrund* aktiv. Die im Photoshop-Bild angelegte Transparenz kann zwar im JPEG-Format nicht übernommen werden. Es ist jedoch seit Photoshop Version 5.5 möglich, die transparenten Bereiche gezielt, etwa mit einer websicheren Farbe, zu füllen, die auch während der JPEG-Komprimierung unverändert erhalten bleibt (in der Abbildung rechts oben zu sehen). Ist die Option *Hintergrund: Ohne* gewählt, werden die transparenten Bereiche weiß gefüllt.

WBMP ist das Standardformat zur Optimierung von Bildern für mobile Geräte, z.B. für Mobiltelefone. WBMP wandelt die Farbtiefe des Bilds in 1-Bit-Farbe, so dass WBMP-Bilder nur schwarze und weiße Pixel enthalten. Verschiedene Dithering-Optionen sind möglich.

In Photoshop CS3 können Bilder für mobile Geräte im neuen Zusatzprogramm Device Central getestet werden. Die Device Central erreicht man entweder über die gleichnamige Schaltfläche im Dialog *Für Web und Geräte speichern* oder über das Menü *Datei*.

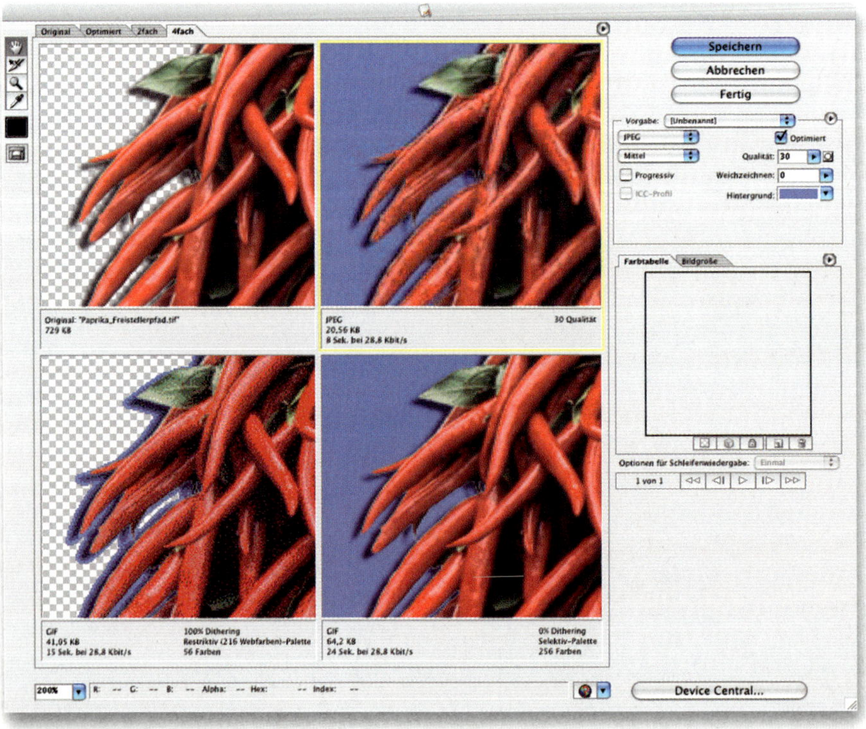

Wird das Bild als JPEG in einer mittleren Qualität gespeichert, verringert sich, im Gegensatz zur zuvor gezeigten GIF-Variante, die Dateigröße um die Hälfte.

In der Vergrößerung sind jedoch deutliche JPEG-Artefakte zu sehen.

Unterscheiden Sie zwischen den Formaten PNG-8 und PNG-24: PNG-8 bietet ähnliche Einstelloptionen wie GIF und liefert sowohl in der Dateigröße wie im Aussehen vergleichbare Resultate.

Legen Sie die Farbpalette fest: Wie GIF kann auch PNG-8 höchstens 256 Farben darstellen. Zur Auswahl steht unter anderem ebenso die Option *Restriktiv (Web)*. Die Dither-Algorithmen sind ebenfalls die gleichen wie beim Format GIF.

Da beide PNG-Formate verlustfrei arbeiten, entfällt die Lossy-Regelung. An dieser Stelle gibt es die Einstellung *Interlaced*. Wie *Progressiv* bei JPEG bezieht sich *Interlaced* auf den Ladevorgang des Bilds. Das Bild wird in mehreren Durchgängen mit immer kleineren Details aufgebaut.

Ist die Option *Transparenz* aktiv, werden auch teilweise transparente Pixel (etwa weiche Schatten) über einen im Dialog eingestellten Algorithmus gedithert. Auch hier ist das Dithering *Transparenz-Dither (Diffusion)* meistens am besten geeignet.

PNG-24 bietet kaum Einstelloptionen. Dadurch, dass das Format bis zu 256 verschiedene Transparenzabstufungen unterstützt, liefert es hervorragende Ergebnisse, die zwar eine deutlich geringere Dateigröße als das Original aufweisen, für eine schnelle Darstellung im Internet jedoch meistens ungeeignet sind.

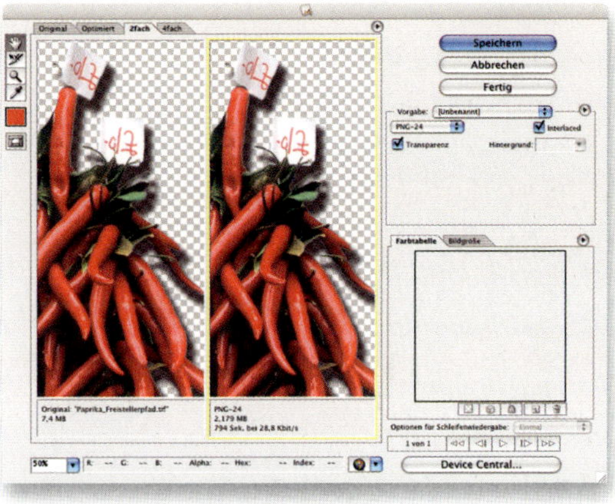

PNG-24 ist nicht zu vergleichen mit PNG-8: Auf Kosten der Dateigröße zeigt das Format eine hervorragende Qualität, besonders bei der Darstellung von transparenten Übergängen wie hier der weiche Schlagschatten.

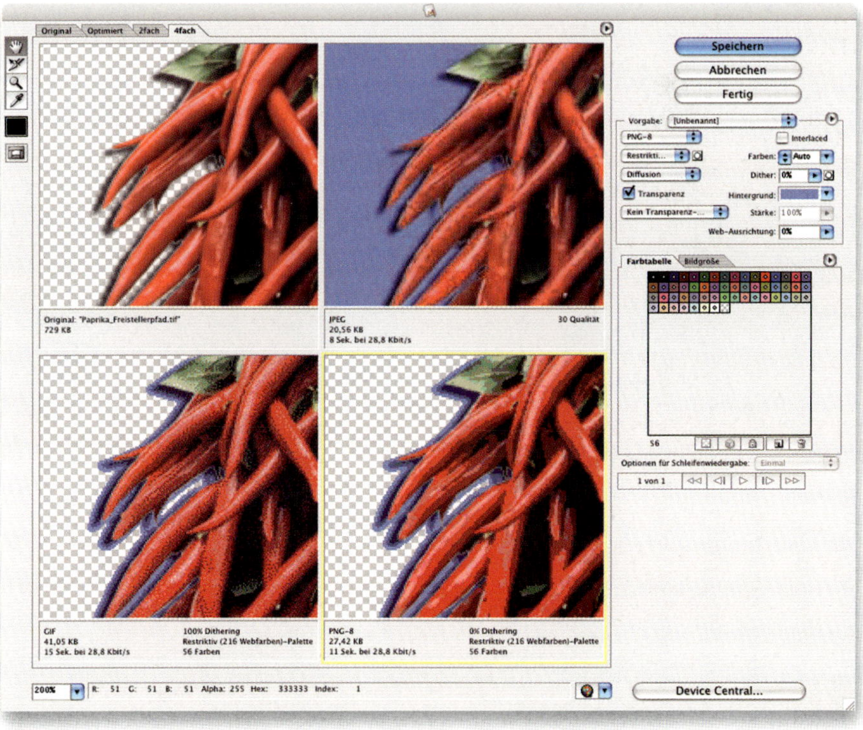

Ähnlich wie das GIF zeigt sich das Ergebnis beim Speichern als PNG-8. Zudem schrumpft zusätzlich noch die Dateigröße. Einziger Unterschied ist hier das fehlende Dithering; wie beim GIF wurden websichere Farben gewählt, wodurch deutliche Farbsprünge zu sehen sind.

Transparenz > Für Webbilder

Die Transparenz in GIFs oder PNGs dient dazu, unregelmäßig geformte Bilder oder Bilder mit transparenten oder durchbrochenen Bereichen im Web verwenden zu können. Häufig sollen auch Bilder mit geglätteten oder weichgezeichneten Kanten, Schlagschatten oder Lichthöfen verwendet werden.
Webtransparenz wird durch den auf den voranstehenden Seiten vorgestellten Befehl *Datei > Für Web und Geräte speichern* (ab Photoshop CS3) erreicht. Dazu muss das entsprechende Motiv lediglich freigestellt und der gewünschte Schatten/Lichthof erzeugt werden. Als Speicherformat wird dann im Dialog GIF oder PNG gewählt.

Webtransparenz im GIF-Format

Beim Format GIF kommt eine Maskierungstechnik zum Einsatz, die den Eindruck unregelmäßig begrenzter Grafiken erzeugt, indem transparenten Bildbereichen (oder auch einer Farbe) die Eigenschaft unsichtbar zugewiesen wird (1-Bit-Transparenz). Seit Photoshop 6 kann für halbtransparente Bereiche, wie etwa Schlagschatten, zusätzlich noch ein Dither-Effekt (etwa *Diffusion-Transparenz*) eingestellt werden. Dieser simuliert einen weichen Farbübergang vom Schattenbereich bis zur eingestellten Hintergrundfarbe. Die verschiedenen Optionen für das GIF-Format sehen Sie in der Übersicht rechts. Diese Technik ist sowohl für einfarbige als auch gemusterte Hintergründe empfehlenswert. Ein Nachteil ist die Beschränkung des GIF-Formats auf 256 Farben. Auch hier kann zwar mit einer Dither-Option (Einstellung in Prozent) der optische Eindruck verbessert werden. Für fotorealistische Bildmotive jedoch sind die Formate JPEG oder PNG-24 besser geeignet. Beide Formate haben gegenüber GIF jedoch Nachteile: JPEG bietet keine echte Transparenz, PNG-24 generiert größere Datenmengen.

Webtransparenz im Format PNG-24

Die echte Transparenz des PNG-24-Formats wird erzeugt durch 8-Bit-Alphakanäle. Wie bereits erwähnt, stehen statt der 1-Bit-Transparenz des GIF-Formats (deckend oder transparent; keine Zwischenstufen) somit 256 Transparenzabstufungen zur Verfügung.

GIF-Optionen

Links: Ausgangsbild in Photoshop freigestelltes Motiv ohne Schatten
Rechts: Ausgangsbild in Photoshop freigestelltes Motiv mit Schatten

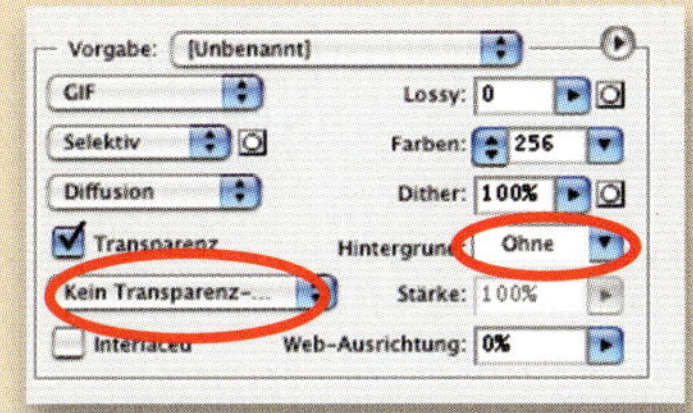

GIF, mit Transparenz, kein Transparenz-Dither, ohne Hintergrund: keine Kantenglättung

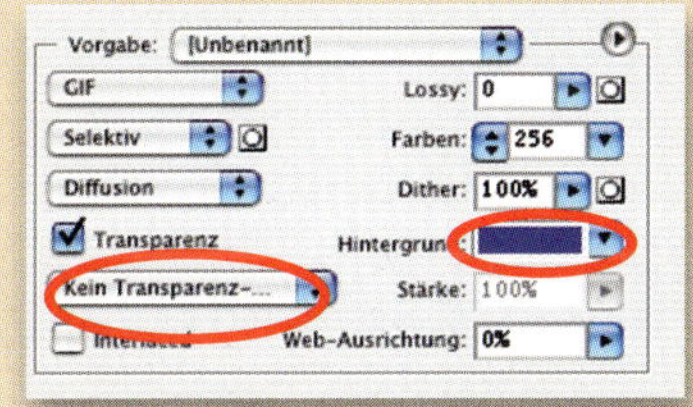

Transparenz, mit Hintergrund: Es erfolgt Kantenglättung mit Übergang in die ausgewählte Hintergrundfarbe.

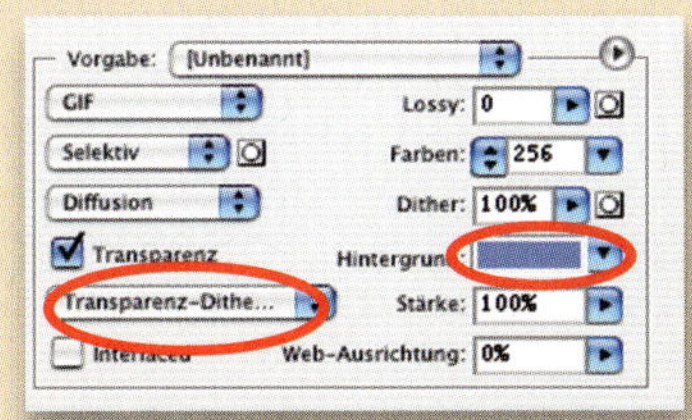

Mit Transparenz-Dither, mit Hintergrund: Es erfolgt Kantenglättung mit Übergang in die ausgewählten Hintergrundfarbe.

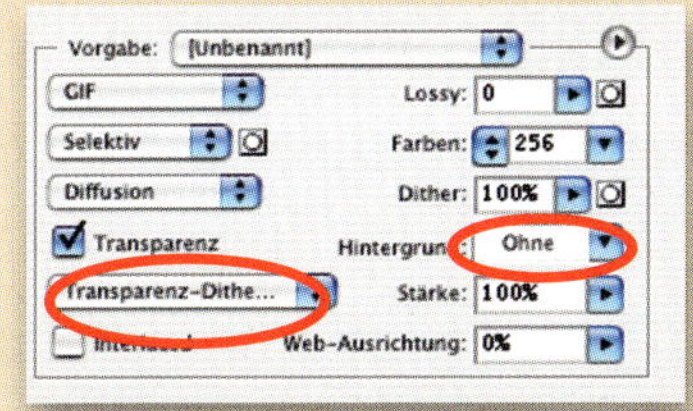

GIF, mit Transparenz, mit Transparenz-Dither, ohne Hintergrund: Es erfolgt Kantenglättung, Hintergrundfarbe spielt keine Rolle.

1

2

Webtransparenz im GIF-Format

So geht es:

1 Öffnen Sie die Datei *Loewe.tif*. Das Bild soll im Browser mit einem Schatten auf einem einfarbigen oder einem gemusterten Hintergrund stehen. Hierzu ist das Motiv bereits freigestellt worden.

2 Erstellen Sie einen Schlagschatten über *Ebene > Ebenenstil > Schlagschatten*.

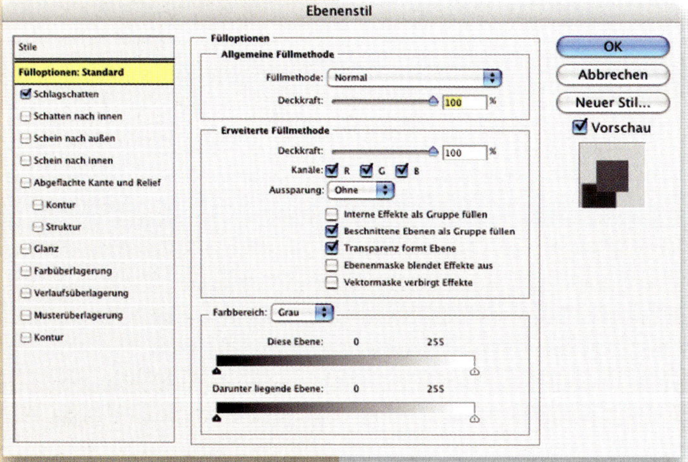

2

✔ Beschneiden Sie Bilder mit Transparenz immer auf die minimal benötigte Größe, um überflüssige transparente Bereiche zu vermeiden.

Verwenden Sie hierzu das Freistellungswerkzeug oder erstellen Sie mit dem *Auswahlrechteck*werkzeug eine Auswahl und wählen Sie *Bild > Freistellen*.

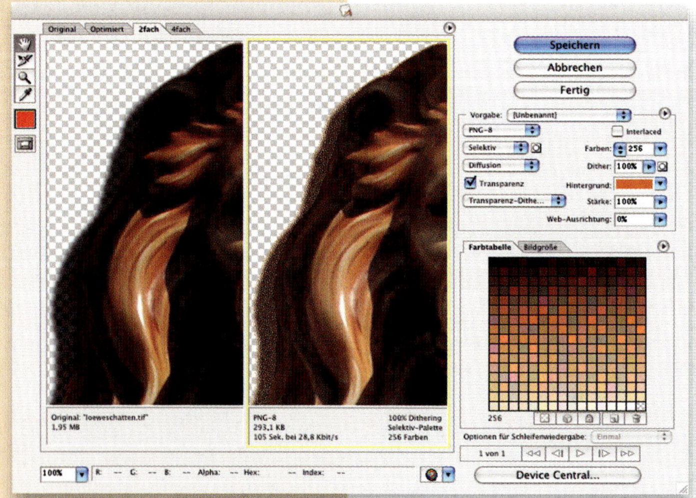

3

3 Wählen Sie *Datei > Für Web und Geräte speichern*. Wählen Sie das PNG-8-Format und aktivieren Sie die Option *Transparent*, um die transparenten Bereiche zu erhalten. Wählen Sie eine der auf der vorherigen Seite gezeigten Optionen. Für weiche Kanten beispielsweise müssen Sie auf jeden Fall eine Hintergrundfarbe auswählen, über *Hintergrund > Andere…* Im Dialog *Farbe auswählen* können Sie eine (websichere) Farbe einstellen (oder den entsprechenden Hexadezimalcode eingeben). Wählen Sie dann *Transparenz-Dither* für den Schatten.

4 Verkleinern Sie noch im Dialog *Datei > Für Web und Geräte speichern* die Datei: Aktivieren Sie hinter der *Farbtabelle* den Reiter *Bildgröße*. Die Größe ändern Sie unter *Neue Größe* durch die Eingabe neuer Werte bei *Breite* oder *Höhe*. Achten Sie darauf, dass die Werte miteinander verknüpft sind, um Verzerrungen zu vermeiden. Alternativ geben Sie einen Wert bei *Prozent* ein (im Beispiel: 20). Bestätigen Sie die Größenänderung mit einem Klick auf *Anwenden*.

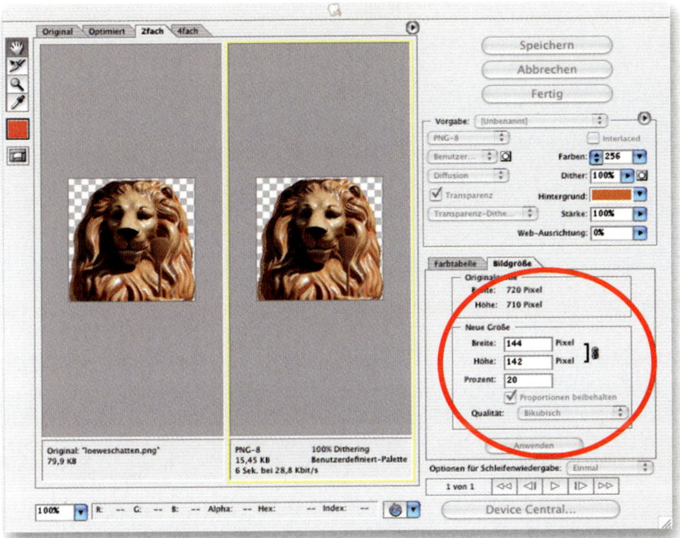

4

5 Testen Sie das Bild direkt aus dem Dialog *Datei > Für Web und Geräte speichern* im Browser: Klicken Sie hierzu auf das kleine Browser-Symbol im Dialog unten.

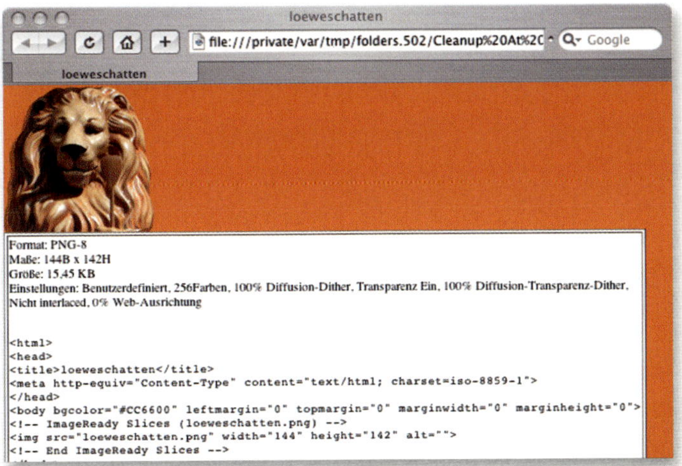

5

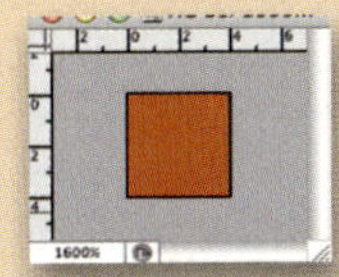

✔ Einfarbige Hintergründe: Bei einfarbigen Hintergründen empfiehlt es sich generell, den Browser-Hintergrund im HTML-Dokument nicht nur im Hexadezimalcode (z.B. <BODY BGCOLOR=#CC6600>) anzugeben, sondern sicherheitshalber mittels einer kleinen einfarbigen Hintergrundkachel (gefüllt mit einer websicheren Farbe und gespeichert im GIF-Format) und dem <BODY BACKGROUND>-Tag aufzufüllen. Damit ist gewährleistet, dass auch Besucher der Website, die ihre Browser-Voreinstellungen so eingestellt haben, dass die seitenspezifischen Farben ignoriert werden, die richtige Hintergrundfarbe sehen. Ansonsten kann die Illusion einer unregelmäßig begrenzten Grafik ganz schnell zerstört sein.

✔ Um eine Hintergrundkachel zu erstellen, legen Sie eine neue Datei, Größe 4 x 4 Pixel (diese Größe reicht aus) im RGB-Modus an. Füllen Sie mit der gleichen (websicheren) Hintergrundfarbe, die Sie in Schritt 3 als Hintergrund verwendet haben. Speichern Sie über den Befehl *Datei > Für Web und Geräte speichern* diesmal im GIF-Format (geringere Dateigröße!) unter einem schlüssigen Namen.

✔ Die Option *Interlaced* (das Bild erscheint zuerst grob gepixelt und dann in immer feineren Stufen) wählt man nicht für Hintergrundbilder (-muster) und für Navigationselemente.

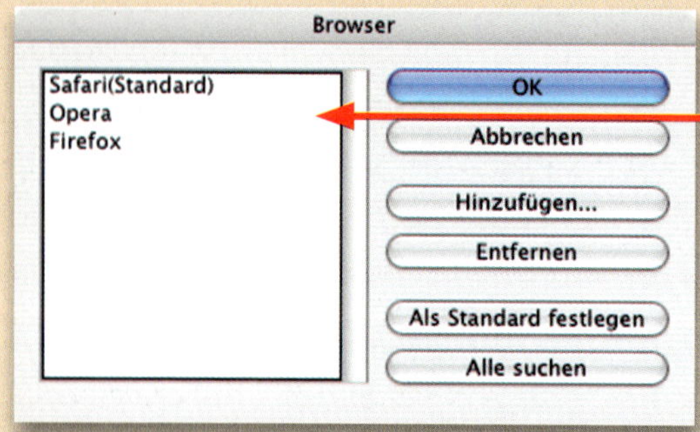

6

6 Es ist sinnvoll, die Datei in mehreren Browsern zu testen. Klicken Sie hierzu auf die Schaltfläche *Browser-Menü auswählen*. Mit der Option *Liste bearbeiten* fügen Sie weitere Browser, die Sie auf dem Computer installiert haben, für den Test hinzu.

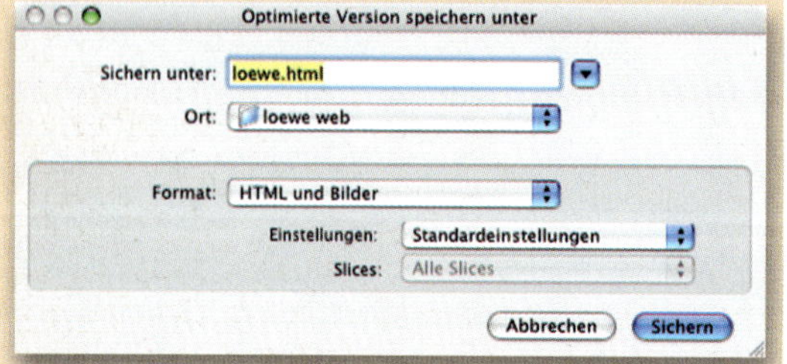

7

7 Sind Sie mit dem Ergebnis zufrieden, klicken Sie auf *Speichern*. Im Dialog *Optimierte Version speichern unter* wählen Sie bei *Format > HTML und Bilder*. Wählen Sie als Speicherort einen extra dafür angelegten, sinnvoll benannten Ordner.

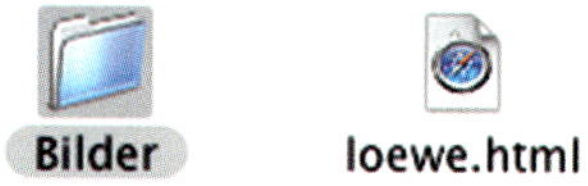

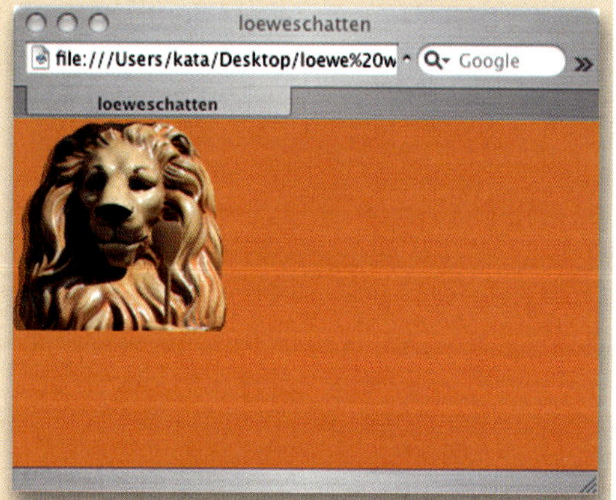

8

8 Photoshop legt im gewählten Ordner einen extra Bilderordner an. Sollten Sie ein Bild mit dem *Slice-Werkzeug* zum schnelleren Laden in Einzelteile zerschnitten haben, landen alle Bestandteile des Bilds automatisch durchnummeriert in diesem Ordner. Auf der gleichen Ebene liegt das .html-Dokument. Es beinhaltet den Code für eine Seite fürs Web, auf der lediglich die angegebene Hintergrundfarbe und das Bild zu sehen sind. Per Doppelklick auf das .html-Dokument öffnet sich die Seite direkt im gewählten Standard-Browser.

9 Das .html-Dokument kann dann in jedem Editor (hier: BBedit) geöffnet und weiterbearbeitet werden.

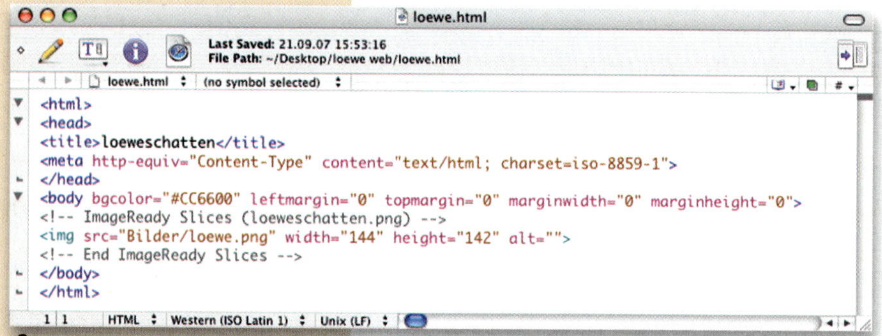

9

Kantenglättung bei Transparenz

Im Gegensatz zu den Printmedien ist es im Webdesign ein legitimes Gestaltungsmittel, bei geeigneten Motiven ganz bewusst auf die Kantenglättung zu verzichten und die bildschirmtypische Pixelästhetik einzusetzen. Oft sind dies Grafiken mit einer begrenzten Anzahl von Farben oder Bildern im Bitmap-Modus – also nicht gerade fotorealistische Motive. In vielen Fällen ist eine Kantenglättung auch nicht notwendig. Beim Speichern von transparenten GIFs oder Bildern im PNG-8-Format kann es durch die Kantenglättung eben auch zu unschönen – im wahrsten Sinne des Worts – Randerscheinungen kommen. GIF wie auch PNG-8 unterstützen nur eine sogenannte 1-Bit-Transparenz, das heißt, dass nur eine einzige Farbe (bzw. die hundertprozentig transparenten Bildbereiche) maskiert, also transparent gemacht werden kann. Bei einem Bild ohne Kantenglättung lassen sich die transparent zu machenden Bereiche leichter identifizieren (auswählen) und das Ergebnis sieht mitunter bedeutend besser aus.

Bild mit geglätteten Kanten

... in starker Vergrößerung

... mit 1-Bit-Transparenz

Bild mit ungeglätteten Kanten

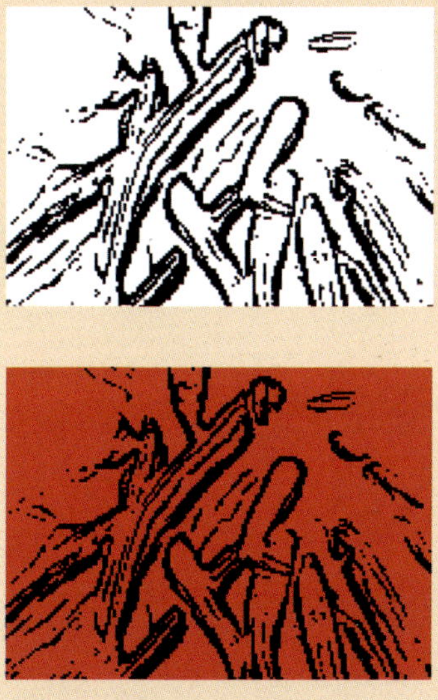

... in starker Vergrößerung

... mit 1-Bit-Transparenz

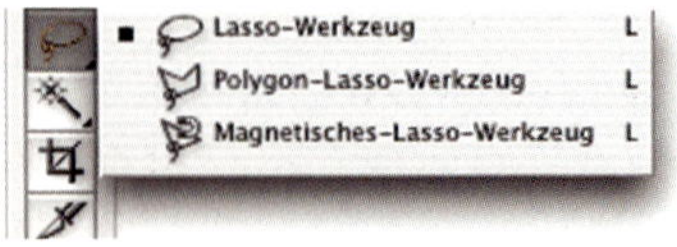

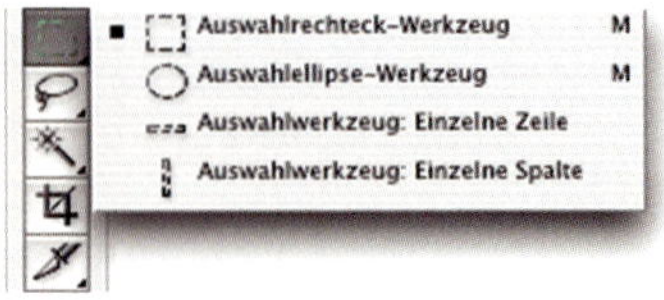

Ohne Kantenglättung arbeiten

Die Option *Glätten* (Anti-Aliasing) in diversen Befehlen und Werkzeug-Optionen glättet die Pixelstruktur, indem sie zusätzliche Pixel (in weiteren Tonwertstufen) erzeugt, die einen weichen Übergang in den Hintergrund simulieren. *Glätten* bringt damit normalerweise ein besseres Erscheinungsbild bei unregelmäßigen Begrenzungen, Schrägen und Rundungen (auch bei Text). Auf die Kantenglättung verzichtet man – abgesehen von gestalterischen Gründen – bei exakt senkrechten oder waagerechten sowie sehr kleinen Formen (auch bei sehr kleinem Text), da hier die aus der Glättung resultierende Unschärfe unerwünscht ist.

Möchte man ohne Kantenglättung arbeiten, muss in Photoshop vor der Bearbeitung derartiger Grafiken für die relevanten Werkzeuge die Option *Glätten* ausgeschaltet werden. Dies betrifft fast alle Auswahlwerkzeuge, also alle Lassos (*Polygon-, Magnetisches Lasso, Lasso*), *Auswahlrechteck* und *-ellipse* sowie *Zauberstab* und *Schnellauswahl*. Ebenfalls das Füllwerkzeug bietet die Option *Glätten*. Anstelle des Pinsels verwendet man beim Malen den *Buntstift*, der grundsätzlich ohne Kantenglättung arbeitet. Beim Werkzeug *Text* wählt man für das Schreiben in kleinen Schriftgraden bei *Glättungsmethode* die Option *Ohne*.
Um in bereits mit geglätteten Kanten gescannten Bildern nachträglich die weichen Kanten zu entfernen, kann man Graustufenbilder über *Bild > Modus* in den Modus *Bitmap* umwandeln. Unter den Methoden *Schwellenwert* finden Sie etwa auch das bereits vorgestellte *Diffusion-Dither*. Damit werden die geglätteten Kanten entfernt. Ebenso

Ein RGB-Bild wird per Schwellwert zum Schwarzweißbild ohne glatte Kanten

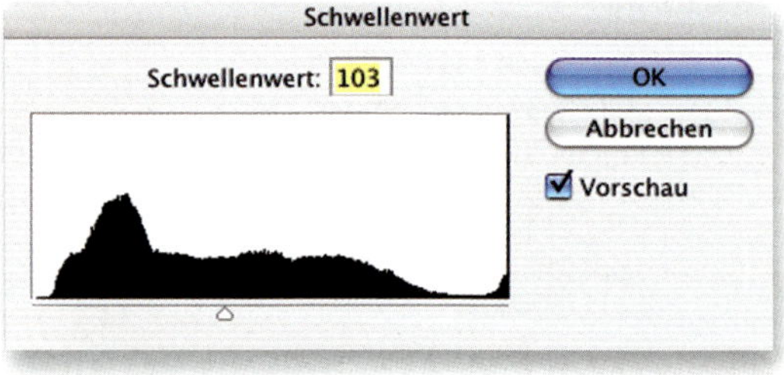

Oben: Schwellwert des Bildes links; unten: Bitmap-Einstellungen

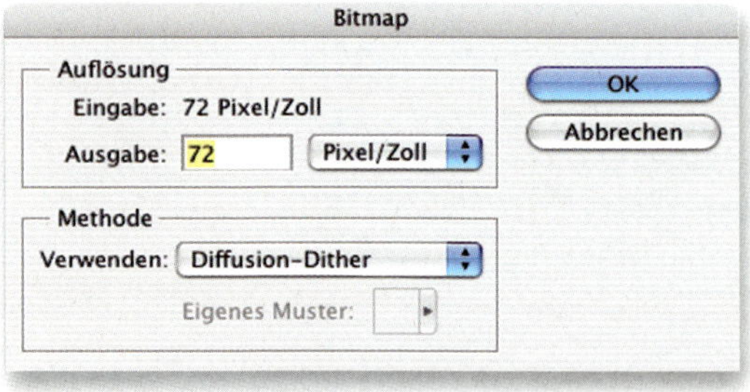

erzeugt die Funktion *Bild > Anpassungen > Schwellenwert* ein Schwarzweißbild mit nur zwei Werten, deren Verteilung stufenlos einstellbar ist. Möchte man nun anschließend mit Graustufen oder Farbe arbeiten, muss das Bild wieder in den Graustufen- bzw. in den RGB-Modus konvertiert (und weiter mit ungeglätteten Werkzeugen bearbeitet) werden. Die Kanten bleiben dabei ungeglättet.

Auch beim Öffnen von Vektorgrafiken, wie sie beispielsweise aus Illustrator oder von ClipArt-Sammlungen kommen können, kann man auf die Kantenglättung verzichten, indem die Option *Glätten* im *Öffnen*-Dialog ausgeschaltet wird.

Grafiken aus Illustrator fürs Web

Ungeglättete Kanten sollten nur bei geeigneten Motiven verwendet werden, etwa bei Zeichnungen, die größere flächige Bereiche aufweisen. Hier ein Beispiel für eine Grafik, die auch ohne Kantenglättung vernünftig aussieht. Eine Vorlage wurde in Illustrator per *Interaktiv abpausen* in eine Vektorgrafik umgewandelt und als EPS exportiert. Das EPS wurde in Photoshop ungeglättet geöffnet.

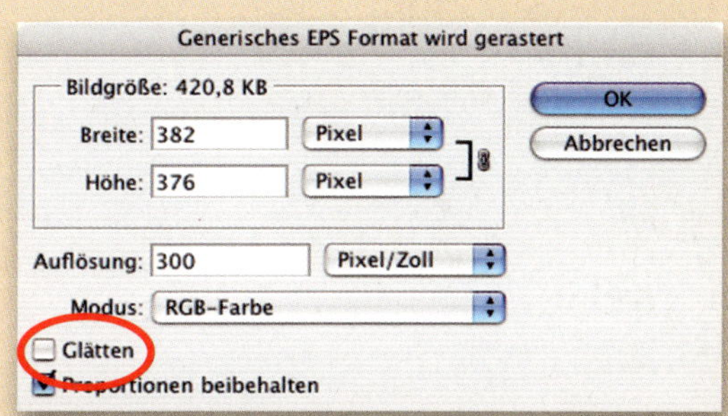

Ein Motiv ohne Kantenglättung kann sehr einfach umgefärbt werden; so wurde hier im Dialog *Für Web und Geräte speichern* das Gelb in eine websichere Farbe konvertiert: Farbfeld in der Farbtabelle auswählen und auf den Würfel unter den Farbfeldern klicken. Passt die Farbe nicht, kann sie nachträglich geändert werden: Per Doppelklick auf das Farbfeld öffnet sich der Dialog Farbe auswählen; hier sollte die Option *Nur Webfarben anzeigen* aktiv sein.

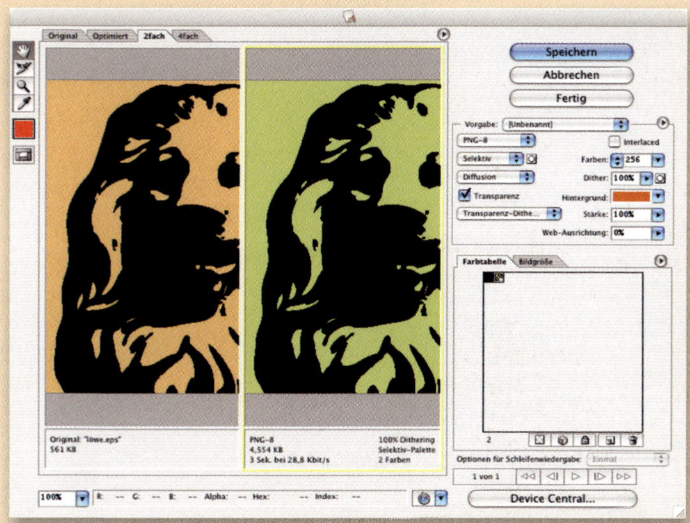

Im Vergleich: links das ungeglättete PNG-8 mit zwei Farben und 4,554 KB. Rechts das geglättete Bild auch als PNG-8 gespeichert mit zwei Farben und 4,554 KB; in der Originalgröße ist kaum ein Unterschied zu sehen.

✔ Auch Transparenz kann ohne spezielle Auswahl realisiert werden, indem einer Farbe Transparenz zugewiesen wird: Farbfeld in der Farbtabelle auswählen und auf das Transparenzsymbol unter den Farbfeldern klicken.

✔ Vorsicht bei der Veränderung der Bildgröße (Neuberechnung) von Bildern mit der Interpolationsmethode *Bikubisch*. So kann aus einem ursprünglich ungeglätteten Bild eines mit Kantenglättung werden. Verwenden Sie stattdessen *Pixelwiederholung*.

Farbige Bilder ohne Kantenglättung – so geht es:

Ebenfalls bei RGB-Farbbildern kann man ungeglättete Kanten erhalten und sie weiter ungeglättet bearbeiten:

1 Öffnen Sie die Datei *lila_Blume.jpg*. Wählen Sie mit dem Werkzeug *Schnellauswahl* den Hintergrund.

2 Per Doppelklick auf die Hintergrundebene wird diese zur bearbeitbaren *Ebene 0*. Löschen Sie den gewählten Blumenhintergrund.

1

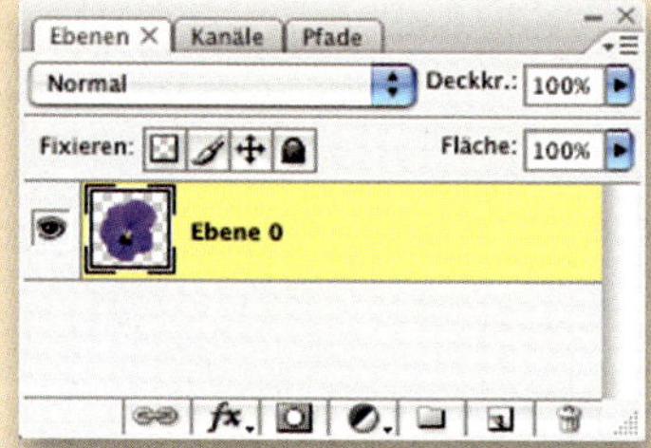

2

2

3

4

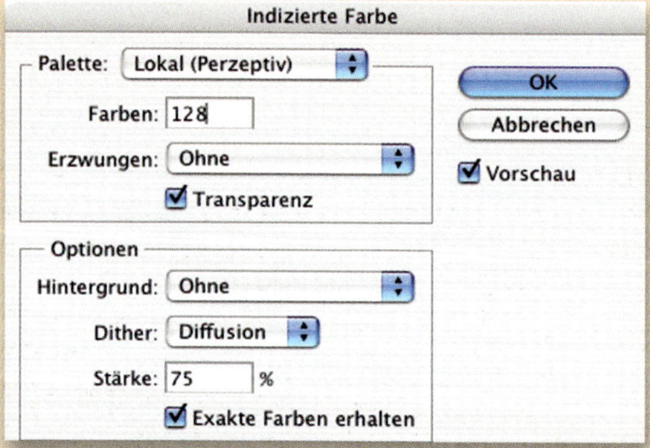

3

3 Über *Bild > Modus > Indizierte Farben* verschwinden die geglätteten Kanten. Für den transparenten Hintergrund aktivieren Sie bereits im Dialog die Option *Transparenz*. Wählen Sie bei *Erzwungen > Ohne*; die Beschränkung auf websichere Farben nehmen Sie im Dialog *Für Web und Geräte speichern* vor.

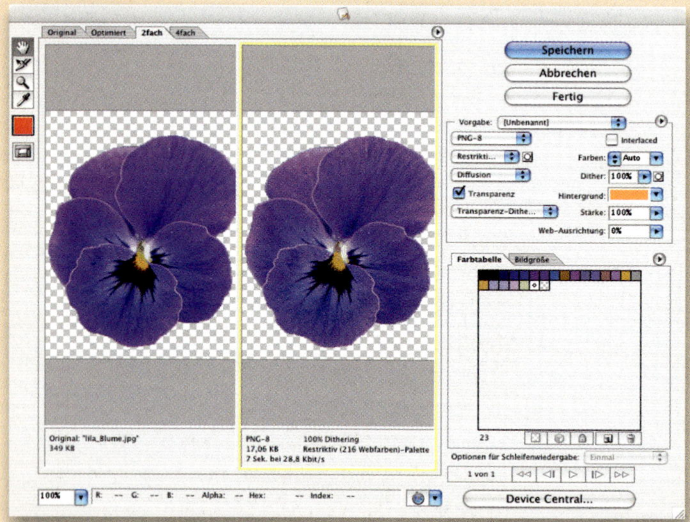

4

4 Reduzieren Sie die Anzahl der Farben endgültig auf die minimal notwendigen: Wählen Sie *Datei > Für Web und Geräte speichern*. Wählen Sie als Farbreduktionsalgorithmus *Restriktiv (Web)*; Photoshop reduziert die Farben von 128 auf 23 websichere Farbwerte. Die reduzierten Farben machen sich hier auch in einer deutlich geringeren Dateigröße bemerkbar: Statt 349 KB benötigt das Bild nur noch 17 KB.

Tipps zum Speichern fürs Web

Das Bild kann mit einer Standardbildauflösung von 300 dpi eingescannt und bearbeitet werden. Das fertig bearbeitete Bild sollte dann auf eine Bildauflösung von 72 dpi (Monitorauflösung) heruntergerechnet werden und vor allem sollte die endgültige Pixelgröße festgelegt werden (anschließend nochmals scharfzeichnen). Bilder können zwar im HTML-Editor verkleinert werden – eine größere Datei als benötigt verlängert jedoch unnötig die Ladezeiten. Bildvergrößerungen sind wegen deutlicher Qualitätseinbußen zu vermeiden. Mögliche Bildmodi sind Bitmap, Graustufen, indizierte Farben und RGB. Bilder und Grafiken für das Web müssen auf jeden Fall mit Dateinamenerweiterung (Extension) abgespeichert werden: *.gif, *.jpg oder *.png. Die entsprechende Voreinstellung kann man festlegen unter *Photoshop > Voreinstellungen > Dateihandhabung... > Dateinamenerweiterung anhängen > Immer*. Auch die Schreibweise der integrierten Bilder im HTML-Dokument muss genau mit der Bildbezeichnung übereinstimmen. Sie bezieht sich auch auf Groß- und Kleinschreibung der Dateinamenerweiterung, da sonst das Bild eventuell nicht auf dem Server gefunden werden kann (bild.jpg ist nicht das Gleiche wie bild.JPG) – üblich ist die Kleinschreibung (*Photoshop > Voreinstellungen > Dateihandhabung... > Dateinamenerweiterung anhängen > Kleinbuchstaben verwenden*).

✔ Websichere Farben

Websichere Farben sind 216 Farben, die die gängigsten Browser und Betriebssysteme identisch darstellen können. Diese 216 Farben kommen sowohl in der Mac- als auch der Windows-System-Palette vor. Einige Endanwender verwenden noch 8-Bit-Grafikkarten, die lediglich 256 Farben am Monitor darstellen können. Wenn Sie nun in Ihren Bildern andere als diese 216 Farben verwenden, werden diese der jeweiligen Palette angepasst, wodurch völlig andere Farben entstehen können. Websichere Farben sind nicht nach ästhetischen Gesichtspunkten ausgewählt worden (leider), sondern nach mathematischen: Es gibt sechs Rot-, sechs Grün- und sechs Blauwerte (nämlich 00, 51, 102, 153, 204 und 255), die unterschiedlich miteinander kombiniert werden (6 x 6 x 6 macht 216 verschiedene Farben). Diese Farbwerte finden ihr Äquivalent im hexadezimalen Zahlensystem (nämlich 00, 33, 66, 99, CC und FF), welches zur Festlegung von Farben in HTML verwendet wird. Bei der Verwendung von websicheren Farben (der Web-Farbtabelle) können Sie viele durch die Verschiedenheit der Systeme verursachten Probleme bei der Darstellung farbiger Grafiken im Web vermeiden. Websichere Farben lassen sich auch im Farbwähler nach Anklicken der Option *Nur Webfarben anzeigen* auswählen.

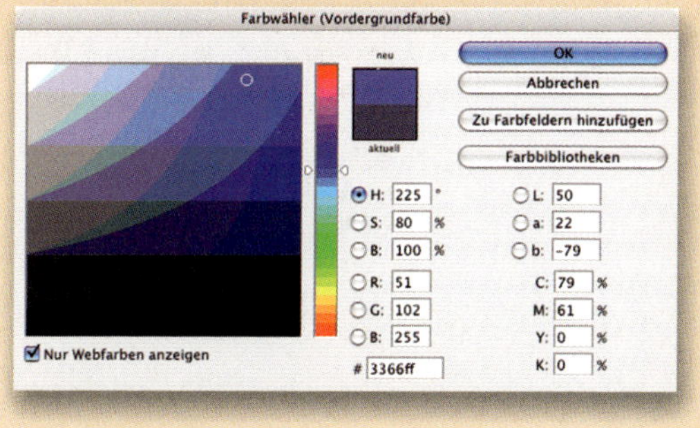

Nicht immer sieht ein RGB-Bild nach einer Konvertierung in websichere Farben noch gut aus, wenn eine Farbtabelle mit anderen Farben auf das Bild angewendet wird als die, mit der es erstellt wurde. Eine Möglichkeit zur Abhilfe besteht darin, eine Grafik gleich von vornherein mit websicheren Farben statt erst in RGB-Farben zu erstellen und dann zu konvertieren: Richten Sie ein neues Dokument in RGB ein und konvertieren Sie es sofort in den Modus *Indizierte Farben*, wählen Sie dabei die Web-Farbtabelle aus – beim Arbeiten werden dann alle Farben sofort in websichere Farben konvertiert. Wenn man bei der Erstellung von Grafiken websichere Farben verwendet, ist sicherzustellen, dass sich diese Farben beim Abspeichern nicht verändern. Nur beim Abspeichern im GIF-Format kann man sicher sein, dass die Farben websicher bleiben. Beim Speichern im JPEG-Format ist dies leider nicht so – durch das Kompressionsverfahren können andere Farben entstehen! Aus diesem Grund sollte man beim Anlegen von Webseiten nicht Vordergrund-GIFs mit Hintergrund-JPEGs und umgekehrt kombinieren.

Stichwortverzeichnis

Bibliografische Information Der Deutschen Bibliothek
Die Deutsche Bibliothek verzeichnet diese Publikation in der Deutschen Nationalbibliografie; detaillierte bibliografische Daten sind im Internet über http://dnb.ddb.de abrufbar.

Umwelthinweis:
Dieses Buch wurde auf chlorfrei gebleichtem Papier gedruckt.
Um Rohstoffe zu sparen, haben wir auf die Einschweißfolie verzichtet.

10 9 8 7 6 5 4 3 2 1

10 09 08

ISBN 978-3-8273-2631-7

Titelbild: Juliane Popp, München
Lektorat: Cornelia Karl, ckarl@pearson.de
Korrektorat: Petra Kienle, München
Fachlektorat: Mike Schelhorn, München
Herstellung: Claudia Bäurle, cbaeurle@pearson.de
Satz: Ulrich Borstelmann, Dortmund (www.borstelmann.de)
Einbandgestaltung: Marco Lindenbeck, webwo GmbH, mlindenbeck@webwo.de
Druck und Verarbeitung: Print Consult
Printed in Slowak Republic